DEEP SOUTH

Four Seasons on Back Roads

PAUL THEROUX

深南地方

保羅・索魯——著
石武耕——譯

獻給麻州梅德福鎮的喬治・戴維斯（George Davis, 1941-2013）——他是運動員、旅行者、教師、忠貞的民權人士，也是塞爾瑪市血腥星期天事件[1]裡的無名英雄——感謝他五十年來的友誼。

「我們曾覺得自己孤立無援又無能為力。但經過這場運動之後發生了什麼事？大家凝聚在一起了。這是件美事。」

1 一九六五年三月七日發生在美國阿拉巴馬州中部塞爾瑪市（Selma）的黑人民權運動，由民權領袖馬丁・路德・金恩（Martin Luther King Jr.）所帶領的民眾，在和平示威遊行途中遭警察暴力血腥鎮壓，史稱「血腥星期天」（Bloody Sunday），該起事件曾改編為電影《逐夢大道》（Selma）。

「走在非洲荒野的紅土路上，置身在貧困又遭人忽視的民眾之間，我常想起美國的窮人，那些同樣朝不保夕，在深南地方的紅土路上、鄙陋的農場裡、不起眼的貧窮村落、羊圈、磨坊之間討生活的人——我只能透過書本認識他們，就像我當初也只是從書本上認識非洲人——並因而感受到家鄉的呼喚。」

——《往綠區的末班列車：我的終極非洲薩伐旅》（*The Last Train to Zona Verde: My Ultimate African Safari*, 2013）

「在這本關於我的旅途、荒誕不經又難以歸類的書裡，串起連篇故事與觀察的思路不甚直截了當，且有纏繞糾結之勢，而我也完全明白，需要高度的耐心，方可在如此千頭萬緒之中抽絲剝繭。」

——阿爾梅達．加勒特（Almeida Garrett，全名若奧．巴普蒂斯塔．達．席爾瓦．雷濤．德．阿爾梅達．加勒特〔João Baptista da Silva Leitão de Almeida Garrett〕）著，《故土之旅》（*Viagens na Minha Terra*, 1846）

目次

第一部

秋：你得往那走才到得了

外人惹注目。

——阿拉伯諺語，收錄於理查・柏頓（Richard Burton）著，《初履東非》（*First Footsteps in East Africa*, 1856）

蒙受祝福：「在這兒別見外」

十月初的一個燠熱週日早晨，我在阿拉巴馬州（Alabama）塔斯卡盧薩市（Tuscaloosa）一間汽車旅館的停車場內，坐在我的車子裡研究著地圖，試圖找出某間教會的位置。我無意尋求更多的宗教訓誨，或是透過旅行獲得窺探的刺激。我想要的是音樂與鼓舞人心、是鋼棒聖歌（sacred steel）[1]與慶祝節目，也許還能交個朋友。

我用手背拍了拍地圖。我那時想必一臉茫然。

「你迷路啦，寶貝？」

我從新英格蘭（New England）的家出發，開了三天的車來到另一個世界，也就是我一直亟欲造訪、溫暖而綠意盎然的深南地方（Deep South）各州。此地的「過去永遠不死，它甚至不會過去。」那人的名句是這樣說的。[2]那個月稍晚，有位黑人理髮師在格林斯波羅鎮（Greensboro）一邊剪著我的頭髮，一邊談起當地目前的種族騷亂。雖然他或許沒聽過、也沒讀過那位作家的書，但他就像是用自己的話，笑著對我重說了一遍作家的名言：「歷史在這裡還活著，活得好好的。」

在南方，教會就是社區的動力源頭，是當地的社交中心、信仰支柱、光明燈塔、音樂演奏廳兼聚會所，提供了希望、諮詢、福利、溫暖、陪伴、旋律、和諧，還有零食。在某些教會，還看得到控蛇（snake handling）[3]、洗腳禮，以及方言禱告，就是那種糊成一團的說話方式，聽起來就像有人在淋浴間沖水時漱口吐水一樣。

上教會時，窮人也會盛裝打扮，每個人都和藹可親。在南方，上教會做禮拜，是充滿力道、又啟迪心靈的文化盛事，可以跟大學足球賽或是槍枝展售會媲美，而那裡的教會非常多。大家都說：「每個街角都有教會。」是故，當教會遭到炸彈攻擊時——此時正逢伯明罕市（Birmingham）[4]十六街浸信會（The Sixteenth Street Baptist Church）爆炸案五十週年紀念，有四位小女孩在這場悲劇中遇害——聚會的教友都會心如刀割，整個社區也陷入一片哀慟。

「你迷路啦？」

她的嗓音如此輕柔，以致於我沒能意會過來是在對我說話。這位女士坐在旁邊那輛已曬到褪色、後保險桿被撞到迸裂的車子裡，正從外帶紙杯啜飲咖啡，敞開車門吹著微風。她大概年近五十，有雙藍灰色的眼睛，漂漂亮亮地穿了件有著蕾絲袖子的黑色絲質衣服，肩上別了一大朵花，戴了頂附面紗的白帽，與這輛破車形成鮮明對比。她用手背掀開面紗，將咖啡杯舉到漂亮的雙唇邊，在杯緣留下噘嘴形狀的紫色唇印。

我說我是外地人。

「在這兒別見外，寶貝，」她說，還給了我一個滿心歡喜的微笑。我後來發現，世上我去過的

1　美國黑人福音音樂的一個流派，因使用鋼棒吉他（steel guitar）而得名。

2　出自美國作家威廉·福克納（William Faulkner），全句原文為「The past is never dead. It's not even past.」

3　美國等地少數教會施行之儀式，牧者以舉蛇證明對上帝的信心，典故出自《馬可福音》：「手能拿蛇……必不受害。」

4　指阿拉巴馬州第一大城伯明罕市。

地方裡，南方是少數我可以用上「歡喜」這個詞，卻不帶挖苦意味的地方之一。「我叫露西兒。」

我跟她說了我的名字和想去的地方——溪谷大道（Brooksdale Drive）的基石全備福音浸信會（Cornerstone Full Gospel Baptist Church）。

她馬上就說那不是她去的教會，但她知道這一間，還說出牧師是恩尼斯特．帕默主教（Earnest Palmer），接著開始替我指路：「我跟你講。」

她一手撥開面紗，凝神注視杯緣。我等著她說下去，而她停頓了下，把咖啡一飲而盡。「唉唷，我送你過去比較簡單啦！」語畢，她用舌尖舔掉上唇的一小團泡沫。「我還要再過一小時才要去看女兒。跟我走就對了，保羅先生。」

我尾隨她那輛後保險桿撞凹的小車開了大約三哩，轉過幾個突如其來的彎，又穿越幾片平房群落。這些房子已在去年被一場毀滅性的龍捲風吹得人去樓空，千瘡百孔、受盡摧殘都堪稱準確的形容。在這一片被掃平的景色裡，我在郊外的一條街上，看見教堂的尖頂。露西兒也減速下來，指著教堂，揮手示意我前進。

我超過她的車開進停車場時，向她道謝。她報以一臉燦爛的微笑，離開前對我說：「祝福你。」

這似乎就是深南地方的基調：體貼、慷慨、一場歡迎。我遊歷世界各地的生涯裡，也經常碰到這樣的基調，但在本地實在太常見，令我不斷前行，因為此地的善意迎面而來，像在擁你入懷。誠然，南方生活潛藏某種揮之不去的黑暗基底，儘管它在許多互動情境中都會浮現，卻要過了很久才會察覺到，甚至更久之後才能理解。

有些日子讓我覺得漫長疲憊，但與露西兒這種人相逢，總能提振我的精神，讓我能夠繼續深入南方，前往像基石全備福音浸信會這種偏僻的教會——這些在地圖上就像小髒點一樣的不起眼地方，用鄉下說法來形容就是：「你得往那走才到得了。」

在深南地方轉了一段時間後，我開始迷上本地的問候方式、路邊行人打的招呼、興之所至的親暱稱謂，被稱作「寶貝、蜜糖、北鼻、兄弟、親愛的、老大」，還有常見的「先生」。我喜歡聽到「過得怎樣啊，小老弟？」與「你們都好嗎？」，還有在郵局或商店裡友好的吆喝與問候。我自報姓名之後，有些黑人會反射性地叫我「保羅先生」（其中一種解釋是「奴隸時代留下來的習慣」）。這與北方、或世上我旅行過的任何地方，都截然不同。這種極度友善有時也被稱為「過分禮貌」，但就算真是如此，也好過我在新英格蘭習以為常的冷漠眼神、迴避視線，或存心輕慢。

「一個人最至高無上的關係，就是他與自己國家的關係。」亨利．詹姆斯（Henry James）[5]在美國旅行時曾這樣指出。將這句話惦記在心的我，見識過世界上其他地方後，就籌劃著要趕在二〇一二年總統選舉前，在秋季踏上一場穿越南方的長途旅行，並將它寫下來。但當這段旅程結束後，我卻想重回故地，並在冬天悠閒地重返了，再次探訪上次結識的人。這樣還不夠。春天我又回去了，夏天又再一次。此時我瞭解到，南方透過有時寬慰的擁抱，藉著偶爾狂熱又決絕的攫取，收服了我的心。

5 美國作家，出身紐約上流社會，長居英國後入籍。

溫德·徒里

我遇到露西兒的前一週或更久前，在某個暗夜十點多，臨停於阿拉巴馬州東北部加茲登縣（Gadsden）附近一座迷你超商兼加油站外面。

「要偶幫你……」一個男人從小貨卡的窗子探出頭問。他用的是深南地方那種帶著醉意的質問語氣，聽起來遲緩拖沓又語無倫次，我幾乎以為他問完就會往前醉倒。但他態度友善。他走出漆著怪裡怪氣圖案的深色小貨卡，站穩腳步，稍微吞嚥了一下，下唇濕濕的垂著，這才把他的句子講完：「省模忙嗎？」

我說我在找地方過夜。

他手持一罐未開的啤酒，兩眼像牡蠣般無神，有副雙下巴，雖然清醒，看上去卻搖搖晃晃。他沒理會我提到的需求。我在想，職司旅行的眾神似乎時不時就會把你交到一個幾乎不帶刻板印象的人手中，這就表示你得很仔細觀察，以確認這人究竟是不是那種舉止滑稽、腔調拖拉、熱愛聊天的南方人。

「偶來跟你解釋一點事。」他說。

「嗯？」

「偶來跟你解釋南方的事。」

在我的旅人生涯裡，這還是頭一遭。身在遙遠模糊距離以外的人，有時會說出一些「在非洲就是這樣」或「中國在變」之類的泛泛之詞，但對於近在眼前的地方，就不太會講出「我要向你解釋這整個地區的事」這種句子，自誇對此地瞭若指掌。

「我只是路過，以前都沒來過這裡。我是個洋基（Yankee）[6]啦，呵呵。」

「偶聽你講話的樣子就知道了，還有你的車牌。」他說。

我把姓名告訴他後，他便伸出空著的手。

「偶叫溫德．徒里（Wendell Turley），在加茲登做生意。這是偶的老爺車啦！都偶自己弄的。」

他是指他那輛橄欖色的老貨卡，車身滿是鏤空模板套印出來的棕色與綠色楓葉。

「真的啦！偶在這邊就用這個來獵鹿。」他說。

「這附近很多鹿嗎？」

「多的咧！」

這時我注意到，他的上衣口袋繡有「Roll Tide Roll」（滾滾浪潮）。這是阿拉巴馬大學（University of Alabama）美式足球隊的口號，他們廣受阿拉巴馬民眾的熱情支持，我還見過有些人在脖子上刺了深紅色的A，以示崇敬。就像是「fan」（粉絲）的本意其實是「fanatic」（狂熱）簡稱。

「你要跟我解釋南方的什麼呢，溫德？」

「偶會告訴你的。」

身為旅人、外地人、尤其是還想把這趟旅程寫下來的人，我是很樂意、也很滿意能遇到像溫德

6 範圍浮動的指涉概念，在北方指新英格蘭人，在南方指北方人，在美國以外的地區甚至可以指稱所有美國人。

這樣的人——耐心、友善、健談、好客，而且舉止幽默。尤其是夜色已深，又在這條小徑上，碰到這位在地鄉親真是如獲至寶。

「什麼鬼……」

在他說下去之前，一輛低底盤的生鏽雪佛蘭停在我們旁邊，敞開的車窗裡傳出嘻哈歌曲的刺耳巨響，我聽到一句「這些黑鬼不就等著撈好處……」

有個男人戴了頂沾滿油汙的帽子，帽沿歪向一邊。他抖抖腿，站了出來，引擎還發動著，車門沒關上，音樂也因車門敞開變得更大聲。從駕駛座椅面的裂縫裡，還能看見一叢叢粗糙的填充物。

溫德睜大了牡蠣般的雙眼，像在安撫我一樣輕聲地說：「偶認識那個人。」

那人紅著眼，沒刮鬍子，看似具威脅性，但一見到溫德就笨手笨腳地敬了個禮，咧嘴露出牙縫。

「最近怎樣？」那人邊走邊說。

「你們都好嗎？」溫德說道，接著就不發一語。

「都很好，兄弟。」

「聽到啦！」

我們就這麼等著，任憑那輛車發出的噪音往我們噴濺，迴盪在停車場四周黑如夜色的樹叢之間，直到歪帽人拎著一手啤酒離開超商，跳上他的車，倒車開進黑暗中，也將吼叫聲一併帶走。

「你本來要說什麼，溫德？」

「偶會跟你講有關南方的事。」他靠向我，緊挨著我的臉緩緩說道。「偶們是好人。偶們不像你們北部人是讀書人。但是偶們是好人。偶們是敬畏上帝的人。」他瞇起眼睛，似乎想從記憶中找出個例子，接著就說：「要受過一點教育才會問像上帝是不是真的存在這種問題吧？」

「我想是吧！」這時我想到，他可沒把教育說成教易[7]。

「不要緊！偶們在南方沒在問這種問題。但偶們是好人。」他挺起身，站得更直了些，才又謹慎地說出另一段見解。「在南方，不管黑人白人，誰也不會沒招待你吃點東西——吃頓飯，或三明治，或一點花生，隨便什麼都好——就讓你走出他們家。」他用緩慢沉穩的聲音說。「他們會把你餵飽的，先生。」

「這是為什麼呢？」

「因為只有這樣做才對。」

「這就是好客吧！」我說。

「這就是好客！等你回來加茲登，你就停下來，過來看偶和珊蒂，偶們一起吃點東西。」他用空著的手搭上我的肩。「偶剛剛才認識你，但偶看得出來你是讀書人。你是好人。偶現在要回家跟珊蒂講。」

接著他提醒我不要在加茲登過夜，而是繼續開到佩恩堡（Fort Payne），那邊可以找到比較優質的汽車旅館，不過回程時，他和珊蒂很樂意接待我。

「往佩恩堡是哪個方向？」

溫德抬起頭，面朝隱沒在昏暗中的交流道，嘟起嘴示意方向。

7 美國通俗文化哏，故意將 education 拼作 edumacation，用以自嘲或嘲諷他人沒讀書、程度差、念爛學校等等。

「說說南方的事、那裡是什麼樣、都在做什麼、為什麼住那邊、為了什麼而活。」

溫德說過的話，甚至是他用手抓住我肩膀的方式，都給我一種印象，讓我想起出自福克納《押沙龍，押沙龍！》（*Absolom, Absolom!*）中常被人引用（而且是藉加拿大人施瑞夫〔Shreve〕之口說出）的這句話——而這也是擅長以斯文委婉詞句寫出大量著作的福克納，一直設法以各種方式答覆的提問。但我覺得溫德對此是有答案的，於是駛進這片夜色時，就更愉快了。

窮人儘管身無長物，卻仍保持了他們文化的完整無損，並當作是自己生命力的一部分，而有錢人卻早已將其拋棄。包括這次偶遇在內，這一路上的許多邂逅都讓我見識到，一名旅人可以如何接觸、隨即融入南方生活的節奏當中。他們簡簡單單的歡迎有股將人包覆起來的力量，堪比魔咒。

公路糖：在美國旅行

大多數的、也許是所有的遊記，即使經典名作亦然，敘述的都是在一個個偏遠地點之間來往移動時，遭遇到的諸般淒慘情事與壯麗美景。故事講的是追尋的過程、前往當地的經過，以及一路上碰到的險阻；重要的是旅程而非抵達，而大多數的時間裡，旅人——尤其是旅人的心境——才是整件事的主旨。我自己的寫作事業，也是用這種跋山涉水與自我描摹建立起來的；還有其他許多人的遊記，也都採用了這類冒險犯難、凸顯自我的老派做法。就像奈波爾（V. S. Naipaul）也在《南方的轉折》（*A Turn in the South*）當中睿智地解說過，旅人就是「藉由陌異背景的襯托來定義自己的人」。

但是在美國旅行與在地球上任何地方的旅行都不相同。我剛展開這趟深南之旅時，曾在阿拉巴馬州一座小鎮的便利商店停下來買飲料。但我停在這裡的原因其實是這家店就建在一小塊水泥基座上、位於小徑旁，搭成店面的板材歷盡日曬雨淋，釘在牆上的可口可樂標誌已經生鏽。在騎樓下——上頭有屋簷遮著——放了張板凳，我可以坐著喝飲料、寫點筆記。這家店的外觀如此樸拙老舊，業主想必能聊。

櫃檯後年約六十、戴了頂棒球帽的男人在我走進去時，向我打了聲招呼。我從冷藏櫃拿出一瓶汽水，付錢時看到櫃檯上放滿了玻璃缸——就像金魚缸那個樣子——裡頭裝滿散裝糖果。我的少年時代在眼前一閃而過：（約一九四九年）位於梅德福鎮韋斯特街（Webster Street）與噴泉街（Fountain Street）轉角的山姆商店（Sam's Store），櫃檯上擺著裝滿糖果的瓶瓶罐罐，每顆售價一便士。

「我小的時候……」我說，那男人很有禮貌地聽著我的回憶。我把話說完：「我們叫這個是便士糖。」

「公路糖，開車的時候吃的。」他說。

在我看來，公路糖完美概括了開車穿越深南地方的樂趣。就像是我所見到、經驗到的種種，這一路的自由自在，我遇到的人、學到的事。在我這段日子裡，公路糖俯拾即是。

在路況完善的公路上兜風，從這一地前往下一地，看似如此愜意、如此簡單。這樣的旅程實則充滿誘人上當之處——尤其會讓人誤以為，這些寬闊大道就是繁榮昌盛的證明，由此即可輕易認識美國。弔詭之處在於，美國的許多公路走到最後都是死路。抵達終點既是目標、也是挑戰，因為在這個信奉即興文化、崇尚不守規矩的國家，經常冒出始料未及的事故。我還發現，雖然美國國土易於親近，但美國人一般來說並非如此；他們比我旅行時接觸過的任何民族都還難以認識。

在美國旅行是如此的一派輕鬆，使得任何慣用的敘述方式都不再適用這趟旅程，不必提到移動，也不必提及那經常構成遊記主軸的、從一地前往另一地時歷經的磨難。美國的公路鋪設得太完好了，不夠險阻，以致於從旅人的故事裡消失無蹤，只有感謝其用處時除外，就像胡笙王子（Prince Husayn）感激他那張魔毯一樣：「乍看寒酸，但其性能在於任何人一坐上去，心裡想著要參訪的鄉里或城市，就會立即輕鬆安全抵達當地。」（理查．柏頓，《一千零一夜補遺》〔*Supplement Nights*〕）

危險或難行的道路還可以作為旅程的主旨；魔毯就不行了。經典的旅行故事，講的是涉險的傳奇，通常還要追尋某個目標，等於是用健行裝備重新包裝過的《奧德賽》（*Odyssey*）[8]，注重的是這趟追尋中不斷橫生的波瀾，以及最後的平安返家。這種書因此複製了許許多多的傳奇故事，尤其是旅人受困於重重阻礙的那種故事——可能是魔鬼、巫婆、盜賊、海妖的誘惑，乃至接連的誤點。《尤利西斯》（*Ulysses*）裡的人物迪達勒斯（Stephen Dedalus）如此總結旅行這件事：「我們從自我內部穿行，遇見搶匪、鬼魂、巨人、老者、小伙子、妻子、遺孀、戀愛中的弟兄們。然而，我們遇見的總是我們自己。」路上的種種磨難就是傳奇之處，抵達目的地就是大多數旅行書籍的主題，從十七世紀松尾芭蕉的《奧之細道》與帕克曼（Francis Parkman）的《奧勒岡小徑》（*The Oregon Trail*, 1849），一直到我們現今的偉大旅行著作都是如此：如威福瑞．塞西格（Wilfred Thesiger）在《阿拉伯沙地》（*Arabian Sands*）說到嘔吐的駱駝、瑞蒙．歐漢隆（Redmond O'Hanlon）在《毫不留情》（*No Mercy*）提及剛果的泥濘小路、布魯斯．查特文（Bruce Chatwin）在巴塔哥尼亞的穿梭自如與舉步維艱等等——而我還應該補充的是，雖然程度較輕，但我寫過的旅行文字幾乎也都是如此。遊記寫的，通常來說，都是如何辛苦邁向終點。

但在美國出遊就跟野餐一樣：尤其是在這個開闊道路密布縱橫的國度裡，前往任何地方旅行，都簡單到無須為此浪費筆墨。挑戰在於我們這裡的往來高度便利，讓人無法用描寫其他國家的方式來寫美國——要是假裝在任何物資供應上吃了苦頭，那肯定是在騙人。

「這片土地遼闊而多變，部分地方還有野性。但幾乎每個地方都被打造得整齊劃一，讓旅人易於造訪，其結果之一就是，（除非作者在寫他自己，否則）沒有一本旅行書可以只寫公路與旅館而已。」奈波爾在他那本南方遊記中寫道。他又接著說美國不夠稀奇古怪，不過這項說法有待商榷：儘管奈波爾聲稱這本書的主題是奴隸制的遺緒（《奴隸州》〔*Slave States*〕曾是暫定書名），但他在這趟穿越南方的旅程裡，注意的卻都是一些大城市。此外，他又精闢地補充說：「（美國）已被人過度認識、過度拍攝、過度描寫；況且它太有條理、不夠隨意，因此沒那麼適合進行隨興的勘查。」

也就是說，你只好依照維多利亞時代的套路，在情節裡安插一些旅行作家該做的事——吃苦、恐懼、克服困難、忍耐各種物資匱乏與怪誕儀式、找到黑暗之心、遇到呆頭人（Jumblies）[9]、與傳教魔人及泥人族（Mudmen）[10]談話、觀察食人族和頭顱長在肩膀下面的人[11]、表現英雄氣概，還

8 詩人荷馬（Homer）所著的古希臘史詩，主要講述希臘英雄尤利西斯（Ulysses）在特洛伊城（Troy）陷落後返鄉的故事。
9 英國作家愛德華·李爾（Edward Lear）所作童謠《呆頭人》（*The Jumblies*）中，一群企圖搭乘篩子渡海的憨傻人物。
10 巴布亞新幾內亞（Papua New Guinea）的原始部落，身上會塗抹灰色泥土，也會戴上恐怖的黏土面具來嚇唬敵人。
11 此句出自莎士比亞筆下的《奧賽羅》（*Othello*）。

要活下來講述這段傳奇——並在其中刻意製造重重阻礙，或是恣意冒充英雄豪傑。即使在這塊歡樂的土地上，許多人還是這麼做。在我看來，他們書裡講的都是一些誇大不實的磨難。

不實磨難

有些美國遊記取得小規模成功是因為它們拿嚇人、危殆、風險、生死交關的奇遇當作賣點——也就是把異國遊記裡稀鬆平常的歷盡艱辛橋段，拿來改成了國內版。這種裝模作樣、以為自己是「白日夢冒險王」的傾向，或許始自亨利．梭羅（Henry David Thoreau）。雖然他確實是文學天才，但從哈佛畢業後就擠在父母家住，就像時下所謂的繭居族，極少遠離自家去冒險。他短暫的一生（四十四歲過世）泰半為疾病所苦。當他在日記中寫下「我這身病弱的筋骨佇立在時光與永恆之間，宛如一片枯葉」，他並無誇張之意。

他當時二十六歲，深受慢性支氣管炎、情緒起伏，以及嗜睡症反覆發作的困擾。他讚揚戶外活動、熱愛健行，但還是結實不起來。他二十八歲時試著獨立生活，在瓦爾登湖（Walden Pond）畔蓋了座小木屋，這時他常被描寫成孤獨的見證人，在野地過著隱士般的生活。然而他媽媽其實距離他只有一哩半，還會烤派給他吃、幫他洗衣服。他夏天在瓦爾登湖邊，沒在讀書寫作時，就會找大家一起去採越橘莓。

梭羅在瓦爾登湖畔讀的書之一，就是赫爾曼．梅爾維爾（Herman Melville）當時剛出版的《泰皮：玻里尼西亞生活一瞥》（*Typee: A Peep at Polynesian Life*）。梅爾維爾在這篇對夏威夷和某次太平洋捕鯨之旅加油添醋的記事中，描述他和另一名船員如何在偏遠的馬克薩斯群島（Marquesas Islands）跳船，以及他與島上的靈氣美女法雅葳寫意的羅曼史：「法雅葳與我倚著獨木舟的船尾，如膠似漆；這位溫柔仙女不時將菸斗舉到唇邊，吐出菸草的柔和煙霧，她薔薇似的氣息又為其增添清新香氣。」

比梅爾維爾年長兩歲的梭羅不會知道，梅爾維爾美化了他的海島經歷，也誇大他待在馬克薩斯群島的時間——他只待上一個月，卻宣稱待了四個月。他靠這本書聲名鵲起，而這本書的引人非議，加上書中提到在遙遠、完好又隱密的世界角落（有食人族、水中仙子、裸體）進行的熱情冒險，都讓瓦爾登湖畔那位孤身一人的支氣管炎患者留下了深刻印象（幾年前他才被唯一愛過的女人拒絕）。他在獨居一年後，都快患上幽閉焦慮症了。

一部分是為了回應《泰皮》，也因為熱切渴望達成自己的荒野探險，並取得可供寫作與演講的原始材料，梭羅便投入前往緬因州（Maine）的穿梭來回旅程：先搭火車去波士頓，轉一趟火車去波特蘭，再搭蒸汽船沿著佩諾布斯科特河（Penobscot River）上行到班戈（Bangor），跟他表哥及兩名木材商人會合。這四人搭乘驛馬車，一路晃到內陸的馬塔旺凱格鎮（Mattawamkeag）。從那裡又划獨木舟溯河約二十五哩，才抵達北雙子湖（North Twin Lake）。一望無際的森林讓梭羅激動不已，他覺得這個地方在那些「初代探險者」看來，想必是「蠻荒且不可穿越」的吧！這個地區有「一股我從未感受過的野性。」

原汁原味的荒野讓他心悅誠服，他終於發現一些狂野、原始又危險的事，可以跟梅爾維爾的馬克薩斯群島媲美。這群人步行穿越樹林，來到卡塔丁山（Mount Katahdin）的緩坡。梭羅獨自爬上山，（自稱）覺得像是普羅米修斯（Prometheus）[12]。這次爬卡塔丁山讓梭羅獲得靈感，寫下這段出色的描述：「大自然在此儘管美麗，但卻凶殘而可怖。我心懷敬畏望向這塊我踏上的土地，見證諸般神力在此的成就，以及祂們使用的形式、式樣與材質。從渾沌與萬古長夜中造出的是這片我們聞的大地。這裡不是什麼人的花園，而是未經開闢（未遭侵犯）的地球。這裡不是誰的草坪、牧場、平野、林地、草場、農田或荒地。這裡自始就是地球乾淨而自然的表面，理當直到永遠。」

這場為期兩週的愉快踏青，四人只是走過一片樹林。可梭羅把它變成一趟史詩級的行程，一場發現之旅。後來他聲稱在緬因州發現的荒野，比梅爾維爾在偏遠的馬克薩斯群島經歷的任何事物都更加原始、更難以抵達。他還自欺欺人，繼續相信這一路受盡磨難。

這種不實磨難的存在，已然成為美國旅行敘事的一項特徵，並延續至今。值得稱道的是，亨利．詹姆斯也寫過他從波士頓前往聖地牙哥的漫長火車之旅，但他不曾抱怨行路艱難，只說紐約的「天際線像是插針包」，某些城市「視覺上就醜」，以及普爾曼[13]車廂是「相連不斷的拘禁囚籠」。他很高興能回到倫敦。

「我覺得不可能、絕對不可能，有任何英國人生活在那邊還會開心。」狄更斯（Charles Dickens）在《美國紀行》（*American Notes*, 1842）回想起這趟旅程時寫道。這裡還有四位曾搭巴士遊覽美國的英國旅人，可以佐證狄更斯的評價：

「紐約市這座廣闊的航港局總站（Port Authority Terminal）是個駭人的地方，在這裡會猛然發現自己孑然一身。」著作豐富又冷靜自持的艾瑟爾．曼寧（Ethel Mannin）在《美國之旅》（*American Journey*, 1967）如此悲嘆她這趟巴士之旅的啟程。她繼續說道：「重要的是克制住自己，不要坐下來啜泣。」

瑪麗．戴．維恩（Mary Day Winn）在《碎石徑：長途客運萬哩行》（*The Macadam Trail: Ten Thousand Miles by Motor Coach*, 1931）裡，敘述她在亞利桑那（Arizona）受的罪：有個武裝男子攔下她搭乘的豪華大客車。「一見到亮槍，駕駛身後那位妝化太濃的女孩就尖聲慘叫。」但槍手並沒有搶他們的錢，反而把這場打劫變成一齣鬧劇，他堅持要親吻車上的六位女性，在扔下這二十七名旅客閃人之前，還落了句：「再不親個俏姑娘，我就活不下去了。」

英國作家恩尼斯特．楊（Ernest Young）在德州聖安東尼奧（San Antonio）所面臨的困難，就是為了寫他這本《北美遊歷記》（*The North American Excursion*, 1947）而必須一早爬起來趕巴士：「我第一天的路程有四百三十哩，大約等於從柏瑞克（Berwick）到地之角（Land's End）[14]的距離，又得再次早早起床，可我向來討厭早起。在路邊一間小屋匆忙吃了早餐，外面雨霧迷濛，對長途巴士之旅來說，這可不是個好的開始。」

「為了致富而前來美國的各色種族的人……都留了下來，活得像群沒人照料的牲畜。」詹姆士．莫里斯（James Morris）在《東岸到西岸》（*Coast to Coast*, 1956）裡這樣寫道。他繼續說：「在如此的生存處境下，種族偏見也就興盛起來。你經常可以在巴士上或街角聽到一陣難聽的碎唸——有

---

12 希臘神話中最具智慧的神明之一，教會人類許多知識，名字有「先見之明」的意思。

13 普爾曼公司（Pullman Company）是鐵路興盛時代的列車製造商，以打造臥鋪與餐車車廂聞名。

14 分別位於英格蘭最北端與西南角。

喝醉的黑種人癱在座位上咒罵白人，也有白人男性為了穿過一群黑人婦女，就囂張地推開她們。」

莫里斯這本書在別的部分雖然友善而寬容，但也詳實記錄他的疑懼。「暴力始終是存在於美國生活的要素之一。」他這樣寫道。後來，在敘述風暴、洪水、格蘭德河（Rio Grande）的氾濫，以及密西西比州維克斯堡（Vicksburg）的強風（他稱之為「颱風」）時，他也說：「殘暴總在不遠處。」

莫里斯在另一處又評論道：「你可以感受到潛藏其下的野蠻，固然是克制住的，但依然存在，存在於受人敬仰的商界人士的許多聚會場合，（甚至）存在於麋鹿社員（Elks）[15]或同濟會員（Kiwanis）當中。」他的行程本身是優雅愉悅的；他肯定沒遇到什麼殘虐行徑，但仍然指出：「也有些時候，男士們會用一些惡意的問題纏著我不放。」十幾年之後，他動了變性手術，名字從詹姆士改成珍，並在紐約買了一間公寓，不過這時她已開始讚美這座城市。查爾斯．波帝斯（Charles Portis）則評論道：「這些名叫克里夫、柯林或費歐娜的英國記者，隨便寫寫筆記，又把事情弄錯，這種遊記也號稱是在描寫真實的美國，不過這個主題也老掉牙了。」

必須說明的是，前述這些旅人沒有一個是以徒步方式攀上山巔、突破森林或穿越沙漠的。他們都坐在舒適的大小車輛裡，走在品質良好的道路上摸魚打茫。不過像這樣戲劇化地誇大其詞，也不只有他們。許多美國作家都在這種不實磨難面前失節投降，重新創作了一番美國公路之旅的艱辛。「莫哈維沙漠（Mojave）既廣闊又嚇人，」約翰．史坦貝克（John Steinbeck）在《查理與我：史坦貝克攜犬橫越美國》（*Travel with Charley*, 1962）中寫道。以下就是這類險境的一個例子：「大約五十碼外，有兩隻郊狼站在那兒盯著我……我受過的訓練告訴我：『宰了牠們。』」有位調查記者比爾．施泰格瓦德（Bill Steigerwald）沿著史坦貝克的路線重走，並在《尾隨史坦貝克》（*Dogging*

Steinbeck, 2012）中證明，這位即將獲得諾貝爾獎的作者，其實根本沒去過自己筆下描述的半數地方，他大多時間都與太太待在豪華飯店裡顯擺，寫的內容有一大堆胡說八道、含混其詞與無中生有，或許根本就沒有郊狼。

亨利・米勒（Henry Miller）在《空調噩夢》（*The Air-Conditioned Nightmare*, 1944）裡寫的，是他從紐約到洛杉磯的公路之旅（一九四〇年底至一九四一年）。他一開頭就說，「我覺得需要與我生長的鄉土進行一場和解」，但隨後就將其稱為「橫斷美國的哀怨行程」。這本書中充滿各種抱怨、開車的單調乏味、恐怖的食物（他用了一整章在怒斥美國麵包的品質粗劣），以及醜到嚇人的城市。

對米勒而言，聖路易（St. Louis）又格外恐怖：「那些房舍看似是用鐵鏽、血漬、眼淚、汗水、膽汁、鼻涕與大象屎裝潢的。只是想到不幸要在這種地方度過餘生，就把我嚇壞了。」而加州也一樣糟糕：「加州的真面目開始暴露出來了。我好想吐。但是還得申請公開嘔吐的許可才行。」經過這場磨難後才一年，米勒就在加州定居了。先是住在大蘇爾（Big Sur），後來就都住在洛杉磯，過得開開心心，就像他自己說的：「常保喜悅樂觀。」

險峻巍峨的美國大地、獨自身處風雲之間，則是愛德華・艾比（Edward Abbey）著作《沙漠隱士》（*Desert Solitaire: A Season in the Wilderness*）的主題——獨自面對淒涼的風雲變幻。「與搭車走上百哩的觀光客相比，徒步、騎馬、或騎單車走一哩路的人能看到更多、感受到更多、也享受到更

15 麋鹿社（Benevolent and Protective Order of Elks）是類似獅子會的美國大型民間社團。

多。」但他卻沒坦承自己也有輛車。他還寫道：「荒野。這個詞本身就有音韻之美。」艾比吹捧自己在猶他州南部如何孤寂、獨自與天地融為一體時，也沒提到他有五個月的時間，是在一輛拖車裡與第三任太太麗塔和年幼的兒子住在一起，距離他那些酒友及有酒館的小鎮都不遠。

我的好友強納森・雷班（Jonathan Raban）在《舊日榮耀：美國之旅》（*Old Glory: An American Voyage*, 1981）當中，描述他搭乘一艘動力小艇順著密西西比河而下的旅程。他是傑出的旅行記敘作家，也是敏銳的風俗民情分析家，在這本書裡精闢又風趣，而且以外人的身分觀察美國，還看見許多被本國人忽視之處。不過在他這本精彩的書裡，也有極少數的不實磨難。有次他變得很害怕一群鳥：「在伊利諾州那一側的岸上有棵枯樹，似乎已被一票無所事事的大鳥當成破爛賓館。」他被這些鳥嚇壞了：「我從包包翻出墨鏡，忍不住想著，牠們會想先啄出我的雙眼吧！」這些鳥雖然看似凶狠，可也沒把這位英國旅人的眼睛啄出來。他忍受了陣陣惡劣的天氣、一場失敗的戀情，還有一次險遭滅頂，但終究毫髮無傷抵達紐奧良。

另一位更為晚近、也更為懶散、更缺乏抱負的旅人，則是沿著密西西比河順流而下的瑪莉・莫里斯（Mary Morris），她的《河上女王》（*The River Queen*）更是充滿小題大作的不實磨難。這艘船不合她的品味，共同擔任船長的兩人就像湯姆貓與傑利鼠一樣惹她生氣。餐飲也讓她噁心。她所遭受的磨難，也可以用她的某次埋怨來做總結：「我討厭披薩。我討厭所有麵團類的東西。我想要一頓像樣的飯菜，沖個澡，還有生活設施。」

在阿帕拉契小徑（Appalachian Trail）[16]健行，對於健康的步行者來說，理當是一次沁人心脾、令人滿意的體驗。許多人都走完全程。為了寫《別跟山過不去》（*A Walk in the Woods*, 1998）而與一位朋友一起走過這條步道的比爾·布萊森（Bill Bryson），也在書中放了一個堪稱經典的不實磨難，就是他有一晚在維吉尼亞州一處泉水旁邊露營時，遇到一頭熊。有一頭熊——也許是兩頭，因為他只看到熊的眼睛——遊蕩到附近找水喝。「我猛然坐起。當下腦中每條神經元都醒過來，急速運轉亂成一團，就像被搗了蟻窩的螞蟻。我直覺地抓住我的刀。」但他沒有刀，只有指甲剪——這段插曲剩下的好看之處，就是自我解嘲了。「黑熊很少發起攻擊，」他繼續說，「但問題就在這裡。牠們有時候是會的……如果牠們想把你宰了吃掉，是做得到的，差不多是隨時都可以。」

「畢竟，這裡是美國。」布萊森在別處說過。「常年都有發生凶殺案的可能性。」但熊沒有找他麻煩，他也沒有被殺，除了腳痠，他在書裡幾乎沒碰到什麼不方便，但就算寫了這些不實磨難，這本書還是滿討人喜歡的。

「就當我瘋了吧！」以利亞·沃爾德（Elijah Wald）在《與陌生人同行》（*Riding with Strangers,* 2006）的開場就寫道，「我在波士頓外圍的公路休息區，站在雨中，試圖攔下第一輛順風車，展開另一場橫斷全國的長途跋涉。」但這本書在自嘲與爆笑兩方面，都不如約翰·華特斯（John Walters）一時興起，從巴爾的摩搭便車搭到舊金山而寫下的《暈車》（*Carsick,* 2014）。這本書充滿種種不實磨難，其中大多（他也大方承認）都是這位明明搭得起頭等艙、卻嚮往歷經磨難的有錢男同志電影導演，在腦中杯弓蛇影地妄想，好為他這段辛苦旅程增添幾分敗德的魅力。

類似的書籍還有許多，數以百計、或許數以千計，但每一本都以其特有的筆觸，甚至像在揭露

---

16 縱貫美東十四州的登山步道路線，總長將近三千五百公里。

祕辛似的，模擬著遠赴他方的旅行，把美國重新想像成一幅陌生凶險的異地景象，把旅行變成某種有風險的體力勞動、某種致命的競技賽事，或某種不安全的特技表演。

撇開他們的誇張之處，其中有些書還是值得一讀，但被略過不提的明顯事實是，旅人在美國的行程極少發生延誤。這些遊記作者刻意去行走、划船、搭便車和露營，既讓行程更難走，又能吸引別人注意，但是開車穿越這個國家終究是件再簡單不過的事。賴瑞・麥克穆崔（Larry McMurtry）在《公路行：駕車走過壯闊的美國公路》（*Roads: Driving America's Great Highways*, 2000）這本探討駕車上路的作品裡，就讚揚了這種旅行方式：「我想做的就是，把這些大馬路當作河流，順著這條漂下去、沿著那條溯上來。」這篇談論開車橫越國土的隨筆讀來令人愉快，文中敘述邊開車邊自言自語的傻氣樂趣、在路上的出神遐想、回憶看過的書與老電影，以及對過往的反思：「茫然地開車，伴以最少的思考」。

「我的老朋友九十號。」麥克穆崔提及這條公路時如此寫道。另一次出行時，他又說：「然後我在阿拉巴馬待了一小時。」講得好像他是用飛的。他還說有次開了七百七十哩，從杜魯斯（Duluth）一路開到威奇塔（Wichita），並指出：「我離開公路從來不用超過一百碼，就能找到食物、汽油、洗手間。」此外，他其實還可以再加上汽車旅館。他的書精準反映我在美國旅行時的感覺——這樣孤寂的公路之旅，從許多方面來說，都是種隨喜自在的體驗，公路糖俯拾即是，這是地球上其他國家的駕駛人都無福消受的。

不過還是有些事情會妨礙在美國的旅行，或至少妨礙對美國的深入接觸。我國人民天性好客，但要是外人的反應太過激動，這份好客也會瓦解、碎裂、冷卻、消失，轉化為防範與勉強。我們充滿各種意見，性格卻不喜被人反駁與追問；然而最好的旅人別的沒有，就是問題多。美國人可以說上一整天的話，但他們不擅傾聽，也討厭外人的盤問或追根究柢。

美國人面對私人問題時，就像各國傳統社會那些聞之皺眉的樸實鄉民，有很深的疑慮。我們自稱容忍異議，但你若表達強烈的反對立場，卻可能使你不受歡迎，甚至被視若寇讎。表達不同的意見，常被認定是在故意作對。像這些事，你從我們這副自鳴得意過頭、高喊自由解放的樣子，是看不出來的。而新歸化的美國人、難民、逃離故國恐怖與暴政的人，他們雖然都是為了追求自由才來到合眾國，但常常也是最心胸狹隘、吹毛求疵的人。我們容忍差異，前提是我們不必直視差異、不必聆聽差異，不會為此影響生活。

我國的先天優勢就是疆域遼闊，而且相對空曠，任憑活動。差異得以存在，是因為空間夠大，卻常有人誤以為是容忍所致。膽敢侵犯這片空間的人，才是真正的旅行者。

再次成為旅人

開車南下的我，以自己都不復記憶的方式，再次成為旅人。從我家輕鬆開上公路，以及顛簸的感覺，都讓我重拾舊日的旅行之樂，當年在機場還不用碰到這麼多攔阻、安檢、冒犯——侵犯每位旅客的隱私、搞得大家焦頭爛額。這種審問造成的沮喪與羞辱感，使整趟旅行體驗都蒙上一層陰霾——這還是在旅程真正開始前所發生的事。如今，凡是空中之旅都得接受盤問，盤問的人通常身著制服，水準又比你差。

從前你可以偷偷溜走，直到出示機票、登上飛機為止，你的行李與平心靜氣都完好如初；你就這樣從容不迫地啟程了。在我早期的旅行生涯裡，這時候是很開心的。

旅行本身就包括這麼多煩人的事，而讓人受不了的地方，在於這些事甚至在你還沒出發時就開始了。現在的機場體驗不僅可憎地預示接下來在旅途中將遭受的羞辱，還以惱人的方式提醒即將出發的旅客，他們被自己的國家當成異類，不只是外人，說不定還是窮凶極惡的人，也有可能是危險人物——就算不是恐怖分子，也是來找麻煩的——呼來喝去、脫鞋、解皮帶、脫外套、交出財物、整理清楚、接受掃描，同時還要跺跺腳，這時你一心只想弄完離開；你尚未起飛，就先被掃視一遍，還來不及思考接下來的行程，就又要接受盤查了。

整座機場就如同障礙賽場地，正因如此，它可以搞臭你對旅行這整件事的看法。一點一點、經年累月下來，機場體驗已經演變成極權政府如何運作的極致範例，令你自覺渺小可疑，又讓你身不由己。動機受到如此拙劣的質疑時，一般人的反應通常都是壓抑怒火，也就是蘇聯時代去東歐的旅客碰到欺負人的警察時產生的心情。旅行曾經是種解放；現在則全然相反——這裡說的是空中旅行。年輕一輩的旅人根本不曉得我們失去了什麼。

而你意識到自己同意被侵犯、自己在配合（「這是為我好」），則比受辱還糟；過去造就歷代獨裁與暴政的所有藉口與托詞，集大成也不過如此。在機場剝奪旅人的尊嚴、強迫旅人屈服，這些都與人們對旅行的期許背道而馳。的確，我們活在一個危險的時代，但如果這表示我們要放棄所有的隱私權，那又何苦離家遠行找罪受呢？

解套方法還是有的，但只適用在少數幸運兒上，也就是居住地像我國一樣遼闊，因此可以選擇完全避開機場、出遊全靠開車的人。即使是最低階的老爺車，都勝過飛機頭等艙。因為要坐進機艙，就要被迫忍受官員檢查搜身等羞辱。但誰也無權質疑你，為何要鑽進車子、高速駛離。公路之旅無須序幕鋪陳，只有隨時都能下交流道的爽快。

現今所謂旅行的效益，疑似就是忍受一座又一座機場沒完沒了的爛事，抵達某個遙遠地點，沾染片刻的異國情調，維繫一種自己在旅行的錯覺。這就跟經過計算之後從砲管發射出去的砲彈沒兩樣，而我們大多數人此刻也確實這樣覺得，自己宛如人肉砲彈，恍神而茫然，置身於眾多砲彈中。

旅行還有一種更好、更真切的途徑，也就是老派的途徑——驕傲的公路，無盡的大馬路。

南下

在一個潮濕的秋日早晨，我展開這場沒有特定目的地的旅行，離開鱈魚角（Cape Cod）的家，開車南下，順路經過紐約市、沿著外緣繞過了華府，日落後又繼續開了好一陣子，等到進入維吉尼亞州的弗隆羅雅鎮（Front Royal）時，四周已是一片漆黑。當時是十月份。我要前往深南地方，所以要走的路還長著。但我很清楚，在這種舒服的昏沉狀態下長途開車，連續經過漫長空曠的路段，會導致公路催眠與白線熱[17]發作：這是對公路的感悟，常見的駕駛體驗會變成魂歸天國之路。

17 此處公路催眠（highway hypnosis）與白線熱（white line fever）指的都是長時間疲勞駕駛，加上沿路景物單調重複，導致駕駛人昏昏欲睡、甚至失去意識。

我在展開長途旅行前，通常會感到一陣焦慮。不過這次我感受到的只有喜悅，迫不及待想出發，不用護照、不用安檢、不用趕飛機、不用跟人擠。把摺疊刀扔進包包時，我心裡一陣感動。我裝了幾本書，也拿了帳篷和睡袋以備不時之需。我清空了冰箱，還拎了一袋食物——裡頭有果汁與水煮蛋、一罐自製辣肉醬、起司、水果和幾瓶葡萄酒。

我來到深南地方，是因為我對這裡幾近陌生，但也是為了享受自駕的全然愉悅，以及不必預作規劃的自由，因為只有在美國，你才能放心漫無目的地旅行；就連最不起眼的小鎮，也有過夜的地方，可能就在鎮外，可能是間破爛的汽車旅館；也會有吃飯的地方，好運的話是間靈魂菜（soul food）[18]餐館，但也可能就是一間哈帝漢堡（Hardee's）、阿比漢堡（Arby's）、札克斯比炸雞（Zaxby's）、蜥蜴叢林快餐（Lizard's Thicket）[19]，或是一家油煙味瀰漫、但親切友善、已脫離加盟的炸雞店。但通常是小吃店，櫃檯上擺出各式各樣的炸物——炸過的鯰魚、雞肉、漢堡、波浪薯條、甚至是派——這些大家都吃的農民料理。還有一盆像青蛙卵那麼黏的秋葵，旁邊放著一缽子濕淋淋的甘藍菜，看起來宛如煮爛的美鈔。你拿到的比司吉一定是沾濕的，常常還附贈一聲祝福。我避開大都市與海濱聚落，一路經過了南卡低地（Lowcountry）[20]、黑帶（Black Belt）[21]、密州三角地[22]的窮鄉僻壤、丁點大的小鎮。

二〇一二年的總統大選辯論中，兩位候選人都不斷提到美國的中產階級——他們如何內外交困、稅賦繁重、被債務與不確定性壓垮，而兩人也都打算拯救中產階級——並且爭取這些人的選票。南下的路上，經過紐澤西時，我從廣播聽到有五千萬美國人生活在貧窮狀態。其中在我家鄉的不多，但在我正前往的地方，就為數可觀了。美國人口有百分之十六被界定為窮人，在南方則有百分之二十，當地的貧富差距正在擴大到史無前例的地步。而兩位總統候選人並未表示要拯救窮人。

剛上路時，阿拉巴馬州的一個社工告訴我：「他們會避免使用『窮』這個字。」他解釋道：「『窮』說穿了就是『黑』。」

我對南方的窮人感到好奇。在南方的鄉間道路旅行，免不了會經常碰到美國的社會底層。我當時的旅行理由一如往常，出於坐不住與好奇，想看看對我來說新鮮的地方。我們旅行是為了愉快、為了「到此一遊」的暢快感受、為了換個氣氛、為了增廣見聞、為了能粗俗地炫耀自己去過遠方、為了讓自己改頭換面的可能性、為了直盯著異國事物瞧，以感受偷窺狂的浪漫。

「你什麼地方都去過了。」人們會這樣對我說，但這話不能當真。我想去的地方不僅很多，其中許多還近在眼前。我的確去過巴塔哥尼亞、剛果與錫金（Sikkim）[23]，但是——身為美國人——我卻沒去過美國風景最優美的那些州，從未去過阿拉斯加、蒙大拿、愛達荷、或是南北達科塔，在堪薩斯與愛荷華也只是匆匆一瞥。我從未在深南地方旅行過。我想去這些州看看，不是搭機，而是

18 原本由美國黑奴發展出的菜系，常使用內臟、葉菜、豆類等食材，後人取其堪比靈魂樂之意，因而得名。

19 四間餐廳皆為連鎖加盟餐飲品牌。

20 南卡羅萊納州沿海南段地區。

21 原指阿拉巴馬州至密西西比州的肥沃黑土，後轉變涵義，指從維吉尼亞州一路延伸到路易斯安那州的黑人聚居地帶。

22 即密西西比州三角地（Mississippi Delta），其並非地理意義上的三角洲（river delta），而是密州西北部臨密西西比河的沖積平原地區，不同於密西西比河在路易斯安那州的出海口形成的「密西西比河三角洲」（Mississippi River Delta）。

23 印度的一個內陸邦，曾為世襲王國，稱為錫金王國。

在地面上慢慢旅行，只走支線小路，並挑戰這條通則：「千萬別在名為老媽的店吃飯，千萬別跟外號『大夫』的人玩牌。」[24]

對我來說最刺激的經驗，莫過於一大早在家裡起床，然後駕車出發，展開迂迴漫長的橫越北美之旅。沒什麼事比這更能帶來自由的感受——不用搜身、不用護照、不用在機場亂成一團，只須發動引擎，即可揚長而去。駕車進行這種即興的長途公路之旅，是典型的美式作風，始自上個世紀初，汽車運輸變得可靠之時。

第一條橫越全國的公路是一九一三年啟用的林肯公路（Lincoln Highway）。這條串連許多原有的東西向道路、銜接紐約與舊金山的全國要道，當初並不是聯邦政府的計畫項目，從構思直到完工全由民間商人包辦。這些商人全都與汽車業有來往，領頭的是印第安納波利斯（Indianapolis）的車燈製造商卡爾．G．費雪（Carl G. Fisher）；他還興建了印第安納波利斯賽車場（Indianapolis Speedway）。大約同時，另一條熱門的南北向路線也落成了。一九二〇年，新婚三個月的史考特．費茲傑羅與妻子賽爾妲（Scott and Zelda Fitzgerald）就駕駛一輛一九一八年款的馬蒙公司（Marmon）敞篷小轎車，從康乃迪克州開到了阿拉巴馬州。史考特在《老爺車歷險記》（*The Cruise of the Rolling Junk*）裡，將這趟旅行寫成一篇歡樂的記事，這也是美國最早的汽車遊記之一。

後來又有許多公路著作跟著推出：其中較重要的有亨利．米勒、凱魯亞克（Kerouac）和史坦貝克的書，以及威廉．利斯特．希特—蒙（William Least Heat-Moon）的《藍色公路》（*Blue Highway*）。納博科夫（Nabokov）與太太一起駕車遊歷美國各地找蝴蝶，而這趟公路之旅後來造就的小說《蘿莉塔》（*Lolita*）也算是篇公路遊記了。查爾斯．波帝斯的《南方之犬》（*The Dog of the*

South）也是本傑出的公路之旅小說，從阿肯色州開始，結束在宏都拉斯，寫了趟狂放的旅程，筆觸幽默又帶著智慧：「車子運轉良好，我因隻身出遊的快樂而喜形於色。這幾乎算是幸福的狀態了。」

自從汽車問世以來，人們就開始將公路之旅寫成故事，在美國與歐洲皆然。吉卜林（Rudyard Kipling）很早就開始乘車，他在一九一〇年買了一輛勞斯萊斯，讓司機載著他全英格蘭到處跑，他則一路寫筆記。伊迪絲・華頓（Edith Wharton）則熱愛買車，她一九〇二年首次乘車，一九〇四年就買了一輛龐阿爾—勒瓦索（Panhard-Levassor）[25]，後來又買了一輛黑色的波普—哈特佛（Pope-Hartford）[26]。華頓寫了《駕車穿越法國》（*A Motor-Flight Through France*, 1908），書中第一句就是：「汽車找回了旅行的浪漫。」她跟吉卜林一樣有個司機，而且經常會載她的單身友人亨利・詹姆斯一程。詹姆斯很喜愛她這些車子，還稱其中一輛新車是「熱情洋溢的座駕」。

「詹姆斯逐漸開始羨慕她，驚嘆於她的活力。」柯姆・托賓（Colm Tóibín）《時尚》雜誌（*Vogue*）的「名家大師」文章中寫道。「其中一次入住（華頓位於麻州的）山峰莊園（The Mount）時，正值熱浪來襲，此時詹姆斯僅有的調劑，就是『不停開車』。華頓寫道，他們『每天不停地開，經過好幾哩在烈日下凝滯不動的閃亮風景。在我們移動的同時，他變得舒暢又開心，也打起精神了。』」

24 語出美國作家納爾遜・艾格林（Nelson Algren）。

25 法國汽車廠牌，一般簡稱「龐阿爾」（Panhard，或譯「潘哈德」），在二十世紀前半以生產高級小轎車知名。二戰後經營不善，陸續被雪鐵龍等公司收購轉賣，現為雷諾集團之軍車部門。

26 二十世紀初的美國汽車製造商波普集團（Pope Manufacturing Company）旗下品牌之一。

雖然美國所有公路的樣子都差不多，路況順暢也可以想見，不過美國各地方與各地民眾卻是各不相同，這也造成一些其他問題。行駛公路通常意味著不費力且標準化的享受，就算碰到沒人樂見的塞車時亦然。這就使突如其來的到訪與邂逅，都顯得有些超現實了。有一天，我駕車離開鱈魚角的家，離開這個我熟悉的住處，就這樣在同一條路上開著，入夜後，就發現自己置身在一片全然不同的景物中，周遭的人們雖然相當有禮，但卻不欲為人所知。

在非洲與中國，還有印度與巴塔哥尼亞，當地人似乎都很感謝外人的到訪。我們熟悉的旅行著作裡，寫的就是這樣的劇情、氣氛與接觸。但是在美國，可不會有人在本國同胞來訪時，演練傳統的好客精神，或說出阿拉伯語的公式句型「願你平安，至仁真主之客！」（Salam aleikum ya dayf al-Rahman!），或是印地語版本的「歡迎！客人就是神明！」（Atithi devo Bhava!）

來客更常遇到的，會是猜疑、敵意或冷漠。從這方面來說，美國人更難對付、更不容易混熟、更不坦誠、也更多疑，在許多面向上，比我遇過的許多人還更陌生難懂。

湮沒的百分之二十

帶著一探究竟的精神，我來到了南方，因為我幾乎沒去過那裡，對其所知甚少。每個人都知道，在南方那些顧盼自得的角落裡，藏著財富、風尚，還有安逸——那裡有莊園、馬場、精緻料理、宜居城市、郊外的高檔社區，還有美國某些最優質的房地產。

但那僅是洋玉蘭老樹飄香的美好南方。一離開那裡，不用走很遠，就是飢餓、骯髒與赤貧。而全美國最貧窮的區域，也在這幾個陽光燦爛的州裡，就位於這些全南方最美麗的農業區之中：南卡羅萊納州低地、阿拉巴馬州黑帶、密西西比州三角地，以及阿肯色州的奧札克高原（Ozarks）。住在這些地方的窮困百姓，與我在非洲和亞洲的經濟落後地區遇到的許多人相比，在某個（我即將發現的）面向上更為窮困，也更加無力與絕望。他們住在深埋內陸的窮鄉僻壤中、分崩離析的聚落裡、破敗衰亡的小鎮上，身處邊緣，鮮為人知。

這些美國窮人，財產寥寥無幾，但仍保有隱私——從很多方面來看，這就是他們僅存的一切了，他們不願意再失去它。這樣可不利於旅人好奇探問：他們看似無所事事時究竟在做什麼？國土的樣貌，是旅人透過選定獨特的路線，進而編造出來的。但是真誠的旅人編不出體驗，而體驗就是故事的原料。許多書都已經寫過南方那些人盡皆知的激昂故事，但我養成的習慣是略過輕鬆愉快的城市與顯而易見的歡樂，偏好小地方與凋萎的城鎮，去見見那湮沒的百分之二十。

額上有個點的印度人

離開弗隆羅雅鎮（就「別無他途」），繞了（號稱「不容錯過」的）路，沿著天際線大道（Skyline Drive）穿過仙納度國家公園（Shenandoah National Park），此處在這個晴朗的秋日格外美麗，既捲且脆的枯葉絢爛成一片赭色與黃色，像破布碎片在風中翻轉，飛越這條貼著稜線的狹窄蜿蜒公路。我從三千呎的高度俯瞰谷地，想起了非洲的大裂谷（Great Rift Valley）。

身為一個美國人，遊遍世界回家後，免不了會做一番比較。在我悠哉晃過紐馬基特（New

Market）、再到哈里森堡（Harrisonburg）與威斯維爾（Wytheville）[27]時，東非的景象整天不斷閃過我心頭，讓我想起那裡的金合歡樹與高地、村莊與商店，以及在東非各地無孔不入的印度人——成了人稱「鋪子掌櫃」（dukawallahs）的小店老闆或是貿易商。近年因部落屠殺而受創、已經滿布難民村落的大裂谷，與眼前這片壯觀的景致相比，就弱掉了。

我在興奮的心情下開了整天車，穿過這片金色的連綿山丘，窗外滿是紛紛飄落的樹葉，以及層層堆疊的腐植質氣味。

夜幕落下時，我才在維吉尼亞州的東南角、位於阿帕拉契山脈邊緣的布里斯托鎮（Bristol）步入平價汽車旅館的大廳——有一股濃烈的薰香撲面而來，但仍遮不住逸散的咖哩味。在印度的每一間房舍，以及非洲的每一家印度「鋪子」（duka）裡，都是這個味道。

「你好！」

一個小個子、皺眉頭的男人掀開珠簾，從通往後場的門走出來。珠簾也很有印度風。他帶來更濃郁的氣味，這股氣味暗示了一篇故事的許多細節，像是簾後正燒著好幾炷拜神的香，但也遮蓋了其他味道，像是令你眼睛發癢的香水味。

在一片白人與黑人組成的景象中，我所看到最顯眼的就是這個人，他是我在南方碰到的第一個「Indian」，是汽車旅館的老闆，一個在前額點了種姓標記的印度人，而不是頭上插了羽毛的印第安人。[28]汽車旅館、加油站、還有便利商店的生意都被印度人包攬下來了，眼前是我碰到的第一位，後來我還會碰到很多。在南方流傳的耳語之一，就是白人把這些商店賣給印度人的目的，是為了刻意作對，不讓這些店落入黑人手裡。後來我又遇到好幾百名印度人，他們幾乎全都來自印度西部的古吉拉特邦（Gujarat），其中許多人是最近才移民過來的。

老闆名為哈迪普・帕特爾（Hardeep Patel），來自古吉拉特邦的蘇拉特縣（Surat）。被旁遮普人（Punjabis）[29]瞧不起的這些古吉拉特人，就是平常隨處可見的印度人：非洲東部與中部的店員、英國小鎮大街上的店主與郵局支局長、美國南方的汽車旅館老闆，都是這些人。帕特爾先生先移民加拿大、待了幾年後，才跨越邊境定居美國。你一開始會想：這可憐的傢伙要一個人顧自己的店！但他們會先透露，自己與該鎮或該地區所有的古吉拉特人——姓帕特爾或德賽（Desai）或沙（Shah）[30]的，統統有關係。

「我認識一些人——其他的印度人，也是經營汽車旅館的。他們有幫我的忙。」

「布里斯托還有別的印度人啊？」

「有十五戶。」有趣的是，他說的是印度的社會單位，有幾戶，而非有幾個人。

到了早上，這家經濟型旅社的七、八個房間都退房後，我看到的是哈迪普・帕特爾先生推著洗衣籃，一間一間地在收床單與用過的毛巾。過了將近四十年，他似乎還是親自打掃房間，至少今天早上並沒有清潔工或管家來幫忙。這是否表示生意不好，使得帕特爾捉襟見肘呢？不，或許這正好

27 這三個城市都位於美國維吉尼亞州。
28 印度人跟印第安人的英文皆是Indian。
29 南亞民族之一，是巴基斯坦最大民族，也分布在印度旁遮普邦等地。
30 三者皆為印度西部常見姓氏。

解釋了停在門口的那輛凌志轎車（Lexus）。

在南方，還有另一類的印度移民。若干年來，印度醫師只要同意在美國較貧困的地區（所謂「服務不足區域」）行醫，就能循簡便途徑取得美國簽證。這項辦法現在稱為「國家利益豁免」（National Interest Waiver）方案。

一九九〇年代以來，有成千上萬的簽證已經依據這項優惠方案核發，但卻從來沒人查核過這些成功獲得簽證者的後續進展。其中許多簽證都是由美國駐馬德拉斯[31]領事館發給坦米爾納都邦（Tamil Nadu）的醫師，以及隔鄰安德拉邦（Andhra Pradesh）海德拉巴（Hyderabad）的醫師，談妥的條件是，獲發簽證者會在某些指定的資源匱乏地區服務幾年，尤其是阿帕拉契地區。

這項方案推出後不久，相應的詐取簽證方式也隨之而生。這些印度醫師之中，許多人都向移民歸化局（Immigration and Naturalization Service）申請以「醫師助理」身分持臨時工作人員（H1-B）簽證來美工作。這些所謂的助理全都是想成為美國公民的醫師。後來有關部門發現申請程序中的謊報模式，才使整個造假集團曝光。

無論就阿帕拉契地區醫師的工作量或收入而言，都不需要請這麼多「助理」。這顯然只是這些醫師入境美國的一種手段，來了之後再想辦法變更居留身分。這些印度醫師之中，許多人（大部分是海德拉巴人，其中有些涉及一起詐取簽證案）後來還是到了阿帕拉契地區，至少待了幾年，再搬進城市裡執業、賺更多錢，有人是合法為之，也有人只是沒被查獲。

雖然帕特爾先生擁有高學歷，但他並不是這些醫師的一員。他一直以來的心願，就是擺脫印度，落腳美國。與他談話時，我聽到珠簾後有年長女性對著電話咯咯笑，可能是帕特爾太太吧！這對夫妻住在汽車旅館裡，就像東非那些住在店鋪後面的印度裔家庭。帕特爾家有三個女兒，都已經結婚。

「婚事都是你安排的嗎？」

「是戀愛結婚的，美國作風。」他搖著頭說道。

牆上掛的幾幅家族照片裡沒有女兒的相片——這或許有些過分。孫輩的照片倒是掛出來了，最大張的是他十六歲的兒子。哈迪普．帕特爾先生簡短而自豪地描述說：「他打高爾夫球。」

大石縫

四十幾年前，我在維吉尼亞州的夏洛特維爾（Charlottesville），第一次聽說大石縫（Big Stone Gap）這個地名。

我第一次去南方，是十一歲時在舅舅家過暑假。他是軍醫，派駐在維吉尼亞州的李堡（Fort Lee），一旁就是阿波馬托克斯河（Appomattox River）畔的霍普威爾（Hopewell）。鄰鎮彼得斯堡（Petersburg）以彈坑戰役（Battle of the Crater）[32]聞名，北軍在此役落敗，隨後將彼得斯堡包圍了八個月，直到該鎮投降。對於一九五二年的那個夏天，我還記得去參觀了戰場，好多餐廳門柱上掛了

31 印度東南部一座大城。印度獨立後，許多城市「正名」，馬德拉斯（Madras）也改稱清奈（Chennai）。

32 一八六四年美國南北戰爭發生於彼得斯堡的戰役。

一小塊「白人」字樣的標語（我舅舅悄聲向我解釋的）。還有紅黏土路、在鄉間鐵軌上搭乘手推車，以及一幅我難以忘懷的景象：一輛馬車上，載著一架嘟嘟作響的汽笛風琴[33]，風琴漆成金色，還畫上紅色螺旋紋，一座高聳的煙囪冒著煙，幾根汽笛邊運轉邊搖搖晃晃噴著蒸氣，彈琴的白人大搖大擺地坐在前面，戴著高帽子、穿著長版禮服大衣。等汽笛風琴五彩繽紛的正面通過之後，背面就露出來了：有個黑人穿著破爛的吊帶工作褲，開腿蹲踞在一塊臺子上，臉上閃爍著汗珠的光，正把煤炭鏟進熾熱的鍋爐裡。雖然那時我年紀還小，但已從這架汽笛風琴看出一幅有力的社會隱喻。

過了二十年，我第二次來到南方，在夏洛特維爾教了一個學期寫作。那次是替度假中的駐地作家彼得·泰勒（Peter Taylor）代班。泰勒是卓有成就的短篇故事作家，很親切，也是位替人著想的老師。他出身田納西州，祖父曾先後出任該州州長與聯邦參議員。彼得·泰勒受人尊敬，而且正如他自己很快就會指出的，他還屬於南方的望族，而這份高人一等的家學淵源，便造就某種目空一切又閉關自守的鄉土氣質，總能把我逗笑。在談話中，這位平時客氣低調的人，就會表現出南方各種傳統的自負：對南北戰爭的觀點偏頗、不懷好意地嘲笑那些洋基、維護南方千奇百怪的偏執觀念、深深懷疑民權運動帶來的天翻地覆，還有一種（在南方常見的）幼稚或人云亦云的觀念——認為洋基永遠無法像南方白人細微準確地瞭解黑人。對此，我能作出的解釋就是，他是個自我意識過剩的南方人，對外來人充滿猜疑。

我們的年齡差距也是因素之一。我那時還是個叛逆的年輕人，出版的書正在熱銷；他則比我年長二十歲，投靠了學術圈，作品已絕版，還領著教授的薪水。他似乎就像當時的部分南方人一樣，帶著譏嘲的樂趣，把我看成一個乍富新貴，來自跟外國沒兩樣、寒冷且幽暗似鐵的北方。

令我百思不解的是，學院裡好幾位教師都會不懷好意地嘲笑威廉・福克納。福克納也是外來人，十年前也是夏洛特維爾的駐地作家，晚年待在維吉尼亞（住沒幾年就過世了），將熱情都投注於馬術活動——騎馬蹓躂和獵狐。福克納的肖像是幅油畫，他在畫中看起來像個風度翩翩的英國人，穿著法明頓狩獵俱樂部（Farmington Hunt Club）的騎馬裝。不過這些嘲笑都出於嫉妒——就是那種學界惡鬥，而我同事喬・布羅納（Joe Blotner）也注意到這事，後來就寫進他為福克納作的傳記裡：「在夏洛特維爾，有些審美家與知識分子對此嗤之以鼻，認為是矯揉做作，丟了大作家的臉。」

有次我碰巧在夏洛特維爾一間醫院大廳遇到一對垂頭喪氣、家境貧寒的夫妻帶罹病的孩子來求診，他們自稱住在大石縫。我已經忘了他們的姓名，但卻記住他們住的鎮。後來就成了一個讓我銘記於心、勾起回憶的地名，誓言有一天要去找——這是那種很有吸引力的名字，就像桑吉巴（Zanzibar）與巴塔哥尼亞一樣，召喚著旅人前往。

大石縫位於維吉尼亞州的邊緣，在肯塔基州及田納西州交界的山地，再過去二十五哩就是北卡羅萊納州了。我從布里斯托開車過去，走的路線環繞了陡坡，又穿越了河谷——那林木密布的斜坡是如此漂亮，但沿線的鄉鎮卻如此不堪，其中許多都成了拖車屋的群聚地、到處髒亂的路邊小屋，以及檔次最低的店鋪，像是「惜物店」、「折扣店」、「全家一元商店」（Family Dollar Store）、「便宜店」、「平價石雕」之類的。在這些拖車屋與零星老式木造農舍之間，散落著幾棟孤零零、用紅砂岩與花崗岩蓋成的豪宅，全都是煤礦大亨的炫富居所。這裡的產業就是煤礦，釘在電線杆上的標

33 或譯「卡利奧普琴」（calliope），以整排汽笛組成的樂器，音量極大。

語清楚寫著：「支持煤礦業」。

地勢漸趨平緩，大石縫也浮現在公路盡頭，在一道突然出現的溪谷裡，只見幾條交錯的街道，被圍在鮑威爾河（Powell River）兩條支流之間，鎮上大多數店家若非歇業，就是死氣沉沉地杵在正午的陽光下。

有間店面在廣告上自稱是手工藝品店，出售陶器、自製首飾及畫作。我在這家店停下來，是因為沒看到其他開著的店。顧店的摩爾太太（Mrs. Moore）是做首飾的。我向她問起有關煤礦的事。已經在大石縫住了二十四年的她說：「我不知道那些煤礦在哪——那些都是私營的。」

在這座明亮而空蕩的鎮上，磚造的店面都拉下鐵門，不過摩爾太太說，接下來這個週末，帝國山社區學院（Mountain Empire Community College）有一場「工藝日」活動。「到時候會有說故事活動，還有藍草音樂（Bluegrass Music）[34]。」

大石縫的社交中心，就是東林街（East Wood Street）上的互惠藥局（Mutual Drugstore），這裡不只是藥房與便利商店，也是自助餐店，菜單就用粉筆寫在板子上。午間特餐——雞柳條——薯泥、四季豆、蘋果派、奶油派。這也是聚會場所，穿著工作服的人在隔間座位裡擠進擠出。「你們好嗎？」還有「早知道你要來，我就讓你請吃午飯了，嘿嘿。」

儘管這座城鎮看起來空蕩蕩的，卻有種氣氛，在知足中混雜著聽天由命；走路的步伐緩慢而篤定，有身材肥碩的人挺個大肚腩往前傾，也有瘦得皮包骨的人，一步步伸腿邁出大步。

我問起印度醫生的事。

「這裡是有幾個印度醫生。」

在大石縫有兩人，分別是卡拉卡圖醫師（Dr. Karakattu）（這是喀拉拉〔Kerala〕[35]地方的姓氏）與古普塔醫師（Dr. Gupta），還有一位是阿帕拉契鎮的塔蘭迪普・考爾醫師（Dr. Tarandeep Kaur）。以成千上萬透過「國家利益豁免」方案獲得簽證的人來說，大部分人的利益似乎都已不在這裡了。

我在大石縫沒見到任何黑人面孔，在鎮上沒有、在路上沒有、在我通過田納西州州界的韋伯市（Weber City）也沒有。稍後我才會學到那時我還不懂的南方種族地理學：在山區與丘陵的鄉鎮，居民以白人為主，而在南卡低地——這片出產棉花與菸草的農業平原，則以黑人為主。這乃是歷史的遺緒。

槍店

在前往鄰近的北卡羅萊納州路上，我在一家槍店停下來。就像我見到的其他多數槍店，這家店同時也是當鋪，畢竟一戶丘陵人家最值錢、又最好典當的物品，也就是槍枝了。從當鋪可以好好見識農村經濟下的人們所擁有的各種財產——我認出一些民眾拿來典當或賣掉的東西，主要是槍枝，但也有電視機、錄影機、電腦、不明汽車零件、手錶等等，但首飾並不多。許多當鋪都留一格抽屜來陳列南北戰爭的相關收藏，或幾支當地挖出的箭鏃、或幾把刀。此外，還有很大一區都是些生了

34 鄉村音樂的一支流派。
35 印度西南部的一個邦。

鏽、沾滿油汙的施工器材——電鑽、滑輪、鐮刀、扳手、榔頭、壓力計、各式管件接頭、釘槍，還有線鋸機，全都用了一陣子。只是用這些工具討生活的人，都已沒了工作。

由於這些槍店／當鋪的老闆既是買家也是賣家，所以通常都很健談，這對我來說很有幫助。每次在這種地方停下來，我都會打聽怎麼買槍，並說明我是個洋基，離家遠行，在本地沒有固定居所。

店員一想到我這種人竟要手無寸鐵穿越南方，每個看起來都頭痛不已。

「我不能賣手槍給你，不過我可以賣你一把長管槍——你看到的都行，彈藥也行。要是我有AK-47的話，也是可以。」這家槍店的人說。

當時我覺得這太扯了，但幾個月後，我就在密西西比州一場槍展上，看到兩把羅馬尼亞製的AK-47在出售了。

我想讓他多說點，就說：「我想買的是手槍，像克拉克（Glock）這種？」

「沒辦法啦！再說，黑猴仔（jigaboo）才有這種槍啦！」

我要不要糾正他這段種族歧視的辱罵呢？不，讓他說下去好了。我說：「奇怪，我在這附近都沒看到什麼黑人。」

「對啊！不錯吧？」

聽到這裡，隔壁櫃檯的年輕售貨員——是個肥胖的白人女子——和一個同樣肥胖的警察嘻嘻哈哈地笑出聲，用手掩住嘴，笑到喘不過來。

這男人被他們的反應所激勵，便繼續說：「我之前在俄亥俄州的哥倫布市（Columbus），那裡超多黑猴仔。但在俄亥俄，他們跟我說：『你這個內山老粗（hillbilly）[36]。你就是整天在山裡爬上爬下，才會這樣一腿長一腿短。』」

他還作了示範，抬起一條腿，身體往側邊歪，單腳跳了跳，好像在爬一段陡坡。

他說，對於「內山老粗」這個詞，「我盡量忍住——反正就是克制下來。」這個詞對阿帕拉契山區的居民來說，並不是電視幽默的老哏笑點，而是輕蔑與惡意，暗指他們貧窮又無知。「最後我再也受不了了。我對那些俄亥俄的小老弟說：『你們也是一腿長一腿短啦！因為你們都一腳踩在人行道，一腳踩在水溝裡，』」——他說到這裡又示範起來——「『好讓路給黑鬼啦！』」

艾許維爾：「我們都叫這裡大塊區。」

我離開大石縫，經過槍店，進入北卡羅萊納，從一條公路接上另一條公路，前往艾許維爾（Asheville），想去釐清一些令我耿耿於懷的事。已故的美國知名畫家肯尼斯．諾蘭（Kenneth Noland）是我朋友，他就出生在艾許維爾，從一九二四年住到一九四二年，直到被美國陸軍徵召入伍為止。退伍後，他回去念了校風無拘無束、標榜創新實驗，而且離家只有十五哩路程的黑山學院（Black Mountain College）。

諾蘭漸漸成為一九六〇年代色域畫派（Color Field Movement）的一員先鋒，該流派以滴流、

36 指住在山裡貧窮沒水準的白人老粗，特別是美國南部山區的蘇格蘭、愛爾蘭白人移民，經歷伐木、煤礦、工業沒落，永困於深山裡的貧窮、自卑人物。

散亂或幾何形狀的純色為特徵。諾蘭許多畫作的尺寸都有車庫門那麼大，造形像是同心圓箭靶，或是給巨人用的V形臂章。在色域派的畫家看來，還在使用具象手法的藝術家都已過氣。「畢卡索就是坨屎。」諾蘭曾微笑著對我這樣低聲說道。而他深信，現代繪畫的使命就是用亮色浸滿畫布，去掉意義與情感，將其全部淹沒在呆板不語、意味不明的顏料裡。諾蘭在許多作品中，都使用一支一呎寬的長柄油漆滾筒，當他把畫布平鋪在地面上，用這支滾筒作畫時，看起來就像在替陽臺施作防水層一樣。我從沒見他拿起畫筆。他跟我說過，他連兔子都不會畫。不令人意外的是，諾蘭廣受室內設計師的喜愛。他們拿他的畫當賣點，裝飾有錢客戶的房間，用來呼應他們那些亮面印花布的配色；用室內設計師浮誇的術語來說，他這些簡單醒目的畫作裡所採用的各種原色「使整個房間都融洽起來」。

諾蘭的許多畫作和大多數理論，在我看來都是亂搞，但他本人很討喜，我們也常常在他居住的緬因州一起釣魚。他會在一些平靜的片刻裡，緬懷關於南方的事。有一天他喝了酒，跟我提起他在艾許維爾的年輕歲月：「知道嗎？我送過報紙。我什麼地方都跑遍了，還要送報去黑鬼城（Niggertown）。」

為了逗他，我說：「誰住在那裡呢，肯？」

「你覺得誰會住在那裡？就黑鬼（Nigger）啊！」

「他們自己是怎麼稱呼鎮上那一帶的？」

他因為疑惑而皺起眉頭，並開始喃喃自語。諾蘭雖然毫無頭緒，但也很快察覺到，艾許維爾的黑人若是如此稱呼這一區，豈不荒謬。雖然他不時會用上這個詞，但並非種族主義者。諾蘭是在種族隔離狀態下的艾許維爾長大的。他自稱是內山老粗，但即便如此，跟我說起往事，講到艾許維爾的黑人在鬧區戲院如何被迫坐在樓上座位時，他仍是義憤填膺。「你在餐館裡看不到他們，就連走過主要大街人行道都沒有——他們不敢的。」

諾蘭說的是一九三〇與四〇年代的事，到了五〇年代（種族關係依然惡劣，還有支持種族隔離的法條在背書），他已離開艾許維爾一去不返，後半輩子都待在北方。但當他提及此地，說起少年時期，有時一不留神就用上過往的語彙，隔了這麼遠的距離，他想起的就不再是「黑人」，而是住在「黑鬼城」裡的「黑鬼」。

曾作為溫泉鄉繁榮一時的艾許維爾，就坐落於藍嶺山脈（Blue Ridge Mountains）清新健康的空氣之中，當地設有十所大學院校，乃至更多的醫院與壽司吧。對住在幾百哩內的人來說，這裡算是文化中心。這座城鎮當然是湯瑪斯・沃爾夫（Thomas Wolfe）執迷的創作主題，他生在這裡，也埋於此地。在我旅途中，這裡是（或者說看來像）我在南方見到最快樂、最宜居、也最闊綽的城鎮之一。

我要去的是深南地方，但我來到艾許維爾時，還是有些記掛的事想解決。我在鎮上博物館與一個男人攀談，問他以前黑人族群都住在哪裡——也就是諾蘭一九三〇年代送報紙的地方。

「右轉，」他往博物館門外一指，說道，「再右轉，一直走就到了。」

我依照他的指引，穿過主廣場再往下坡走，步行十分鐘，到了顯然是艾許維爾黑人區的地方。

「他慢慢走過消防局與市政廳。過了甘特（Gant）家那個轉角，廣場地勢就急轉直下，往黑鬼城的方向傾斜，邊緣就像被折過似的。」沃爾夫在《天使望鄉》（*Look Homeward, Angel*）裡這樣寫道。

「黑鬼城」常出現在故事中，表現的是艾許維爾地下社會禁忌與風騷的一面。小說的其中一段劇情提到尤金・甘特（Eugene Gant）在黑鬼城送報紙的路線，而這也是湯瑪斯・沃爾夫的送報路線。還真巧！我便想到諾蘭——此人吹牛成習，還會隨便把其他藝術家的經驗據為己有——也聲稱在艾許維爾這一區送過報紙。他可能也盜用了一點沃爾夫的個人經歷吧！

我沿著斜坡逛下去，才離開一群花崗岩建築所在的陽光普照廣場，就墜入樹叢蔽日的狹窄街巷，以及不起眼的木屋之中，在樹蔭底下走著。有個人看到我走近，便向我揮手打招呼，他剛剛向後退，與他正畫在市區牆面上的畫作拉開了距離。那是幅籃球員的巨型肖像，穿著哈林籃球隊（Harlem Globetrotters）的星條旗制服。他是恩尼・麥普（Ernie Mapp）。

「畫得不錯。」我說。

「這是本尼・雷克（Bennie Lake），」恩尼・麥普說道，然後又指著球員的制服說：「艾許維爾出生的。他打過哈林隊，而且人很好。」

有個人看到我們在談話，就晃過來加入。他是提姆・伯定（Tim Burdine），虎背熊腰，穿著厚大衣，戴著羊毛帽，一隻手臂用吊帶固定著。「手摔斷了。」他解釋道。提姆年約六十，恩尼則年輕許多。

「我是外地來的，有點迷路了，」我在聊了一下之後說，「你們都怎麼稱呼鎮上這一帶？」

「我們都叫這裡大塊區（the Block）。」提姆說。

「或是叫東邊（the East End），」恩尼插話說，「過了老鷹街（Eagle Street）一直到河谷街（Valley Street）之間都算。」

恩尼畫在市場街（Market Street）下方通道牆面上的這幅畫，是市區藝術計畫「三角公園壁畫專案」（Triangle Park Mural Project）的一部分，七呎高畫板上紀念當地人士，大多是黑人，和一些歷史事件。「三角公園壁畫專案」的網站形容，這是「由社區成員合作進行的壁畫，藉以紀念大塊區這個艾許維爾歷來的重要黑人商業區的歷史。」畫家與主辦者也都是當地人，黑人、白人都有，都充滿了身為市民的自豪。

「那邊那幅畫的是妮娜・西蒙（Nina Simone）。」提姆說，並帶我走向牆面另一邊。這位歌手在畫裡將頭髮向後盤起，成為她招牌的娜芙蒂蒂（Nefertiti）[37]造型，她身邊還圍繞著一群樂手。「畫裡伴奏的是咬嚼呸樂團（Bite, Chew and Spit）的人。你應該聽過他們吧？在柳橙皮（Orange Peel）表演廳駐唱的樂團。那家表演廳就在上面，市場街那邊。」提姆說道。

在這個冷颼颼的傍晚，其他畫家都全神貫注，畫著各自牆面上的畫板。

「你猜猜那是誰？」提姆・伯定指著其中一幅壁畫問我，畫上是名清瘦的年輕黑人，等身大小，戴了副時髦墨鏡與一頂俏皮的蘇格蘭圓扁帽，擺著姿勢。提姆走過去靠在畫中人旁邊：「就是我！戴了大眼鏡——我那時候又瘦、又酷！才十八歲。高中生。」

一輛車疾駛過來，傳出尖銳嘈雜的音樂聲——是詹姆士・布朗（James Brown）的〈統統給我動起來〉（Get Up Offa That Thing）——並停了下來，一名體格壯碩的女人走下車，音樂繼續放著。提姆說：「這位是泡泡（Bubbles）。」並用沒受傷那隻手抱了抱她。「她也是其中一位藝術家。」

37 古埃及第十八王朝法老阿肯那頓的王后。

「我盡量做啦！」泡泡說，又隨著詹姆士·布朗的歌聲跳起舞來。她微笑著，像媽媽般和藹，年紀與提姆相近。她信步走過三角公園時，這位裹在厚重冬季外套裡的大塊頭女人，看起來就像擁有這公園的主人。

「她還是我們社團的社長，是吧，妹仔？」提姆跟在她後面說道。

「什麼社團啊？」

「我們取名叫『就是鄉親社』（Just Folks Club）。」

提姆、泡泡與我在一張野餐桌邊坐下來，恩尼則回去繼續用一枝長柄筆刷為壁畫做修飾。

「對啊，嗯，我們以前都坐在戲院樓上看電影。」提姆如此解答我的疑問之一。「而且這樣持續了很久。種族隔離並沒有在一九六四年隨著民權法案（Civil Rights Act）[38]結束喔！它一直持續到一九七〇年代。」

「再之後都還有。」泡泡說。

「都過去了，誰都沒有恨。沒有芥蒂。大家都處得來。」提姆說。

我起身離去時，提姆說：「你過幾個月再來，這個案子就差不多完工了。我們正在籌備慶祝活動。歡迎你來。」

「偶是誰？」

翌日我離開了艾許維爾，途中經過樟樹繁茂的小徑，路邊一些房子的前院裡，成串的斯卡珀農葡萄（Scuppernong）[39]結實纍纍。接著穿過平岩鎮（Flat Rock，卡爾・桑德堡〔Carl Sandburg〕[40]在他位於此地的康尼瑪拉〔Connemara〕山羊牧場度過人生最後二十二年）以及鋯石村（Zirconia），就跨越州界，進入南卡羅萊納州，到了格林維爾（Greenville）。我這一路上都開著廣播：播放的是歐曼兄弟樂團（The Allman Brothers Band）的〈浪子〉（Ramblin' Man）。

我開始思索，在世界上的其他地方，不管你如何試著漫遊，都會碰到一些阻礙，有時有嚴重的風險，還會走進很多死路。在美國，你卻可以隨意漫無目的地旅行，就是單純到處轉轉。這很適合我坐不住的個性和我對公路的熱愛，也沒有在別處——上次是在非洲——旅行時感到的不確定與焦急。就算在全美國最窮困、都是木板鐵皮屋與破爛拖車房的地方，路況也還是很棒。

我在南卡的格林維爾過了一夜，這地方熱鬧且充滿朝氣，那個週六的晚上正好有活動，人潮擠滿鬧區餐廳與酒吧。不到五十年前，這個地段曾部署大批警力，只有白人可以涉足，黑人則不准在商店街出沒，也不得使用公共圖書館、在任何餐廳用餐，或投宿任何旅館。我自己和格林維爾的許多人，都在這輩子親歷這些種族限制和相關法條被推翻跟撤銷。我旅行時，正值民權運動五十週年紀念。這場運動常被人稱為一場奮鬥，但對於我——以及許多我曾交談過的黑人——來說，更像是

38 美國國會於一九六四年通過的法案，規範美國境內不得採取種族隔離，也規定對黑人、少數民族與婦女的歧視作為是違法的，結束美國長期存在於許多場所的黑白種族隔離政策，堪稱人權進步的里程碑。

39 美國南方特有的麝香葡萄品種。

40 美國詩人、歷史學家、小說家、民謠歌手、民俗學研究者，曾獲三次普利茲文學獎。

場戰爭，其間發生許多戰役與爆炸事件，也有許多人喪生。但你從今天格林維爾一片喜慶的街道上是看不出來的。

隔天早上，我開車來到哥倫比亞市（Columbia），在市區裡轉來轉去，找地方吃午餐。我挑了一個南方式的選項：蜥蜴叢林快餐店。他們的標語寫著「正宗鄉村菜」，菜單上列出雞肉片麵湯、炸雞肝、洋蔥煎肝片、手撕燒烤豬肉、肉餅、比司吉與肉汁醬。

我正下車時，有個壯漢從餐廳方向往我隔壁這輛車走來。他一副睏倦、饜足，還有點換不過氣的樣子，看來剛吃完一頓飽飯。

「嘿，你好嗎？」

「很好，只是餓了。」我說。

「吃洋蔥煎肝片吧！很好吃，是今日特餐。」他說。

「多謝你的推薦。我是路過的，從麻州來的。」

「你是哪個教會的？」

我從來沒被陌生人這樣問過，不論在美國還是世界各地都沒有。但在南方被問到的頻率之高，讓我開始對當地人祕而不宣的信念感到好奇。提問的句型經常是：「你在哪間教會聚會？」人們冷不防就會這樣問，因為我也給不出一個簡單的答案，他們就會自己接話：「我是希望禮拜堂（Hope Chapel）的」、或「我們是AME」——AME這個縮寫是指兩百多年前由獲得自由的黑人在賓州成立的非裔衛理會教會（African Methodist Episcopal）、或「舒巴赫世界釋放事工」（Shubach Deliverance World Ministries）。也有人還沒開始自我介紹，就先說「我們是在頌主天堂（Heaven on

Hah）聚會的。」

這問題讓我仔細觀察了一下這男人。他蒼白、肥胖、呼吸急促、髮量稀疏、稍有雀斑，身穿短袖襯衫、打了條紋領帶。他冒著汗、剛吃飽，在耀眼陽光下瞇起眼睛看著我。他的氣色不太健康，像是坐辦公室的，胸前口袋插了三枝筆，但是態度溫和客氣。我想，我這麼遲疑回答他問我的宗教問題，讓他有些意外。

「我是浸信會的，但沒加入特定教會，」他說，像在鼓勵我回話。「你看起來像老師，跟讀書或教書有關。我是艾爾．麥坎勒斯（Al McCandless），很高興認識你。我以前是保險業的，現在還有在做一點，不過好玩的是，我一直有在寫詩。我想到什麼就會寫成詩。我四十歲時才發現自己是被領養的。我奶奶不小心說出來的。我們有天在閒聊我弟的事，他就是行為不檢，我覺得啦，然後老太太就說：『那你知道你是領養的吧？跟你弟弟一樣。』我知道他是領養的，但以為我是親生的。我回去問爸媽這件事，不過他們只說：『哪個該死的跟你說的？』但這也不算有回答，所以我又問了一次，他們就說：『你是我們的兒子，整個都是，永遠都是。』但我曉得他們的意思，他們過世之後，我找到了生母。她已經八十歲，住的地方離我長大那裡只有幾哩，只有小學二年級的學歷。她另外還有幾個孩子——所以我有一個親姊姊，跟兩個同母異父的妹妹。我陪了她三年，她就死了。但我也會想起另一個媽媽和那個領養來的弟弟，還有我長大的地方。我一整個不知道怎麼辦，所以我就寫成詩。」

說這些話時，他邊喘著大氣，邊擦拭他滲出汗珠的臉龐，還對我眨了眨眼——他的雙眼濕潤、長著淺色睫毛。他有張方正的闊嘴，講話還會大舌頭，至於他露出的不適神情，則可能是曝曬、炫光與高溫導致的。

「我給這首詩取名叫〈偶是誰？〉」

「大哉問啊！」我說。

他再次張大了方嘴：「『偶是誰？』」然後他說，「你會喜歡洋蔥煎肝片的。」

在蜥蜴叢林快餐店裡，有位戴著棒球帽的灰髮黑人正要離去，嚷嚷著：「偶錢就留在這邊給你們囉！」然後他拉拉帽子又說：「偶就是來看看你們，跟你們打打招呼，會讓偶自己感覺比較好。」

「不對，你在上，我在下」

我漸漸瞭解，在穿越南方的途中，可能不經意就會遇到許多這種人，只要向他們打聲招呼，就能激起一波撫今追昔，一如艾爾．麥坎勒斯的這番悲嘆。但也有些很難遇到的鄉親，他們並不樂意透露自己的事，尤其當他們活在貧窮線以下、活在無言與陰影之中，能做的事只剩求生存時，更是如此。

激勵我踏上旅途、穿越深南地方的是這樣的想法：身為一個旅人，我在非洲與印度等地所遇到的許多人，已經越來越讓我感到熟悉。我要說的不是他們共通的人性，而是共通的處境。有許多美國人就像許多非洲人一樣窮，或像許多印度人一樣離不開農村；他們同樣跟關心他們的人距離遙遠，也沒有像樣的住宅或醫療資源；美國還有好些區域，特別是南方鄉村，看起來就像那些經常被認為是第三世界的地方。

有人給了我伯尼・馬齊克（Bernie Mazyck）這個名字，說他或許可以為我做些介紹。伯尼是南卡羅萊納社區發展機構協進會（South Carolina Association of Community Development Corporation）創辦人暨執行長，而令我感到好奇的除了這個協會，還有他的姓氏。伯尼・馬齊克是一位朋友的朋友。我開車來哥倫比亞市與他會面，也請他幫忙。

南卡社發協會自稱是「由本州各地經濟困頓社區之非營利社區型發展機構組成的全州同業公會」，又補充說，「本會特別著重促進遭經濟主流遺漏之社區的發展，尤其是少數族群社區。」該協會的使命是「提升低收入戶的生活品質」。南卡的低收入戶不少。這裡是全美國最窮的地方之一，但官僚從來不會使用「窮」這個字，或許是這個字有貶抑或汙名之嫌。但在我看來，這是個強而有力的字眼，只是被人刻意避而不用。這個組織協助「低收入戶」的方式包括貸款、給予建議，和指導民眾辦理文書作業。他們還鼓勵原本消極的窮人自學，進而成為領導者。伯尼・馬齊克曾在先前一次採訪中表示：「以南卡而言，領導常被視為專屬於某種優勢群體的能力。」而他希望加以改變。在南方，所謂「優勢群體」指的就是「白人」。

伯尼一身正裝，白襯衫配絲質領帶，已坐在二十呎長的光亮會議桌另一頭等我。他從一疊文件裡抬起頭，就算驚訝於我穿了一身街頭裝扮——牛仔褲搭長袖Polo衫——也沒表露出來。他在這間會議室裡怡然自得，我則像個工友。我覺得他大約五十多歲，應該是認真、嚴謹、精實，把時間都用在參加一場又一場董事會的那種人。他處理文件的動作很俐落，有種內斂自持、幾乎像辦事員一樣的作風，似乎常常在解釋他的工作，給完全不懂他們在發展什麼的人聽。

「我們採取的是從社區出發的途徑，藉以創造永續經濟，在這個新的發展模式裡，會進行一些資產的槓桿操作……」他對我說。

他繼續用這種抽象風格描述著經濟增長，強調住房的重要性，有房子才能讓民眾覺得在這裡擁有財產，和這裡休戚與共。老房子可以進行「活化與翻新」，並變得節能。他還講到「經濟正義」、「夥伴關係」以及「資源開發」。

像這種關於政策與開發的官僚術語，我在非洲也聽過，通常是在鋪好地毯的房間裡、同樣設備完善的會議桌旁、坐在舒適的椅子上聽到的，同時在外頭——外面的某些地方——亟需協助的低收入民眾正無家可歸、拾荒維生。

我敬佩伯尼·馬齊克的一本正經、他嚴肅的作風，就連他說明使命的晦澀用語，都令我著迷，因為我也聽不太懂。但最讓我感興趣的卻另有其事，我們談了一陣子後，我就告訴他了。

「我能問問你這個姓氏的事嗎？」

他微笑起來，人也放鬆了，摘下眼鏡，用一隻手指指背理順鬍子，把椅子挪開好坐得舒服些。接下來的四十五分鐘裡，他談了他的姓氏、家族史、親戚、母親，還有他所屬的教會。

這是南方人自我介紹的風格，強調根源與在地經歷。雖然我們素不相識，但有共同朋友。他談起發展計畫時很有說服力，而且是個樂觀的人，點子也多；但當他向我談起他的家人、他在南卡的生活——他是查爾斯敦（Charleston）本地人——與他不尋常的姓氏時，才真正充滿活力與權威。

他說馬齊克是雨格諾派教徒（Huguenot）帶來的姓氏，最早到查爾斯敦定居的人之中，就包括了艾薩克·馬齊克（Isaac Mazyck），他十七世紀末來到這座港口城市，建立當地第一所雨格諾派教會。我後來查證資料發現，馬齊克這個姓源自比利時的城鎮馬澤克，拼作「Maeseyck」、「Maaseyek」

或「Maaseik」，因此他的姓原本是個地名姓氏（nom de terre），而且很可能——雖然伯尼並未這樣說——是奴隸主的姓氏，因為奴隸通常會沿用主人的姓氏。

我們聊到他的家族、他的根源、他的非裔認同感，以及他對自己身為阿坎族（Akan）後代的強烈感受。阿坎族住在現今的迦納（Ghana），但歷史上曾建立一度稱霸西非沿海的阿善提王國（Kingdom of Ashanti）。伯尼從他們的家族關係、他長大的母系家庭，以及南方基督教會的某些宗教習俗中，都看出與阿坎族的相似之處。他還帶著感情說：「你需要上帝站在你這邊。教會就是我生命的中心。」

於是我開始從細節上更理解了一些，何以過往在南方依舊重要。一部分是因為過往的陰影經久不散，但也是由於現況太令人沮喪。相形之下，過往更容易理解、更清楚明白，而且有助於解釋現況。

如古拉部落（Gullah）[41]就是一例。在南卡羅萊納，有許多人都曾間接提及這一支在沿海地區保存了克里奧（Creole）語言與傳統黑人文化的人。不過伯尼還能引用這種語言。歌詞裡會唱到的「肯巴亞」（Kumbayah），就是古拉語的詞彙，意思是「到這裡來」。他跟我說他母親如何使用古拉語來教導他。古拉語作為私下用語，以及歷久不衰的文化，已經無孔不入。

「我媽以前都說：『Nu man, yanna weep-dee we dan ya!』」

意思是：「不對，你在上，我在下！」這是一種強調階級高低的說法。

41 獲得解放的黑奴在卡羅萊納與喬治亞沿海一帶形成的聚落與文化，語言融合了英語與許多西非及中非語言。

他母親的名字是希碧阿（Seypio），是以外公的名字西庇阿（Scipio）修改而來，源自因為曾在「札馬戰役」（Battle of Zama）[42]擊敗漢尼拔（Hannibal Barca），而獲得「非洲征服者」封號的羅馬名將大西庇阿（Scipio Africanus）。

談到奴隸制及其造成的犧牲，伯尼便開始解釋兩種看待過去、互相衝突的觀點。他舉例說明，像是附近的哥倫比亞市，就有座立在州議會大廈前的非裔美國人歷史紀念碑（African American History Monument）——也是經過多年規劃才得以建成。在初步研議期間，連讓人同意在青銅銘牌上敘述南卡黑人的經歷都看似不可能。曾有提案建議，在銘牌上描述三K黨[43]私刑處死黑人，也遭到了擱置。至於要如何呈現邦聯旗，也讓人吵得不可開交。還有個問題是要怎麼處理丹麥克・維塞（Denmark Vesey）這名爭議性人物。維塞本是奴隸，中了彩券後，就為自己贖身，並於一八二二年在南卡領導了一場奴隸叛變。這是全美國規模最大的奴隸反叛事件，參與密謀者高達上千人，比奈特・杜納（Nat Turner）[44]在維吉尼亞州那場的規模還要大。但是計畫敗露，包括維塞在內的許多人都在查爾斯敦被絞死。對於南卡的黑人和大多數歷史學家來說，維塞是個領先時代的人，與（維塞也景仰的）海地革命家杜桑・盧維杜爾（Toussaint L'Ouverture）屬於同類：既是歷久不衰的反叛形象代表，也是激勵人心的英雄。

「那已經是將近兩百年前的事了，但他們還是不肯把他的肖像放上紀念碑。」伯尼微笑說道。「看吧，我們還有很長的路要走。」

我們還聊到即將舉行的總統大選，以及招人反感的選民身分法（Voter ID Laws）所引發的爭議。這項限制性法規嚴重妨礙到選民投票，卻獲得了南卡羅萊納州州長妮基・海利（Nikki Haley）[45]的支持。她是錫克教移民的女兒，父母蘭達瓦夫婦（Randhawas）先是移民加拿大，又從溫哥華溜過邊界，跑來班堡（Bamberg）這個小村子（人口三千六百零四人）當老師，此地大小就跟蘭達瓦夫婦成長的故鄉、位於旁遮普邦阿姆利則市（Armritsar）外圍的潘多里蘭辛格村（Pandori Ran Singh）差不多（人口三千六百二十四人）。他們在班堡創辦了一間成功的服飾公司「異寶國際」（Exotica International），不過二〇〇八年已停止營業。不到兩年後，妮基（這時已嫁給南方白人，改信了衛理會）當上州長，她的雙親則在希爾頓黑德島（Hilton Head Island）過著奢華生活。

「怪了，一個第二代的印度裔美國人選上這裡的州長。」我說。

「一大堆人根本不知道她是有色人種，她在競選海報上看起來很白。她也沒有印度姓名，是基督徒，還是共和黨右翼的茶黨分子。她討厭工會，還把爸媽都藏得好好的，不然她爸爸纏的頭巾會讓本地很多白人選民有疑問。」伯尼說。

「真妙。」

「很悲哀啊！」伯尼說。「我幫得上你什麼忙嗎？」

---

42 古羅馬和古迦太基於二〇二年發生在北非札馬平原的戰役，由羅馬人獲勝。

43 此為Ku Klux Klan的簡稱，指美國歷史上和現代三個不同時期奉行白人至上主義運動和基督教恐怖主義的民間團體，也是美國種族主義的代表性組織。

44 於一八三一年領導維吉尼亞州南安普頓縣（Southampton Country）奴隸和自由黑人起義的非裔奴隸，有超過兩百名黑人在白人民兵平息叛亂的過程中遭殺害。

45 川普總統執政後曾任駐聯合國大使，已於二〇一八年十月卸任。

「我想去看一些你們設法協助發展的地方。」我說。

「有沒有特別想看什麼？」

「最窮的。」

他點點頭，在手機上撥了幾個號碼。

三〇一公路：「從來沒人去那裡。」

走奧蘭治堡（Orangeburg）那邊去艾倫代爾（Allendale），伯尼是這樣說的。但我出發得晚了些，因為還想去看看伯尼提到的非裔美國人歷史紀念碑，以及依舊在現場飄揚的邦聯旗（但經過數十年的抗議，現已從州議會大廈的屋頂撤下）。我走在曲折的公路上，經過幾塊枝枒密生、白花成簇的田野，朵朵綻開的棉花蒴果點綴在纖細的樹叢間，便來到沃爾德伯勒（Walterboro），看到一座亭子，招牌上寫著「詢問處」。雖然我已經有前往艾倫代爾的地圖，但還是去問了路，只因為這樣就可以跟老太太講上話。她除了顧亭子，發送的手冊裡還介紹當地景點：如維迪爾故居（Verdier House）、邦尼杜恩莊園（Bonnie Doone Plantation）、一些博物館與藝廊、佛蘭基主題樂園（Frankie's Fun Park）。或是瓦利拖吊服務（Wally's Tow Service）的廣告：

不論黑白
不分日夜

你來電
我們就拖

「我已經在這裡工作十二年了，從來沒人問我怎麼去艾倫代爾。」

「好像不太尋常啊！」

「是不尋常，從來沒人去那裡。」她說。

而我一找到該走的路，也就是國道三〇一線（Route 301）[46]，就發現她剛才所言屬實。這是條破敗程度驚人的幽靈公路——乍看顯得異常，細想覺得衝擊。

我這輩子的旅行經驗裡，沒見過幾個地方比艾倫代爾還古怪，連通往那裡的路都很詭異。這條路大部分路段的雙向車道各自分開，等於是由相鄰的兩條道路所組成的老式收費公路，長滿了草的中央分隔島比我習以為常的寬度還要大上許多——甚至比南北向的州際九十五號公路許多路段還要寬，相形之下，大量車流雙向高速奔馳的州際九十五號公路還更像是條隧道。

但我正在走的這條驕傲公路[47]大致上就是雙線道，切過低矮空曠的山丘，也沒有什麼車流量：

46 美國東岸的縱貫公路之一。美國的國道公路（U.S. Routes或U.S. Highways）為各州養護的一般公路，不同於後來建立的州際公路（Interstate Highways，多屬高速公路）。兩者的運輸功能分別類似臺灣的省道與國道。

47 典故出自《驕傲公路》（*The Proud Highway*, 1997），是記者兼作家亨特．湯普森（Hunter S. Thompson）一九五五至一九六七年的書信集，文字展現其特立獨行的觀念與風格。

在這條便捷通道的兩旁，綠色的地貌與農場的敗落與荒廢，至此看似僅是舊日民居的潦草速寫。這條綿延不絕的公路彷彿哪也到不了。今天這條路上沒有別的車，我看不到城鎮、看不到加油站、看不到汽車旅館、看不到商店，就像條通往世界盡頭的路。

從一九三〇年代至一九六〇年代末，這條路線曾是整個南方最重要的一條公路。國道三〇一線過去一度車水馬龍，曾是從德拉瓦州（Delaware）前往佛羅里達州的通衢要徑，起初北方人走這條路，是為了尋找陽光與悠閒，南方人走這條路，則是為了北上謀職求生。

在開發中國家旅行時，經常發現道路正在施工——或寬或窄的馬路、幹道、收費公路，以及唧作響的機具，履帶式的挖土機與推土機，正在挖土整地。很少會在那些地方（我想到的是非洲與印度）發現已經完工、狀況良好的道路卻完全遭到疏忽或閒置。但是在南方鄉村地區，到處都有這樣的公路，氣派的大道上閃著微光，卻看似沒有出路，而行經南卡貧困中部的這條三〇一線，就是其中之一，詭異得嚇人。

接近艾倫代爾外圍時，我見到的是一幅末日光景。看到這種畫面，旅行的辛苦也值得了，也證明我這次向南方出發真是個靈光的決定。我沒想到會看見那天的藍色天空與陽光，還有微風從松林間吹過。

那是滿眼的廢墟、衰敗、空虛至極，清清楚楚表現在最顯而易見、最好辨識的建築物上——汽車旅館、加油站、餐廳、商店，甚至還有一家電影院，全都廢棄到破爛不堪，其中有些已徹底腐朽，只剩水泥打底的地基，沾滿了油漬或油漆，散落著倒塌房舍的殘磚碎瓦，生鏽的招牌歪斜一旁。有些房子是紅磚鋪面，也有些是空心磚砌成的，但沒一棟蓋得好，給我的印象就是這裡慘遭浩劫，好像最近剛打過仗，摧殘了這個地方，損毀了房舍，把人也全害死了。

這裡有家汽車旅館的殘骸，精品旅店（Elite）——招牌字樣依稀可辨——僅存荒煙蔓草中的幾棟破房；沿著路再走遠一點，還有金沙賓館（Sands）與總統旅舍（Presidential Inn），都已傾頹空蕩；幾家餐廳也都人去樓空，其中一家從屋頂的弧度與突出的塔樓，可以看出原本是豪生餐廳（Howard Johnson's），另一家僅存斷垣殘壁，但還有塊巨大的招牌，斑駁字樣仍推銷著「龍蝦」。還有另一個殘破的地方，泳池已裂、窗戶已壞，生鏽招牌上寫著新月汽車旅館（Cresent Motel），更不堪的是連新月的英文「crescent」都拼錯了。

大多數商店都關門了，還在營業的少數幾家都是印度人開的。有家裝飾藝術（Art Deco）風格的單廳電影院，從前叫做卡羅萊納戲院（Carolina Theater），已經用木板封起來。寬闊的主幹道上滿是垃圾。巷弄兩側都是木板房與廢棄空屋，一副鬧鬼的樣子。我從沒見過這樣的地方，幽靈公路上的幽靈城鎮。我很高興我來了。

一旁的印度店主、炎熱、撲了層灰的高大樹木、犁過的田地、已成廢墟的汽車旅館，還有廢棄的餐廳，一片了無生氣，彷彿有股昏沉睡意，就像疫病籠罩了整座城鎮，就連強烈的陽光都像是這種疫病的惡性症狀。而這一切面貌，都使此地顯得像個辛巴威的城鎮。看起來就好像殖民者來過又走了，搬來的人都逃了，大多數的本地人也溜了，這地方從此一蹶不振。我在帕特爾先生的店裡逗留時，看到陸續有黑人顧客買了幾罐啤酒，走到店外，坐在樹下就喝起來。

這些只是第一印象，衝擊力道卻很強。後來，我就在艾倫代爾鎮外看到南卡羅萊納大學索克亥奇分校（University of South Carolina Salkehatchie），這裡有八百名學生，還有作為主幹道的老街，以及漂亮的法院，與一小片屋況良好的平房群。不過大致來說，重要的是，從國道三〇一線來判斷，艾倫代爾就是個廢墟——貧窮、被人忽視、看來渺無希望，是場活生生的失敗。

艾倫代爾郡活力會

在這座陽光普照、卻荒涼慘澹的艾倫代爾鎮上的一條小巷子裡，有間塞在貨櫃屋中，就像間固定拖車屋的辦公室，銜牌上寫著「艾倫代爾郡活力會」（Allendale County Alive）。我就是在這找到威伯．凱夫（Wilbur Cave）。伯尼．馬齊克給了我他的名字，說他在郡裡做社區再造、一般諮詢和住房改善等工作。

我們握手後，我提到國道三〇一線的異常古怪之處。

「這條路從前很出名，是從北方前往佛羅里達，或回程路上的中繼站，大家都會在這裡停下來。當時這裡可是最最繁忙的城鎮之一啊！我小時候，我們幾乎連馬路都過不去。我還記得我們沒有大人帶就過不了馬路。汽車旅館全都掛出客滿告示。還有好多商店——開車經過的人要買吃的或穿的。還有好多保養廠跟修車行。這個鎮當時好發達的！」威伯說。

但今天都沒什麼車，頂多幾輛而已。「碰到什麼問題？」

「碰到九十五號公路了。」

威伯解釋說，一九六〇年代末，規劃州際公路路線時，就在東邊四十哩處繞開了艾倫代爾，於是此地就像國道三〇一線上的其他城鎮一樣，淪為廢墟。不過正如從荒野中冒出的壯盛新城市反映了美國的繁榮一樣，像艾倫代爾這種鬼城也是我國風景的特徵之一。最富美國特色的城市地貌變化，或許就是這幅景象——每座鬼城都曾是新興市鎮。

「現在，這裡真是鄉下到極點了。」威伯說。

「鄉下」是一種表達方式。換種說法可能就是，「世界末日看起來就會像這個樣子。」

貧窮的艾倫代爾與幾座富裕的城鎮相距不遠，這是當地另一個超現實的特點（但也是美國的一項特徵）。這個鎮位於南卡羅萊納州最小的郡（同名的艾倫代爾郡，人口一萬兩千人），緊鄰薩凡納河（Savannah River）和喬治亞州的州界，距離查爾斯敦的豪宅與美食餐廳只有不到兩小時車程；到喬治亞州環境宜人的奧古斯塔市（Augusta）距離也差不多。而且只要一個半小時就能到達希爾頓黑德島（Hilton Head Island）——各路有長才、有智慧、有錢和好高談闊論的人，三十幾年來都在那裡參加名為「文藝復興週末」（Renaissance Weekend）的年度聚會，宣揚鼓舞人心的訊息，並且爭論世界的未來。不過這些專家學者真正需要的，其實是在艾倫代爾郡待個幾天，這樣他們或許就會明白，希爾頓黑德島上的理論都罔顧了本地的現實：我周遊世界五十年來，見證過的每個發展問題，在艾倫代爾都是經年沉痾。

但就像詢問處的婦人跟我說的，沒人要去艾倫代爾。正因如此，見到自己家鄉淪為廢墟——立鎮根基都化為塵土——的威伯．凱夫，才會決心做些實事，來改善這個情形。威伯高中時曾是破紀錄的賽跑選手，從哥倫比亞市的南卡羅萊納大學畢業後，留在本地工作，之後就參選該選區的州眾議員。他當選後做了六年，此後成為了策略規劃師，也憑著這份經驗，加入非營利組織「艾倫代爾郡活力會」，為其重新注入動力。該組織致力於協助向在地民眾提供像樣的住處。這個鎮的人口是四千五百人，其中黑人占四分之三，比例與整個郡相同。

「需要協助的不只這個鎮，整個郡的狀況都很糟。在二〇一〇年的數據裡，我們是全美國第十貧困的郡。而且你曉得的，其他有很多都是印第安保留區。」威伯說。

運作的資金也極少，一開始初步的年度預算還有二十五萬美元，但已逐年縮減，原因是經費被刪、撙節開支和缺乏捐贈人。與我在非洲或南美洲所見到的、由美國資助的住房計畫相比，這個金額簡直微不足道。從任何標準來看，這都是個小規模運作的組織，仰賴巧智、創新與善意的程度更甚於金錢。

「二〇〇三年時，我還是鎮上新當選的警長，」威伯說，「我還以為會幹到退休呢！我真是大錯特錯！」然後他笑了。「但我們撐過來了。」

威伯．凱夫六十一歲了，不過外表看起來年輕十歲，短小精幹、肌肉結實，仍是一身跑衛（Running Back）[48]的體格，精力充沛，充滿構想。他穿得並不拘謹，就是敞領襯衫搭藍色牛仔褲。在他當作總部的這間貨櫃屋裡，狹小辦公室的牆上掛了家人照片、精神標語，還有幾幅圖表，顯示郡內的自有住宅比率呈穩定上升。

威伯家族已在這個區域住了好幾代。他母親曾任教於艾倫代爾郡訓練學校（Allendale County Training School）。「就是黑人的學校，」威伯解釋道，「白人念的那間叫做艾倫代爾小學（Allendale Elementary）。」

艾倫代爾的學校直到一九七二年才完全實施種族合校。每次有南方人提到某個日期時，我都會試著回想我當時人在哪裡。而我總是發現自己那時身在遠方，驚嘆著彼處的異國情調。一九七二年，當艾倫代爾正試圖擺脫種族隔離、各自發展等十九世紀遺留之觀念時，我在英格蘭，籌備著我的《火車大巴扎》（*Great Railway Bazaar*）之旅，追尋著更多采多姿的各種差異。

我表示注意到了南方近來發生的社會變遷。

「你要知道我們是哪裡人，要是不瞭解歷史，任何人都很難瞭解南方的——我說的歷史，是指奴隸制度。歷史對這裡的衝擊比較大。」威伯說。

他只是微笑著用枝原子筆敲敲桌墊，並未意識到他聽起來就像福克納小說裡那種喜歡訓話的睿智南方角色，提醒著北方人，這裡有複雜的過去。

「以我媽家族來說吧！他們好幾代都是艾倫代爾郡這裡的棉花農，他們的地大概有一百英畝。採棉花要全家出動，兒輩要做、孫輩也要做，這是放學後的正常工作。我也做過這個，我當然做過——我們全都做過。」

這些小型棉花田，就像威伯他們家的地，最後都賣給規模更大、引進機械收割機的種植者。這也是失業與人口衰退的另一個原因。但農業仍是艾倫代爾郡的支柱產業，而當地已有四成人口生活在貧窮線以下。

「問題出在哪？」他說，預先回答了我顯然要提出的下個問題。「毒品——主要是快克古柯鹼——以及健康、犯罪、槍枝，還有輟學率，將近五成。」

這裡幾乎找不到任何工作。也沒有遊客，過去幾年都是如此。艾倫代爾以前有幾家紡織廠，生

---

48 美式足球的球員位置中，跑衛屬於進攻後衛，通常跟在四分衛旁邊或身後，負責持球跑動進攻。

產衣物與地毯。這些工廠都收掉了，製造業外包給中國，雖然他說有一家新的紡織廠預定再過一年左右就會開張。本地的工業是木材加工，但木料廠——在艾倫代爾有兩間，製作木板與電線杆——雇不了太多人。

我接下來在南方鄉間還會到處聽見這樣的故事，說這些殘破的城鎮過去一度是製造業中心，仰賴生產家具、電器、屋頂材料、塑膠製品等勞力密集的工作，讓城鎮維持運轉不墜。這些企業來到南方，是因為這裡有豐沛又勤奮的勞動力、薪資水準低、土地不貴，而且工會幾乎不存在。而生活的改善也使人期待以後的日子會更好，或許還能更繁榮。美國再也沒有別的地方能用這麼低的成本經營製造業。直到有一天，這些製造業發現，在這些保障勞動權的南方州生產，成本再低都不比中國的血汗工廠低。南方會凋敝萎縮與陷入貧困，就跟工作外包給中國和印度有很大的關係。就連鯰魚養殖場——在南方各地鄉村，都是創造營收的重要產業——也因養殖漁業出走越南而紛紛倒閉。

但州議會目前激辯的議題並非就業或工作外包，而是選舉權：南卡羅萊納州選民身分法案。這項限制性法令規定，民眾若未出示附有相片的證件，即使列名選舉人清冊，亦不得投票。如果沒有駕照，就必須取得出生證明才能申辦身分證件——要是你剛好出生在外郡或外州，這可不是件容易的事。

「這讓人覺得好像六〇年代又回來了，我的意思是，證明你自己是誰，就構成某種障礙了，某種阻止人家投票的方法。藉口是『維護選舉制度的公信力』，是嗎？但我有個姑媽九十六歲了，她就弄不到出生證明，她還是在艾倫代爾這裡出生的。」威伯說。

威伯繼續說到，促進發展的關鍵之一（我也聽伯尼．馬齊克說過這事），就是住者有其屋。擁有房產是一種讓民眾扎根的方式，將他們推往積極的方向，賦予他們責任感，以協助他們成長；這項做法帶來可觀的改變，有時還能吸引外部資金。

「公共教育的資金不足，但改善教育或醫療品質賺不到錢——做這些都不能創造收益。來吧，我們到處看看。」他說。

他開車載我鑽進艾倫代爾的街巷裡，一邊說著：「有房子住很重要。」這時我們經過一些小徑、小巷弄、泥土路，路邊立著幾棟兩房一廳格局的屋子，其中部分已完成翻修與粉刷，其他則不過是些木板搭建的屋棚，就是你在任何第三世界國家都會看到的那種，還有就是一些排屋（shotgun house）[49]，這種典型的南方窮人住宅式樣。

「那是我們的其中一棟，」威伯說的是街角一間整潔的白色木造平房。「本來是棟廢棄的房產，我們修好了，現在已是我們的出租房之一。我們用這筆收入再去修其他房子。」

民眾若欲申請翻新，其收入須低於南卡羅萊納州所得中位數的百分之八十。一口之家的收入要低於兩萬七千美元才會列入貧困；三口之家須低於三萬四千美元；四口之家則須低於三萬八千美元。靠這點錢生活已經很勉強了；而其中半數人的收入還遠少於此。但屋況改善後，就能帶來更好的生活品質，以及更光明的前景。

「我們還有一個屋主教育方案，我們會教他們關於購買與持有房屋的麻煩細節。然後可能會在

---

49 或譯「盒式屋」、「直條房」，是十九世紀後半至二十世紀初美國南方常見的房屋形式。多為一至兩層樓的木造房屋。臨街面窄、縱深狹長，格局近似獨棟透天厝。有一說認為，這種屋子窄到一發霰彈槍就能打穿，故得其名。

頭期款方面給他們一些協助，這樣房價可能介於兩萬五千到七萬五千美元之間。」威伯說。

為了招商並創造投資環境，就必須改善本鎮與本郡的外觀，這也是驅使他們整修這些木板屋的另一個強烈動機。

「我的感覺是，如果要改變南卡，我們就要從最糟的部分改變起。」威伯說這話時，我們行經一棟歷盡風霜的小屋，板材已被太陽曬到泛黑，木瓦片都翹起變形，是間再也修不好的老骨董。但直到六個月前，都還有個男人住在裡面，沒電、沒供暖系統、也沒自來水。

我問他能不能進去看看，或隔壁那間——屋頂有個洞、住了四代同堂八口人的那一戶人家。

「我們要獲得許可才行，可能要花點時間。你得改天再來。」威伯說。

我說我還想再回來。

「你餓了嗎？」威伯問。

我說餓了。他就載我開一小段路，來到城鎮邊緣的巴恩韋爾公路（Barnwell Highway），進了一家當地餐館「嘗嘗看」（O Taste and See），專程來享用他們的靈魂菜——炸雞、炸鯰魚、比司吉、肉汁澆飯、水果派，還有親切友善。老闆娘凱西．尼克森（Cathy Nixon）的腿上坐了個孩子，她解釋說：「這句話出自《聖經》。」她引述：「你們要嘗嘗主恩的滋味，便知道祂是美善。投靠祂的人有福了。」[50]在這麼貧窮的小鎮上存在著美食，看似是件奇怪的事，但我發現這是南方的一項特色：即使是最慘的鄉鎮，通常也會有間靈魂菜餐廳，適於闔家光臨，常常就是小徑上的一個小房間，菜色簡單，招呼熱情。尼克森太太七十三歲了，已有七個曾孫。

「你是個旅行家啊？」威伯做完飯前禱告後說道——謝飯禱告是這家南方靈魂菜餐館嚴格遵行

的另一項儀式。

「喔，對啊！」

他沒讀過我寫的任何文章。如果我的姓名聽起來耳熟，那肯定是被誤以為是梭羅了——梭羅也是個洋基，不是嗎？我遇到的大多數南方人都對書不太熟，導致他們對作家不是過分尊敬，就是毫不關心。也有例外時刻，我就碰過幾次，通常是在一些最出人意表的地方，會有位熱情的讀者，坐擁一屋藏書，就像契訶夫（Anton Chekhov）[51]故事裡與世隔絕的書蟲。

沒被認出是作家，也是個特殊的優勢。我更容易被人想成來自北方、大概已經退休、開車來這裡問一堆問題的老先生。我沒有來歷、沒有名氣、沒有光環、沒有形象、沒有鬧過新聞，身上沒有標籤。我也很樂意成為這位外地來的、姓氏很難唸的保羅先生——這個異樣的陌生人——因為我也是這樣看待這些我在如此不尋常的地方遇到的人。南方這些區域的古怪與奇特，不下於我在旅遊生涯中見過的任何地方。

當威伯問起我的旅行時，我便趁機說出，不久前我才去過非洲，而且在納米比亞（Namibia）發現，美國政府撥款三點六億美元改善該國的教育、能源和觀光業。其中專門用於觀光的款項，大約就有六千七百萬，雖然去納米比亞的遊客主要是歐洲人，而非美國人。我提到這件事，是因為艾倫代爾郡一些低度發展的鄉村地區，看起來就像非洲一些低度發展的鄉村地區。而艾倫代爾鎮本

50 出自《聖經．詩篇》第三十四篇第八節。

51 俄國大文豪，作品的三大特徵是對醜惡現象的嘲笑、對貧苦人民的深切同情，以及作品的幽默性和藝術性。

身——沉寂、衰退、失業，還有廢棄的汽車旅館及印度商店——則使我回憶起肯亞內陸某座敗落的農業城鎮。而肯亞，也同樣拿到美國好幾億的發展援助。

「錢不能解決所有問題，但有錢可以推動很多事。我不用幾億，給我這筆錢的千分之一，我立刻就能讓艾倫代爾郡的公共教育改頭換面。」威伯說。

他的運作預算是十萬美元，他的組織就靠著把修好的房子租出去，得以自負盈虧。

威伯說，他不會嫉妒政府給非洲援助，但他補充說：「要是我這組織有那種錢可以用，我們就能真正做出一番成績了吧！」

「你會怎麼做？」

「我們就可以集中力氣做事，不用煩惱籌錢了。我們就可以更有創意，把事情辦好。」他微笑起來。「我們就不怕交不起電費了。」

奧蘭治堡與屠殺事件

我在晴朗而荒蕪的艾倫代爾找不到地方過夜——汽車旅館全數皆已廢棄或損毀——於是又回到國道三〇一線，這條一度風光、而今空蕩的通衢大道，開了四十五哩前往奧蘭治堡。這裡是個小鎮，主要大街上滿是生意慘澹的商家、門窗用木板封死的店面，以及陰沉的教堂，但該鎮外圍地段卻因距離州際公路夠近（通往查爾斯敦的路線），而開了幾家汽車旅館與餐館。等級較差的汽車旅館與破爛的餐廳則開在小鎮中心區域，此地已是一片陳舊殘破，但生機猶存。

該鎮得以維持朝氣，全賴此地的各級院校，其中包括克拉夫林大學（Claflin University，創立於一八六九年）以及南卡羅萊納州立大學，這兩所過去都是黑人學校（至今學生仍以黑人居多）。此外還有幾間學校：一間衛理會的學院、一間工專、幾家私校，以及幾間公立學校。

抵達奧蘭治堡隔天，我沿著主街步行時，對身旁一位與我走同方向的男人說了聲哈囉，然後就受到南方式的熱烈歡迎。他穿了一身暗色西裝，提著一個公事包。他說他是律師，還給了我名片，上面寫著「維珍・強森二世（Virgin Johnson Jr.）律師」。我向他打聽鎮上的事，只是概略地問問，卻得到意料之外的回答。

他說：「嗯，這裡發生過屠殺事件。」

「屠殺」是個引人注意的用詞。我對這場血案毫無所悉，便追問更多細節。維珍・強森跟我說，到一九六八年時，雖然民權法案已經生效四年，但奧蘭治堡仍在實施種族隔離。主街上有家保齡球館（全明星保齡球館〔All Star Bowling Lanes〕）拒絕讓黑人學生入內——可他們是奧蘭治堡唯一的保齡球館。

一九六八年二月的某一天，為了抗議在保齡球館和其他場所遭到歧視，數百名學生就在鎮上另一頭的南卡州大校園發起示威遊行。活動過程雖然吵吵嚷嚷，但這些學生都手無寸鐵，而他們面對的南卡公路巡警（South Carolina Highway Patrol）[52]則配備了手槍、卡賓槍與霰彈槍。有一名警員因被學生推擠而受到驚嚇，於是對空鳴槍——他事後表示，是在鳴槍示警。其他的警員聽到槍聲，

52 即南卡羅萊納州的州警。

也開始直接對轉身逃跑的抗議者開火。學生當時正在逃走，所以都是背部中彈。有三名年輕人喪生，分別是山繆・哈蒙（Samuel Hammond）、迪拉諾・密道頓（Delano Middleton）和亨利・史密斯（Henry Smith）；另有二十八人受傷，其中部分傷勢嚴重；所有傷患都是學生，身上密密麻麻布滿獵鹿彈（buckshot）[53]的彈孔。

「你當時怎麼想？」我問維珍・強森。

「我當時才十二歲，」他的鄉村口音把十二的英文「twelve」唸成「twel'」。「我沒有想太多。後來，大家才講起這件事。」

「現在大家怎麼說呢？」

「這不是個熱門話題，每年都會舉辦紀念活動，但就議題本身，我不曉得離開了校園還有多少人關心。」他說。

大多數美國人都知道一九七〇年發生在俄亥俄州肯特州立大學（Kent State University）慘案——有四名學生在反戰示威期間遇害。「肯特州大」這個名稱自此承載了別的意涵：無辜的抗議者慘遭恐慌的國民警衛隊（National Guardsmen）槍擊。而一七七〇年的波士頓大屠殺（Boston Massacre）也廣為人知——五位殖民地居民在國王街（King Street）被英軍殺害；我父親曾帶我們去波士頓公園看過這起事件的紀念碑。我們還認得其中一位受難者的特殊姓名，克里斯普斯・阿塔克斯（Cripus Attucks），他是兼有黑人與萬帕諾亞格族（Wampanoag）[54]血統的波士頓居民，可能是個水手。這些人的遇害進一步激起革命熱情；將近兩百五十年後，他們位於穀倉墓地（Granary Burying Ground）的墳塚依然供著花環，受到莊嚴的憑弔，這幾人都被視為烈士與英雄。

而奧蘭治堡這個地名對該鎮以外的人來說，則不會喚起任何關於武力鎮壓或良民濺血的印象。有八名向群眾開槍的警員以致死罪名遭起訴，但全數無罪開釋，唯一坐牢的人是示威者克里夫蘭·L·賽勒斯（Cleveland L. Sellers），罪名是聚眾滋事。他被判刑一年，服刑七個月後以行為良好獲得假釋。這其中有些事例並不是我從維珍·強森那裡聽來的，而是後來在一本詳盡記述這起事件的書裡讀到的：傑克·貝斯（Jack Bass）與傑克·尼爾森（Jack Nelson）合著、二〇〇三年出版的《奧蘭治堡屠殺事件》（*The Orangeburg Massacre*）。強森雖然是非裔美國人，也是奧蘭治堡的居民，但他對此無法提供太多細節，他說那時年紀太小、不懂事，況且「這是很久以前的事了」。他對此事失憶的另一個可能解釋是，奧蘭治堡屠殺事件被那年幾場更重大的暴行蓋掉了，一九六八年是個暴力案件不斷的年份，金恩博士與羅伯·甘迺迪（Robert F. Kennedy）[55]都遭到暗殺，越南發起春節攻勢（Tet Offensive）[56]，以及華府、巴爾的摩、芝加哥等地到處都在暴動——這是充滿死亡與動亂的一年。

我向強森提起肯特大學槍擊案，說到這起事件人盡皆知。

他笑了笑。他說：「可是你知道，那些死掉的小孩都是白人。」

---

53 是內裝顆粒較大的鉛珠或鋼珠、殺傷力較強的霰彈槍子彈。顆粒較小、殺傷力較弱的彈藥則稱為獵鳥彈（birdshot）。

54 美洲原住民之一，居住在今天的麻州一帶。其下有五個支族，其中兩個得到美國聯邦政府承認。

55 美國第三十五任總統約翰·甘迺迪（John Kennedy）的弟弟，曾任美國司法部長、國會議員。

56 越戰中規模最大的地面行動，有數千名無辜平民遭殺害。

維珍．強森的本業是律師，這讓我感到驚訝，因為他對這場屠殺的認識似乎模模糊糊。我原本期待他身為律師，尤其又是本地人，應該會曉得更多實際情況，但他還是知無不言，也很幫忙我瞭解這段被人淡忘的往事。

「我可以介紹一些當時在場的人給你。」他說，接著又推薦我後來看的那本貝斯與尼爾森的書。我對他的協助表示謝意。我在離開上路之前說，能跟一位只是在大街上偶然碰見、問路的人進行這樣一番交談，對我來說是很難得的事。我又說，在我住的地方，像這樣的偶遇就不會如此溫暖、也得不到這麼多資訊。我很感謝他把時間花在一個問題這麼多的陌生人身上。

「這裡的人懂得需要幫助的感覺。」他說。他指的是黑人；他指的是他自己。他又說：「還有被人忽視的感覺。」他又繼續說：「整個大環境都這樣——要逃開不容易。他們一直在這個狀況裡，所以很能感同身受、產生共鳴。」

「你也這樣覺得嗎？」

「當然啊！」他說道，並指指我手上的名片。「如果你想見見比我知道更多的人，就告訴我。不然這個週日到我們教會來好了。會由我來布道。」

「你的名片上寫你是律師。」

「我也是牧師。啟示事工教會（Revelation Ministries），就在費爾法克斯（Fairfax），其實是在夕卡摩（Sycamore）。這裡是南方，每個街角都有教會。過來看看我們吧！」

「在哪裡？」

「在艾倫代爾附近。艾倫代爾你熟嗎，保羅先生？」

查爾斯敦：槍枝展售會

因為還有幾天要打發，我就去了趟查爾斯敦。這座城市擠在狹窄的岬角地形上，被平靜的港灣圍繞，附近還散落著一座座小離島。查爾斯敦擁有豐富的文化史，與許多建築名勝——有幾座華麗的老宅院、教堂和要塞堡壘——鬧區還有滿街的美食餐廳，這裡具備大都會的一切特徵，但我毫無興趣。

來查爾斯敦玩的遊客會去看景點如桑特堡（Fort Sumter）、莊園、吃東西、聽南北戰爭軼事，以及古拉部落與基奇部落（Geechee）[57]的傳說。我覺得這座城市就像大多數觀光城市，雖說相當宜人，但也浮華招搖且難以融入，更在意階級又講究家居環境，還有種或許不無道理的自鳴得意。而我到那裡去，則是為了看槍展。

我這趟南方之旅期間，享用美食佳餚的次數不多，其中一頓就是在查爾斯敦吃的。但跟我在每個小鎮幾乎都能找到的那些靈魂菜食堂或燒烤店相比，其實也沒有好非常多。說到熱情招呼與好菜，沒有哪裡比得上艾倫代爾那間小小的「嘗嘗看」、奧蘭治堡的「公爵燒烤」（Dukes）、阿拉巴馬州馬里昂鎮（Marion）的「羅蒂小館」（Lottie's），以及密西西比州格林維爾的「阿杜食堂」（Doe's Eat Place）或路易斯安那州西門羅市（West Monroe）的「奶奶家庭餐廳」（Granny's Family Restaurant）。至於查爾斯敦這些博物館、教堂、宅邸、禮品店，我全都沒興趣。

57 與古拉有類似淵源的解放黑奴聚落與文化，在喬治亞州一帶又稱為基奇。

引起我注意的文化活動，是前一週看到在打廣告的「槍枝刀械展」（Gun and Knife Expo），地點位於北查爾斯敦市（North Charleston）的查爾斯敦地區會展中心（Charleston Area Convention Center）。我在一個下雨的週末從奧蘭治堡開車過去——槍展通常為期兩天——令我驚訝的是，場地有半個美式足球場那麼大，民眾排成長長的隊伍等待入場，還有停滿車的巨大停車場。才剛抵達我就驚覺，這裡的每個人都守秩序又有禮貌——從工作人員、賣家、看展民眾，到賣熱狗與爆米花的攤販——還能感受到某種微微顫動，一種夾雜了期待、急切與愉快的感覺。

入場過程緩慢，要先付八美元的入場費，如果你身上有槍枝，也必須在此出示。許多入場者都攜帶了武器——有人把手槍插在腰帶的槍套裡，有人把步槍掛在肩上——但私人武器必須在入口櫃檯退彈並貼標籤。完成檢查後，入場者會領到像急診室用的塑膠識別手環，最後終於簇擁著、排成隊，走過一旁的招待人員與小吃攤，除了幾聲低語，一切井然有序。

門廳的例行公事結束後，就進入巨大的展覽館，場中布滿展示桌、隔間與攤位，大多賣的是槍，少數賣的是刀，還有一些疊著成堆的彈藥。光是這幅景象，似乎就讓參觀者面露微笑、吞嚥口水、興奮得發抖，好像把這些赤裸裸的武器、這些手槍與步槍全部陳列在一起，就已構成一場槍械春宮秀。我從沒見過這麼多槍，大大小小的，全都堆在一起。我猜，只要想到這些槍都待價而沽，放在那裡等人拿起來、摸摸、聞聞、瞄準，就夠讓人激動了吧！

「先生，不好意思。」

「沒關係，過去吧！」

「真多謝。」

在這世界上，再沒有——至少我從沒見過——任何人比槍展這裡的人更有禮貌；沒人比他們更熱愛微笑、更樂於助人、更不會踩到你的腳。周遭有這麼多武器，卻聽不到辱罵；只有耐心、溫柔，以及偶爾開點玩笑。在一個大家都有武器的地方，彬彬有禮是有用的，或許還是不可或缺的。但這種風度並不像出於被迫，每個人都很高興來到這裡。快樂到了陶醉的地步，就是逛槍展民眾的普遍情緒——心情愉悅，舉止得宜。

有人壓低聲音喊著「看那個」，也有人提問許多很有水準的問題。令我驚奇的則另有其事：這群人雖然講話率直、穿著隨便，但卻見多識廣。這些人活生生體現了耶穌在《路加福音》第二十二章第三十六節那段許多人都能複誦的話：「沒有刀的要賣衣服買刀。」有個看似隨便漫遊、迷失方向的人，戴著髒兮兮的迷彩帽、留著鬍鬚，穿著沾滿油漬的夾克、磨損不堪的靴子，他問桌上放滿老式突擊步槍的攤主說：「那把摺疊式槍托的ＡＫ-47，是扎斯塔瓦（Zastava）[58]生產的版本嗎？」

「不是，這把是ＷＡＳＲ[59]，禁令生效之前的。附滅音器、全套標準配備。」

「哪種彈匣？」

「我這裡各種都有，你可以看看。而且它可以上刺刀，看到刀座了沒？」

發問的人用手背摩擦著自己鬈曲的鬍子。「我聽說會有彈匣槽太鬆的問題。」

「這把不會。我拿來射擊過很多次了。」

58 塞爾維亞的軍火公司。

59 瓦森納半自動步槍（Wassenaar Arrangement Semi-automatic Rifles）的縮寫，是羅馬尼亞生產的ＡＫ相容規格步槍系列。

「那把AK多少錢？」我插話問道。

「一千五百美元。」

「我可以買嗎？」

「有錢就可以。只收現金。私人交易60。」

儘管具備這種直逼鑑賞家的武器知識，但大多數來逛槍展的人都只是看看，手插在口袋裡，到處閒晃，手肘頂頂對方示意問好——欣賞並讚嘆這些槍枝的尺寸與稀罕，好像他們來此就是為了開開眼界、聊聊故事、見見老朋友、喝喝咖啡、在攤位之間走走，就跟一般人去逛跳蚤市場一樣。這裡的確像極了跳蚤市場，只不過聞起來有清潔油、護木油，以及燒焦鋼材與火藥形成的塵垢的味道。在看展這些老老少少的男人中，來買槍的還沒有參觀火力展示求安心的人多。

只是在這樣的氣氛中，還是帶著某種情緒，是我行走於這些武器之間所掌握不住的；那是某種態度、某種顫動、某種隱隱的低鳴。我越是漫步、越是傾聽，留意到空氣中的脈動和眾人展現的姿態，這份感覺就越趨明顯。我一開始還不明白我感覺到的是什麼。

「真多謝。」

「不客氣。」

「沒關係，先生，那把槍可以拿起來看。」

幾張賣刀的長桌人潮最少，但是陳列的各式刀具應有盡有，從精美的小刀、砍刀到鐵製剁刀，其中有些還有雕花，裝了骨質或象牙刀柄——也有幾把劍與刺刀。在其他桌子上的，則是一些軍事收藏品，幾把納粹佩劍。「那把是恩斯特．羅姆（Ernst Röhm）的短劍，」賣家向我解釋，寬闊的劍身上刻著的字樣「一切為了德意志」（Alles für Deutschesland），是羅姆與希特勒一起創立的衝鋒隊（Sturmabteilung, SA）的精神標語。後來羅姆在一九三四年的長刀之夜（Night of the Long Knives）被希特勒以叛國罪名逮捕，並遭處決。而羅姆分發給手下褐衫隊（Braunhemden）[61]的這些短劍，也被人用石磨把劍身的銘文「致以誠摯同志情誼　恩斯特・羅姆」（In Herzlicher Kameradschaft Ernst Röhm）給磨除了。

「你看？他們把羅姆的東西弄掉了。要是你的刀給人看到這個，麻煩就大了。這個收藏價值很高的。」

還有一些防毒面具、頭盔、腰帶、護具、徽章、旗幟，全都帶有卐字標記，以及好幾把九毫米魯格手槍（Luger）。

「那把槍還能用。你還可以開火。不過可不要在這裡打空槍。」

五花八門的南北戰爭物品——火藥罐、哈潑斯費里（Harpers Ferry）步槍、大盤帽、軍階章、南方邦聯的貨幣，以及手槍——好幾張桌子上，都堆疊著這類歷史的殘跡碎片。這些物品幾乎都來自南軍這一方。還有一些保險桿貼紙，其中一張寫著：「南北戰爭——美國的屠殺浩劫」。另一張是：「嘿，自由派，就是因為你們才有第二修正案（Amendment II）[62]」。還有很多張在痛批歐巴馬

60 同一州的民眾依法可以私下買賣未列入全國槍械法（National Firearm Act, NFA）管制品項的槍枝。
61 即衝鋒隊，因其所穿的褐色制服而得名。
62 美國一七九一年通過的權利法案修正案，保障人民持有和攜帶武器的權利，即公民享有正當防衛的公民權利。

總統：「不要歐巴馬」、「歐巴罵」、「歐巴馬國」，以及「支持槍枝管制者：希特勒、史達林、卡斯楚、阿敏（Idi Amin）[63]、波布（Pol Pot）[64]、歐巴馬」。

「我叔叔也有一個這種火藥罐。」

「要是它的調節栓嘴還能用，你叔叔就走運了。」

其他桌上放的大多是老式的前膛槍、各種雷管槍，或使用黑火藥子彈的大支左輪槍。因為這些都是老骨董了，理論上都已不堪使用，所以要賣給任何人都行。但是黑火藥子彈雖然罕見，卻還是弄得到，這裡的任何一把舊武器，都還是可以在人類或獸類身上打出一個致命的洞。

「那把是博物館等級的。」有位賣家這樣說著一把槍管刻花、槍托也雕得很漂亮的火繩槍。我有種感覺是這些玩槍人把最棒的武器帶來這裡，只是為了炫耀，好跟收藏家一樣孩子氣、洋洋得意地現寶，而且不管出多少價錢都不會割愛。

但更多攤主看來手頭拮据，都急著把面前擺滿的那堆壞掉的槍、褪色的彈匣和零組件賣出去。我在其中一張桌子上——一把塑膠克拉克和一支點二二休閒打靶用步槍旁，看到一把德國二戰時期的點三二口徑毛瑟手槍（Mauser）。我拿起來掂了掂重量。

「三百五十美元就歸你了。還額外附贈彈匣。」

「我是外州來的。」

「沒關係，私人交易。好啦，算三百就好。」

並非每一攤做的都是私人交易。約有五、六個隔開的位子屬於有照商販，而在圍起來那區，則有幾位皺著眉頭的人坐在較小張的桌子前，正在填寫背景查核的表格，同時工作人員則用機器刷著信用卡。這些都是登記在案的槍枝，品質更好，數量也更多。背景查核所需的時間不超過三十分鐘，我聽人說的。

也有些人是來作古裝角色扮演的：有個人一身南軍制服，另一人穿著從前的牛仔打扮，樣子就像一心復仇的警長，黑帽配長靴，手槍柄上還鑲了珍珠。他看見我盯著他瞧。

「你好咧，夥伴。」

有張桌子布置得就像博物館在展出第一次世界大戰武器與制服，還有地圖、書籍、明信片，以及裝框的泥濘戰場黑白照片。這是丹．考夫曼（Dane Coffman）布置的紀念展，他從一百哩外的利斯堡（Leesburg）開車過來，租了八張桌子，以紀念曾參加一次大戰的軍人爺爺雷夫．考夫曼（Ralph Coffman）。他年約六十歲，穿了一身舊式步兵制服，戴著一頂寬沿帽，打著皮革綁腿，一副一戰阿兵哥的裝扮。展出的全是非賣品。丹是收藏家，也是軍事史學家，兼重現古戰役的扮裝者；他的目的就是展示收藏的皮帶與槍套、野戰炊具、軍用水壺、鉗子、鋤頭鏟子，以及他所謂讓他感到既驕傲又快樂、裝在三腳架上的一挺機關槍。

「我來這裡是為了爺爺，我來這裡是為了講一堂歷史課。」他說。

在這整場槍展中，我看到私人買賣與商業銷售混合出現，大多都是貌似窮困或失業的人，穿著綻裂的靴子、戴著褪色的帽子，但也有些有錢的買家，還有些是明顯的怪咖，以及一些遊手好閒的

63 烏干達第三任總統，任內實行恐怖獨裁統治。

64 赤柬最高領導人，曾為柬埔寨共產黨總書記，掌權後奉行極右政策和大屠殺，普遍受國際社會譴責。

人。還有幾人在販賣旗幟、愛國主題商品和搞笑標語：「警告：我是個死命抓著宗教的憤恨持槍人」，這句是在回應歐巴馬選總統時說過的話[65]；還有「禁止擅闖——侵入者會中槍——沒死就再補一槍」；以及「槍枝管制才能命中真正目標」。

「我跟你講，要是那個他媽的法案表決通過，我們就全完了。」有個男人靠在一把大的黑色突擊步槍上抱怨著。

「嗯，對啊。他們打算全部都統統改掉，你可以跟你那支AR[66]吻別囉。」另一個人回應。這話讓前面那人氣憤不已。「我倒想看看，誰來把我這把拿走試試。我真想看看。」

其他人也小聲地跟著罵，但為數不多，因為展廳裡沒人反對他們的意見。這些人都是愛槍人、擁槍人、槍權支持者——有男有女、全家大小——他們都是挺同一邊的。我是第一次稍微接觸到這種大型的南方白人集會。曾有觀察家評論說，南方白人是個像愛爾蘭裔或義大利裔那樣的族群——是個「在文化上自成一格的群體」。

強森牧師的故事

「我只是個鄉下小伙子，出身社會底層，在漢普頓郡（Hampton）的埃斯蒂爾鎮（Estill）出生長大。」維珍・強森在一週後對我說。這時我們在奧蘭治堡，剛在他家那條路上的露比餐廳（Ruby Tuesday）分店吃完本日特餐。埃斯蒂爾就是荒山野嶺，他說，就是個偏鄉，都是棉花田。哎，算了！他露出微笑；他微笑時總會露出兩顆顯眼的大門牙，像是表明他存心反諷。接著，他故作無奈嘆口氣說：「黑人可憐喔！」

他仍是一身黑西裝，啜飲著冰茶，跟我訴說他的人生。此刻他像變了個人，不是夕卡摩的牧師，也不是奧蘭治堡那個精明的訴訟律師，而是坐在路邊餐館安靜沉思的市民，追憶著獨來獨往的人生。我跟他說我在查爾斯敦看了場槍展。

「我是有幾把槍，」他急切地說，「各種類型都有。我有把AK-47，我還有很多。合法的槍枝持有人不會鬧出人命——非法槍枝才是問題，罪犯才是問題。跟你講啦！我想要有點保護，這地方有時候很危險。」

「舉個例子給我聽。」我說。

「我爸一九六八年出來選過漢普頓郡的郡議員。他是老維珍・強森（Virgin Johnson Senior），本來是石匠，後來當了老師和郡議員。我爺爺給他取了「Virgin」這個名字，算是滿特別的——會讓人想到聖母馬利亞、處女地、處女什麼的。我兒子就叫維珍三世。」維珍・強森靠向我，敲敲桌子。「六八年那年頭，黑人出來選什麼都不對。他的信箱收到字條，上面寫著：『你要是當選，我們就宰了你。』」

「那他有退選嗎？」

65 歐巴馬二〇〇八年競選時，曾在募款活動發言裡如此形容特定選民：「他們變得憤恨，死命抓著槍枝、或宗教、或是對異己的厭惡、或是反移民情緒、或是反貿易情緒，用來解釋他們受到的挫折。」

66 阿瑪萊特公司（Armalite）出產之步槍。

「這阻止不了他，不過你知道他為什麼落選嗎？因為大家知道了這張字條的事，所以喜歡他的人——有很多人，就投給他的對手。不想要他掛掉啊！過了幾年，他又再出來選，就贏了。我爸爸今天也來參加我主持的禮拜了。他身體不好了，但總會來。他在這附近很受歡迎。」維珍．強森說。

「我是一九五四年出生的。一九六六年，就是他們說『自願融合』（voluntary integration）的那一年，我是埃斯蒂爾小學唯一的黑人學生。事情經過是這樣，每天早上都有兩輛巴士經過我們那裡，我對我爸說：『我想坐第一輛巴士。』那一輛是白人的巴士。他說：『兒子你確定嗎？』我說：『確定。』」

這感覺有點怪，在這麼一間忙碌的餐廳裡——白人及黑人都在隔間裡、在餐桌邊共席吃飯——聽維珍．強森在將近五十年後，回憶起這段他人生留下深刻印記的往事，一起黑人學童搭白人巴士的事件。

「就在我上車那天，一切事情都變了。我才六年級——人生就因此改變。我的朋友全沒了，黑人、白人都沒了。沒人跟我講話，一個都沒有。就連一起長大的白人朋友也是。我知道他們想跟我講話，但他們有壓力，我也有。我就坐在車尾。我去長桌吃中飯時，會有三十個男生起身離開。」

他啜著茶，點點頭，苦笑著。露比餐廳的服務生帶位用餐的客人往更後面的隔間走，三人瞄了這個衣著講究的人一眼——他是整間餐廳裡唯一穿西裝打領帶的人。

「我當時十二歲，好笑的是，我們本來都是朋友，黑人、白人都是。大家都愛我外公，他們都叫他亨利阿伯——他本名亨利．弗雷傑。我們都在埃斯蒂爾鎮上跟附近一起玩，還會摘棉花。我爸跟叔叔有一百英畝的棉花田。克雷頓舅舅還種棉花、玉米、西瓜。我跟家人還有朋友一天可以一起採個一百磅或一百二十五磅。但我一坐上那輛巴士，這些就都結束了。我變成孤零零的，沒人可以靠。」他說。

「我才到學校，就發現事情不一樣了。

「那裡沒有別的非裔美國人——這間小學沒有黑人老師、沒有黑人學生，一個都沒有。除了工友，他們對我來說，好像某種守護天使。他們都是黑人，什麼話都沒有對我說——也沒必要說。他們對我點點頭，就好像在說：『撐住啊孩子，撐住。』

「所以我失去全部的朋友，而且我很早就學到，凡事必須靠自己。這就給了我一種奮鬥的精神。我從小就有這種精神。這是命定的。你都讓別人替你下決定的話會怎樣？你就變得沒辦法自己下決定了。那段日子也不是全都那麼糟。那時候，尊敬是贏來的。現在呢？沒人在意尊不尊敬了。更像是場政治秀。」

我們繼續吃飯，他邊聊邊回憶著。他是個深思熟慮的人，會停下來思索想法，每說幾句話就會靜默一陣子，所以很方便我做筆記與繼續吃。

「我十三歲時，做了份工作，就是幫一個白人測量員拉線。我喜歡這份工作。那時候是夏天，六〇年代。我們在測量一座農場，那個人跟我一起。我們在一塊地旁邊停好車，就開工了。」

「然後我聽到有人喊：『我不要那個小孩出現在我的土地上！』」

「是那塊地的地主，你懂的。他拿出霰彈槍對空開了一槍。我才十三歲耶！所以我們就離開了，白人測量員跟我一起。那是在漢普頓郡的事，這個人的爸爸有參加三K黨。但是他們因為他的關係，全都有這種心態。」

「我是郡裡這一帶第一個上法學院的非裔美國人。哥倫比亞市的南卡羅萊納大學。我們班上有一百人。雖當時是八〇年代了，我還是唯一的黑人。一九九八年考上律師。還取得了傳道資格。

「對我來說沒什麼矛盾，兩件事我都做得很開心。我只希望經濟變好，這地方太窮了，他們什麼都沒有；他們需要希望。要是我可以給他們希望，就是件好事。耶穌說我們要回去看顧其他人。」

他說完又靜默了，我便問他關於奧蘭治堡、夕卡摩與費爾法克斯的事，還特別問了在我看來如此淒慘的艾倫代爾。

「這些都是很友善的地方；大家都很親切、有好的價值觀、民眾為人都很正派。下次你過來這邊，就來我們的教會看看我們——啟示事工教會。答應我你會來。」

「我答應你。」我說。想到要再回來，我就覺得高興。

「我們這裡有些問題——小孩生小孩，有時候四代人都是小孩生小孩。但都沒什麼改善，這真的讓我很擔心。有些東西不見了，是缺了什麼呢？」

然後他擺出大動作，舉起一隻手，提高了音量，聲調變得像在布道一樣。

「帶孩子離開這個地方，他們就會發光發亮！」

原子路

我從地圖上看到穿過芳香黃松樹林的這條狹窄鄉間道路叫原子路（Atomic Road），這條小徑的編號是州道一二五線，起自可愛卻年久失修的艾倫代爾，在那裡從歷盡劫難、滿是旅店廢墟的國道三〇一線岔出，沿著作為南卡與喬治亞州界的薩凡納河河道而行，一直通往奧古斯塔。「原子路」這名字太誘人了，讓人捨不得錯過。看到一排高大的圍籬，還有一座崗哨，我便停下來問圍籬後面是什麼。

「把車掉頭，先生，再繼續走。」

「我只是想問幾個問題而已。」

「先生，你沒聽到我說話嗎？」

時間已經太晚，來不及停在最近的城鎮艾肯（Aiken）打聽，但我想：下次我走這條路時——等我去啟示事工教會的時候——再靠近點看。不過，我知道圍籬裡是薩凡納河設施區（Savannah River Site），也就是當地人稱「炸彈工廠」的一塊核子設施用地。

這又是本次旅程與我此生其他旅行的另一個不同之處。我在非洲或中國從來不會說我過幾個月再回來繼續行程，都是一路前行直達目的地，再回家寫下來。但在南方，我則沿著不規則的圈圈繞行，還在時間這條第四維度上跳進跳出，總是抱著希望，做著再回來的打算，而且就像在原子路那時一樣，對自己說：我會再回來的。

騎車信眾

在穿過喬治亞州前往塔斯卡盧薩的路上，我在阿拉巴馬州的一個休息站遇見了凱利．威格力，他當時與妻子一起在此稍事歇息。我看到他的聯結車拖板後面掛著一輛漂亮的三輪哈雷機車，就去問他這輛車的事。他身材粗壯、一頭白髮，年約六十五上下，穿著連身工作褲與靴子，是個飛車黨，不過是親切的那種，性情和善得一臉安詳喜樂。

「我們剛從阿肯色州的哈特菲爾德（Hatfield）回來，那裡就在靠奧克拉荷馬州的州界上，我們去那裡參加基督徒機車騎士協會（Christian Motorcyclists Association）的一場聚會，我們騎車是為了聖子——上帝之子。我們在那裡有三千名來自全國各地和世界上其他地方的機車騎士。有一位是從南非來的。我們每年都會一起集會、做見證，為大家的機車祈福、做禱告。」他說。

「你見過地獄天使（Hell Angels）[67]的人嗎？」

他笑出聲來，並說：「我們歡迎地獄天使、惡棍之徒，什麼人都歡迎。就算他們髒或粗暴也沒關係——我們都是騎機車的嘛！我們會說：『過來喝點咖啡吧！早上四點？也行。什麼時間都可以，都歡迎。』然後我們會跟他們聊耶穌，也許還會分享一下《聖經》，做一下禱告，建立一點交情，沒有壓力。」

「你們常常勸人信教嗎？」

「他們滿難處理的，但還是可以得救的。嘿，他們有些人才剛出獄。他們要做的只是傾聽與見證。我知道我們說得動他們。你需要的只是一份旅程規劃。第一步：選一條路。第二步：要考慮到你的目的地——我們都曾轉錯彎。第三步：認清你的兩難處境——每個人的靈魂旅程，都將結束於罪孽與死亡峽谷。但上帝會在上面搭一座橋，所以就有了第四步：今天就過橋——在上帝的協助下，下決定過這座橋。」

「你這週末過得怎樣？」

「過得很棒。我們全都在哈特菲爾德露營。露營還有做見證。你知道嗎？這場『騎車信眾』（Believers on Bikes）運動，幾年前的發起者只有一個人。現在已經成長得很龐大了。跟你說，我就快退休了，那時候我會和太太騎這輛哈雷遊遍全國，露營跟做見證。」他想了一下。「說不定還會出國。知道全世界基督徒人數成長最快的是哪個國家嗎？是中國。」

「為什麼呢？」

「因為他們想要得救啊！該走了，還要去斯科茨伯勒（Scottsboro）。願上帝保佑你，兄弟。」

塔斯卡盧薩：美式足球是大事

我開車來到阿拉巴馬州的塔斯卡盧薩市，確認自己的所在位置後，就要再前往南方的更深處，進入赫爾郡（Hale）與格林郡（Greene）。

塔斯卡盧薩是一座大學城——市區過半都是阿拉巴馬大學的校地，該校以擁有全國最強的美式足球隊，以及最高薪的教練而聞名。這裡是赤潮隊（Crimson Tide）[68]的主場，汽車與服飾上都標有猩紅色放大斜體的阿拉巴馬首字母A，許多人身上還刺了醒目的紅字紋身。

---

67 地獄天使與惡棍之徒（Bandidos）皆為美國知名的機車幫會（biker gang），都被美國司法部認定為犯罪組織。

68 即阿拉巴馬大學美式足球隊。

我抵達時是週五晚上，隔天塔斯卡盧薩就陷入某種比嘉年華會更激烈的狂熱之中。全城都像在進行某種躁動喧囂的部落儀式，因為那天正在舉行阿拉巴馬大學的美式足球賽，入場觀賽者超過十萬人。我注意到這場賽事，還有球迷——在塔斯卡盧薩，每個人都是球迷。有人跟我說：「這是座酗酒城市，問題出在足球。」[69]同時眨了眨眼，表示他在開玩笑。

這句不好笑的俏皮話也適用於許多大學城，但足球在塔斯卡盧薩是個問題嗎？在我看來，這是個長期的狀況，但可能美式足球非但不是問題，反而是解決方案。在這座城市裡，無處不充斥著這項運動。全市的資金都來自美式足球，也因此繁榮。美式足球就是這座城市的身分認同，球賽也讓市民開心——既排解他們的糾紛、讓他們團結、幫他們忘卻痛苦、讓他們加入贏家膜拜者行列——也把他們變成了一堆極度誇張、滔滔不絕又爭強好勝的討厭鬼。

「足球就是這裡的宗教。」有些塔斯卡盧薩人會這樣說，說時還帶著不好意思的微笑。但他們或許沒有意識到，這句了無新意的說法，已經很接近某種完備的定義了，就算最基本的心理學分析，都能解釋這段簡明的句子何以如此貼切。

這裡說的宗教，指的不是任何古老的宗教，更不是那種溫和、私密、喃喃祈禱，會引導我們抉擇、賜給我們平靜，主張上帝是愛的信條。「赤潮足球教」是種怒意氾濫的宗教，有點類似十字軍時代的基督教，嗜血好殺、持劍衝鋒、四處征戰，或是最極端聖戰模式下的穆斯林，激動怒目、毫不妥協、以身殉道；內團體（in-group）的圈內人會凝聚在這項運動周圍，藉以妖魔化、並擊垮那些外團體（out-group）的圈外人。在塔斯卡盧薩，赤潮隊是民眾共同的激情，是儀式化的信仰體系，有其完整的擬人形象。正因如此，在阿拉巴馬州，有些男性會將A字紋在脖子上，有些女性則會刺在肩膀上：這是一種公開宣示、終身許諾，以改造身體作為忠誠與文化差異的證明，就像印度教徒的種姓標記、毛利族的紋身，或是蘇丹的丁卡族（Dinka）臉上的疤痕。

大多數的城鎮都對自己的運動隊伍自豪，這無可厚非——獲勝的隊伍總能提升當地的士氣——但是塔斯卡盧薩在週六的人潮、戰旗飛揚的車隊、眾人的吶喊與服裝（以及巨型體育場的座位全數售罄），在在都說服了我，這個內團體舉足輕重，其重要性比我在其他地方見過的還複雜許多。就他們紋身、盛裝打扮、呼口號的樣子而言，幾乎可以等量齊觀的，就是曾遭殖民的反抗民族，為彰顯部落認同所舉行的傳統儀式了。

在阿拉巴馬的美式足球運動裡，球迷的忠誠心強化的不只是學生的自尊，也是全州的自尊。這種團體行為可以用「社會認同理論」（Social Identity Theory）加以解釋。提出這項概括性理論的英國心理學家亨利・泰弗爾（Henri Tajfel），描述了選擇讓自己依附於某個社會階級、或家族、或社團（或美式足球隊），並成為某個內團體成員的人，他們的擁護心理與各種反應。他寫道，人們所屬的團體是「驕傲與自尊的重要來源。團體給予我們社會認同感：一種融入社會世界的感覺」。

體育迷這個例子，就體現對擁有團體成員身分的人而言，聯繫與從屬關係是如此重要，幾乎可說是給了他生命的目標。透過將球隊視如己身、並跟著表現出「內團體的偏袒」，就發展出團體成員的身分。這種身分建立了自信與自我價值；你為球隊加油打氣、抬高球隊地位，就是在投資自己。你不只是消極被動的成員，還是積極主動的支持者，幫助球隊變得更強、更壯大。而這也有助

69 將「這是座足球城市，問題出在酗酒」的句型倒反的說法。

於提升你的自尊。在泰弗爾看來：「為了增進我們的自我形象，我們會強化所屬團體的地位。」

你的球隊贏了，你就覺得自己也是冠軍，這種說法也算是粉絲心態感染力的某種相當直白的定義。人們談到自己對球隊的忠誠、為勝利而驕傲時，常會難為情地笑出來，但在粉絲狂熱一千倍的阿拉巴馬州，可沒人會笑。一起高呼：「滾滾浪潮！」可一點都不好笑——這份摯愛是極其嚴肅的，有時（在我看來）還是意在挑釁、充滿敵意、幾近病態的。

任何球隊中，教練都是大權在握的角色。在阿拉巴馬的民間傳說裡，這個人就是保羅．布萊恩（Paul Bryant），他的外號叫「大熊」，因為據傳年輕時曾在阿肯色州接受挑戰，與一頭被捕獲、戴上口罩的熊摔角（而且因此被抓傷）。

有人跟我說，從阿拉巴馬史上最盛大的三場葬禮中，就能看懂該州三種難分軒輊的忠誠情感：喬治．華勒斯（George Wallace）[70]、金恩博士、保羅．布萊恩三人的葬禮。

身為教練的布萊恩是名卓越人物，從統計數據來看，他是大學美式足球賽有史以來最成功的教練，在阿拉巴馬帶隊二十五年，鷹勾鼻、滑稽的方格翻沿紳士帽是他的招牌形象。他的大名醒目地印在塔斯卡盧薩的街道、建築物和巨型體育館上。他充滿魅力，以飲酒過量與堅毅頑強著稱（在田納西有次斷了腿還上場打大學比賽），也是出了名的擅長激勵人心。他有好幾年都避免招收黑人球員，一九七一年時錄取的威伯．傑克森（Wilbur Jackson）是第一個，還給他一份美式足球獎學金。從此，這支球隊就成了黑人運動員發展事業的途徑，也成了團結各種族人心的指標。

布萊恩留下諸多成就，曾為阿拉巴馬贏得六座全國冠軍。但現任教練尼克．薩班（Nick Saban）才上任四個賽季，就拿下了三座全國冠軍，而且他的合約要二〇一八年才到期。因為勝績以及與球員關係融洽而深受愛戴的薩班，目前每個賽季的收入是六百九十萬美元，是全國薪資最高的美式足球教練。

不是球迷的話，自然會對這個金額大驚小怪，但大學體育競賽本身就是門生意——學校需要全國關注，藉以創造現金流。捐款人、校友、後援會出的錢讓學校得以加薪；賣門票也是強大的收入來源。然後還有授權商品，其中許多是傳統形式的商標產品——如各種款式的棒球帽、T恤、橫幅與旗幟等等。但還有大量充滿阿拉巴馬文化特色的物品：赤潮隊拖車架保護套、輪胎氣嘴蓋、蕾絲繡上「滾滾浪潮」字樣的女用性感緞面吊襪帶、寶寶鞋套、花園椅、絨毛玩偶、「兒童英雄披風」、整面牆大小的「男人專屬領域」旗幟、赤潮隊車用充電器、狗穿的球衣、魔術方塊、遊戲、手錶、衣服、行李箱、花園精靈擺飾、檯燈、寢具、玻璃杯、瓦斯烤肉爐的罩子、高爾夫球具、汽車飾品、牙刷、船用防撞緩衝墊，每一件都印有紅潮隊的標誌，或一個放大了字級、清楚明白的A。

這一切帶來可觀的美式足球相關營收，二〇一二年有一點二四億美元，獲利達到四千五百萬元。此外也拉抬大學的地位，使入學人數增加，教師薪資提高，校園也得以擴充。阿拉巴馬大學作為美式足球冠軍的顯赫名聲，也吸引了外地學生：超過半數學生來自外州，付的學費是本州學生的三倍。

財政上的回饋已經無庸置疑。自尊上的優勢則更難估計，但也是顯而易見的。或許也是可預期的——認同球隊必然導致單純的感覺良好，再加上呼應這份認同的精心打扮與意象——如此便構成

70 曾三度出任阿拉巴馬州州長，並四次參選美國總統。

了一套完整的生活風格。相同性質的社會行為，亦存在於世界各地封閉的內團體當中，尤其在一些民俗文化裡，典型的就是你會在巴布亞紐幾內亞的西部高地看到的那種，強調榮耀與自信的辛辛慶典（Sing-Sing）[71]：在戈羅卡表演（Goroka Show）[72]上，阿薩羅泥人（Asaro Mudmen）會與叢林戰士一道帶著豬獠牙與鼻骨，穿上奢華鋪張的服飾、做了髮型，佩帶武器、珠串、羽毛、顏面彩繪，抖個不停、舞著長矛，作勢衝鋒，擊鼓吶喊。

當我想起赤潮隊時，已經不會再將它想成一支美式足球隊，他們只是表面上如此；這似乎更像是南方人在回應一股挫敗感，其中還有某種我在槍展上注意到的、半掩半露的情緒。在處境如此艱難的州分，貧窮率在全國名列前茅，有著種族衝突的歷史，能拿來誇耀的事那麼少，又盼望變得重要，於是很自然地，一支常勝隊伍——還是全國冠軍——就會吸引住這些在生活中追求意義與自尊的人，並構成典型內團體的基礎。「赤潮」就是社會認同理論活生生的例證。

辛西雅姊妹

「請在這裡簽名，」穿亮黃色洋裝的女子說道，接著她仔細看了我一下，並給我一個溫暖的微笑。「我知道你。你是保羅先生。」

「你怎麼知道的，這位姊妹？」

「你昨天有來參加我們的禮拜。」

的確如此。坐在後排長椅上的我，是與稅吏一同坐席的罪人[73]，就在非利士人（Philistines）[74]

後面。我通常不太上教會，但南方的週日，就是要有禮拜、槍展，或美式足球賽才會完整。

「我能幫你什麼忙嗎？」

「我來找辛西雅．波頓小姐（Cynthia Burton）。」

「我會跟她說你來了。請在訪客登記冊上簽字。」

在訪客登記冊姓名欄隔壁、標題寫著「參訪事由」那一排，我看到了「食物」、「衣服」、「水」和「電費」——求助民眾的字跡潦草不堪。我簽了名，寫下「辛西雅．波頓小姐」。

過了一會兒，她就出來迎接我。她是位年約六十、很有氣勢、但看來有傷在身的女性，膝蓋不好以致走路不穩，但步伐仍堅定，只是要用助行器撐住自己。她是西阿拉巴馬社區服務計畫（Community Service Programs of West Alabama）的執行主任。她推著助行器，緩慢往前移動，帶我走進四壁蕭然的大房間，裡頭最顯眼的就是張空無一物的桌子。

我們先聊起那場使塔斯卡盧薩生氣蓬勃的美式足球賽。

「這裡到處都是美式足球，有足球狂熱、足球病，我能理解足球帶動了經濟，但每樣東西都建立在足球上。生命中還有些事情，比贏得美式足球全國冠軍更重要得多啊！」她說道。

---

71 若干部落齊聚，互相比拚歌舞實力的慶典。為二十世紀時創造的傳統。

72 巴紐國慶日前後在戈羅卡鎮舉行的辛辛慶典，規模盛大，有上百部落參加。

73《馬太福音》第九章第十節：「耶穌在屋裡坐席的時候，有好些稅吏和罪人來，與耶穌和他的門徒一同坐席。」

74《舊約．聖經》中與以色列人交戰的古民族，族名在現代西歐語言中引申為粗鄙庸俗之意。

「我覺得這不只是足球的緣故。」我說，但忍住沒解釋我覺得它如何創造某種社會認同。

「是有些運動員從中獲益，尤其從教練的關心中獲益。因為家裡沒男主人，我們賠上了兩代人。毒品害的——你媽要兼兩份工作，累得像狗；你看到有人販毒賺了錢，所以你也去做這個，就染上毒癮。很多這種小孩都需要有個教練。」她說，然後微笑起來，問道：「你怎麼會找到我？」

我說我提到打算來南方旅行時，有位共同朋友給我你的名字。他說，辛西雅．波頓有在參與社區發展工作，而且「她認識每一個人。」

「你們的接待員認得我，這讓我很開心。她在他們基石浸信會的禮拜上見過我。」我說。

「真好，不過我是天主教徒，」波頓小姐說道。她邊調整自己的坐姿，邊在一本厚厚的行事曆裡面做註記。「至於我為什麼會信天主教，那也是個有趣的故事。」

「請跟我說說吧！」

「我是在加茲登出生的，我父母都是窮人，但非常勤勞。而且為人正派。我父親在固特異輪胎公司（Goodyear Tire Company）上班。我母親是護士。她受的教育不多，但在醫院累積了經驗，邊工作邊學會護理。」她說。

波頓小姐嘆了口氣，身體略往前傾，看到我在寫筆記本，就用指頭點了點筆記本，加重語氣。

「我母親不希望我去念種族隔離的學校，她以前那樣是不得已，所以她跟我父親存了錢，想幫我找一家更好的學校。他們到處打聽要怎麼做。本地聖靈之女會（Daughters of the Holy Ghost）的修女建議她送我去北方，去康乃迪克州，念普特南天主教學園（Putnam Catholic Academy）。那年是一九六一年，還在種族隔離。」

她沉澱了一下情緒。我說：「你父母很了不起。」

「我父母相對於他們那代人來說，是很有遠見的。我父親只念到四年級，我母親六年級。但是他們都希望給小孩最好的，也願意為此做出犧牲。我念的加茲登高中到一九六八年才實施種族合校。」

這時我想：也就是民權法案通過之後還拖延了四年。

「他們湊到了錢，我就北上去普特南。我是全校唯一的黑人學生。但在普特南鎮上有五戶黑人家庭，我有點像是被他們領養一樣，受他們照顧。這就不是一般的教育了。那些有錢人家的小女生會教我功課。有一天朝會表揚前十名的學生，我是其中之一——我是第二名，非常得意。」

波頓小姐回想著，露出淺淺的微笑，又再次用手指了指我的筆記本。

「第三名那個女生的媽媽打電話給修女，質疑我的成績。我很難過。我打給母親，她說：『堅持下去，我不能去你那裡，所以你要自己來。但是要記得努力念書。辛西雅，你的功課一定要一直比那個女生好。』我就一直用功，功課一直名列前茅。」

「聽起來像是很上流的私立學校，你跟那些女生相處得怎麼樣？」我說。

「處得很好。那些女生家裡都很有錢，會有勞斯萊斯跟賓利來接她們回家。她們對我很親切、很友善，什麼事都願意幫我做。我是唯一的黑人學生，對她們來說像寵物一樣！她們會邀請我去家裡——都是很大的房子、豪宅。我記得有次我們去費城，五個女生一起坐加長禮車過去的。我們到的時候都餓了，住那裡的女生就叫廚房準備吃的。『有東西給我們吃嗎？』我們下樓，一個接一個，結果有三個傭人在給我們做飯。」

「你有動心想留在北方嗎？很多南方人都覺得那裡的機會更多。」

「我愛北方，我在那裡信了天主教。我去芝加哥念了羅耀拉大學（Loyola University Chicago），但我得回來阿拉巴馬。我母親需要我。除此之外，我覺得自己已經很有福氣，應該分享出去。我就決定和一大群人一起發揮影響力。我在這機構做九年了，我們有一千八百萬元的預算，可以用在八個郡——大概有一百萬人吧！大多數是聯邦補助，也有些是各界捐款。我們有五百間住房單位——都是合宜住宅，租的跟賣的都有。我們還有其他協助民眾的方式。」她說。

「你們運作得怎麼樣？」我問。

「這裡很多人都還是保守主義的社會觀念。我自己則堅定相信，人應該要自給自足。有些人比別人更需要協助，但他們也要自助才行。」

「你們組織提供什麼幫助？」

「處理住房問題，買屋、租屋，各種方法都有，想聽件怪事嗎？這裡有些人，手上有大筆土地——好幾英畝。他們不想分割土地。他們土地很多，但能動用的財產很少。持有大筆土地的人，卻住在木板房裡，去吃愛心餐、領電費補助，這種狀況並不少見。」她說。

「你會見到他們嗎？」

「他們會來我們這裡，」她提高音量說道，「他們過來可能為了食物。或幫忙處理他們的供暖費或電費問題。這種款項叫做低收入戶供暖能源補助（Low-Income Heating Energy Assistance），我們簡稱為ＬＩＨＥＡＰ。你的收入必須符合資格。他們會領到裝設熱泵冷凝系統的補貼。還有一個節能改造方案，幫房屋做隔熱。我知道最大的一塊地大概有兩百英畝，可是上面的人還是窮。像這種狀況的人不是很多，但還是有一些。」

「有很多土地，但還是窮？」

「是的，先生。他們不肯賣地。在非裔美國人社群裡，大家的目標是種自己的地，而不是種別人的地受制於人。又因為種田已經變成有組織的事業，這些人也很難跟外面競爭。有些人種的是經濟作物，但也有人種玉米或蔬菜——彩椒、高麗菜、南瓜——還有牧草。他們還在養牛。土地已傳了好幾代。或者他們選擇把地扔著，閒置不種糧食。」

又或者，因為土地已在家族裡傳了好幾代，就變成（法律術語所謂的）共同持有，權狀在這麼多人名下，土地就賣不掉。所謂的印第安人土地，也面臨同樣後果；過了六代，一塊地的所有權人就可能超過兩百人。

「真是詭異的困境啊！跟你說的一樣。」

「所以這邊很多鄉親都進退維谷。」

「我想見見幾位。」

「我來幫你聯繫他們，還有一些試著改善情況的人。」她說。

基石全備福音浸信會

「教會始終是南方鄉村生活的重心，」帕默主教這麼說。辛西雅姊妹說我該見見這個人。「我來自伯明罕，但是我在這裡念了斯蒂爾曼學院（Stillman College），過去是黑人學校，但現在也收一些白人學生。」

他是個大塊頭，壯得驚人，胸膛厚實，滿頭白髮，留著一圈凡戴克式（Vandyke）[75]白鬍子，有威嚴，是位目光和藹、笑聲豪邁的大家長。那時他還穿著細條紋西裝，還沒換上我後來看到的紫色主教袍；當他站在誦經臺上，用熊爪般的可靠巨手翻著經文時，看起來就像《舊約》裡的先知。

我們乘他的車前往斯蒂爾曼，在不設圍牆的校園周遭繞著，來回穿梭在整齊的校舍與操場之間。

「那邊有一個。那邊又一個。」

幾名白人學生紛紛快步通過。帕默主教順了順寬下巴上的鬍子，摳了摳臉頰。他長得一副法官般的相貌，讓我思考著，為什麼有些人看起來就是天生領袖的樣子。

「你的姓名太適合當傳道人了。恩尼斯特．帕默。」

「有信念的人，帶了一枝棕櫚葉[76]。」他說。

「我想到的『palmer』是朝聖者的意思，從聖地（Holy Land）[77]帶了棕櫚葉回來。就像喬叟（Geoffrey Chaucer）[78]的詩句寫的那樣。」

他放慢了車速，往我看了一眼。

我說：「《坎特伯里故事集》。『棕櫚客尋陌異岸。』[79]」

他微笑起來，表情就像有時人們聽見別人白目說著聽不懂的語言、或聽見狗發出奇怪吠叫聲的樣子。

「『遠赴馳名眾聖堂。』」我背誦著。「棕櫚客就是追尋聖地的朝聖者。」

他笑出聲來。似乎是初次聽到這回事。他駛離校園，換了個話題。「我還在這邊時，我們有次還靜坐抗議，就在那邊那家艾德餐廳（Ed's）。那條街過去那裡。他們不讓黑人學生在那裡吃飯。唉，那些白人小子把我們痛揍一頓。」

「這裡當時比其他地方還糟嗎？」

「塔斯卡盧薩當時是三K黨在阿拉巴馬州的大本營，」他說，「他們的頭目，羅伯・薛爾頓（Robert Shelton）有間辦公室就在聯盟大道（Union Boulevard）上。他也是印刷工人。我還是學生時，有次還去那邊拿一些印好的東西。我朋友就說，『你跑去了哪裡？』」

被指為「實在邪惡之人」的羅伯・薛爾頓，同時是工廠工人與輪胎經銷商，在恩尼斯特・帕默來這讀書時，他還是阿拉巴馬州三K黨騎士團（Alabama Knights of Ku Klux Klan）的頭目「帝國巫師」（Imperial Wizard）[80]。後來他因一場三K黨在莫比爾市（Mobile）動私刑的官司，導致破產與

---

75 上唇蓄八字鬍、下巴蓄山羊鬍的造型。

76 恩尼斯特・帕默的名字原文「Earnest Palmer」中，「earnest」本意為認真堅決，其姓「palmer」字源為「palm」（棕櫚），字面意為持有棕櫚枝葉者，引申意為去過耶路撒冷的西歐基督徒。

77 即以色列／巴勒斯坦及其鄰近地區。

78 英國中世紀最傑出的詩人，也是哲學家和天文學家。

79 本句與後文「遠赴馳名眾聖堂」原文出自《坎特伯里故事集》（*The Canterbury Tales*）第一篇〈總引〉第十三至十四句：「And palmeres for to seken straunge strondes / To ferne halwes, kowthe in sondry londes」。方重譯本（桂冠出版）作「人們渴想著朝拜四方名壇，朝聖者也立願跋涉異鄉」。

80 三K黨的領導人頭銜。三K黨術語中，「帝國」（Empire）指其在全美國的活動範圍，理論上帝國巫師應為全國性領袖，實際上地方性領導人亦會以此自封。

結束營業。薛爾頓在二〇〇三年死於心臟病發，享壽七十三歲。

與帕默主教的會面，讓我起念想去拜訪他的教會，我便在接下來的週日去了。我就是在那天早上遇到露西兒——讓她在前面開車，帶我去教堂——就是親切對我說聲「祝福你」的那位露西兒。

這間基石全備福音浸信會比我駛近時乍看之下還寬敞。教堂坐落於山谷裡一片小房子組成的低矮窮困社區中，旁邊是條狹窄的克里布斯彌爾溪（Cribbs Mill Creek）。

「南方黑人在教會裡得到的，是一個將眾人整合起來的焦點，還能讓他們暫時從充滿敵意（或陌生感）的主流文化中得到喘息。」約翰．里德（John Shelton Reed）在《耐久的南方》（*The Enduring South*, 1972）中寫道，接著他又說：「就像移民族群會做的一樣。」帕默主教率領的教友就像這樣的族群，成員彼此想法近似，都在尋求撫慰。暖場的禱告充滿熱情，由一位嗓音低沉的女性帶領，她向魚貫進入的信眾問好，大家都穿得很正式，女性都戴了帽子與手套，男性都穿了西裝。有兩名女性在我前面坐下，她們太過美麗，使我的視線一直飄過去看她們，即使我看向別處，她們香水的氣味仍然薰暖了我的臉，使我展露笑顏，好像我在呼吸著她們的美麗一樣。

「今天早上，魔鬼是說謊的[81]！」布道的女士站在大堂前方的講臺上說著，讓我想起自己在心底犯的罪。「稱耶穌的名！耶穌是偉大的！耶穌就是那偉大的『我是』[82]！看哪，錫安的勝利……」她歌唱著、吟誦著，整間教堂都迴響著她的聲音。

這段勸勉進行了二十分鐘，接著唱詩班在舞臺上排好隊，共有十五名男女成員，加上一支七人樂隊，打著聖歌的節拍。

耶和華已作王！
神掌權！

接連的曲子激起教友的反應，他們已坐滿教堂裡的座位，但此刻都站起來，跟著搖擺、微笑，現在唱到第三首聖歌。

祢是絕望者與受創者的援助……

然後我們又坐下來，聆聽公告事項。後來我繼續參加其他教會活動，逐漸熟悉這套流程，包括暖場、聖歌、公告學校的消息、班上的消息、「女性靜修——恢復身心靈」，還有以「你要怎麼活？」為題的講座。

有位男士向前，嗓音平順，語調祥和，是位身穿條紋西裝的執事。「有兩個人來到一座荒島。」他說時舉起一隻手，示意我們專心聽。「其中一個慌張不已。『我們迷路了，兄弟！我們要怎辦？』

81《約翰福音》第八章第四十四節：「他（魔鬼）說虛假之事是出於自己的本性，因為他本來就是個說謊者，並且是說謊者之父。」

82 耶穌在《約翰福音》中提及的「我是」（I am）。和合本：「我就是基督」；新譯本：「我就是那一位」；英譯本作「I am he」。對應《出埃及記》中上帝所說「我是自有永有的」（I am that I am）。

他已經情緒失控，亂成一團。」他又再次舉手提醒大家。「另一個人卻很冷靜——只是坐在那邊，笑一笑，毫不在意——儘管這座島嶼非常遙遠，怎麼看似乎都已沒希望。前面那個人，擔心的人說：『怎辦？』冷靜那人說：『跟你講要怎辦，我在教會有交什一稅，我每週賺一萬塊。我不擔心。我的牧師會找到我。』」

眾人大笑，風琴聲也猛然響起——布道在大多數時間裡都有搭配伴奏。一隊接待員出現在教堂一側，手上提著桶子。

「現在是什麼時間？是奉獻的時間！」

桶子裡裝滿皺皺的紙鈔與平整的信封，又被傳回去給接待員。

然後音樂停止，在這片寂靜中，帕默主教從側邊入場了，他穿著帶有紫色與金色的聖袍，拿著他的《聖經》。他的大個子因穿了聖袍而顯得更大，雖然步伐緩慢，走路像個政治家一般，我也預期他的聲音會轟然作響，但卻柔和且讓人安心。

「各位弟兄姊妹，早安。」他如此開場。接著，停頓良久之後，又說：「上帝希望你們回來。」這就是他的主題，要回歸信仰，要重新相信上帝的愛與憐憫，而他從開口那一刻，就吸引了全場的注意。

「以前這裡在奴隸時代，其中一件最要緊的事，就是歌曲——歌曲大大讚頌了上帝的榮耀，你們都知道。他們需要歌曲。有些人活得如此低微，以致於要抬頭才能看見地面。他們住在什麼地方？在鐵路另一邊的貧民區。但上帝會怎麼做？祂會在上面架座橋，讓我跨過去！」他說。

這場布道的主題是，時節艱難，但不要絕望。要有信心——事情會變好的。如果你有所動搖，要記住上帝希望你回來，鼓吹希望與寬恕，並認識到每個人都面臨艱難。《聖經》中也充滿了關於艱難時節及蒙福得到救贖的記載。

「只因為你的錢包空空，不表示你就沒有蒙受賜福。要記住，雨不是只下在你身上，而是下在每個人身上。看看《以賽亞書》第四十三章第一至六節。『你從火中行過，必不被燒，火焰也不著在你身上。不要害怕。』」

他又再次提起奴隸時期，以此慰藉大家，今昔相比，證明艱困時節總會結束。他籲請我們謹記此事。

「上帝的安排從來就不是讓你們繼續受到任何人、或任何事物的奴役，」他說這話時聲音祥和，聽起來就像醫師在向病患保證病況會好轉。「你們都會得自由。」

這時有人高呼感恩，其他人也隨之附和。

「各位朋友，各位虔誠的夥伴，上帝希望我回來，也希望你們回來。」帕默主教說。現在他伸手向前指，衣袖像旌旗般展開。「上帝知道你們的處境。祂知道你們正在經歷的事。想想《詩篇》第三十七篇第二十五節吧！『我從前年幼，現在年老，卻未見過義人被棄，也未見過他的後裔討飯。』這是什麼意思呢？」

他退後一步，挺直厚實身軀，讓聖袍在他雙臂間擺動，並用一隻粗壯的指頭按著《聖經》。

「意思就是，」他喊道，「你現在或許在吃火腿腸，但以後你就可以吃肋眼！」臺下一陣笑聲。

「同時呢，還有《希伯來書》第十三章第五節。『你們存心不可貪愛錢財，要以自己所有的為足。』」

他繼續以這種口吻敦促著，要有節制、信念，以及耐心，並傳遞著希望的訊息，他幾乎總是用循循善誘的語調，但不時會轉為使人安心的低沉聲音。

「就在這裡結束吧，帕默，」他最後輕輕對自己說道，又回答：「是的，主啊！」

我們起立唱歌，站在我前方的兩位女士眉開眼笑，仰起頭，罩著面紗唱著歌，絲質洋裝包覆下的身體歡快地顫動，我不得不提醒自己這裡是教堂。

最後，唱完更多聖歌，帕默主教邀請大家到前面喝點果汁，從成堆的柳橙、蘋果與葡萄裡拿片水果。

「這是主命令過的『葡萄汁』[83]。」

在我道別時，帕默主教看來已筋疲力竭，不過——這並非我的錯覺——教友們看起來精神抖擻、備受鼓勵、情緒愉悅、彼此擁抱、獲得寬慰，帶著多了一點點的希望回去過生活。見到《聖經》的某些經文經大幅修改後，竟能如此提振民眾士氣，真令人感動。

黑帶

塔斯卡盧薩就像是座都市孤島，落進一片廣大綿軟的鄉村汪洋，也就是南方那令人誤會的寧靜表面——低矮的山丘、覆滿青草的窪地、種棉花與大豆的田、蒼蠅嗡鳴的沼澤、消沉委靡的樹林。但該市在這方面來說並不奇特。這體現的是典型的南方聚落，大多數的城鎮都是孤島。艾許維爾和格林維爾、哥倫比亞和查爾斯敦、奧古斯塔和亞特蘭大、伯明罕和塔斯卡盧薩——全都閉關自守，有某種程度的繁榮，某種一致的認同感，有富裕區域與窮困地段，在這些地方，「鐵路的另一邊」

這句用來代稱貧民出身的片語並非抽象的隱喻，而是一個明確的地點，以及一個處境與社會階級。

然而，這些城市彼此之間並無聯繫，與周遭的鄉間也毫不相似。曾有人（其中包括約翰・里德的《耐久的南方》）論道，當代南方的這些城市「本身都沒有明顯的南方之處。」你必須離開這些城市，才能認識到此一地區真正的緊張情勢。位於市區最邊緣處的房子，似乎劃出這些恍若島嶼的海岸線，一越過這條線，什麼都減少了。再遠一些，地貌就像是片海洋，有著一目瞭然且通常空曠的海平面，人們在零星的斑點上過著截然不同的生活——總是更窮困，還常常講不同的語言；或者說，對不論身在散亂都市孤島或內陸空曠綠色海洋，都是外人的我來說，全像是不同的語言。

塔斯卡盧薩以南僅三十哩處的格林斯波羅鎮就位於這片綠色海面之下，是座小巧、漂亮，但稍嫌破落的城鎮，其優雅風情已因貧窮而折煞許多。從格林斯波羅沿路上行，在蒙德維爾（Moundville）附近，就是詹姆斯・艾吉（James Agee）[84]與沃克・埃文斯（Walker Evans）[85]一九三六年夏天取材的農場，以及品質依然不及格的房舍。這個案子原本的企劃是為《財富》雜誌（*Fortune*）做的三戶白人佃農家庭的專訪。這篇兩萬字的報導太長、纏繞晦澀又令人沮喪；照片也憂鬱傷感；這一切都寫實到不適合登在財經雜誌上，所以整篇稿子都被退了。但艾吉是從田納西州來的，他瞭解南

83《馬太》、《馬可》、《路加》三福音記載，耶穌在最後的晚餐上說：「直到神的國來到之前，將不再喝這葡萄汁（fruit of the vine）。」即耶穌先前說的：「這是我立約的血。」

84 美國小說家、創作家、電影評論家和新聞記者。

85 美國攝影師、攝影記者。

方，對他的題材也有熱情，過了幾年又再擴充這篇文字，使其成為一本分量可觀、又帶有些許實驗性質的書，名為《現在讓我們讚譽名人》（*Let Us Now Praise Famous Men*）。該書在一九四一年出版，只賣了六百本。銷售失利導致艾吉酗酒，並在四十五歲時英年早逝。

啟發這本書的構想、最後也使這本書相形失色的，則是《你已見過他們的臉》（*You Have Seen Their Faces*, 1937），這本書的篇幅更短、敘述更直白，由厄斯金・考德威爾（Erskine Caldwell）撰稿、瑪格麗特・伯克—懷特（Margaret Bourke-White）攝影。由於書中對南方窮人的描繪使該書一度成為美國基進分子的基礎讀本，但卻絕版很長一段時間。出版業就是會發生怪事。這本書直到《現在讓我們讚譽名人》問世二十年後，才得以再版。這時已是更有社會意識的六〇年代初，已有為數更多的讀者與欣賞者能理解這本書的創新之處。此書因為行文緊湊委婉、描述富含詩意，而備受重視——例如，花了整章在寫舊衣服；好幾頁在寫漏水的屋頂；睥睨地呈現木板牆壁與屋瓦，還有補丁與餿水桶的質地。

我還是大學生時也有過一本，一想起當年讀得那麼辛苦，就覺得難過。我只有大聲朗讀出來，才能勉強念完，就像是有識讀障礙的傻人一樣。我覺得這本書的敘述太雕琢且刻意抒情，又想要（這是一九六三年，南方發生衝突的年份）告訴我更多關於種族糾紛的事。作者的位置過於顯眼：在充滿自信的六〇年代，這反而是加分。黑人在書中幾乎消失不見，罕有提及。艾吉被撤的原稿如此凝練地記述了鄉村的窮困，不難看出為何會被雜誌退件。

書中的切羅基市（Cherokee City）就是塔斯卡盧薩，森特波羅（Centerboro）就是往南三十哩的格林斯波羅，那裡是埃文斯部分照片的拍攝主題，也是我最後前往的地方。艾吉的書把我帶來了阿拉巴馬中部。

艾吉與埃文斯花了一段時間，待在赫爾郡與格林郡。都是位於黑帶的產棉鄉。「是黑土的黑，也是黑人的黑。」辛西雅．波頓這樣對我說過。「農場的數量越多，需要的奴隸也越多，所以這裡的黑人比例才這麼高，從塔斯卡盧薩以南，到整個州都是。」

過去不死，也不曾過去。她自己就是黑人，在解釋現今黑帶的人口數據時，也會提起蓄奴。這段記憶仍然顯而易見，因其效應至今猶存。

「偶要買點爆米花，坐下來看好戲」

離開塔斯卡盧薩往南，經過了蒙德維爾與哈瓦那（Havana），我臨時起意想去尤托鎮（Eutaw）見一些人。我先打電話過去，說我想在下午某個時間見見他們，每場間隔一小時，接著我就趁機漫遊幾條有可愛路名的僻徑——覆盆子路（Raspberry Road）、雀鳥渡船路（Finches Ferry Road）——與一連串小型墓地、菜園，以及意為「黑戰士」的黑沃里爾河（Black Warrior River）畔陽光普照的空曠田野。河流的名稱取自大酋長塔斯卡盧薩（Tuskaloosa）[86]。

尤托鎮也很美麗，是個很小的地方，有著密集的格柵狀街道，還有一棟簡樸的鎮公所與一間郡法院。鎮名來自南卡羅萊納的尤托斯普林戰役（Battle of Eutaw Springs），此役的指揮官是納撒尼

86 十六世紀的一位大酋長，酋邦所在地為現今之阿拉巴馬州，曾抵抗西班牙殖民者入侵。

爾・格林將軍（Nathanael Greene），也就是格林郡名稱的由來。尤托鎮老舊的鄰街店面若非一片靜默，就是已經廢棄，在這個炎熱下午，連個行人的影子都沒有，只有幾個購物的人要前往小豬商店（Piggly Wiggly）[87]。我開車繞著圈，打量這地方，思索為何陽光照耀，卻讓這座泰半荒涼的城鎮顯得更憂鬱。

我在鎮公所停下來。辛西雅・波頓力促我去見見這裡的鎮長雷蒙・斯蒂爾（Raymond Steele）。他是尤托首位黑人鎮長，在二〇〇〇年當選的。他已經做了三任，本來還想四連任。

「但我最近這次選輸了，」斯蒂爾鎮長告訴我。他戴了頂棒球帽，穿著擋風夾克。「我再過幾週就要卸任，都已經做了十二年。沒關係。我開了一家很好的乾洗店。保羅先生，我曾待在部隊二十年。我打過第一次波灣戰爭，上過戰場。我見過一些事，還拿了一枚銅星勳章（Bronze Star）。」

他提議我們開車繞繞。他想讓我看看這個鎮，他曾計畫興建一座新機場、一座遊樂場、一座新的運動場。沒人在意他的計畫。當了十二年的鎮長：選民覺得他已經做太久，久到不再受歡迎。

「這座尤托鎮位於黑帶上。土是黑的，人也是黑的——百分之八十都是黑人。土地肥沃，結果奴隸就更多。我的對手也是黑人，鎮議會來的。但看看我的政績——擴大了那座公園，他們本來一直沒有公園。還給棒球場裝燈。在二〇〇七跟二〇〇八年推動住宅建設，那是一九七四年以來蓋的第一批新房子，給低收入戶先租後買。」

我們在尤托的巷弄裡繞來繞去。

「蘿西・卡本特平安居（Rosie Carpenter Haven）——三十三棟新房子，卡佛小苑（Carver Circle）——三十棟房子。」斯蒂爾鎮長說。

這些房子都蓋得很好，屋況也維護得不錯，前方有小小的草坪，比這座鎮本身的景況還要明亮。

「生意不太好，我們有紙盒工廠，洛克田納紙業（RockTenn）的製盒廠。我們還有做屋頂的公司。我們還有鯰魚，南鮮公司（SouthFresh）的鯰魚。你在格林郡到處都看得到鯰魚。」他說。

「但我聽說鯰魚生意在變差。」

「變得很差，免懷疑啦！我們每天都有鎮民搬走。現在減少到九千人，本來有一萬二。這就是我選舉碰到的一部分問題。我們的人口在衰退。但還有其他問題。」斯蒂爾鎮長說。

「像是？」

「像是選舉奧步。」他說競選對手貼出上面寫「斯蒂爾鎮長撈錢」（MAYOR STEELE HAS CASHED IN）的標語，還把裡面的S寫成了$。「好像我做了什麼虧心事，可是我當然沒做。」

「你現在可以經營你的乾洗店，讓別人想辦法解決尤托的問題了。」

「一點都沒錯。偶要買點爆米花，坐下來看好戲了。」

「白人特權」

我在尤托鎮還有一個地方要拜會。與斯蒂爾鎮長相處了一陣子，因為他熱情開朗又知無不言，

87　二十世紀初首創開架陳列、顧客自取、再至收銀檯結帳的零售商店（此前皆由店員取貨）。至今仍是美國南方鄉村地區常見之銷售通路。

我便覺得我會得到另一場友善歡迎。我錯了。但這次誤判，就像我在南方的許多誤判一樣，終究是饒富啟發的。

我到了面向人行道的小辦公室，敲門走進去時，就覺得有股隔絕一切的幽暗籠罩在我身上。這暗示著我即將踏進一個坑洞，又或許我已踏進去了。

兩名年輕女性坐在櫃檯旁，從她們驚惶盯著電腦的樣子，可以看出她們怕到不敢抬頭。我打了聲招呼後，不尋常的是——這裡可是小巧、和善、獲得強力推薦的尤托鎮——沒有得到回應。

「你是誰啊？」

我先聽到了這句質問，才見到講話的人，是位怒目圓睜的年長婦女，頂著一大叢亂翹的螺旋鬈髮，相貌凶猛，雙眼在眼鏡中顯得扭曲變形。她擺出某種抗擊威脅的態度，聲調有些過度尖銳，整個模樣激動而嚇人。

我自報姓名，說我有預約，並強調我很感謝她願意臨時接見我——我又環顧四周，看見一名男子，想必是跟我提過的丈夫，沉默地坐在角落一張辦公桌旁。

「你遲到了，你為什麼遲到？」那名婦女說。

我開始稱頌鄉間僻徑、小樹叢、金色的田野、綻開的棉花，但我的讚賞之詞沒能持續太久。

「你可以先打個電話，」她尖刻地說，聲音裡帶著威嚇的口吻。

「我有打啊——打來預約了。」

「你沒打來說會遲到。」

「我就晚了十五分鐘。」我說，我一方面對這荒謬情境哭笑不得，又對房間裡的狀態很感興趣——電腦前的兩名女子、還有坐後面的男人（他是在工作、還是在畏縮？）。

我站在房間中央，這名凶猛女人就站在我面前，現在正在吼我，我都想不起來還有什麼時候被人這樣斥責過了——或許是四年級在華盛頓小學被庫克小姐教訓過，因為我在她背誦《詩篇》第二十三章時（我雖然行過死蔭的幽谷……）講悄悄話。在尤托的這間辦公室裡，下午三、四點，我正在被人痛罵，而令我驚訝的是，保持微笑竟又使我的過錯更形重大。

「你覺得我就該坐在這裡，等你什麼時候愛來就來嗎？」她說話時嘴巴張得很開，開到我都能看見她滿口的牙齒。

我的遲到似乎沒嚴重到需要道歉，也沒嚴重到活該讓這個站在我面前的女人臭罵不停。於是我就說：「那我走好了，沒關係。」

她並不想要如此，她還想繼續。罵人的人從來就不要你走開。

「我都叫這個是『白人特權』啦！」她說道，聲音依舊尖銳，現在她的刺耳叫聲，加上螺旋鬈髮，讓她有了一種蛇髮女妖般的樣貌。

我從襯衫口袋拿出小筆記本，按下我的筆。「白人特權，」我說著，並慢慢記下。「嗯嗯嗯。」

「我對白人特權很敏感。你懂我說的是什麼意思嗎？」

「請告訴我，」我說道，並擱下筆。

「我的意思是，你要遲到了，你的立場就是要事先通知我。但是你故意不要，因為你認為我理所當然會有空」——我開始抗議，但聲音被她蓋住——「就因為我是黑人。」

她根本不是黑人。她有可能是混血兒，可能是西西里人，也可能是——大概就是——有部分的切羅基族或喬克托族[88]血統。「我是黑人」似乎半是抗議、半是誇口。

「不管怎樣，你到底是誰啊？」

我複述一遍自己這個少見的姓名，還拼了一遍。

「保羅・索魯這個名字對我一點意義都沒有。我不知道你是誰。我從來沒聽過。」

「所以我才到這裡來，做自我介紹。」我說話時，忍住不再露出微笑，以免激怒她，這樣似乎對我自己、對驚恐的打字員和辦公桌的男人都好，我現在判定他是在畏縮了。我看得出他的恐懼：他手裡拿著一顆大蘋果，就像靈媒捧著一顆水晶球。他只是研究著蘋果，努力占卜著，似乎要看出某種不祥之兆，並沒有要吃的意思。

「保羅・索魯！」這女人用一種駭人的方式喊著，讓我的名字聽起來像是有毒物質。「你搞不好是三K黨員。我怎麼知道你不是？」

她故作恐懼與噁心狀，但只是讓自己顯得咄咄逼人又不開心而已。

「你可以讀我的書，任何一本都可以，然後我想你很快就會發現我不是三K黨員。」我說。

「我忙得很！我得要提防。我得要小心。我的個人自由沒有保障。」她說。

「有的，是憲法保障的。」

「那只是一份文件。」

「那是法律，順便問一下，我說過，我是作家。你介不介意我把你說的話寫下來？」我說。

「隨便你。」她的語氣是隨便管你去死，但她神色裡有種憤怒的人常有的無助憂鬱。「憲法只是一紙空文。這裡哪有什麼保障？我們去哪裡都要出示證件。我女兒給警察看她的駕照。那個人說，

『我怎麼知道這就是你？』」

「我記下來了，」我邊說邊寫在筆記本上，同時翻著頁，因為她講得很快。

「全部這些文件、這些問題、這些官僚——都在打壓我們。」她當著我的臉揮動手指。「所以我們還是這麼窮！」

「所以你們還是這麼窮。」我說。

「白人權益，我們就只有這個。現在你想怎樣？」

我往後退了一步，並說：「我想你已經把我需要知道的事都告訴我了。」

拿蘋果的男人從辦公桌起身，緩緩靠近。

「這是我先生。」那女人說。

這男人皺了下眉頭，但不發一語。接著他做了一個不尋常的動作——至少對我來說如此。他面對著我，舉起蘋果啃了一大口，便咀嚼起來，還可以看到蘋果果肉碎屑與汁液在他口中閃現。這麼張揚的吃法——咀嚼聲、磨牙聲、漿汁聲，以及他那聽得見的吞嚥聲——似乎遠比那女人、他妻子朝著我吼更有敵意。我不記得有任何人曾這樣當著我的面吃東西，挑釁地嚼食著，發出這樣的聲響，唇上還沾著點點唾沫。

我一說我要走了，兩人看似都有點氣餒，但在我離開前，我請他們注意剛剛發生的事。

「我想這是文化差異吧！在北方，會認為在滿滿一房間的人面前訓斥別人，尤其是個無害的陌

---

88 切羅基族（Cherokee）及喬克托族（Choctaw）都是美洲原住民族。

生人，是很沒禮貌的。」我說。接著向嚇壞的兩位祕書點點頭。「而且在訪客面前吃東西又不分給他一些，就是侮辱人了。」

「我寫過一本書，」那女人說，但口氣緩和許多，試圖引起我的注意。但那時我已一腳踏出門外，還在搖著頭。她的家境好、穿著好、學歷也好，是個生意人兼組織發起人。她看來事業做得很不錯。「所以我們還是這麼窮」並不適用於她，雖然對那兩位惶恐的祕書來說可能是真的。但我無法指責她。我想她是在讓我嘗嘗她這輩子受到的打擊與輕視吧！

我們談了一會兒，但什麼都沒談成。這女人被惹惱了。我原以為南方人心性隨和，於是騙倒了自己。我從不曾像這樣，被人認為我因為碰巧是個白人，就自認有資格遲到。然而我也有種感覺，她想把那副微笑從我這張侵擾者的臉上抹掉，她看到我就像是重現了一九六〇年代，對她來說，這段時期的不公不義全都延續至今。

「她有偏執狂——她恨白人，她永遠想吵架。但我不會陪她鬧。」後來有跟她相熟的人這樣告訴我。

無論如何，這讓我好好上了一課，對某些人來說，舊傷還沒痊癒。她就是個好例子，顯示出南方的種種影響如何扭曲人心。

瑪麗・霍奇：焚燒案

也有些傷痕並不久遠。

我在格林斯波羅遇到了瑪麗・霍奇（Mary Hodge），她帶我到處看了看——圖書館、鎮公所、幾間教堂。瑪麗是位滿臉笑容的中年婦女，穿著體面，一身紅色套裝搭配白襯衫，對女兒最近拿到法學文憑很自豪，急切地希望我瞭解格林斯波羅，但提到三K黨則為我們的談話蒙上陰影，這時她緩緩搖頭。

「他們沒有消失，」她用近乎悄悄話的音量說，「我們的教堂在一九九六年被三K黨燒掉了。警方一開始說是意外失火，但我們知道是有人蓄意縱火。重點是，這是有意對付辛格頓太太（Mrs. Singleton）的教會，不是我們的明日之星浸信會（Rising Star Baptist）。辛格頓太太的是威廉禮拜堂（William Chapel），是一些有力人士常常去的地方。有些人就不喜歡這樣，不喜歡有力人士造訪教會。他們不喜歡。」

「後來沒有對這場火災做調查嗎？」我問道。

「警方說是電線走火，但當然不是。火是凌晨兩點燒起來的。那時候沒人在那裡，怎會是電線呢？後來才發現三K黨涉案，只是他們雇了其他人下手。有位開漁貨卡車的司機看到他們逃逸。」

「真可怕——這件事一定讓人很沮喪吧！」我說。這種行為顯得太過凶狠，使我只想得到陳腔濫調回應。

「一點也不會，」瑪麗・霍奇說著，還微笑了。「各地來的志工都幫忙我們重建教堂——鎮上來的、本州來的、北方來的都有。他們在我家待了很長一段時間。他們做得很棒，都是好人。我跟他們都還保持聯絡。」

我問有沒有人因為放火被捕。

「警方一直沒有查清楚整件案子的真相，我先生就是教會執事。他說那不是意外。」瑪麗說道。

據她說這已經是那年阿拉巴馬州第九間被燒或被砸的教堂了。「有種想法是，這（焚燒教堂）是很久以前的事了，是在民權運動抗爭期間、甚至更早之前才會發生的事，可這事並未停止。平均來說，每年都會發生幾十起教堂焚燒案。」社運家提姆．麥卡錫（Tim McCarthy）二〇〇八年在《哈佛雜誌》（*Harvard Magazine*）上寫道。教堂焚燒案撕碎了社區民眾的心，因為教堂是傳統的聚會場所，是喜悅與福祉、社交活動、意見諮詢和希望之源。像燒燬教堂這麼暴力的行為，北方人幾乎是不能理解的，不過北方還是有許多組織前來援助這些受到創傷的教友。

撿胡桃

經過草坪邊緣幾棵高聳的大樹時，瑪麗．霍奇與我見到一個女人癱在樹下的草地上。她貌似很難受，所以我將車停在路邊，對她喊了一聲。

她坐在地上，身體前傾，現在我看見她正慢慢用手抓過草地，她伸長雙腿，就像有人在模仿安德魯．魏斯（Andrew Wyeth）[89]畫作《克里斯蒂娜的世界》（*Christina's World*）南方版，向遠方那棟看似不可企及的大房子望去。她的草帽歪在一邊，看起來很無助，漫無目的用手指梳著草。一名白人年長婦女彆扭地坐在一大片田野上，這可不是格林斯波羅常見的景象。

「我希望她沒事。」瑪麗說。

「你好！」那老婦人說，我們就交談了起來。她是多麗絲．托伯特（Doris Torbert），正在蒐集掉到草地上的胡桃，兩手並用，坐在地上撐著移動，這時我看到她用來裝胡桃的桶子。

「我在這裡一整個早上了，我們大約四十年前種下這些樹。我沒有人幫忙，不過我也不需要幫忙。我做這個是做開心的。我還可以拿到市場，賣個每磅七毛五。」她說。

「外面有在賣這種胡桃採集器，」瑪麗建議道，並用手比出使用工具的姿勢。

「我用不到那種東西。五金行的佛瑞德有一支。他說用那個採胡桃很快，但我以前有過兩支，我不喜歡。我寧可像這樣用手撿。何況，那種金屬採集器一支要賣四十塊錢耶！」

她繼續耙梳翻找著，不時舉起一隻手調整遮陽帽。

「開幾個吃吃看，你就知道真的很好吃。這些胡桃樹長得很好。」

托伯特太太很親切——遠處那棟大房子就是她的，是一間白色建築物，有一排高高的白色柱子支撐著寬敞前廊。

「這是塊很好的地，我們差不多有一百英畝。」她說。但儘管擁有土地、生活寬裕，她依然在草地上蹦著、爬著、採集著胡桃。

格林斯波羅：強尼．B．華盛頓鎮長

他在狹小無窗的辦公室裡，坐在井井有條的辦公桌後面，戴了頂棒球帽，穿著擋風夾克——這

89　美國當代重要的新寫實主義畫家，以水彩畫和蛋彩畫為主。

似乎是南方鄉下鎮長的標準打扮——看上去更像個棒球隊教練，而不是政客，他就是格林斯波羅的第一位黑人鎮長，強尼．B．華盛頓（Johnny B. Washington），鎮上都叫他「ＪＢ」。他示意我坐下，並問我想知道什麼。

我從當地人的談話中聽過一些他的事。他曾在二〇〇四年當選鎮長，但沒做多久。經過一陣騷動——他遭指控選舉舞弊，經查驗，不在籍投票的選票裡被發現造假簽名和可疑郵戳——最後他因筆跡專家團隊的鑑定，被判當選無效。他在二〇〇八年再度參選，這次贏得正大光明。他年約七十五歲，既高且瘦，輪廓有祖父的切羅基族特徵，我提出大部分問題時，他都會像烏龜一樣伸長脖子頻頻點頭，就像在聽一個溫和的笑話。他先前的營生是在格林斯波羅開了一家成功的葬儀社，「華盛頓與佩吉殯儀館」（Washington and Page Mortuary）就在市區東北方邊緣的州道二十五號公路上。他為人隨和，但又謙恭有禮——是禮儀師那種安撫人的氣質——並為我介紹了一些這個鎮的背景。

「這裡位於黑帶。本鎮與赫爾郡有百分之六十八是黑人，」他說，「鎮上分成三個集團，」他掰著修長的手指數著。「格林斯波羅黑人、格林斯波羅白人，還有白人——守舊派。」他笑起來，收起手指繼續說。「守舊派想要一個民宿小鎮，每次我提出什麼東西要提振經濟，像是購物中心或沃爾瑪，或任何大型商店，都會碰到阻撓。他們不要。」

「你認為開一間沃爾瑪就是解答嗎？」我問道。

「他們會帶來就業機會。」他說。

「一定還有其他辦法的。」我說，因為沃爾瑪並不是幫助，反而已經摧毀了南方許多小鎮。

我在布倫特（Brent）就見過一起沃爾瑪疫情的病例。在格林斯波羅以北大約三十哩，人口四千、位於畢伯郡（Bibb）的這座城鎮，曾有一間龐大的沃爾瑪，先是摧毀鎮上其他大部分商家，後來收掉了，就變成這座空蕩陰森鎮上一處搖搖欲墜的灰色巨型建築物。就在一哩外，又開了另一家更大的沃爾瑪超級購物中心，吸走布倫特鎮剩餘的活力，它醜陋的外觀就像有害病毒的源頭，從某方面來說，它也的確是。現在，除了這棟蘇聯式外觀的沃爾瑪，布倫特唯一一個還在雇人的單位，就是名為畢伯郡矯正所（Bibb County Correctional Facility）的州立監獄了。相信開家沃爾瑪可以解決你的問題是一回事，但這就是個逼走其他所有企業的怪物。有時還會發生設想不到的情況：在沃爾瑪毀掉鎮上的生意後，這家沃爾瑪也收掉了，這座城鎮也完了。

我向華盛頓鎮長提出這些建議。他聽著我的解釋，伸長脖子頻頻點頭。

「當然，這裡還有一些農業——棉花、大豆。然後你有看到那座水塔嗎？」格林斯波羅的水塔上寫著：「阿拉巴馬鯰魚之都」。「但鯰魚生意在衰退，因為越南人出口魚肉到美國來。我們沒辦法競爭。這裡養鯰魚，跟六十九號公路過去的哈特蘭（Heartland）鎮上還有加工廠。以前還有養雞，馬森蓋爾（Massengale's）雞肉加工廠在一九七〇年代就倒了。那家肉品包裝廠金花嫩雞（Golden-Rod Broilers），幾年前也收了。沒辦法跟大型雞肉公司的人競爭。」

「這些真是壞消息。」我說。

「這座城市已經兩極分化了，雖然有很多白人支持我，但都是暗中支持——他們不想讓別人知道。我們以前有黑人學校和白人學校。格林斯波羅高中的東校區是黑人念的，西校區是白人念的。他們把學校合併了。結果就把白人趕跑了，白人小孩就去蒙德維爾上學了，那裡白人更多。」

「那是什麼時候的事？」

「四、五年前吧，他們併校的時候。」

「你們主要的問題是經濟嗎？」我問道。

「我們的主要問題嗎？」華盛頓鎮長和善地微笑道。「你有多少時間？有一天、還是兩天可以聽嗎？問題有稅收不足、抗拒變革，有好多東西。不過我跟你說，這個鎮很不錯的。」

這個鎮在我看來是很不錯。就算已經乾癟斑駁，這些房子還是美麗的，其中許多都是南北戰爭之前的豪宅，也像南方大多數的宅邸一樣，過分氣派、造型虛華。教堂為數甚多，從鎮中心的磚造聖公會教堂，到巷弄裡簡樸但維持良好的木板禮拜堂都有。在寧靜、老派風情的主要大街上，還有一間五金行、一間家具行、幾間服飾店，但有好幾家都空蕩蕩的，傾頹坍塌，需要修復。

善心人

格林斯波羅有些商店正在進行修繕，以恢復營業，執行單位是一間名叫HERO計畫的非營利組織，這個名稱是「赫爾郡培力暨復甦組織」（Hale Empowerment and Revitalization Organization）的縮寫。雖然自從一九三六年艾吉與沃克造訪以來，這裡的建築幾乎沒什麼改變，還有某種莊嚴而瘦骨嶙峋的美，但格林斯波羅正在奮力掙扎著。此地骨感得可愛，有種古怪的扭曲時空感，引來各方善心人士與志工，其中包括大量社區發展人員（包括辛西雅．波頓率領的住房方案工作者）、奧本鄉村工作室（Auburn Rural Studio，平價住宅），以及在主要大街上一間整修過的店面裡設有社團會所的馬蹄鐵農場計畫（Project Horseshoe Farm，「課輔、指導與充實方案」）。ＨＥＲＯ的規模比其他任何團體都還大，也更難以為其性質下定義，因為他們在格林斯波羅的生活裡涉入的領域太多了。但這些團體共同的目標——他們主要的推動者都是新來到格林斯波羅的人——都是讓這裡更好。

「你應該跟潘・道爾（Pam Dorr）談一談，」在格林斯波羅有好幾個人都這樣對我說，「她負責營運ＨＥＲＯ。那些人在這裡做出很可觀的成績。」

但潘・道爾目前不在——沒人知道去哪了。

我在主要大街上閒晃，有一些舊商店正在翻新，其中一家是舊貨店，一家是用當地產的竹子製作腳踏車的工作坊，第三間的內裝像是教室，裡頭有二十幾個青少年，還有幾個成年人——有些青少年在表演，或許是在朗誦，或許是在演戲。

「那裡在做什麼？」我問了一名ＨＥＲＯ的員工，她是位熱心的年輕女性，正要進入這間改裝過的店面上傍晚的課。半數的學童都站著，有些似乎拿著印好的紙張在朗讀，其他人則坐在椅子上或地板上。他們顯然在上某種課程。

「那些是參加課後方案的小朋友，現在可能不方便打擾他們。你什麼時候會再回來？」這位員工說。

人們總是假設我僅僅是在閒晃，我想某種意義上我是在閒晃，但也不「僅僅是」如此而已。

「過幾個月吧，我想。」

「或許到時候你就可以見到潘了。」

我聽到這個「或許」就笑了。

我不停聽到這個預設——我最後終究會回來的。我認為這個意思是，來到南方的旅人，不論是誰，一刻也不覺得興奮，但卻經常回來，從一地倉促趕往另一地。這是個充滿矛盾的假設，或許出自南方的委屈感受，覺得南方是個隔絕之地，被認為是沒有價值、已經衰落、遭到歪曲、難以解釋、卻又充滿驕傲的地方。南方不是常見的旅遊目的地，不是一個外人能融入、或旅人會想流連的地方。南方是停滯的，卻表現出變動的模樣，也會提供一些場合滿足漫遊者的好奇心，而旅人儘管會在此轉轉，卻不可想像任何人在此落地生根。我們永遠也弄不懂其中的複雜之處。我們所有人，都只是路過，透過窗戶窺探著。

馬蹄鐵農場課後方案賽程表

我在主要大街那間翻新過的店面透過窗戶窺探，注意到黑板上列出參加方案的孩童名單，在我看來宛如歌詞。

DE KEVION　JADEN
KEYONNA　QUA-DARIUS
JAIMESA　ANTONETTA
KIMBERLY　COURTNEY
JAKIRA　JAMIKHAEL
RASLYN　DEMARKUS

DEMAIS	TYRESHA
TRINITY	CURTIS
LOGAN	JONATHAN
TRAYMON	DAJUAN
JOLANDRIA	DAVID
TASHANTI	DEVONTAE
TREVION	KEONTAE
DE TYRICK	NEKENDRICK
KESHAWN	ARIANNA
SKILAH	ALEXIA
KIAJIAN	URIYAH
RONELL	TIMIYAH
TITIANA	QUINTARIO
JADA	SELENA
SONIJA	JARMEL

我站在窗邊，獨自喃喃唸著這一串名字，想起勞倫斯・杜雷爾（Lawrence Durrell）《黑書》（*The Black Book*）中那名作為敘事者的老師講的話：「刺眼炫目，在這最後一刻閃現的理智中，我

急切地質問自己。這是失歌症、失語症、失寫症、失讀症，還是失去意志症？這就是人生。」

「我們自己的麥拉克大律師」

又有一天，我跟瑪麗．霍奇一起沿格林斯波羅的主要大街走著，她看見一名男人正在過馬路。她說：「這位是我們自己的麥拉克大律師（Matlock）[90]。」

一個頭髮蓬亂的男人，腋下夾著文件夾，正走向格林斯波羅法院，我在南方到處都能看見這類設有柱廊的華麗建築，通常是鎮上唯一稱得上威嚴的建築物，只是，若將這份威嚴放進脈絡來看，幾乎也總是代表著一段不公義的歷史。

那男人停下來打了聲招呼。我們聊了一會兒。

「生意怎麼樣？」我問道，得到的回答卻出乎意料地長。

「生意還好，但我不在乎錢。我只有欠債時才會考慮錢。我把債還掉，就繼續過生活。你還能拿錢來幹嘛呢？有哥們來找我說，『我幫你找到了好康！你就放一點錢進去，剩下的我來辦，我肯定這個有賺頭。律師你覺得怎樣？』」他說。

「『你不會喜歡我要告訴你的事的，』我跟他說。『唯一比虧錢更糟的事，就是賺錢還拿到大筆獲利。我要拿這個錢來幹嘛？我只會捐出去。』

「他聽了我說的就不高興。我兒子過世時，我有一份他的壽險保單，保險公司付給我理賠金。很大一筆錢。可是我不需要，我不想要，我就捐出去了。聽到沒？我捐出去了。」

語畢，他就穿過了草坪走向法院，抓著自己的頭髮，若有所思。

「很可憐，搭船出了意外。」瑪麗說。

尤金·萊爾斯牧師，兼理髮師

從主要大街上的路口轉進去，在一棟他自己出錢蓋的磚造建築裡，就是尤金·萊爾斯牧師（Reverend Eugene Lyle's）開的阿金（Gene's）理髮店。他已七十九歲，但看上去年輕許多，不只是因為身體健壯，也因為有書生氣息。他坐在一小張桌子旁研讀《聖經》，正翻到《使徒行傳》，同時等下一位顧客上門。除了這家理髮店，萊爾斯牧師還有一間自己的教堂，馬爾斯丘宣教浸信會（Mars Hill Missionary Baptist Church），就在鎮上的南邊。理髮店隔壁就是萊爾斯牧師開的靈魂菜餐館，沒有店名，門口只掛了寫著「餐館」的簡單招牌。

我請他幫我剪個頭髮。他用已磨損的絲帶標記看到了哪一頁，接著闔上《聖經》，便走向大鏡子下方的架子，從工具消毒罐裡取出梳子跟剪刀。我攀上兩張理髮椅的其中一張坐下，他在我頸子圈上圍布。

他回答我首先提出的簡單問題：「我還小時，就給自己買了把推剪。幫我弟剪頭髮。呃，我有十個兄弟、三個姊妹——我們一共有十四個人，同一個媽生的。我就一直剪頭髮，從六十年前開始

90 由安迪·格里菲斯（Andy Griffith）主演之司法影集《虎父虎女》（*Matlock*, 1986-1995）的主角。

做這門生意，都在剪頭髮。然後我又開了餐廳，然後我又開了教會。對，我很忙的。」

「跟我說一點格林斯波羅的事吧！」我說。

他嘆口氣，深呼吸了一下，才開始說。「格林斯波羅有好人，但白人的核心觀念在現狀裡還是根深柢固，而且他們有一套方法，把觀念灌輸給子女輩、孫子輩、曾孫輩。你有聽過『隔離但平等』這句話嗎？它的意思是隔離，不是平等。」他說。

「但情況改變了，不是嗎？」

「學校還是隔離的，」他一邊剪著我的頭髮一邊說道，「種族合校時，白人就辦了一間私立學校，南方學園（Southern Academy）。那邊一百多個學生，全都是白人。」他笑了，放下梳子和剪刀，又摘下眼鏡，用紙巾擦拭起來：「歷史在這裡還活著，活得好好的。」

他坐上另一張椅子說：「這裡的工作都不太需要什麼市場技能。也已經沒有佃農了。軍隊是一條出路——這裡很多男生從軍。」

「你們家有人從軍嗎？」

「班尼弟弟，我還有另外三個弟弟，去念了種族合校後的白人學校。那時是一九七〇年代末，沒有其他黑人學生。法律站在他們這邊——除此之外，沒人站在他們這邊——但法律太遙遠了。阿莫斯、丹尼爾與法蘭克，他們是第一批人——非常辛苦。他們打過架。白人小孩會堵他們、用磚塊扔他們、罵他們。我幾個弟弟忍不下去。他們會反抗。」他說。

萊爾斯牧師嘆了口氣，從椅子上起身，一邊開始從我腳邊清掃地板上的頭髮，一邊說著話。

「那時候幾乎沒人在怕，也沒人幫他們，警察沒有，老師也沒有。老師都站在執法人員那一邊。」

「你碰到的狀況也像這樣嗎？」

「我年紀比較大，上的是種族隔離學校。我在鄉下長大，在格林斯波羅鎮外，十哩外的塞達維爾（Cedarville）。住那裡的白人很少，我一個都不認識。白人會說，『黑人看起來都很像。』我本來也以為白人看起來都很像。我不認識任何白人，直到六〇年代，那時我三十幾歲。」

我告訴他，就算到了今天，有很多北方人都還是沒有黑人朋友，也不認識任何黑人。他說這對他來說倒是新鮮，接著又回去聊他的童年。

「塞達維爾大多數的土地都屬於黑人，」他說，指出這是一九三〇與四〇年代的事。「那時有個人叫湯米．魯芬，他有一萬英畝的地，跟白人一樣請了工人，種棉花跟玉米。」

「你父親也是農場工人之一嗎？」

「我父親是一次大戰的老兵，」萊爾斯牧師條理分明地緩緩說著，「事情的經過是這樣。他一九一六年從這裡逃走，去了維吉尼亞，那時候他大概二十歲。一九一七年在那邊入伍。戰爭結束後，就在西維吉尼亞的一座煤礦工作。他一九三〇年回來這裡結了婚，但還是繼續在礦坑工作，來回兩地。他會給我們錢，我口袋裡永遠有錢。

「最後他搬去赫爾郡定居，買了一些土地。有個叫保羅．卡麥隆的白人勸他別把任何土地賣給白人，要賣給黑人，因為那是黑人在鄉村立足的唯一方法。」

現在地板掃過了，梳子跟剪刀也收起來了，他走近我，將理髮椅轉過來，讓我照鏡子。「怎麼樣？」

我們去隔壁餐館。我點了烤雞、甘藍菜和白飯配肉汁，萊爾斯牧師也點一樣的菜。他弟弟班尼也一起來了。

「主啊，」萊爾斯牧師雙手相扣、閉上雙眼，用懇求的語氣，開始謝飯禱告。我則思索著他的莊重、他一生的高尚精神，以及他歷練之中的不變堅持。

用完午餐後他說：「快點回來，我們會等你。我有一些故事，說出來你都不信。」

費勒德菲鎮的三K黨

我一路往西晃過去，穿過黑帶，途經阿拉巴馬州的戴摩波里斯（Demopolis），以及密西西比州的梅里迪恩市（Meridian），接著經過了柯林斯維爾鎮（Collinsville），在那裡的小豬商店買了罐飲料，留意到瓊基達菲路（Chunky Duffee Road）[91]以及塔克社區（Tucker）那幾個乾淨整潔的路口，然後就開去了費勒德菲鎮（Philadelphia），這個我惦記多年的地方。

一九六四年六月，有三位民權運動人士在這座農業小鎮附近遭當地三K黨暴徒私刑殺害，我將要行經的這一段州道十九線因此命名為「查尼、古德曼與施韋納紀念公路」（Chaney, Goodman, and Schwerner Memorial Highway），以紀念這些在自由之夏運動（Freedom Summer）[92]期間喪生的社運人士。那是個舉行選民登記與抗議、衝突與流血事件不斷的夏天。我並未經歷到這個悲劇時期。將近五十年後，我才駕車走上這條公路，帶著一種補課的心態，想瞭解尚未完結的事件，還有些許贖罪的意味，因為那年夏天我身在遠方，正在尼亞薩蘭（Nyasaland）準備慶祝馬拉威的獨立。

費勒德菲鎮後來又在政治史上贏得了另一個註腳。一九八〇年八月，總統候選人隆納德・雷根（Ronald Reagan）飛往當地，要在費勒德菲鎮的尼許巴郡園遊會（Neshoba County Fair）發表第一場競選演說。從這裡展開總統大選活動，看似極不合常理：這座密西西比小鎮在史書上唯一被提及之處，就是白人至上主義者犯下三起命案的地點。

但雷根正是為此而來。他知道自己在做什麼，向一場園遊市集上的大批人群、也是向南方的一般白人選民，發表一場精心算計、迎合聽眾的演說，以此提醒他們，他在民權運動議題上採取的立場。他大方地與南方的鄉民老弟和三K黨人站在一起。

他首先稍稍糗了一下他的對手吉米・卡特（Jimmy Carter），接著又談到經濟，再來就講到了重點。他說：「我主張各州分權，並主張在社區層級與私人層級上，能做的事都讓民眾盡量去做。」隨後，他又痛批聯邦政府在制定影響公民的州級法令上所扮演的角色。在這個同時是密西西比三K黨大本營的城鎮，他說的是：「我挺你們。」一九八〇年這場受到種族因素牽動的大選，最後由雷根獲勝。

雷根是在「打暗號」，《紐約時報》專欄作家鮑勃・赫伯特（Bob Herbert）多年後如此寫道。

---

91 原意為連接Chunky與Duffee兩地，其中「chunky」字面亦可解釋為肉感。

92 或稱密西西比夏日計畫（Mississippi Summer Project）。是一九六四年六月於美國舉辦的志工活動，目標是推廣非裔美國人的投票登記（非裔美國人過往多被阻礙投票）。這個計畫同時也在密西西比小鎮設立許多自由學校、自由之家和社區中心，以幫助當地黑人。

赫伯特又補充一份詳細清單，列出雷根在總統任上各種反對民權的舉措：「他反對一九六四年——查尼、古德曼與施韋納遇害那一年——有里程碑意義的民權法案。他當總統時，確實試圖削弱一九六五年的『投票權法案』（Voting Rights Act）。他反對為金恩博士設立國定假日，還試圖撤除實行種族歧視的私立學校不得免稅的聯邦命令。在一九八八年，他還否決一項擴大聯邦民權立法適用範圍的法案。」

費勒德菲鎮，就像密西西比州許多城鎮一樣，也有個老舊、破敗的市中心，街道積滿灰塵，人去樓空的商店仍有舊日風情，周遭的外圍道路上零星散落著幾家購物中心、速食店，還有慣常會有的沃爾瑪、當鋪和槍枝零售店。這裡是郡治所在，總的來說卻是相當冷清的地方，在正午的烈日下又顯得更加冷清與赤裸。在那個晴朗的日子，我在當地街道散步時，想起了費鎮仍是密西西比州三K黨的大本營。我輕輕鬆鬆就找到他們的總部與免費傳單。

「美國原初騎士團（Original Knights of America），乃是三K黨的騎士團，是一個政治行動組織，我們追隨祖先參與政治進程的腳步。三K黨人有責任參與投票、協助競選、並投票給以美國為優先、保衛邊界的保守派親白人候選人。」其中一份傳單如此說明。另一頁上又寫：「我們三K黨已為白人基督徒種族奮鬥超過一百五十年。我們是世界上歷史最悠久、也最受尊敬的白人民權組織。我們絕不妥協，因此我們一直都是令人畏懼的組織。」

「畏懼」無可爭辯，「最受尊敬」就值得懷疑了，不過顯而易見的是，三K黨是猖狂的團體，而且從費勒德菲鎮槍店的大量存貨來判斷，他們的火力也很強。我去那裡不是要改造任何人，只是去聆聽。

「三K黨並不只是……傳統的體現，」法蘭克．譚能邦（Frank Tannenbaum）在《南方的更黑暗時期》（*Darker Phases of the South*, 1924），這篇對南方暗藏衝動的早期細緻分析中寫道。譚能邦是奧地利出生的犯罪學者、社會學者、哥倫比亞大學教授，他在美軍服役期間曾派駐南方，近距離觀察過三K黨。「（三K黨）表現了一種根深柢固的社會習性——也就是動輒訴諸暴力，以維護受到威脅的社會地位。」他也解釋三K黨的感染力、控制力與危險性：「他們利用小鎮生活的單調，為其帶來日常的戲劇性。他們吸引生活百無聊賴、平凡無奇的人，讓他成為某個什麼人物。他們給了他一個目標；使他成為一個有理念的士兵。三K黨的存在本身，就是情感上仍處於幼稚心態的證據。在一個居民生活充實、有趣、多樣的社區裡，這是不可能存在的。」

三K黨起源於十九世紀中葉，當初的發起者並非貧困白人，而是莊園主階級，他們利用組織製造恐怖，將黑人留在田地裡工作，藉以管控勞力，並且「延續南方壓迫性的莊園體系」，這是社會史學者喬納森．M．維納（Jonathan M. Wiener）在《新南方的社會起源》（*Social Origins of the New South*）中的觀點。不過其他史家也描述三K黨如何在相對沉寂一段時間後，又在一次大戰結束時復甦，並於一九二○年後迅速成長，往北擴散到伊利諾與愛荷華。原因就是新一波移民的到來，其中包括義大利人與猶太人，他們的宗教信仰都是三K黨所痛恨的。

三K黨運動——其成員自以為是一股安定力量——曾滲透各階層的白人，到後來才變成最貧困白人的某種幻想與「兒戲」，而這些人也沒什麼事能拿來鼓舞自己了。譚能邦提到了一名三K黨成員的兩面生活，白天是平凡粗工，晚上則是聖戰鬥士，祕密出動，身披長袍頭罩，手持火焰十字架，參加神祕儀式。「然後就有機會將窺伺他人生活當成神聖使命了。」

在費勒德菲鎮北邊外圍的樹林裡，迷宮般蜿蜒密布的河川溪流之間，我找到喬克托族美國原住民保留區（Choctaw Native American Reservation），當地一間大型賭場與兩家旅館很是顯眼。由於這家「珍珠河度假村」（Pearl River Resort）雇用很多部落裡的人，我想一定要找幾個喬克托族人跟我說說這片分配給他們的土地，而博弈事業又如何改善當地的景況。

不用我特別挑撥，我最早攀談的幾人裡，就有一個緊張地笑了笑，提到為何隔壁的費勒德菲鎮很「奇葩」。

「好的意思的那種奇葩嗎？」

「三K黨的那種奇葩。」他說。

他是個結實的喬克托族，年約三十，一頭向後梳的油亮黑髮，肌膚呈橄欖色。他在其中一家旅館當中階主管，當時剛好在大廳，我去跟他問路，他就問我是從哪來的。這使他說出對費勒德菲鎮的曖昧評語。他將旁人掃視一圈，帶我走到外面，同時仍左顧右盼，但始終保持微笑。他臉上一直帶著笑容，說話時又笑得更開，似乎想騙過任何看到他跟我說話的人。

「這附近有很多他們的人，」他皮笑肉不笑地說道，「我跟他們一起上學過。他們一天到晚到這裡來。」

「所以你知道他們誰是誰。」

「大家都知道他們誰是誰。」他說完便陷入沉默。有三名穿著舊衣服的男子行經我們身邊，向我們致以南方傳統式的問候、客套話、點點頭。

「他們是嗎？」我問道。

「有可能，」他說話時，仍保持著微笑，「這不是鬧著玩的。」他現在非常緊張，看起來惶惶不安。「聽著，我不能再說了，但你要相信我的話。」

橡膠街上的末日

年約六十的賴瑞．佛蘭尼槍套裡插著一把鑲了珍珠的點三八，靠在費勒德菲鎮橡膠街（Gum Street）的一根門柱上，愁眉苦臉。我走過去打了聲招呼。我們聊了一下槍枝，然後他就跟我說他心裡想的事。

「我認為，這次選舉我們就會碰到啟示——就是《啟示錄》——了啦！」再過兩週就是總統大選了。「這也是最後一次選舉了啦！有壞事情要發生了。上帝就在歐巴馬背後，上帝讓他當選，表示末日不遠了啦！我們要面臨最終審判了。你看不見它，但它就在那邊——大部分都是看不見的，就像很長很長的骨牌一樣，很快就會開始倒，然後一直倒下去，然後我們就會看見他們在那裡，會從很遠的地方開始塌下來。我們要面臨末日了，就跟《啟示錄》說的一樣。是和平進行的，獸的印記，經書上面寫的，『將會成為一個世界』。這就是以後會變成的樣子。中國會收回他們的債務，我們欠他們的那些錢，然後就完了，肯定完了。我們會變成第三世界國家，世界上真正的國家只剩中國，這些《啟示錄》都預言過了。我們死定了。全完了。」

「《啟示錄》裡有提到中國嗎，賴瑞？」

賴瑞引述道：「他們又拜那龍，因為牠將自己的權柄給了獸，也拜獸，說：『誰能比這獸，誰能與牠交戰呢？』」

「那條龍就是中國？」

「你說對了。」他把右手擱在手槍上。「我知道有人在囤積槍、食物、黃金跟水，還有全套必需品。但他們這樣沒用的。我們沒指望的。」

銀行沙漠

我在喬克托族保留區的賭場度假村睡了一晚，隔天開車經過迦太基鎮（Carthage），前往傑克遜市（Jackson），趕上跟一些從事住房發展工作的人用午餐。

在傑克遜，這樣一座有著種種黑人矛盾問題與白人外流（white flight）[93]現象、又宏偉得令人喘不過氣的城市，免不了有個市中心貧民區，還會有些美麗的住宅區巷弄。這些住房計畫的人鼓勵我去看看三角地，他們希望能在當地促成建立某種金融的穩定性。

「在三角地，還有其他很多地方，散布一些銀行沙漠，有些鄉鎮連金融機構都沒有。要不是關閉、就是破產、或搬走了。我們收購其中幾家，以協助社區復甦。」希望信用合作社（Hope Credit Union）的執行長比爾·拜農（Bill Bynum）這樣告訴我。

我以前從沒聽過「銀行沙漠」，就連在悲慘境況更廣為人知的外面世界都沒有。在烏干達與肯亞的小鎮上，也總會有家巴克萊銀行（Barclays）、或是國家建利銀行（National and Grindlays）[94]。在印度某些最落後的城鎮裡，也有個五、六家銀行或貸款機構。我在斐濟的甘蔗田邊上、越南的鄉間小鎮，以及泰國一些種稻村落，都見過銀行。但我倒沒想過在美國——密西西比、阿肯色和路易斯安那的鄉村地帶——會有些鄉鎮，在銀行全都離開後，現在一家都不剩了。

十八年來，這家「希望信用合作社」一直試圖改善這種許多人都接觸不到金融機構的處境。他們大部分的預算來自私人與政府機關的撥款資助。但這些只是營運資金。他們需要加倍的金額才能維持長期經營，現在正試著籌措兩千萬美元。

「他們說需要車貸，卻申請不到，你在這些地方要是沒有車——阿肯色州鄉下或三角地——就很麻煩。你沒辦法出門、沒辦法工作，你就一直很窮。我跟你講，這裡有些鄉鎮快要撐不下去了。」拜農說。

密西西比是全美沒有銀行帳戶人數最多的州。就算在有銀行的地方，銀行也讓人敬而遠之。

「民眾——就是窮人啦，在銀行裡會覺得不自在。他們不習慣走進銀行。他們感覺被人排斥，非常畏縮。」他說。

「所以要怎麼辦呢？」我問道。

「我們試著讓希望信合社來解決這個問題，之前尤蒂卡（Utica）有家銀行要收掉，我們把他們的二十三間分行都買下來，變成希望信合社。我們關注的焦點是三角地的商業發展，還有首次購屋族。我們每年平均核准兩百多筆房貸。」他說。

---

93 指有色人種移入某地居住後，當地原本的白人居民「逃往」（flight）他處的趨勢。

94 在非洲前英屬殖民地設有許多據點的銀行，後為澳盛銀行併購，現已轉售渣打銀行。

他補充說，在這些開戶的民眾當中，有三成先前都沒銀行戶頭。

「我把助理財政部長賽勒斯・阿米爾—莫克利（Cyrus Amir-Mokri）從曼非斯（Memphis）請了過來，[95]我們經過了突尼卡（Tunica）、芒拜尤（Mound Bayou）、和克拉克斯代爾鎮（Clarksdale），最後來到尤蒂卡，一路穿過三角地。他坐在那裡，表情很難過，說他不敢置信這種狀況竟存在於美國。」拜農說。

另一位參與會面的男子這時說話了。「由我們來告訴你，尤蒂卡有百分之三十的人活在貧窮線以下，這樣不好，你得自己親眼看看。」他說。

納切茲槍展

我走上鄉村小路，穿越了好些松木林、沼澤、木板屋，途經羅爾曼（Lorman）與法耶特（Fayette）這兩座小鎮，路過一所飄揚著邦聯旗的學校。在一條行經的路邊，連續好幾哩的樹上都釘著大幅標語，寫著駭人的《聖經》經文：「你當預備迎見你的神——《阿摩司書》4:12」以及「唯有忍耐到底的，必然得救——《馬可福音》13:13」還有「悔改——《馬可福音》6:12」。後來我終於抵達可愛的納切茲市（Natchez）。

納切茲遽然緊鄰著陡峭的河岸，俯瞰寬廣呈棕色的密西西比河，面對平緩的路易斯安那州那側的棉花田，以及隔橋相望的維達利亞鎮（Vidalia）。這是我在這趟旅程中首次瞥見這條河，雖然密西西比河的船運已不若以往繁忙，但一個美國人看見這條浩大、泥濘、緩緩流動的河流，不可能不受到撼動，就如同印度人看見恆河、中國人看見長江、埃及人看見尼羅河、非洲人看見三比西河、新幾內亞人看見塞皮克河（Sepik）、巴西人看見亞馬遜河、英格蘭人看見泰晤士河、魁北克人看見聖羅倫斯河，或任何公民看見那流過腳邊的江河。我提這些河流，是因為我全都親眼見過、也寫過，但都是以一個外人、一個浪漫窺視者的身分。河流就是看得見的歷史，也是一個國家的命脈。

對我來說親近的幾條河流，我感受到的連結則更為深刻，就像梅德福那條以神祕為名的米斯蒂克河（Mystic River），神祕地流進波士頓港與大海，在我腦中注滿對旅行的幻想，讓我想要離開家鄉。密西西比河對我則意味著一切，是一種象徵，也是發現與文學靈感的來源。它是T．S．艾略特（T. S. Eliot）的詩作《乾燥的賽爾維吉斯》（*The Dry Salvages*）裡的「強大棕色神明」；也是讓路易斯與克拉克[96]得以遠赴西北的「大河道」；是北軍部隊包抄南軍、並圍困其城鎮的路線；是要「趕在別人之前溜去新闢疆土」的哈克．芬恩（Huck Finn）[97]的河流；是解放的願景，也是我們國家的中央動脈；它也是自我信念的象徵，就像艾略特，這位聖路易出身的詩人所宣稱的：「這條河就在我們體內。」

這條河的歷史，就像是南方的隱喻：水平正在下降、交通已經放慢、河岸貿易衰退，沿河的城

95 助理部長職權約等同於司長，阿米爾─莫克利當時為監管金融機構之助理部長。
96 指十九世紀初路易斯與克拉克遠征（Lewis and Clark expedition），是傑佛遜總統所發起，首次橫越美國大陸抵達太平洋濱的官方探勘。帶隊指揮官為路易斯上尉（Meriwether Lewis）與克拉克少尉（William Clark）。
97 馬克．吐溫（Mark Twain）《頑童歷險記》（*Adventures of Huckleberry Finn*）之主角。

鎮村落都在掙扎求生。俗麗的旅館與船上賭場，代表了當地商業的苟延殘喘。設置賭場的河輪看來也禁不起航行，只能停泊在像納切茲這種密西西比河畔城鎮的泥濘裡。

納切茲曾是個法國據點，名為羅莎莉要塞（Fort Rosalie），是強制徵用一七一六年被法國人征服的納切茲族（Natchez）印第安人勞力興建而成。不過十三年後，納切茲族重新組織起來，再次起事，控制了要塞（當然還有他們自己的土地），結果遭法國人與部分效忠的喬克托族殘殺，納切茲族就此滅絕。到了十八世紀中葉，又用他們的族名為這個鎮命名。這個部族如今只剩名字[98]。

這是座保存良好的小城市（不同於遭到圍困仍態度強硬的維克斯堡，納切茲因向北軍投降，而免遭火焚）；這座城市富含著歷史、河流傳說及建築奇觀——古老的華麗宅邸、歷史建物、教堂和別致的拱廊；這裡的鬧區有成排餐廳；這些大都會特質全都引不起我太大興趣。查爾斯．謝爾頓．艾肯（Charles Shelton Aiken）寫到南方景物與福克納時，做過這段精到的觀察：「新南方最偉大的創造之一，就是老南方這個憑空杜撰的概念。」人們以為的大時代，其實只不過是幾十年間的自負自誇與不理性的懷舊心態在發揮作用。

就像在南卡羅萊納州的查爾斯敦，引起我注意的文化活動，就是我上週才看到廣告、將在市中心納切茲會展中心（Natchez Convention Center）舉行的「槍枝刀具大展」。這是納切茲這個週末的主要活動，展覽館比查爾斯敦的還大。入口處的流程一樣：全票八美元、六到十歲兒童一美元；上膛槍枝不得攜入展區，若以塑膠束帶拴緊則可以攜帶。

「密西西比州是槍枝法規最棒的州。」我一走進去，就有個男人對我說。我們就在賣咖啡跟甜甜圈的攤子旁。「在這個州，你可以帶著上膛的槍出門，還可以把上膛的槍放在車裡。是不是很讚？」

「去過亞利桑那州沒有？」另一人說道。他的鬍子與連身吊帶褲都因他把甜甜圈拿得太靠近臉而沾滿糖粉。「我去過亞利桑那州的一家槍店。有人說：『對什麼槍有興趣嗎？』槍櫃旁有個州警。州警說：『要是你沒槍，我買一把給你。』哈！」

納切茲這場展覽與我在查爾斯敦看過的，以及後來在南海文市（Southaven）、勞瑞爾市（Laurel）與傑克遜市看到的，幾乎一模一樣。大多數槍展上，我都會發現同樣的人：賣彈藥的肥碩胖子坐在他那堆木箱與紙盒中間；熱咖啡攤賣手工刀具的男子；賣泰瑟電擊槍的攤位；賣納粹紀念品的是住在密西西比州中部的紐西蘭人；一個留鬍子的老人賣著自己做的各式皮革槍套，在一場槍展上跟我說過，他總會帶十五把最喜歡的槍旅行（「這把是我的上下式雙管槍，這把是我的貝瑞塔九毫米」），在另一場槍展上又說：「這把是我的法官左輪（Judge）[99]。點四五口徑。用來打蛇的——我們住的鄉下有好多水蝮蛇。」

有些人窮到租不起桌子，就在場子裡四處遊蕩，帶著一把顯眼的槍，像是獵人，某方面來說他們也是獵人，狩獵著買家，希望能賣掉這把槍。

「我能看看那一把嗎？」

「當然了。瞄準那邊。小心點。這把是單動擊發的。不要打空槍，你聽。」

有位私人賣家有一把出廠三十年的武器，是以木頭與不鏽鋼製成，斯特姆—儒格公司（Strum,

---

98 作者註：該族從未以此名自稱，他們自稱泰奧克羅埃（Théocloel）——屬於他們神靈般的始祖「泰」（Thé）的民族。

99 金牛座公司（Taurus，或譯陶魯斯）推出的五發左輪手槍系列款式。

Ruger & Co., Inc.）點二二三口徑Mini-14型突擊步槍，槍托是摺疊式的，就是你會看到神槍手和策劃推翻邪惡獨裁者的密謀分子在用的那種槍。

「這是我的寶貝，」那人邊說邊把槍交給我。「我不想賣掉它，但不得已。它很優美、很可靠，從來不卡彈。這是禁令之前出的，他們現在不生產這個了，他們再也不生產了。」

「看起來做工很好。」

「它好漂亮。這種槍在市面上不多了，也沒有狀況這麼好的。現金一千二賣你，私人交易。只要照顧好我的寶貝就好。」

我掂了掂這把槍的重量。它在我手中奇異地像雕刻品一樣閃爍著。我並非瘋狂槍迷，但身為麻州梅德福二十四童軍團的一員，我有過一把莫斯伯格（Mossburg）點二二，雖然我從不曾把獵殺動物當運動，從那時起也算持有某種打靶用的火器。這把步槍太令我動心了，以致於我覺得應該對賣家據實以告。

「對了，我是麻州來的。」

他臉一沉，嘆了口氣，用一雙肥手從我這裡收回了槍，摺起槍托，現在看起來這就像把高級手槍。「你要是沒告訴我就好了。」

「噢，好吧！」

「我怎麼知道你不是想陷害我？」

「我沒有要陷害你。」

「你不是這一帶的人。」

「對，我是北方來的。我只是來旅行——」

「政府的人無所不在！」這人現在轉而對一些旁觀者說著，他們剛才都看見我拿著這把步槍拉槍機、開保險。「他們就是想讓我們倒！」

我走開時，還聽到他在碎碎唸，「他媽的——」罵的並不是我，而是各種法規管制——官方當局、背景查核員、稽查員、行文人員、政府、洋基們。

從那時起，我才開始體會槍展的情緒。重點不在槍枝、不在彈藥、不在於刀械、也不在向認定的敵人開槍。這些人走路與說話的方式，都明顯流露出這種情緒：他們覺得遭到圍攻、被人削弱、已無退路。這種感覺已經多久了？就跟南方的歷史一樣久，或許吧，因為他們談論的都還是南北戰爭，而且仍受這場戰爭，以及自此發生的一切所逼迫，這是揮之不去的挫敗記憶。

對參觀槍展的人而言，南北戰爭的交戰彷彿是昨天才發生的事。或許他們對戰敗的感受也是如此，耿耿於懷也是如此，受辱的痛苦永不消退也是如此。童年時期受盡冷落的人，常會終身帶著創傷。民權運動則是這些南方人的另一場挫敗，他們對入侵者、幸災樂禍者與外來搜刮者非常敏感，對於不記得內戰羞辱的外地人又更加敏感。莊園的易手又是另一場挫敗，其他還有投機政客的得勢、本地產業的業務外包、鯰魚養殖業的衰落、製造業的銳減，現在經濟又這麼淒慘，工作機會跟閒錢都這麼少，使得去逛槍展的人只能注視著、渴望著永遠買不起的高檔武器，那既是一種受到保護的幻覺，也是獲得獨立的象徵。

縈繞在這段戰敗的歷史之上的，是聯邦政府悍然苛刻的陰影，有如掠食者般盤旋著。「他們打算把這一切全都改變掉。」在查爾斯敦的槍展上，有個人是這樣說的——藉此奪走南方僅存的男子氣概。人們普遍的態度並非蓄意挑釁；我感受到的是，那些覺得自己迷失方向又受到輕慢的人，所展現的受挫怒容與短淺喘息。槍展是他們唯一可以做自己的地方，就像個同好聚會所，只是有嚴格的入場管制，而且沒有窗戶。不過現場的氣氛是易於辨識的：密不通風、侷促不安、遺憾懊悔、小心翼翼、一無所有。即使擺出一副勇武面孔，這些參加槍展的人仍散發出一種貫穿歷史的感受——就是他們被外來者打敗了，被迫去遵守沒有先例的法律，而這些法律多半時間又引發更多問題、為此又須制訂更多法律——他們的世界就此天翻地覆。

槍展的重點不在於槍枝與持槍行為，而是人們的自尊——主要是白人，身為南方的主流族群，其動力來自於委屈感（據一位敏銳的史家所說，這是「南方認同的核心」）——他們覺得自己落敗了，仍受到敵對外來勢力的欺壓與謀害，便使槍展成為象徵性的最後一搏。

羅蘋．史考特太太：「為了救我的小孩」

或許你聽說有人在逃離南方。是有些人逃了，但我也發現許多案例是把南方當成避難所。我遇到許多人逃離北方來南方追尋安全、平靜、古早的生活方式，來這裡回歸家庭、來過退休後的日子。在密西西比一家餐廳外頭，有個出來休息的侍者跟我說：「我是從底特律來的。我爸在那裡被殺了——他開了一小間酒類專賣店，叫做『樓閣』。有個人來搶劫。我爸給他錢時，他朝我爸的腿開槍——打到股動脈。他設法自己開車去醫院，但半路就死了。我媽因為這樣崩潰了，我就帶她過來這裡，她在這裡有些親戚。這裡比較好，更安全、更開心，我媽的情況一天天好轉。我不知道還會不會再回去北方。」

我在納切茲的一間自助洗衣店洗我那週的衣服時，也聽過類似的事。值班的女人俐落而親切，把鈔票換成兩毛五的零錢給我投幣，又賣給我一杯洗衣粉，在我稍加鼓勵下，跟我說了她的故事。

她的名字是羅蘋・史考特（Robin Scott），五十五歲左右，是位擁有強大母性本能的堅毅女性。她說：「我從芝加哥過來是為了救我的小孩，不讓他們被黑幫害死。那裡的街頭幫派太多了——拉丁之王（Latin Kings）、西語民族（La Raza）、拉丁之鷹（Latin Eagles）、護民幫（the Popes）、鄉親聯盟（Folk Nation）[100]等等。我住的地方一開始還行，在加菲爾區（Garfield）。然後，大概在八〇年代末、九〇年代初，四角幫（Four Corner）與BG幫——也叫黑匪幫（Black Gangsters）——發現了快克古柯鹼跟海洛英。他們吸毒、販毒，也為了毒品火併。那裡永遠槍聲不斷，我不想待在那裡給我的孩子辦後事。」

「我就說，非離開這裡不行。所以就把工作辭掉，租了一輛優拖拉公司（U-Haul）的搬家車到這裡來，我在這裡有些親戚。我在南方一直都有親戚。我在芝加哥長大，但會去北卡羅萊納州看親戚，就在哈利法克斯郡（Halifax），靠近洛磯山市（Rocky Mount）的地方。」

我是在最近的駕車旅途中知道了洛磯山，是個宜人的地方，位於羅利市（Raleigh）以東，走州際九十五號公路下交流道就到，我有時會停在那裡吃頓飯。那裡也是瑟隆尼斯・孟克（Thelonious

100 芝加哥黑幫勢力的兩大陣營之一，與人民聯盟（People Nation）互相敵對，旗下皆有分據不同地盤之黑人、拉丁、白人幫派。此處提到的拉丁之鷹、西語民族皆為鄉親聯盟成員，拉丁之王與四角幫則屬於人民聯盟。

Monk）[101]的出生地。

「我在洛磯山有很好的回憶，那裡很鄉下——跟芝加哥街頭很不一樣。我媽在納切茲這裡有很多親戚，所以我知道來南方就可以救我的孩子。我一開始做過各式各樣的工作，在賭場裡當過二十一點的莊家，但過一陣子就得了類風濕性關節炎。這是一種自體免疫疾病，病情影響到我的手、關節和走路，也影響我的婚姻。我先生說：『我不要瘸子。』就離開了。」羅蘋說。

「抗生素在我身上的作用很可怕。我就是不能生病。我還是一直工作，然後類風濕性關節炎好了，也把小孩帶大了。我有兩個女兒，美樂蒂與柯特妮。柯特妮是銀行經理。我有三個兒子，安東尼是老大，在當電機技師，羅伯特與喬瑟夫是雙胞胎，他們二十一歲，在南密西西比大學念書。我對我的小孩很自豪。以前雙胞胎睡著後還會彼此交談呢！

「納切茲是個友善的地方，我很慶幸我來了。這並不簡單，現在也不簡單——就業情勢很艱難，不過我還撐得住。這家自助洗衣店的老闆是個好人。

「我在這裡有很多親人，我阿嬤姓克里斯瑪斯（Christmas）——名字是瑪麗．克里斯瑪斯（Mary Christmas）。她哥哥叫喬瑟夫（Joseph）。[102]我們叫我阿嬤『大老媽』（Big Momma）、叫我阿公『大老爹』（Big Daddy）。所以我一看到《絕地奶霸》（*Big Momma's House*）這部電影就笑出來了。」

「瑪麗．克里斯瑪斯是在錫布利鎮（Sibley）附近一座莊園出生的。他們出身佃農家庭。我阿公傑西．詹姆斯．克里斯瑪斯（Jesse James Christmas）已經過世，不過他還在時，會收到河對面維達利亞鎮一個碰巧同名同姓的人的信。所以他會把這些信收好，過河把這些不小心寄給他的信還回去。另一個傑西．詹姆斯．克里斯瑪斯是個白人。」

我提起福克納的《八月之光》（*Light in August*）與書中的喬．克里斯瑪斯（Joe Christmas），以及我總覺得這個姓氏荒謬了點，象徵意味太濃。我跟她說了小說情節，以及這位神祕的喬．克里斯瑪斯雖然是有黑人血統的孤兒兼走私販，卻被以為是白人。

在小說中，傑佛遜市的刨木廠領班提起了這個陌生人，說道：「他姓克里斯瑪斯。」

> 「他姓什麼？」有人說。
>
> 「克里斯瑪斯。」
>
> 「他是外國人嗎？」
>
> 「你有聽過白人姓克里斯瑪斯的嗎？」領班說。
>
> 「我從來沒聽過任何人姓這個。」另一人說。
>
> 拜倫記得，這是他第一次想到，一個人的姓名，本來應該只是用來代表他是誰的聲響而已，卻還可以預示他以後會做什麼，只要其他人能及時讀出其意涵。

在我要繼續講蓮娜．高夫（Lena Gove）與她孩子的故事和這篇作品的基督教主題前，羅蘋插

101 美國爵士樂鋼琴家和作曲家，被認為是美國音樂史上的偉人之一，擅長即興表演。

102 阿嬤姓「聖誕節」（Christmas），名字諧音「聖誕快樂」（Merry Christmas），Mary與Joseph之名又來自聖母馬利亞與其丈夫約瑟。

話了。

「我舅舅就叫喬．克里斯瑪斯，他九十二歲了，住在納切茲的安養院。在這一帶這是很常見的名字。」她說。

三角地：圓桌

我出於無知，一直以為三角地指的只是密西西比河本身在紐奧良南邊蜿蜒入海的低窪河口，也就是地圖上標示的河川三角洲。但事情沒這麼簡單。三角地是指從路易斯安那州那片泥濘地向北延伸出去的整片沖積灘地，是從納切茲再過去，位於維克斯堡上方那片平坦氾濫平原，幾乎是密西西比州西部整塊凸出的部分，以亞祖河（Yazoo River）為東界，直到曼非斯。這裡也有條固定的車行路線，也就是國道六十一線。

沿著公路繼續前行，再次經過法耶特與羅爾曼，我穿過吉布森港（Port Gibson），這座城鎮自豪當地至少有一條路「看起來就跟一八六三年的樣子差不多」，還有幾棟建築——格蘭特將軍放過了這裡，並說這座城鎮「美到不該燒掉」。也在這條路上的維克斯堡就不是這樣了，此地就像納切茲一樣位於峭壁頂端，但不同於納切茲之處是維克斯堡曾被圍攻，在長達四十天的攻勢裡，不斷遭河面上的北軍艦艇砲擊。圍城的結局是慘敗，以難堪的投降作收。

這次圍城仍在記憶當中。我在維克斯堡的核桃丘餐廳（Walnut Hill Restaurant）坐進一張家庭式圓桌，與八位陌生人進午餐。任何人都可以坐進這張圓桌，置身於陌生人或朋友之中一起吃飯。

有人推薦了巷子裡這間平房餐廳的家常菜。我做了自我介紹，說我從哪裡來。

「請坐。」一個男人說。

但有位年紀較長的婦女以忿恨的口氣嘟囔說：「你知不知道你們對我們做了什麼事？」記憶化成一陣奚落。桌上的其他人，全都是當地人，大多彼此陌生，雖然剛剛還在和氣閒聊，這時卻都沉默下來，等著我的答覆。他們知道她指的是一八六四年北軍對維克斯堡的長期圍城戰。

那時我已遊覽過維克斯堡，看過鎮上可愛的戰前房屋與戰爭地標；戰場涵蓋大部分的市區，我也聽聞當時受到的苦難。「這整座城市就是個墳墓，」娜塔莎・崔得威（Natasha Trethewey）造訪過現場後，在她的詩作《朝聖》（*Pilgrimage*）中如此寫道。所以我沒有輕忽看待這位婦人的指控。我就像面對一個壞脾氣的孩子一樣說：「我個人沒有對你們做過任何事。南方脫離了聯邦。北方就做出回應。結局好就好了。」

「你們讓我們挨餓，你們讓我們吃老鼠。」那婦人說。

在南方經常聽到這類回應——有時是由衷之言，有時是個酸楚的笑話，有時則帶著挑釁的懷舊之情——說話的總是白人，對象總是北方來的訪客，而我已經學會不要說「那都一百五十年前的事了」，而是帶著同情去傾聽，因為被征服者感到無助，其證據就是他們抱怨內容的單調重複。對我來說久遠之事，在他們心中卻像今天才剛發生，他們抓住這點埋怨不已，賦予北方——那天早上我就是其化身——一種殘虐的巨大形象。

於是我表示了同情，又問了另一些問題。例如（我提出），要是南方打贏戰爭，南方邦聯國的疆域會是什麼樣子，會延伸到哪裡？我們會怎麼貿易？南方是否會存續下來，依然守舊、維持奴隸制度與貴族階層，還會繼續保留灰衣軍隊[103]嗎？這支軍隊會怎麼回應各種國際事件，像是美西戰爭與一次大戰？還有，假設夏威夷成為北方合眾國的領土，南方的邦聯國在珍珠港遭到轟炸時，會怎麼回應？

然而邏輯不太能克服深刻的失落、或傷感、或受創的驕傲。南方的許多部分依然創痛，因為南方有大量地方依然貧窮；而我在槍展上清楚感受到的挫敗神情，彷彿在提醒著南北戰爭的過往——那些損失、那些死亡、無謂的焚城，以及投降。還有一種感覺，或說是錯覺，認為黃金時代——安逸、宅院、蓄奴的時代——已隨戰爭而結束，那時南方的氣勢就因爭取分家失敗而消耗殆盡，因此天翻地覆、一貧如洗，成為了一個滿是墓碑、紀念場所與廢墟的怨恨之地。

「南方被創造出來，是因為需要保護一種特定體制，免於受到外來的威脅。」南方歷史學者謝爾登．哈克尼（Sheldon Hackney）在他的論著《南方的暴力》（*Southern Violence*, 1969）中寫道。結果就是，「南方的身分認同從一開始就被連結上一種圍城心態。」他說，身為南方人，「有時涉及一種受迫害的感受，以及覺得自己是受制於異族或外來勢力的、無足輕重的順民。」他列舉的這些勢力包括廢奴主義者、北軍、外來搜刮者、華爾街、民權運動人士、聯邦政府、女性主義、社會主義、工會主義、達爾文主義、共產主義、無神論、日光節約時間，以及「其他現代性的副產品」。而像我這種作家，則是天生的顛覆分子。

我常常想起，在緬因州托馬斯頓（Thomaston）市中心，在高聳的楓樹與寬廣的橡樹底下，有位南北戰爭的士兵站在花崗岩臺座上憂思，在他腳下，柱基上的碑文寫著，「紀念一八六一至一八六五年間的陸海軍官兵」，以及「一個國家——一面旗幟」。緬因第二十團由約書亞．張伯倫上校

（Joshua Chamberlain）指揮，在小圓頂戰役（Battle of Little Round Top）中，英勇果敢地衝下山，向幾千名南軍進行刺刀衝鋒，協助扭轉了蓋茨堡（Gettysburg）的戰局。在緬因州各市鎮，像這樣的南北戰爭紀念碑超過一百五十座，麻州的數量也差不多。

實際上，在新英格蘭每個大大小小城鎮，都有座戰爭紀念碑。其中最古老的豎立於一八六六年，是座造型簡單的方尖碑，位於鱈魚角的森特維爾鎮（Centerville）綠地上，基座四面列出陣亡官兵姓名——這座海邊小漁村當時全村不過幾百人，南北戰爭中就喪生了三十一人。我住在鱈魚角的桑威治鎮（Sandwich），當地一八六一年時人口是四千五百人，也派了兩百四十名年輕人去打這場戰役，其中五十四人喪命，許多人受傷。有位名為喬瑟夫·威爾遜（Joseph Wilson）的桑威治黑人老兵是獲得解放的奴隸，在維克斯堡圍城時加入麻州第五十四團（首先招收黑人士兵的單位），戰後他回到鱈魚角說出這段傳奇。

但如今，在托馬斯頓、森特維爾、桑威治或新英格蘭的任何地方，幾乎都已沒人會提起那場戰爭，或是請訪客留意村子綠地上那尊陰鬱的紀念碑了。

在那位婦人發洩完情緒後，我說了上述一些想法，還引用中國智者列子的話：「一將功成萬骨枯。」[104]

在查爾斯·波帝斯的小說《老外》（*Gringos*）中，有個墨西哥人抱怨洋基一八四八年搶走他們

103 美國南北戰爭時期，南軍所著軍服是灰色軍大衣和藍色長褲。

104 出處實非列子，而是唐朝曹松《己亥歲二首》。

半個國家，這時敘事者吉米・伯恩斯（Jimmy Burns）說：「他們在一八六五年搶走我們整個國家呢！我們總不能一直悔恨下去。」

有個年紀較輕的女子說：「我去過北方一次。那裡的人會講很多獨立戰爭的事。我們這裡從來不提。」

「戰爭就是地獄。」我話才出口，就猛然想起說這句話的將領是誰。[105]我很慶幸話題轉向食物、骨董和天氣。

我們全都一起吃飯，這是核桃丘餐廳這張圓桌的傳統，這張大桌子坐得下十二個人，任何人都可以坐下來，飯菜就放在圓形轉盤上，自行夾取：有幾盆炸雞、幾盆燉菜與馬鈴薯、米飯配肉汁、幾盤炸魚、幾碗豆子與甘藍菜。使用餐桌轉盤就表示，在一定程度上要為一起用餐的人著想。就像我在別處旅行時學到的，人類會把一起吃飯的場合當成一種和解儀式；分享食物就是分享友誼，於是戰爭話題漸漸退場，我們聊起當天的新聞。

失業是個話題。「工作機會太少了，」有人說道。

其中一位食客以前是農耕機具的經銷商，現已退休。他說：「機械化把工作都搶走了。我賣過棉花採收機。早期的機型一次只能摘一排棉花，但就算是這樣，也做掉了四十人份的工作。現在它們一次可以摘六排了，就是那種摘錠式採收機。有些可以摘十二排。農場工人哪有辦法競爭呢？」

「告訴大家這些賣多少錢吧！」他太太說。

「有些是五十萬，有些貴得多。」

「所以這裡大家都沒工作了。」

剛才說「你們讓我們吃老鼠」的婦人問我有沒有去國外旅行過。我回答有，接著我就會意過來，這個問題是給我的一個暗示，要我照樣反問回去、問她的歐洲之旅，因為人家——尤其是旅人——問問題，是為了提供資訊，以及發表見解。「去過不丹嗎？」的意思其實是「我去過不丹，而且我很樂意在接下來的一個多小時把這趟旅行講給你聽。」

「我有去過，」那婦人說，「巴黎、倫敦。」

「那裡是什麼樣子啊？」一名年輕女子興致勃勃地問道。

「討厭那裡，不怎麼樣。」婦人做了個鬼臉。「美國好多了。」

三角地之秋

當我對維克斯堡一位店主說我要去走國道六十一線時，他跟我說：「一定要先填飽肚皮、裝滿油箱。不管怎樣都不要停車。」我聽到這裡微笑起來，因為這就是我走在東非與中非鄉間小徑時會不斷聽到的那種話：一直走，停下來很危險，那條路上有些餓肚子的人，他們想要你身上的東西，你要是撞到人，他們就會洗劫你，讓你生不如死。只不過這次是在這條「藍調公路」（Blues Highway）[106]、這條大河河畔之路。

105 語出北軍指揮官威廉．堤康瑟．薛曼將軍（William Tecumseh Sherman），麾下部隊曾在南方大肆燒殺。

106 國道六十一線之別稱。

「他們現在很快就要進入三角地了，」福克納作品《下去吧，摩西》（*Go Down, Moses*）其中的一篇故事〈三角地之秋〉（Delta Autumn）是這樣開場的。接著是：「在那最後一座山丘腳邊，肥沃連綿的沖積平原由此展開，就像大海從峭壁基底展開一般。」這篇故事設定在一九四〇年，是一段獵鹿的回憶，記述世代交替、現時事件與過往歷史——歐洲戰事的實況，如希特勒及現代性的入侵，霓虹燈、大型軋棉機、火車頭，「無數閃閃發亮的本年度新車」，荒野的侵蝕與消逝，獵場的縮小，還提到了耕地的「黑種人」。在偏僻的狩獵營地附近，舊日的三角地仍有著深邃的森林，以及「高聳昂揚頂天立地的橡樹、楓香樹、梣樹與胡桃樹，未經砍伐直到遭遇獵人之斧」。

在這篇小說的中心，除了對未來悲觀的大家長艾克．麥卡斯林（Ike McCaslin）關於狩獵的哲學思索，還寫了一場種族問題的僵局暨愛情故事。相戀的是獵人卡羅瑟斯（Carothers）（又叫「羅斯」〔Roth〕），以及無名的淺膚色黑人女性，也是他孩子的母親。她就住在營地附近，帶著他倆的孩子現身，想來見他一面。但他早起去打獵了——似乎是躲起來了——並且歉疚地留下一些錢，請艾克轉交給她。就像福克納的許多作品，這場會面背後也設定了龐雜的族譜世系與血緣融合，但是本質上，這次會面代表的是麥卡斯林家族的兩個支系，一支白人、一支黑人，在故事之中匯合。

艾克把錢交給女子，並叫她去嫁「一個你們種族的人。」

她理應憤慨，因為她沒想到羅斯與她有可能彼此相愛，於是她說出了這篇故事裡最精彩的句子。「老頭，你是不是活得太久，忘掉的事太多，所以連你曾曉得的關於愛的任何事，都記不得了？」她說。

待她離去後——去了利蘭鎮（Leland），搭火車北上展開新人生——艾克惋惜了三角地的變遷，也就是荒野的毀滅：「在兩代人的時間裡，就排乾了沼澤、露出了地表、截直了河道，好讓白人可以擁有農莊。」從三角地現今的衰頹中，他看到遠遠更惡劣的未來：破產、異族混種、人活得「像畜生似的」。

小說常會重點描寫某片景色，並暗示其未來，但也有使人誤會的可能。旅行的一個好理由，就是可以將小說放進脈絡。對艾克而言，正在摧毀三角地的乃是大量資金、異族通婚和精耕農業——簡言之，就是洋基文化，這種福克納似乎也很嫌惡的東西。艾克所悲嘆的森林濫伐，就發生在福克納寫下這篇故事的時期，砍樹持續進行，棉花田擴散到沼澤與水窪邊緣，就跟如今的景象差不多。艾克（像是在代替福克納發言一樣）預言將會發生各方種族、野心和商業利益之間的衝突。後來發生的事則更為簡單，也更具毀滅性：機械化將農場工人趕出田地，讓他們都失業了。

「我小時候，在一九四〇年代末跟一九五〇年代，我們天還沒亮就要起床了。」後來在喬治亞州，威爾．湯普遜這樣告訴我。「當時是在傑克遜市。有輛大卡車來接我們，摸黑把我們載去三角地，然後就工作一整天。我只是個孩子，年紀太小了，一開始連摘棉花都不行。我就當送水小弟，提著桶子、拎著勺子，在一排排棉樹間來來回回。天黑了再把我們載回傑克遜。」

高中畢業後，威爾加入軍隊，在越南服役。

「我一個弟兄陣亡了，我就被送回密西西比來護送遺體。那是一九六八年，糟糕的一年。我們從曼非斯開車，穿過那些棉花田。記憶全都回來了。我一到傑克遜就對自己說：『我再也不願意當二等公民了。』」

三角地的許多黑人都說了一樣的事；這是福克納——還有艾克．麥卡斯林——沒能預見的：棄鄉而逃。

在我這趟旅途所見的三角地秋天裡，鄉間是美麗的——斜坡河灘地看來濕潤肥沃，橡樹、楓香樹與柏樹簇生成叢（國道六十一線這條南方延伸段的舊名就叫柏樹街）——而我從鄰近的水塘上空盤旋的密雲飛蟲，以及其間更濕軟泥濘的地面，還有從硬木樹與柳樹的間隙透出的、更乳白更青藍的光線質感，就能感覺到樹林後方的那條河流。

短篇故事裡的事件已過去六十多年，此地景物幾乎沒什麼改變：沒有車流，只有老舊或傾頹的房屋。就像是開車進入了過去。隨著馬路變得平直，我進入產棉郡夏基郡（Sharkey）的卡瑞鎮（Cary），當地有一間軋棉廠，居民不到五百人。沿公路繼續走，來到埃格瑞蒙（Egremont），人口又遠少於此。就像我在其他地方，如南卡羅萊納與阿拉巴馬州見到的，細枝灌木簇擁成棉花田一望無際的絨毛白，舉目所及沒有農場幫工、沒有採棉工、沒人在工作。從田裡颳起的棉絮與碎屑，鉤在路邊樹枝上，給人零亂邋遢的感覺，好像收廢紙的卡車路過時，有疊紙被吹落。

我時不時就會見到一臺巨型棉花採收機，就是維克斯堡的退休經銷商描述過、要價五十萬美元的那種。它們的車斗高聳，拱住了王座般的駕駛室，底下一排寬闊的鋸齒溝槽割臺，可以同時捲進六排棉樹，並摘下棉花。

起初全無房舍，隨後卻冒出了一堆，當我看到那些破爛的拖車屋、排屋和改裝成住家的生鏽舊巴士時，我便瞭解到，這裡是我此生見過全美國最貧窮的地方，比南卡的艾倫代爾還要窮，比阿拉巴馬最窮的村落更窮，這些屋況惡劣至極的房子，就像是《尤利西斯》裡市民（the Citizen）所怒斥的：「路邊的爛泥小屋與牧羊棚子。」

這些移動式住家看似已腐朽廢棄，在樹下隨意叢集成若干聚落。這些聚落算不上社區，只是位於城鎮境外、棉花田邊緣的營地，也不確定有沒有接水、接電。它們複製了吉普賽營地在英國的模式：聚集成團的拖車屋、累積成堆的垃圾廢物、垂在晾衣繩上的衣物、無所事事衣衫襤褸的孩童，而令人稍感怪異又心碎的是——因為才到十月——其中一間排屋門前掛上繫著紅絲帶的聖誕花環，以妝點色彩。

不要停車，那人是這樣說的，但我還是在羅林佛克鎮（Rolling Fork）停下來。

在寬闊、威嚴、古舊的石砌建築夏基郡法院對面，有幾家門窗封死的倒閉商店、空蕩的街道和遭人毀損的路牌。不過在鎮上一邊還有家「向日葵食品行」（Sunflower Food Store），另一頭則有一家華人雜貨店「三盛公司」（Sam Sing & Co.）。

我繞著鎮上步行時，遇到了勒羅伊，他是三盛的店員，出來抽根菸休息一下。他跟我說了許多人都說過的事，像藍調樂手穆迪・華特斯（Muddy Waters）是在羅林佛克出生的，本名麥金利・摩根菲德（McKinley Morganfield）。穆迪自己如此宣稱，但未經證實——他也可能出生在隔壁郡，而且他長大的排屋位於克拉克斯代爾鎮的史托瓦莊園（Stovall Plantation），那是三角地更裡面的地方。不過羅林佛克沒什麼事可以自誇了，你只好在穆迪的問題上姑妄信之。

「這些商店以前全都好忙碌的，現在你看這些店，都不行了。但我們還是在種田，棉花、大豆、玉米。」勒羅伊說。

有位女士看到勒羅伊在跟我說話，便走向我們。她是安・考佩坡，以前是羅林佛克小學的諮商輔導員。她在學校就認識勒羅伊了。

「他們是在一九九四年改成種族合校的。」勒羅伊回答了我其中一個問題。

「一定比那更早吧！」安說。

一位路過的老婦人問道：「你想知道什麼嗎？」勒羅伊告訴她時，她說：「他們啥都不知道。羅林佛克高中以前是白人念的。他們一改成合校有黑人後，就又開了一家白人上的私人學校。」

這兩位女士都是白人，勒羅伊則是黑人。他們爭論著事件發生的日期，無法取得共識；近期的歷史已成一團模糊。或許是發展停滯造成的。這座垂死的城鎮發生的事太少，沒什麼好記住的，沒什麼可以連上特定年份的。他們一致同意的事情是：這裡沒有工作、沒有錢，貌似也沒有未來了。沿公路再走約五哩的安圭拉（Anguilla）則一片荒涼，幾戶移動式住家就散落在馬路邊，緊鄰犁過的田地——幾個腐朽生鏽的盒子紛亂橫陳，帶著一股混亂與絕望的氣氛，就像個難民營，而這裡在某種意義上的確也是。

狀況更糟、更慘、也更無望的，則是阿科拉（Arcola），距離公路一哩遠，在這座鬼鎮，主要大街上的每家商店與幾戶房舍皆已封死門窗（過去彎曲的國道六十一線原本行經這條大街，後來才改走現今的筆直路線）。我還讀得出這些倒閉商家招牌上寫的褪色店名——「四道雜貨店」（Four-Way Grocery）、「熱帶俱樂部」（Club Tropicana）和「羅傑商店」（Roger's）——除了阿科拉郵局，全都關門了。

原本的體力活都消失了，新興事業也在衰敗中——鯰魚養殖業、家具製造業，還有二十哩外格林維爾的施文牌（Schwinn）自行車廠也在一九九一年收掉了，遣散了兩百五十名員工。位於格林伍德（Greenwood）的維京廚具（Viking Range）工廠也進行大量裁員。

這些逐漸腐朽、景色如畫，卻渺無希望、遭人忘卻的城鎮，全都有條小溪流過，在字面上跟引申意義上，都成了一潭死水。這種景況也可能出現在第三世界任何一個失落的農業小鎮，機械化成為主流，曳引機與收割機取代農莊裡的人工採收。在這些地方，人們掙扎著、變通著，勉強維持每天的生活，日子朝不保夕，而且每樣東西——房屋、商店、晾衣繩、孩子的玩具——看起來都是臨時湊合的樣子。

這裡沒有財富，或者就算有，也藏了起來。種植棉花的獲利似乎並沒有讓三角地的任何人致富。大概是傑克遜或曼非斯的某人，靠這些收成過上了好日子吧！

我想起了十九世紀中葉的葡萄牙旅行家兼哲學家，阿爾梅達．加勒特（Almeida Garrett）。加勒特是我的靈感來源，他記下在自己國家旅行的經過，寫成了《故土之旅》（*Viagens na Minha Terra*），並在見到貧困情景時，提出這樣的疑問：「我要問問政治經濟學家與道德學家，他們是否計算過，必須要讓多少人陷入悲慘、過勞、喪志、屈辱、極端無知、大禍臨頭與一貧如洗，才能造就一個富人呢？」

情況比看起來還糟

「事情不是你在三角地看到的那樣。」格林維爾一家銀行的女職員對我說。

「但看起來不太妙。」我說。

「情況比看起來還糟。」她說。

她在荷蘭代爾（Hollandale）長大，那裡是從格林維爾走國道六十一線南下會經過的荒蕪城鎮之一。她聳了聳肩，問我想知道什麼。她六十幾歲的同事蘇．伊凡斯（Sue Evans）就坐在她身旁，但不太說話，只是點頭表示同意。我們坐在她們位於銀行樓上的辦公室裡，坐落在格林維爾的一條小街上，那是個陰暗午後，厚濁的空中雲團低垂。冰涼雨滴點點灑落在破損的人行道與坑坑洞洞的路面上。我想起三角地，那裡儘管淒慘，至少還是個晴朗的地方，但這裡卻冷颼颼，甚至有了冬意，雖然現在才十月。這種天氣、這種氛圍，對我來說都是新鮮事，既出乎預料又壓抑沉重，因而非比尋常。

「情況比看起來還糟」是我在密西西比三角地所聽到較為衝擊的話之一，因為就像在南卡的艾倫代爾和阿拉巴馬僻徑上的村落一樣，三角地的這個部分看來也即將崩潰。精神不穩者常以《聖經》作為心靈寄託，但卻（就像我在南方這些崇信《聖經》的人當中持續發現的）容易受到《啟示錄》中種種神蹟與預兆的吸引，從中看出的並非救贖的雲朵與鳴響的號角，而是我們業已活在末日的硫磺煙霧裡。[107]

「住房是最大的挑戰，」銀行員說道，「但是我們處在一個第二十二條軍規[108]式的困境——說小嫌太大，說大嫌太小。我的意思是說，我們這裡是鄉下，但我們不夠資格申請鄉村補助，因為人口超過兩萬五。」

「誰的補助？」

「聯邦的補助。然後還有心態問題。這很棘手。就是短線思考，價值觀是錯亂的。」她說。

我說：「你在說的是活在貧困中的人嗎？」

「對，其中一些人。比方說，你會看到一些很棒的車，停在真的很破爛的房子門口。你還會看到有人在逛沃爾瑪，還有在美甲店做指甲。」

「那很少見嗎？」

「他們都在領政府救濟金。」她搖搖頭說。蘇・伊凡斯喃喃表示了附和。「我不是說他們不應該打扮，但這是及時行樂，而不是犧牲奉獻。」

「你覺得他們應該怎麼做？」

「告訴你我是怎麼做的，因為我的價值觀不一樣。我是在一個貧困潦倒的城鎮長大的。」她說。我前一天才經過那個鎮，所以知道此言並不誇張：荷蘭代爾看起來就像發生過瘟疫。「我父母生了十四個小孩，任何時間都有十人以上在家，還要加上我父母。只有一間衛浴。有趣的是——我們從來沒領過任何政府救濟，理由是我父親有工作。他在尼柯森銼刀公司（Nicholson Files）上過班。他還要釣魚、打獵、種菜，他種的菜真的好吃。他會獵鹿、獵兔子、獵松鼠。我母親會把松鼠拿去炸，或拿去燉。」她大笑說道：「我從來不吃野味。我都吃雞肉。」

「我吃過松鼠，」蘇・伊凡斯說道，這是她第一次加入討論。

「尼柯森銼刀後來怎麼了？」這家公司製作金屬銼刀與高品質工具，在建築工人圈子裡是聲譽

107 指《啟示錄》中提到耶穌乘雲降臨、天使吹響號角、硫磺、火與煙殺死了人口的三分之一。

108 典故出自小說《第二十二條軍規》（*Catch-22*），指因為規則或條件本身矛盾而進退維谷。在小說中，根據第二十二條軍規，精神失常的士兵經申請得免於出勤，惟須由本人提出申請，但是提出申請的動作，即可證明該員精神正常。

良好的品牌。

「收掉了。搬去墨西哥。」銀行員說道。這是我在三角地問起製造業狀況時，經常聽到的回答。「我看得出來這裡沒什麼我可以做的事了。我就加入海軍陸戰隊。我簽的是三加三——三年現役、三年後備。我的駐地在加州洋邊市（Oceanside），而且我可以告訴你，這不但救了我，還是我這輩子做過最好的決定。服役給了我全然不同的視野，幫助我用不同角度看事情。」

「我有聽人說過，從軍是一條往外走、往上爬的路。」我說。

「讓我的一切都不一樣了。在那之前，我只知道三角地。我念過荷蘭代爾學校，三角地典型的那種公立學校。他們改成種族合校，我想，是在一九六九年吧！白人學校在鎮上的另一邊，但那裡——簡直奇蹟啊，哈！——在那之後馬上就失火燒掉了。當然，是他們燒掉的，這樣就不用跟我們打交道了。沒人會相信別的說法。那裡燒掉後，就在阿科拉開了一家鹿溪學園（Deer Creek Academy），那是一間白人學校，現在還在那裡，還是白人念的，或至少百分之九十九是白人。我們學校也有幾個白人，兩、三個吧！雖然三角地的黑白人口比例是六比四，我們在格林維爾的比例還是不平衡。歐班農中小學（O'Bannon Elementary and High School）是黑人念的。亞芳（Avon）的河濱高中（Riverside High School）大多數是白人。這些舉動都撕裂了我們這些鎮民。」

「不過格林維爾是座大城。」我驚訝於這裡市區占地之廣、蔓延的程度和鬧區的模樣，還有些街區的房子很好，甚至堪稱豪華。還蓋了一座跨越密西西比河的新橋——不過尚待命名——就位於市區的西邊。

「這是一座漸漸衰敗的城鎮。河運的流量在下降。我們的人口也在減少，從大約五萬變成不到四萬。這個地方曾經很繁榮，我們以前有好多製造業——聯結車的貨臺、水果牌（Fruit of the Loom）男性內衣、施文牌自行車、阿克明斯特（Axminister）地毯。他們全都跑去墨西哥、南美洲、中國。以前這裡還有個空軍基地，現在也關閉了。」

「現在這裡還有什麼產業？」

「鯰魚，但也沒以前那麼大。我們還有種稻米——班叔牌（Uncle Ben's）的米，這家很大。我們還有一家公司是做天花板的，還有前緣公司（Leading Edge）——他們是給噴射機做塗裝的。但就業機會還是不夠，失業率太高，超過百分之十六，是全國平均值的兩倍。」

「跟我談過的人說，改善住房品質會有幫助。」

「有家可以住當然好，但你要是沒配套的補貼，也是徒勞無功。不過很多人就是這樣過活的。」

「你們有在整修房屋嗎？」

「翻修的房子很少。大多都屋況太差，拆掉還比整修划算。很多都廢棄了，空屋也越來越多。」

「要是格林維爾是個第三世界國家的城市，大概已經湧進大筆的援助款了吧！」

「這裡之前是聯邦授權區（Empowerment Zone）[109]——在那十年間，投入了一千萬美元振興經濟。」

「跟我看到美國援助非洲的好幾億相比，一千萬不算多，像坦尚尼亞或迦納這種，一個小國家

109 或譯特許區、強化區、培力區，為柯林頓任內推行之政策，以投資基礎建設和稅收獎勵促進民間投資，以振興貧困地區之經濟。

就可能拿到七億，用來蓋學校或診所。」我說。

「我們倒沒聽過這事，」她說道，而蘇．伊凡斯看來也一樣驚訝。「我們盡力而為。情況慢慢在好轉了。這裡還有格林維爾教育中心（Greenville Education Center）。他們日間、夜間課程都有，供民眾進修。」

後來，我查閱合辦該中心的密西西比三角地社區學院（Mississippi Delta Community College）的課表，發現他們提供的課程包括砌磚牆、鋪磁磚、車輛維修、商用貨車駕駛、重機具操作、電子學、工具機專長、焊接、冷暖氣、辦公系統等等，但工作機會卻寥寥無幾。

「民眾來上課，上完就走了。醫生跟老師的流動率很高。我們得要同心協力，用什麼方式都沒關係，一定要有點改善才行。」她說。

鑒於情況這麼嚴重，三角地又普遍陷入衰頹，我遂問出我的疑惑，就是她為何能堅持不懈。

「我啊？我注定要待在這裡的。」她說。

這段時間裡，蘇．伊凡斯始終默不作聲地坐著。但是當我轉移話題，改聊起格林維爾的音樂史、這裡的藍調，還有三角地俯拾即是的俱樂部時，蘇就來勁了。她說音樂話題是她的心頭好。

「我媽媽在利蘭鎮開過一家爵士俱樂部。」蘇說。我先前經過了利蘭，那是國道六十一線上的另一座農業小鎮，以其藍調歷史而知名。「我媽媽啊，她是個厲害的女子，名叫露比，每個人都認識她。」

她說那裡現在還有幾家俱樂部，還有一間藍調博物館，世界各地都有人來參觀這些跟藍調有關的地方，來看音樂的出生地與歌詞場景——農場、溪流、鐵路、棉花田。

「我聽說在印第安諾拉（Indianola）有一座比比金（B. B. King）[110]的博物館。」我說。

這話引來一陣深長的沉默。兩位女士交換了眼神，但不發一語。這是引喻失義或一頭霧水會引發的那種沉默，就像我不小心說出某種不熟悉的語言似的。

「他是在這裡出生的，我懂。」我說話時有點抖，想著我是不是該告辭了。

蘇・伊凡斯靜默但頑強的眼神望向別處，她的同事則微微笑著，然後開了口。

「是在伯克萊爾（Berclair），不過他是在基爾邁可（Kilmichael）長大的，在格林維爾的另一邊。」她說。

這項資訊似乎很清晰也很模糊。我想不到別的話好說，而這個話題顯然已在這個房間裡造成某種氣氛，某種無從解讀的隱然震動，讓我覺得自己像個笨拙的外國人。

「要告訴他嗎？」

「我不知道，」蘇說。

「你來告訴他。」

「說吧。」蘇說。

這種交談，算是某種輕鬆的玩笑，達成了提振情緒、緩和氣氛的效果。

「蘇跟他結過婚。」

「跟比比金結過婚？」

---

110 本名萊利・班・金（Riley Ben King, 1925-2015）美國藍調音樂家、吉他手和作曲家。

蘇說：「對，結過。我那時候叫蘇・霍爾（Sue Hall）。我是他第二任、也是最後一任太太。好久以前的事了。」

蘇是白人，看起來就像學校圖書館員；她的同事則是黑人，身上還有以前在海陸當士官長的強勢風範。但現在說起這個話題，兩位女士都露出了笑容。

「有天晚上我媽媽請他來駐唱，他有點在盯著我看。我還是個小朋友。我知道他在想什麼，但我媽不讓人亂講話或亂來的。他在俱樂部表演了很多場，是很厲害的樂手。他一直等到我十八歲——他等是因為他不想跟我媽媽打交道。他很怕她。」蘇說。

她回憶往事，笑了出來。我說：「這是什麼時候的事？」

「好久以前了，我們的婚姻維持了十年。」蘇說。

「你會叫他BB嗎？」

「他本名是萊利。我都叫他B。」

我抄寫著，「萊利。」

「這會把人弄糊塗，因為雷・查爾斯（Ray Charles）[111]的太太叫碧翠絲（Beatrice），我們也叫她B。我們常常搞混這兩個B。」蘇說著。

「你以前會跟他一起旅行嗎？」

「一向都會。B喜歡旅行。他喜歡表演——他可以表演一整晚。他喜歡觀眾、人群，他活著就是為了講話。但我累了。他就說，『你不喜歡聽我講話了。』但事情不是這樣，我只是討厭一直熬夜，寧可待在飯店房間等他。」

「你們還有聯絡嗎？」

「我們常聊。他會打來，我們就聊。他還在巡演——你想想。上次我跟他聊，他還說他在紐約跟紐澤西和人家有約。他熱愛人生，他還精力旺盛。」

在那十五或二十分鐘裡，已經沒人再提起三角地的衰頹。我們愉快地追憶著她與比比金共度的十年。這男人曾為三角地帶來榮耀，證明了這是辦得到的，也可以再次發生。

「耶穌是主——本店買賣槍枝」

我這一季的駕車之旅已近告終。我繼續在三角地前行，接著往東走，進入阿拉巴馬。這就像是在外國的內陸地方旅行，一樣的孤寂、一樣的貧窮、一樣的鳥鳴，各種想不到與新發現的事。就像我經過的那家阿拉巴馬商店，掛了塊黃色招牌，用大大黑字寫著，「耶穌是主——本店買賣槍枝」，也成為我此行諸多糾結混雜的主題之一。解釋時不善辭令，行動上卻大鳴大放的南方人，總是用大型看板廣告宣揚他們的執念。我已開始依賴他們的顯而易見了。

大多數的行程結束後，你都會說，這樣就夠了，我要回家把它寫下來。這次的行程已走完，但旅途尚未結束，我的種種發現讓我渴望瞭解更多。我發覺美國有個農民階級，就像我在世界各地見過的一樣，拮据困頓、遭人忽視、渺無希望。我想起遇到的所有人——夕卡摩的維珍．強森牧師、

111　美國靈魂音樂家，是第一批被列入搖滾名人堂的人物之一。

絕望的艾倫代爾鎮上的威伯・凱夫、塔斯卡盧薩的辛西雅・波頓、格林斯波羅的華盛頓鎮長與萊爾斯牧師、三角地的人們、史考特媽媽、前任比比金太太等等。還有每一位邀請我再回去的鄉親。秋季的地貌已漸漸趨冷轉灰。這一切在冬季會是什麼樣子？那些鄉親又會在做什麼呢？我的家在公路的一頭，我的寫作主題在另一頭。熱愛空曠而漫長的公路，陷入了白線熱狀態、在郊野道路若有感悟的我，開車返家，計畫著快快回來。

插曲

禁忌字眼

回到家裡，我先前聽見各色人等說出及快意威脅地唱出的那個字眼，仍在我腦中迴響。在以鮮活又創新的粗鄙詞彙著稱的美式英語裡，這或許是最能引爆爭議的單字了。其他詆毀人種或族裔的說法，在咒罵的效果、侮辱的力道，或暗示的惡意上，都遠遜於這個詞。在我年輕時，會因為冒犯性質而被禁用的不雅字眼與粗俗說法，如今都已搬上電視節目，說給全部的小朋友聽。唯有這個種族稱謂另當別論。而我身為作家，整天都要（像現在這樣）為了傳達一段體驗，全神貫注地思索著英語詞彙的意義、效果、聲韻與安排搭配，會著迷於這樣一個——只有兩個音節而已——卻能以如此龐大的力量將人激怒的詞彙，也是無可厚非。

我在南方曾遇到幾個白人當我的面用了這個詞，但他們說這話時，卻帶著兩種不同的、幾乎是截然相反的情緒，有人是不經意地嘟囔出來，也有人挑釁地清晰唸出。而且黑人與白人都在說這個詞。另一項弔詭之處在於，以我聽到的來說，黑人更頻繁使用這個詞，語氣還帶著誠懇與熱情，有時幾乎聲調悅耳。但說這個詞時，又不可能毫無威脅意味。

其他語言也有這個字眼，包括在德語裡，將這個詞拼做「Neger」。納粹的宣傳部門使用這個詞，以引發恐懼或嫌惡（爵士樂就被稱為尼哥音樂〔Negermusik〕），而帝國宣傳部長約瑟夫・戈培爾（Joseph Goebbels）在演講中挑起恐懼時，也說德國落敗後將遭到「betrunken Neger」（醉尼哥）的肆虐。德國人現已將「Neger」視為令人反感的詞彙（常常會替換成Farbige〔有色的〕或Schwarze〔黑色的〕），所以深受德國兒童喜愛、外層裹上巧克力的棉花糖「Negerkuss」（尼哥之吻），也在不久前改名為「Schokokuss」（巧克力之吻）。法語單字「nègre」則沒那麼侮辱人，但仍有些許輕蔑意味——舉例來說，「nègre」在俚語中也有代筆槍手的意思。一九六〇年，在利奧波德維爾

（Leopoldville）舉行的剛果獨立慶典上，新當選的總理帕特里斯．盧蒙巴〕（Patrice Lumumba）就用這個詞譏諷在場行禮如儀的比利時國王博杜安（Baudouin）和其他達官顯要，他說：「我們都懂得挖苦與羞辱，早晨、中午和晚上都要挨罵，就因為我們是『尼哥』（nègres）。誰忘得了，黑人被輕挑地稱作『你』（tu），這不是因為被當成朋友，而是因禮貌的『您』（vous）只會用來稱呼白人。」

但上述例子都不像英語裡的字眼這麼冒犯人。這個詞與美國的淵源最深，從奴隸制時代就是知名的咒罵詞——使用了這個詞，就會想起來、召喚出有人被俘虜、受鄙夷的形象，似乎也延續了奴隸制——這個南方的長年詛咒。馬克．吐溫在《自傳》（*Autobiography*）裡，回憶起他早年（一八四〇年代）住在密蘇里州漢尼拔市（Hannibal）的日子時，他寫道：「大家都厭惡『黑鬼商人』。他被看成某種人形惡魔，把貧苦無依的人買下來、再送進地獄——因為對我們白人跟黑人來說都一樣，南方的莊園真的就是地獄。」

我在北方長大，在家裡從沒聽過這個詞，不過那時（一九四〇年代末至一九五〇年代）在波士頓街上，任何戲院或體育館最頂層的三分之一座位，都還俗稱「黑鬼天堂」；有人會用「黑鬼吸」（nigger-lip）[112]的方式抽菸（「我討厭人家先貪心地深吸一大口菸、再給菸屁股來個黑鬼吸，最後把菸遞給我。」黑人作家約翰．艾德加．魏德曼〔John Edgar Wideman〕一九八五年登在《紐約時報》的一篇文章中寫道，談的是在匹茲堡的成長經歷）；童謠「伊尼咪尼買尼牟」的下一句就是「抓住

---

112 噘起嘴唇，如吃棒棒糖般吸吮。

黑鬼的腳趾頭」[113]。在那家賣便士糖的街角商店，大罐子裡那些小顆黑色甘草糖的正式名稱就叫做「黑鬼寶貝」（nigger babies）（「還要五分錢的黑鬼寶貝，謝謝」）。在一個自詡種族平等、黑人和白人一起上學的社會裡，對這個詞的不當使用卻稀鬆平常；若在一個黑人面前使用這個詞，又會被認為是無謂的羞辱。

我父母對這個詞深惡痛絕，就連這些約定俗成的說法亦然。他們正確地將其視為種族歧視的字眼，任何人一這樣說，就暴露了他的褊狹與無知。我想不到英語裡還有什麼詞彙也具備這種獨特的力量：說出這個詞，就是在表示暴怒。這個詞本身在歷史上就是比「奴隸」再更屈辱的同義詞，暗示一個地位低下的人、甚至不算是人。在福克納的《押沙龍，押沙龍！》當中，羅莎・考德菲（Rosa Coldfield）似乎就（在一九〇九年左右對昆丁講話時）說出了南方傳統上的分類概念，她說的是：「南方從一八六一年以來還有什麼生靈，就是男人女人黑鬼或騾子……」

在某些街區，說出這個詞就類似做出暴力行動，會引發糾紛、暴動、官司、羞愧、恥辱以及即刻解雇。雖然這個詞有拉丁語的字根（源自niger，意為黑色），而且疑似是「黑種人」（Negro）這個字的粗俗含糊版本，卻連一些發音相同的字，如「niggardly」（源自斯堪地那維亞語，意為小氣或吝嗇）與「niggard」（小氣鬼），還有動詞「niggle」（輕慢），以及「snicker」（暗笑）的另一種拼法「snigger」，都因為發音近似而一併遭排斥，也害使用這些詞的人惹上麻煩。這些全都不是同源詞，彼此之間毫無關聯，只是它們乍聽像是在竊竊私語著那個火爆字眼，因此人們也會避免使用這些詞，就像他們以為「crapulous」的意思是排便而非喝醉，所以避免使用一樣。

這些事略顯偏執，但也可以理解。雖然這只是個單字，卻也是南方潛臺詞的一部分——自《頑童歷險記》以降，幾乎沒有一部南方小說不曾用上這個字眼。「當約翰・羅爾夫（John Rolfe）[114]一六一九年在日記裡寫下第一批用船運到維吉尼亞的非洲人時，他把他們列為『negars』。」蘭道・甘迺迪（Randall Kennedy）在他詳盡審慎考察這個詞的著作《黑鬼：一個麻煩詞彙的奇特歷程》（*Nigger: The Strange Career of a Troublesome Word*, 2002）中如此表示。《牛津英語詞典》（*Oxford English Dictionary*）首次收錄這個詞是在一七八六年，引用充滿方言的羅伯特・伯恩斯（Robert Burns）典型詩作《授聖職禮》（*The Ordination*）當中的這幾句：

且來讀段正經文句，
表現亦要帶氣勢，
含竟無禮譏笑親父，
遂使迦南成黑鬼……

柯立芝（Samuel Taylor Coleridge）猜測莎士比亞筆下奧賽羅的種族時，也用過這個詞（1849），

113　一首類似「城門城門雞蛋糕」的兒歌暨遊戲口訣：「Eenie meenie miney moe, catch a nigger by the toe.」不過後句已將歌詞改成「抓住老虎的腳趾頭」（catch a tiger by the toe）。

114　北美的英國殖民者，史實上與維吉尼亞州印第安部落酋長女兒寶嘉康蒂（Pocahontas）結婚之人。

還有亨利．萊德．海格德（H. Rider Haggard）寫到關於艾倫．夸特梅因（Allan Quatermain）[115]之妻的一段題外話時也用過（1889）。維多利亞時代的人已明白這個詞具侮辱性。因為在非洲歷險而有「白人黑鬼」之稱的探險家理查．柏頓鮮少使用這個詞，但他會使用其變體詞「黑鬼崽子」（niggerling）來稱呼黑人兒童，當他寫巴西的書以及對喀麥隆山區的記述中都是如此。湯瑪斯．卡萊爾（Thomas Carlyle）[116]在一八四九年寫過一篇偏頗的文章，談西印度群島的莊園經濟與黑人之低等，他與別人的重大差異在於，他下的標題是「黑鬼問題偶談」（Occasional Discourse on the Nigger Question），而約翰．斯圖亞特．彌爾（John Stuart Mill）寫來駁斥的那篇更為睿智溫和的文章，則題為「黑種人問題」（The Negro Question）。

在英國，直到一九六〇年代左右，仍普遍接受這個詞也有色彩的涵義。「他們開心地瞧了一眼這些白羔羊鬈曲的淺奶油色羊毛，以及黑羔羊鬈曲的烏棕色（nigger-brown）羊毛。」麗貝卡．韋斯特（Rebecca West）在她的經典遊記《黑羔羊與灰獵鷹》（*Black Lamb and Grey Falcon*, 1941）中，如此描述一段她在達爾馬提亞（Dalmatia）遊歷時的隨興觀察。許多英格蘭飼主都用這個詞為黑色或棕色的貓狗命名，直到他們察覺這個用法不對勁。史考特上校[117]南極遠征時帶去的黑貓就叫「Nigger」。二次大戰時期，皇家空軍六一七中隊（號稱「水壩剋星」）就把一條名叫「Nigger」的黑狗當成吉祥物，牠深受喜愛，在作戰照片裡一副得人疼的樣子；不過在一支講述該中隊英勇事蹟的影片中，這條狗被改名成了Digger。

福克納的作品以小說的形式，記錄從十九世紀初奇克索族（Chickasaws）[118]被驅逐的時期，到一九四〇年代的南方生活史，其中也充斥著這個字眼。在他最獲熱情讚譽的作品中，我們看得到諸如「野黑鬼」、「猴子黑鬼」之類的措辭，或是稱呼家務奴隸的，「猴子打扮的黑鬼」。「黑鬼全都尋我開心，就是因為她這樣對我。」在厄斯金·考德威爾作品《菸草路》（*Tobacco Road*）裡，大老粗羅夫·班西（Lov Bensey）為了年僅十二歲的妻子珍珠（Pearl）拒絕與他同床，而如此說道。屢屢出現在文學作品裡的這個詞，其歷史並不光彩，卻仍留存了下來。

這裡有一個明顯又令人困惑的弔詭之處。雖然這個詞在某些情況下會被視為仇恨言論，是個會惹上官司的種族蔑稱，白人也會因使用這個字眼而名聲掃地，但這個詞又會不斷從流行音樂裡竄出，尤其是在饒舌與嘻哈的歌詞之中。這是許多歌曲裡最常重複的詞，通常會改成更口語的型態，「nigga」。偶爾會有黑人評論家堅稱，「nigger」與「nigga」是截然不同的詞彙，前者有冒犯性，後者則可以接受；不過後者當然就是前者的不同發音版本。

二〇一三年在佛羅里達，喬治·齊默曼（George Zimmerman）被控殺害黑人青少年崔溫·馬丁（Trayvon Martin）一案獲判無罪，喧騰一時。訴訟結束後，檢方證人瑞秋·金特爾（Rachel Jeantel）在接受CNN專訪時解釋了這個詞。她表示：「有人說這是個種族歧視的字眼。他們搞錯了。」為了強調，她還拼了一遍：「N-i-g-g-a。指的是男性，任何男性，甚至是華人。一個男人。但是

---

115 海格德作品《所羅門王的寶藏》（*King Solomon's Mines*）系列小說之主要人物。
116 蘇格蘭史家兼作家，維多利亞時代的意見領袖。
117 指遠征南極喪生的探險家羅伯特·史考特（Robert F. Scott）。
118 生活於美國境內的美洲原住民。

nigger」——她特意加重第二音節的捲舌音——「那就是個種族歧視字眼了。」

至於在歌曲裡，這有時隱然是黑人之間表達感情的用詞，是用某種方式在說「朋友」，或比朋友更親暱的人，真心兄弟。帶這個意思的歌曲都有類似的歌名：如小韋恩（Lil Wayne）的〈我的黑仔〉（My Nigga）、基拉．凱倫（Killa Kyleon）的〈我的黑仔〉（My Nigga）、崔（Trae）的〈還是我的黑仔〉（Still My Nigga），還有其他許多歌曲，包括提摩西．塞德福（Timothy Thedford，藝名電音阿傑〔Jay Electronica〕）的歌詞，其中一句就是「殺個黑仔、搶個黑仔、抓個黑仔。」自稱傑斯（Jay-Z）的尚恩．卡特（Shawn Carter）是歐巴馬友人兼選舉金主，是白宮常客，也是兩次總統就職典禮的貴賓，家產據估計有五億美元，其中許多都是靠這類歌曲賺來的：〈什麼黑仔、誰是黑仔〉（Nigga What, Nigga Who）、〈來個黑仔〉（Nigga Please）、〈黑仔在巴黎〉（Nigga in Paris）、〈不是黑仔〉（Ain’t No Nigga）、還有〈傑仔那個黑仔〉（Jigga That Nigga）。

在二〇一一年的一次電視訪問中，卡特／傑斯被歐普拉（Oprah Winfrey）追問為何如此頻繁使用這個字眼，他表示：「常常在用這個詞，我們才能從中取出力量。」而且他毫無歉意地繼續解釋，他是帶著深情在用這個詞的。

不過，在這段二十分鐘的節目中，不管是他，還是歐普拉，都沒有說出這個詞。歐普拉皺著眉頭，酸溜溜地稱之為「N開頭的詞」。卡特則稱之為「這個詞」。專訪快結束時，歐普拉眨眨眼說道：「我們只好尊重彼此的不同意見了。」卡特則聳聳肩，喃喃說：「這是世代問題。」要是歐普拉用同樣話題採訪一個同樣固執己見的白人，她還會不會這樣微笑、這麼愉快通融，就很難說了。

本身是黑人的蘭道．甘迺迪，在他探討這個詞的著作中，引述了小奧利佛．溫德．賀姆斯

（Oliver Wendell Holmes Jr.）[119]的說法來談論詞彙的微妙差異，何以「『詞彙並非水晶，一目瞭然又恆久不變』，而是『活人意念披覆的外皮，而意念又會隨使用場合與時間不同，在情調與內容上出現極大差異』」。甘迺迪談到，在他北卡羅萊納的家中也會用到這個詞，而且「我年紀很小就學到，這個詞有許多種講法、許多用途及許多涵義。大老媽（他的母親）說話時會一直提到「niggers」，她指的是那些丟人現眼的黑種人，在她看來，這種人在非裔美國人裡面占了很大的比例。要是大老媽看到黑人行為不檢，她常常會翻白眼、噘起嘴、再用痛惜語調說：『黑鬼（nigguhs）！』大老媽認為，『黑鬼不能相處，連在教堂都不行，』而且『總是遲到，連自己的喪禮都會遲到。』她發誓絕不讓『黑鬼醫生』照顧她，還一再警告說：『你們要是看到一票黑鬼走過來，就回頭去走別條路。』」

在他這篇持平公允、我認為遭到忽略的審視當中，甘迺迪下的結論是，大老媽與其他人這樣使用這個詞，就是黑人內化了黑人偏見的例子。或許確實如此，但其中仍有明顯的矛盾。關於黑人有使用這個詞的特權，以及其中的異常之處，有兩位學者共同撰寫了一篇文章，總結了這個複雜議題，登在關注黑人議題的學術網站「非裔美國人登錄站」（African American Registry）上：

> 由黑人使用時，「nigger」指的意思包括：全體黑人（「尼哥連休息都不行。」）；男性黑人（「姊妹們希望尼哥整天工作。」）；行為符合刻板印象、乃至傳聞中舉止的黑人（「他是個懶散沒用的尼哥。」）；東西（「這輛爛車真是個尼哥。」）；敵人（「我受夠了那些尼哥一直惹

119　美國著名法學家、美國最高法院大法官。

我！」）；以及朋友（「我跟我那些尼哥很要好。」）；最後這個習慣，把它當成一個和善的詞，又特別難以處理。在城市裡的年輕黑人之間，「Zup niggah」（尼哥好）幾乎已經變成了通用的問候語。當被問及時，使用nigger這個單詞或其變體的黑人會主張，要依照情境來理解這個詞；黑人反覆使用這個詞，會降低這個詞的冒犯性。其實這並非同一個詞，因為白人說的是nigger（與niggers），但是黑人說的是niggah（與niggaz）。此外，這只是個單詞而已，黑人不應該像囚徒般被困在過去、或源自過去的醜陋詞彙裡頭。[120]

我有時候覺得，當一個南方人，尤其是在鄉村地區、幾乎總是低學歷又窮的那種南方人，在聽到我的洋基口音時說出了這個詞，他其實是把這當成一種敵意的嘲諷，藉此刺激我的感受、惹我發怒。但說出這個詞的黑人饒舌歌手，非但沒有「從中取出力量」、或「降低其冒犯性」，反而似乎也在用這個詞作測試，把它當成一種叫陣，挑戰白人敢不敢冒上受罰的風險，跟著複述這個詞。大約就在我旅行的時候，有位喬治亞州的電視名廚兼餐廳老闆寶拉・狄恩（Paula Deen），在一段語帶模糊的法庭證詞裡承認，她過去有時會用這個詞（「不過那是很久以前了」）。她的供詞一公諸於世，抨擊就有如崩雷而來：她的節目被停掉、贊助商也與她切割，而她雖然在電視受訪時流淚謝罪，但她的名聲就算沒有全毀，也已受重挫。

她是白人，而且很有錢。但對許多黑人，尤其是欠缺資源的黑人來說：除了傳統，什麼都缺。這就像是個對他們有價值的詞似的，因為它具備激怒別人的明確威力。某些詞彙能讓人聯想到特定階級；有些人可以說是擁有他們自己的語言。在英格蘭有上流階級的說話方式，在口音和特定用詞與句型上，都與眾不同。「咱這回休假可厲害的，太陽曬得忒多、玩得忒過癮，瞇瞇眼（chinky-chonks）[121]做的菜那是一個妙」，就不是一個勞動階級的英格蘭人會用來描述香港假期的方式。

在東加，你從一個人的說話方式，就能得知他是王室、貴族還是平民，平民也不得在說話時使用較高階層的語彙。直到大約五十年前，日本天皇仍說著他專用的宮廷語言，其他人都不能這樣說話。在世界各地，社會底層都有自己的私下語言，可以顯示說話者的身分，限該群體使用：如東倫敦土話（Cockney）、街頭俚語、小偷的黑話，以及祕密幫會特有的口訣，用以迷惑、惹惱，以及排擠外人。在一九二〇年代的哈林文藝復興（Harlem Renaissance）期間，如作家柔拉・涅爾・賀絲頓（Zora Neale Hurston）、華萊士・瑟曼（Wallace Thurman），以及朗斯頓・休斯（Langston Hughes）等備受尊敬的黑人文士（literati），也自稱為「黑鬼文士」（the Niggerati）。

休斯的《基督在阿拉巴馬》（*Christ in Alabama*）是一首有爭議性、充滿簡潔力量的詩，他寫下這首詩是為了回應九名黑人青少年被誤控性侵的案子，這些人後來以「斯科茨伯勒男孩」（Scottsboro Boys）之名為人所知。這篇作品首次發表於一九三一年，後來休斯再版時稍微做了改動，但堅持使用這個詞。這首詩是如此開場的：

120 作者註：出自菲爾・米德爾頓（Phil Middleton）與大衛・皮爾格利姆（David Pilgrim），〈尼哥單詞簡史〉（Nigger〔the Word〕, a Brief History），www.aaregistry.org/historic_events/view/nigger-word-brief-history，2001年。

121 同時有鳳眼人、中國佬、中國餐廳、中國菜等意思，用於東亞人的蔑稱詞。

基督是個黑鬼
受鞭打又黑
噢，露出你的背！

藉著言外之意，藉著堅持在歌曲裡、在私下生活中使用這個字眼，並且因為發音相同而不遵守其拼法，黑人們暗示著對這個詞的所有權，聲稱這是他們的專屬文物。饒舌歌手也創造一種叛逆宣教者的地位，鼓吹以這個詞為基礎的黑人排他性，同時又在尋求白人的認可及他們音樂的白人聽眾。但在美國，卻沒有白人可以公然引述這些充滿暗語的歌詞，而不用擔心丟掉工作或名聲，或是可以想見，會遭人指控在製造種族糾紛。

所以我們面對的是什麼情形？這不只是個辱罵人的詞，而是一個複雜的禁忌字眼個案。禁忌是描述該詞氛圍的適切方式，因為當玻里尼西亞人創造某個禁忌時，例如夏威夷在卡普（kapu）[122]失去法律效力前，曾有禁令不准平民（makaʻainana）踩上貴族（aliʻi）的影子，其確切動機即是為了維持權力。某些影子是神聖的，須予以尊重，另一些則否。

賈巴里・艾西姆（Jabari Asim）作品《N開頭的詞》（*The N Word*, 2007）的副標題「誰可以說、誰不該說、為什麼」就為禁忌字眼及其弔詭本質，下了一個簡明的定義。在書中，艾西姆——身兼作家、學者、編輯——詳盡解釋了這個詞的使用方式，還有美國從十七世紀初至今的黑人經歷之間的關聯。就像蘭道・甘迺迪一樣，艾西姆也是非裔美國人。儘管他在副標題故作挑釁，但是艾西姆最後還是坦承，這個詞惡毒、羞辱人、挑撥離間，而且不堪入耳；而他也沒有將這個詞當成禁忌。蘭道．甘迺迪則贊成以特定方式使用這個詞，藉此將其中性化，他也反對那些義憤填膺的人消滅這個詞，並稱那些人是連《頑童歷險記》等許多書籍都想重寫的「趕盡殺絕派」。

身為白人，這個詞在我聽來則有所不同，像是個已經成為禁忌的、儀式化的奇怪人工製品。聲明該詞為禁忌，乃是黑人——極少數的——得以控制白人的方式之一，白人使用這個詞就要受罰，但他身為黑人，在更隱約的聲明裡，卻獲准任意說出這個字眼。在這個脈絡下，白人若是使用這個字眼，就是在搶回這個詞、在觸犯禁忌、觸怒黑人，並奪走其力量，就算不是侮辱也貶低了黑人。禁忌的意思並不是所有人都不准使用這個詞，而是只有一部分人不准，就像在玻里尼西亞人的例子裡，禁令也只適用於平民，而非貴族。創造禁忌的是想要獲取權力的人，在這個案例裡就是黑人，他們可以任意使用這個詞，同時懲罰那些觸犯禁忌的白人。如果這詞單純只是個種族蔑稱，就應該成為每個人的禁用語才對。而饒舌音樂卻顯示，這個詞經常被用得興高采烈。

由於這樣的社會複雜性，這個詞已具備比以往更強大的力量。而且，既然這在歷史上——及詞源上——原本是個白人用詞，就理應去探問，在遙遠的過去、在奴隸時期、在二十世紀中葉的民權運動年代，黑人是否也會在一般談話中用上這個詞。哈麗特．比徹．史托（Harriet Beecher Stowe）的想法是肯定的。《湯姆叔叔的小屋》（*Uncle Tom's Cabin*）大部分的頁面裡都出現這個詞，奴隸與奴隸主都在講。這裡就是一段奴隸主之女伊娃（Eva），以及小女奴托普西（Topsy）之間的對話。

---

122 或意譯為「神法」，為夏威夷原住民的行為戒律與法規體系。

「可是，托普西，只要你試著學好，你也許就——」

「就算我再好，也只不過是個黑鬼，要是我可以把皮剝掉，變成白人的話，我再試試看。」托普西說道。

「但是就算你是黑人，別人還是會愛你，托普西。只要你乖，奧菲莉亞（Ophelia）小姐就會愛你。」

托普西短促直率地笑了一聲，這是她平常表示懷疑的方式。

「你不覺得嗎？」伊娃說。

「不覺得；她才不會愛我，因為我是個黑鬼！她還寧可讓一隻癩蛤蟆碰她！誰都不會愛黑鬼的，黑鬼什麼都做不了！我也不在乎。」托普西說完，便吹起了口哨。

我們可以懷疑，哈麗特．比徹．史托（是個北方人，在寫小說前並無莊園生活的第一手經歷）是否準確謄錄黑人的說話方式。但馬克．吐溫筆下的黑人角色也經常使用這個詞，瑪格麗特．米契爾（Margaret Mitchell）的角色亦然。這個詞在《飄》（*Gone with the Wind*）出現了幾百次，在改編電影裡卻一個不剩，全換成了大量的「阿黑」（darky）。

「我祖母是在一八八〇年代出生的，是個小農，她一直都在用『阿黑』這樣的字眼，」在阿拉巴馬州鄉村的赫爾郡，有位白人中年男子這樣告訴我。「我小的時候，這附近其他的白人大多說的是『尼哥仔』（Nigra），但不帶任何惡意。」

這個詞經常出現在黑人作家的作品裡，尤其是柔拉．涅爾．賀絲頓，她的小說《騾子與人》

（*Mules and Men*）就是個鮮明的例子。賀絲頓最著名的小說《約拿的葫藤》（*Jonah's Gourd Vine*, 1934）原本的標題就是「大黑鬼」（Big Nigger）。[123]

上流階級的黑人，「對小孩生氣時……會指責他們的言行舉止像是『路邊的黑鬼』，」這是「對於種姓與階級的社會人類學研究」長篇著作《深南》（*Deep South*, 1941）在一九四〇年代的納切茲——書中稱為「舊城」——所做的一項觀察。進行田野調查的，是哈佛兩名黑人與兩名白人研究員，在鎮上住了兩年，「秉持盡量減少偏誤的視角，與他們的人類學家同事……廁身於新幾內亞土著、亞馬遜的印第安人、或澳洲原住民之中時相同。」

「我們應該寄發舞會邀請函，把那些一般黑鬼（nigguhs）擋在外面，」書中引述一位家境優渥的黑人青少年這麼說；另一人則說：「那些黑鬼不知道在體面的舞會上要怎麼動作或講話。」

I・A・紐比（I. A. Newby）一八八九年的著作《新南方的平民百姓，1880-1915》（*Plain Folk*

123 作者註：賀絲頓的好友卡爾・范・維希騰（Carl Van Vechten）的《黑鬼天堂》（*Nigger Heaven*）出版於一九二六年。康拉德（Joseph Conrad）的《水仙號上的黑鬼》（*The Nigger of the "Narcissus"*）一八九七年在美國出版時更名為《海洋的子女》（*The Children of the Sea*），二〇〇九年推出的一個版本則名為《水仙號上的N開頭詞》（*The N-Word of the Narcissus*）。隆納・費爾班克（Ronald Firbank）作品《昂首闊步的黑鬼》（*Prancing Nigger*）的書名是范・維希騰建議的，他覺得費爾班克原本的書名《陽光下的憂傷》（*Sorrow in Sunlight*）不太能吸引注意——現在這些短篇小說通常會與其他作品合併出版，更名為《法爾茅斯》（*Valmouth*）或《小說五篇》（*Five Novels*）。阿嘉莎・克莉絲蒂（Agatha Christie）的《十個小黑鬼》（*Ten Little Niggers*, 1939）變成了《一個都不留》（*And Then There Were None*）。喜劇演員兼社運人士狄克・葛瑞格里（Dick Gregory）一九六四年出版的自傳標題就是《黑鬼》（*Nigger*）！

in the New South, 1880-1915）記載了一段口述歷史，是一位年邁黑人農場幫工在講述某些黑人兒童當年唱的歌：

我有條小狗
牠名叫飛奔。
我寧可當黑鬼
也不做白垃圾。
我寧可當黑鬼
也不要去犁田
丹是內山白老粗
有截長長紅脖子

在充斥這個字眼的饒舌音樂中，北方的饒舌歌手指控南方的饒舌歌手在模仿他們、其意象都來自已經過氣的北方歌曲。自稱P大師（Master P）（身價估計值三億五千萬美元，大多靠音樂賺來）的南方饒舌歌手波西．羅伯特．米勒（Percy Robert Miller）對這類批評的回應，就是在饒舌歌裡唸道，「紐約的黑仔」說「南方的饒舌歌手是遜咖」，可同時又「鏘走我們的行話」。

我在阿拉巴馬州的加茲登——就是遇到溫德．徒里的那間加油站——聽到饒舌歌手馬可斯．迪羅倫．羅伯茲（Marcus Delorean Roberts，藝名為迪羅倫〔DeLorean〕）的歌曲片段。他表示，他的歌曲〈南方黑仔〉（Southern Niggas）是在肯定身為黑人的驕傲。自稱為疤面老爹（Scarface）的德州人布拉德·泰倫斯·喬丹（Brad Terrence Jordan），形容自己是「南方饒舌歷來最正宗的黑仔。」他極度暢銷的歌曲包括〈婊子黑仔〉（Bitch Nigga）、〈放克小黑仔〉（Funky L'il Nigga），以及〈抓耙仔黑仔〉（Snitch Nigga）。另一位南方饒舌歌手J·尼克斯（J. Nics）（「北極熊馬克」〔Polar Bear Mack〕）為了替一眾饒舌歌手辯護，便替他一張混音帶取名為〈SNAS〉，也就是「南方黑仔並不呆」（Southern Niggas Ain't Slow）的縮寫（有位音樂部落客形容這張混音集「針對的是，認為梅森—狄克森線（Mason-Dixon Line）[124]以南的饒舌歌手在填詞上欠缺北方同業深度的此一觀念」）。

在獲利豐厚的饒舌樂產業當中，這個字眼本身似乎就具備很高的金錢價值。有位阿肯色州的農民在談到饒舌與嘻哈音樂中對這個詞的使用時，嫌惡地對我說，「講那個字眼全是為了錢。」德瑞博士（Dr. Dre）二〇〇一年的「幫派饒舌」（Gangsta Rap）嘻哈專輯《水耕大麻》（*The Chronic*）[125]（收錄〈婊子黑仔〉（Bitch Niggaz）、〈幾個洛杉磯黑仔〉（Some LA Niggaz）等曲目）賣出超過八百萬張。德瑞自己（他本名安德烈·羅美爾·楊〔Andre Romelle Young〕）四十九歲時，就成了第一位饒舌億萬富豪。

金錢拉抬了這些饒舌歌手的地位，不僅在他們所屬的社群如此，在常春藤盟校亦然。當我在南

---

124 賓州與馬里蘭州之分界線，亦為南北戰爭兩方之分界線。

125 此處提及的其實是德瑞博士於一九九九年發行的第二張專輯《2001》，也稱為《The Chronic 2001》。《The Chronic》則是他一九九二年的首張成名專輯。

方旅行時，哈佛大學在該校聲譽卓著的杜博斯研究中心（W.E.B. Du Bois Institute）設立了納西爾．瓊斯嘻哈研究獎學金（Nasir Jones Hiphop Fellowship）。該校網站如此解釋嘻哈典藏的使命：「促進與鼓勵透過嘻哈追求知識、藝術、文化，以及責任領導。」

納西爾．瓊斯作為饒舌歌手的藝名是納斯（Nas）。以下是納斯填詞的部分例子，哈佛的學生或許能藉此追求知識、藝術、文化以及責任領導吧。在〈最後活著的真黑仔〉（Last Real Nigga Alive）裡，他表示，「……那比想當這個紐約屎之王還要屎。」在〈訊息〉（The Message）裡，傳達的其中一項訊息就是：「你們這些怪洨黑仔，給人玩、給人幹、給人含。」他在〈耐心耐心〉（Patience-Sabali）裡吹捧奢華的生活、吹捧自己有好幾畝地，這樣他就可以坐在前排位子，「看黑仔像湖人隊一樣打球」。這個觀點在〈乙醚〉（Ether）裡又做了修正，他此時轉而貶斥有錢人，因為「你們黑仔談感情全就像婊子一樣」。

所以，饒舌歌手納西爾．瓊斯現在是哈佛師生的一根支柱，他的藝名與粗俗歌詞都被奉為緋紅文化（Crimson Culture）[126]的一部分，他與這所大學的聯繫也獲得洋洋得意的宣傳。他很有錢，他會唱饒舌，還在哈佛校園揚名一時。對一個出身布魯克林的社會住宅、八年級就輟學的人來說，算是不錯了。

當納斯被迎進常春藤盟校時，報刊與饒舌評論家將其視為惡兆。我則傾向於不同的觀點。哈佛為嘻哈設立了教職，使饒舌與嘻哈成為學術題材，對我而言似乎就顯示了，這種音樂就算尚未終結，也在走向衰微。當某種藝術形式——音樂、書籍、戲劇、歌謠——被拖進研討室之時，它就失去力道了。沒有什麼事情比學術研究的解析更為致命，因為一旦研究藝術、任何的藝術——即使是猥褻內容、半文盲的吼吼叫叫，跟饒舌歌的嘟嘟囔囔——就會掏空藝術的生命力。

然而，就算正在衰落，像這樣——被假裝這種故作親民也算是學術研究的哈佛教授加以解構、擁抱，甚至讚揚——的音樂、情緒、語言，如今已是美國許多黑人場合的常用配樂，在深南地方的黑人地帶尤其喧囂。但每當我聽到這些音樂，聽到那個字眼，還是會眉頭一皺。

126 緋紅為哈佛標準色，緋紅文化即哈佛校風。

第二部

冬：現在出生的人不知道以前是怎樣

聽啊，陌生人；這曾是我自己：這曾是我。

——福克納《修女安魂曲》（*Requiem for a Nun*），
塞西莉亞・法爾默（Cecilia Farmer）刮在玻璃上的留言

冰點以下十度

在我鱈魚角的家，窗外掛滿了冰柱，宛如一排過度生長的水晶胡蘿蔔，再望出去，就是厚積在地上的一月雪——質地爽脆、布滿坑洞、已然硬化，其中有些就像潮汐沖上岸的海水泡沫風乾後，所殘留的蜂巢狀痕跡，這種雪經久不融，使你已經習慣受到那不請自來的白色世界的侵擾，這一片受盡覆蓋毀損的地貌，就在冬季清晨日出的濁黃色微光中閃爍著。

刀般銳利的風為積雪削出美麗的輪廓，彷彿雕刻而成的布幔，又將其鏇成一道道皺褶，堆向房屋牆角，也為樹幹粗礪的底部覆上層層圍巾與披肩。我長長的車道也化成一片白，但呈顆粒狀，上頭印著兩道平行的黑色輪胎痕，鋪路的鵝卵石皆已封在冰裡。這個早晨清朗無雲但寒冷，氣溫是冰點以下十度[1]，空氣中的爆裂，無聲卻可見，像是神經元都在冰晶裡濺著火花。打破這片冬日寂靜的，只有烏鴉的聒噪碰撞聲，牠們被我踏碎雪堆的腳步，跟我甩門的喀噹聲嚇到，用翅膀從枝頭拍落成堆成條的積雪。

也許我說得過頭了。觀察與描述起來很可愛的事情，行將離去時會顯得更加可愛，或許這就是為什麼我剛才會囉嗦得上氣不接下氣，將此景看成一片冬日仙境，落入我原本試圖避免的陳腔濫調。這是我的狀態造成的：我當時處於一種告別的心情。啟程的輕鬆感常會帶來違心的讚美與誇張的感激（「謝謝！我玩得很盡興！抱歉我得走了……」）。我快凍僵了，已經受夠這一切。「覆蓋」？「毀損」？「削出」？「雕刻」？算了吧！我恨不得能擺脫這片寒冷，趕快上路。

我在陽光中輕快出發，開向南方，就在我抵達康乃迪克州另一端時，一團扎實雲層的風暴外緣正滑過空中、擋住了光線，伸出的前沿就像老書桌的抽屜一般遲滯碎裂，使天空狀似一張搖搖欲墜的桌面，遠方還有一堵凶險的灰泥牆，正在逼近。紐澤西的天空已下沉到與我的車頂同高，並開始降雪，輕薄細小的雪片墜落著，又被呼嘯的車流捲過馬路。每隔一定距離，就會有幾輛車撞成一團，像砸扁的玩具一樣橫陳在路肩上。在德拉瓦州的黑暗夜色中，圓珠狀的雪在路燈旁傾瀉而下。外環公路（Beltway）[2]上雨雪交織、濕滑漆黑，積雪堆滿整個北維吉尼亞。

在降雪中開了將近六百哩後，我在里士滿（Richmond）北邊的一間汽車旅館停下過夜，隔天早上繼續開向陽光，前往那溫暖、在冬季裡一片棕色的南方，重拾歡樂。

這次我知道自己要去哪裡。

朗伯頓

霜雪與泥漿在車身上結滿風乾的層層鹽痕，我這輛泛白車子的外貌，在北卡羅萊納州刺眼而普照的陽光下，顯得醒目、滄桑而殘破。所以我轉往朗伯頓（Lumberton），想要洗個車。

在我駛近某家洗車場敞開的入口及其濕淋淋的噴水器時，一個戴著軍服小帽的老人悄悄走過來，揮手示意我停車。他用兩根細瘺染黃的手指摘掉口中的香菸，彎下腰，倚向我。

1　約攝氏零下五點五度。

2　華府的外環高速公路，編號為州際公路四九五號（Interstate 495）。

「不要在這一家洗，」他說。

「他們關門了嗎？」

「沒有，先生。店是開的。」他說。他吸了一口香菸，又再度摘下。

「你在這裡上班嗎？」

「不是，先生，不過我告訴你，這家不好。」他又抽了一會兒。「去這條路再走下去那一家洗。掉頭往那邊走就對了。你靠近時就會看到了。」他再抽了一口菸，然後捏下叼著的菸頭說：「我知道我講話講不好。我盡力了，但我沒受過什麼很好的教育，因為我是個朗比人（Lumbee）。你知道朗比人是什麼嗎？」

聽到這話，我就放棄在這洗車的念頭。我停好車，接著待了差不多一個小時，跟這人喝了杯咖啡。他是羅伯特·洛克李爾，來自朗伯頓。他外型瘦削、面色蠟黃、一臉病容——他那張老菸槍的鬆垮臉龐布滿皺紋，就像顆比司吉——而且他走路還拄著拐杖。他的夾克以這個和煦晴朗的日子來說太厚重了，顯示他的血液循環不良。我們拿著咖啡，才找到一張長凳坐下，他就陷入沉默，似乎有些尷尬與怯場。我則為他那發黃而悲慘的鷹勾鼻臉孔感到難過。

我注意到他戴的巡邏小帽，上面寫著「榮退戰士——以服役為傲」。

「我六八、六九年都在越南，那幾年真的好熱，都待在中部高地的波來古（Pleiku），靠近柬埔寨跟寮國那邊。我們用走的就能走過去，我們靠很近了。有幾次我們真的走過去了，搞得很慘。不過我撐過來了。

「再回來這裡，情況都還是跟以前一樣。朗伯頓的種族大致上還是隔離的，隔離的不只是白人跟黑人，還有朗比人。姓洛克李爾的大部分都是朗比人——任何人一看到我的名字，就知道我是誰，從哪來的。

「所以，問題還是教育。我進不了白人學校，他們也不讓我進黑人學校。就因為我是朗比人。朗比人只能去教會上學。朗比人都有參加教會，教會裡面都有附設學校，但是教得不多。看看我，我什麼都沒有，除了適合從軍，別的都做不了。差點在越南死掉。這又是為了什麼？

「以前種族隔離得就很嚴重了，現在比以前還嚴重。三K黨一九五八年從阿拉巴馬和密西西比州過來，在羅布森郡（Robeson）這裡燒了幾個十字架——他們對朗比人跟對黑鬼一樣惡劣，到這裡來時還更惡劣。但那天我們趕跑了三K黨，他們被痛扁在地上。」

我發現他提的這起三K黨事件就是海耶斯池塘之戰（Battle of Hayes Pond），在洛克李爾說的那一年，有個名叫詹姆斯・寇爾、外號「鯰魚」（James "Catfish" Cole）的三K黨「巨龍」（Grand Dragon）[3]率領一群黨徒，在距離朗伯頓二十幾哩的馬克斯頓（Maxton）舉行集會並焚燒十字架。他們人數很少，因此被一大群全副武裝、群情激憤的朗比人打垮，還有幾人負傷。朗比人向他們開槍、毆打他們，把他們趕進沼澤地泥濘的灌木叢裡，事發地點就在附近的海耶斯與馬克斯頓池塘。在朗比人長年的挫敗歷史裡，這次與三K黨的衝突成了朗比族人每年都會慶祝的事件，聯邦政府承認他們的原住民身分，卻拒絕給予任何財政補助，一部分是因為他們的血統與祖先為何，至今仍有爭議。

「我小的時候，哪都去不了，就因為種族隔離的關係——而且你看我，我不是黑人。我是朗比

3　三K黨術語，州級領導人之頭銜。

人，但是馬丁．路德．金恩對我來說是個英雄，還有詹姆士．布朗也是。這裡的人都討厭朗比人。現在還是討厭。我堂弟之前娶了一個金髮藍眼的太太，她搬到這裡來，以為不會有事。唉，如果你是醫生或律師可能不會有事，但她去沃爾瑪刷信用卡，人家一看到她姓洛克李爾，對她的態度就很壞，就因為他們覺得她是朗比人。過了沒多久，她在這裡過得太慘了，就離開了。」羅伯特．洛克李爾說道。

羅伯特．洛克李爾踩熄剛才抽的菸，摘下他「以服役為傲」的帽子。他翻開帽子給我看，用大拇指指著裡面的標籤。

「你看這個，感覺一下。我以前的職業是紡織工，就在這裡做布料。但是他們收掉了，把工作都外包到國外了。所以這裡什麼都沒有了。現在看看這個標籤——看到沒？『越南製造』。再看看帽子上寫的，『榮退戰士』，上面還寫了我的退伍軍人服務處。」他說。

上面列出了朗伯頓美國傷殘退伍軍人辦公室暨診所的名稱與地址。

「我會去那裡做心理諮商。我晚上睡不好，會做噩夢，夢到越南、三K黨、有的沒的。美國政府因為我是老兵，所以發這頂帽子給我，結果帽子是在越南做的！」

我陪他一起坐在長凳上，試著給他一些慰藉。但我不過是個路過的陌生人，只能把他告訴我的事寫下來。他沉默了一會兒，接著似乎想起我剛才問的一個問題。

「我不知道以後會怎樣，都一樣糟糕吧！我在越南差點死掉，現在什麼都沒有，還在戴這頂越南做的帽子；然後這附近的人還是討厭朗比人。把這個寫下來吧！什麼都沒變。」他抓住我的手腕，注視著我，潤潤嘴唇說道：「我還在做噩夢。」

鄉間路

在朗伯頓，我終於把車徹底洗回原本的顏色。我從那裡出發，前往南卡羅萊納，走的是地方小徑，以及熟悉而廢棄的國道三〇一線，這條路邊有著燒燬的汽車旅館、廢棄的裝飾藝術風格加油站，以及褪色餐廳空殼的末日公路。但即使如此荒涼，這條公路仍然透露出一股強烈的地方特質，還有最棒的看板廣告，其中有一大幅外牆看板寫著，「『當信主耶穌，你和你一家都必得救。』——《使徒行傳》16:31」。

在桑蒂鎮（Santee）有個人說：「這裡從來不下雪的。」

他太太說：「十年前下過一點點。」

在這個晴朗、溫暖、有如春天般的一月，我行駛在南卡低地的鄉間小路上。但見到那些木板房與生鏽拖車房，周遭滿是塑膠玩具與舊單車，而不見任何產業，卻沖淡了我的愉悅。南方鄉村的窮人被人拋諸腦後，活得有如渣滓。

夕卡摩的週日早晨

從奧蘭治堡與班堡出發，我沿著邦聯公路（Confederate Highway）[4]走下去，來到鄰近艾倫代

4 即國道三〇一線。

爾的夕卡摩，要再次拜訪強森牧師的啟示事工教會。禮拜要十一點才會開始，所以我還有一點時間可以打發。幾名男性正在鐵路大道（Railroad Avenue）的哈帝漢堡享用他們週日早晨的咖啡。因為是週日的緣故，另外兩家餐館都沒開。

「請坐，」其中一人說道，我便加入了他們，這幾張桌子共坐了十人。他們大多年紀較長，不甚注重穿著；其中唯一的年輕人，是名叫巴瑞特的三十幾歲男子，他穿了一套暗色西裝，說他得走了，他要送媽媽上教會。

其他人分別是山姆、佛萊迪、哈洛德、查理，最後一位是亨利，但要求我叫他桑尼。他們都自稱是本地人，以前都在艾倫代爾鎮上與附近的各類工廠上班，直到這些廠房紛紛關閉為止。

「我一九四六年在這邊出生，」桑尼．布萊恩說道，「但我大部分時間都在別的地方工作——主要是亞特蘭大，後來去了DC[5]。我幾年前才回來，現在跟阿公、阿嬤一起住在厄爾默（Ulmer）鎮外。不是布萊恩家這邊的爺爺、奶奶，是詹金斯家的外公、外婆——我外公叫亨利，外婆叫蘇拉。蘇拉是個非洲名字。

「我們都是摘棉花長大的。我六歲時，就跟全家人一起摘了——我阿嬤好厲害的。她摘的速度永遠超前我們很多。我滿十歲後，一天差不多可以摘個五百磅，一磅大約賺五毛錢。那些棉花是歸柯克蘭先生與貝斯先生所有的。」

摘棉花的回憶：我在深南地方旅行時，到處都會聽到老人家在說這類故事——在機械化採收當道之前，他們要長時間待在田裡，修剪枝條與採摘棉花，拖著一個九呎長的採收袋，並將其裝滿。每個人也都記得自己的採收量。桑尼宣稱的五百磅是不可能達成的數字。詹姆斯．艾吉在一九三〇年代估計，成年男性的平均值是一天大約兩百五十磅，成年女性則是介於一百五十至兩百磅。我遇到的大多數人提到的每日採收量也是這個數字。

但是桑尼堅持他每天能摘四分之一噸的棉花。他還說——在這之前，他已談過艾倫代爾從前的重要性、在被州際九十五號公路害慘前的繁華、當地的高檔餐廳與夜生活，還有他在學校的風光（「那時候還是黑人學校，一直到高中都是。種族隔離很嚴重，我見過一些事。」）——他曾逃離艾倫代爾跑去亞特蘭大，還在那裡幫馬丁·路德·金恩粉刷過房子。

「我在亞特蘭大見過馬丁。他跟我講話的方式，就像我們現在講話這樣。他雇用我去粉刷他們家。我是跟布萊恩爺爺學油漆的，他是這裡的油漆匠。他也會彈吉他，教過我彈藍調。」

「所以你是個會玩藍調的油漆匠？」我問道。

「不是的，先生。我之前在DC市政府當鍋爐技師。我離開這裡四十年了，做過很多別的事。」

這似乎是個暗號，要我鼓勵他說下去，我便這麼做了。

「其中一個，就是古柯鹼，我不只是嗑，我還賣、還做，還在裡面混進發粉，還看過一些怪事。不過我在這裡要告訴你，我都挺過來了。快克古柯鹼，我抽了好幾年——好幾年耶！我每一分鐘都很享受。」桑尼說。

「為什麼呢？」

「為什麼咧？你會覺得自己長了翅膀啊！你覺得自己會飛咧！」

5　即華盛頓特區。

「快克古柯鹼。好貨，是吧？」

「但是有毒，就像很多你做起來很爽的事情一樣。我十四年前戒掉了，再也沒碰過。我還是跟幾個嗑這個的人一起混，但是我只是看——我自己再也不碰了。就是停掉了。然後我就回來這裡，回家了。當初就不該離開的。」

所有的人都在聽桑尼講故事，待他說完時，其中一人，山姆說道：「或許你在亞特蘭大遇過馬丁吧！但是你才沒有一天摘到五百磅的棉花。」

「我們愛你——你對此束手無策！」

週日早晨，這些鄉間道路空蕩蕩的，空曠而美麗，沿著棉田細枝繁密的邊緣而行，許多田地都遍布水坑、滿地爛泥，成熟的棉絮毬——毛絨絨的所謂籽棉簇——還在綻開濕透的棉鈴裡，棉叢也被昨天的雨勢打得委靡。濕潤的泥土在早晨的陽光下蒸騰出水氣，高挑的樹木在田野邊緣排列成行，牛群在吃著草。幾棟雪松材質的矮小木板房已曬到變色，門廊朽裂，屋頂木瓦捲起，蜷伏在高大的山毛櫸樹林之間。

我穿過厄爾默鎮，也找到了教堂，急著想聽維珍．強森牧師的布道，在我們上次談話時，他充滿著智慧、希望與幽默。沿著路走下去，在黑人教會的斜對面，就是「邦聯軍退役將士子弟會」（Sons of Confederate Veterans）[6]在巴克磨坊（Barker's Mill）的聚會所。門口一塊牌子詳細記載當地民兵在一八六五年二月二日與小法蘭西斯．普雷斯頓．布萊爾將軍（Francis Preston Blair Jr.）麾下部隊小規模接戰的經過。該部當時是威廉・堤康瑟・薛曼將軍「向大海進軍」（March to the Sea）[7]作戰行動的側翼。北軍硬闖過這片農田，沿路洗劫、焚燒房舍、並向狙擊手開火回擊。在巴克磨坊的交戰並未取得什麼成果，只是拖住這支勝軍，讓他們渡過東南方狹窄的傑克遜溪（Jackson Branch）的進度慢了一天。這塊告示牌所記載的這場接戰，既是一陣延遲、一次挫敗，其實也是又一場的羞辱；不過聚會所還在使用中，仍高掛著邦聯旗。

「在南方，每個街角都有教會。」我在奧蘭治堡遇見強森牧師時，他這樣對我說，並邀請我參加他們教會的禮拜。今天，有六十多輛車停在門口的泥濘空地上，我在玄關得到一個擁抱，並應要求在訪客簿上簽字。一群穿著正式、熨平了西裝、打上素色領帶的老先生過來歡迎我，並自我介紹是執事與招待。一位招待陪我進了教堂，裡頭已經有位身穿蛋糕裙洋裝、戴頂大白帽的女士坐在風琴前，張開手指不停敲擊琴鍵，彈奏著急促的音樂，使力烘托著另一位紫袍女士的認真布道。教會大堂已經坐滿，約有三百人左右，大多是婦女和兒童。

在講臺上，掛了一塊卷軸造型的金色銘牌，寫著：啟示事工教會——「向世界顯露上帝的話語——我們愛你——你對此束手無策！」

---

6 以維護內戰遺跡、推廣南方文史、主張有權展示邦聯旗為主要訴求的非營利組織。另有與之相對的北軍組織，名為「內戰聯邦軍退役將士子弟會」（Sons of Union Veterans of the Civil War）。

7 由薛曼率軍從亞特蘭大出發，前往海港城市薩凡納（Savannah）進攻，途中刻意一路實行焦土作戰，以打擊南方的經濟與士氣。

這句話讓我想起了，亨利．米勒在他一九四〇年那趟橫貫美國的《空調噩夢》之旅裡，記下的那塊令他激動的招牌：「好消息！上帝就是愛！」我曾去過幾戶南方人家，大多都是窮人家庭。我也去過幾家忙碌的當鋪與嘈雜的酒吧。這些地方都能看出很多門道。還有幾場槍展，也讓我對南方瀰漫的怨恨挫敗情緒，留下了強烈印象。這些經驗都有助向我揭示南方的特質。但我在走進教堂之前，仍未能完全體會南方鄉村的這種社群感。教會不只是間教會；這裡是南方鄉鎮的動力核心——既是生命力、也是希望。

認識到這一點，我才約略明白了，教堂遭人炸毀，是何其深重的災難，可這種事在南方歷史上屢見不鮮，較為重大者，如將近五十年前的一九六三年九月十五日，在阿拉巴馬州伯明罕市的第十六街浸信會，三K黨徒暗中放置炸藥，害死了四名小女孩，並造成另外二十二人受傷。這間浸信會不僅僅是舉行禮拜的地方、朋友會面的場所，那裡還是民權領袖與選民登記運動人士的聚會地點，也提供民生福利與精神指引。放在教會的炸藥製造了烈士與英雄，也加速了民權立法的進程。

縱火焚燒教堂，或是進行炸彈攻擊，也許可以重創信眾，但卻是窮途末路之舉。教會總能重建起來，並在事後變得更加強大，因為教會是不可或缺的，人們需要上教會，以尋求希望、尊嚴、愛、慰藉、友誼與勸勉。教會是此地生活的中心，我在美國其他地方從未見過這種情形——在我的出生地肯定是看不到的。教會在南方的模樣，就像是印度或非洲那種作為生活重心的清真寺或神廟。

禮拜開始沒多久，就有人宣讀了我的名字（「從波士頓來參訪的保羅先生」）——他們是從訪客簿上看來的——禮拜也因我而中斷，教堂裡幾乎每個人都輪流來向我問好，男女老幼，都與我擁抱或握手。他們都衣著光鮮，女士們穿著綢緞，許多人戴了帽子和手套，大多數手持《聖經》，男士則穿著剪裁合身的西裝，就連在座位上扭動、或是在走廊上追逐的孩童，也做了正式打扮。他們舉手微笑、向我走來，再一把將我勒緊在懷裡。

「歡迎你，這位弟兄。」

一位男士宣布了接下來幾週屬靈、社交、用餐性質的活動：如社福計畫、教會出遊、聚會交誼、參訪鄰近教會等等。接著，激昂的音樂再度響起，接下來約一個小時的時間裡，都有一群穿著絲質長裙的女士組成的唱詩班在合唱與布道，其中一人——唱著藍調歌曲——快速回顧了她生命裡歷經的苦難及靈性的重生，在流暢的敘事之中，不時還會穿插一句「主啊，感謝祢！」

這些都只是序曲，是讓群眾坐定的開場動作，是等待脫隊與遲到的人進場的主題曲。待教會坐滿人，維珍．強森律師穿著深色西裝的熟悉身影便站了起來，離開他那張王座般的高背椅，進入身為強森牧師的週日身分，開始布道，右手拿著一本翻舊了的《聖經》，舉起左手示意眾人安靜。他在某種程度上，已經不完全是我在奧蘭治堡街頭遇到的那人——那位協助陌生人的律師。今天的他是位傳道人，聲音莊嚴，時而鏗鏘而有威信，還帶著深南地方的語調。

「今天聽我說，各位弟兄姊妹，」他開始說道，並舉起《聖經》朗讀。「《路加福音》第一章第三十七節。『因為出於神的話，沒有一句不帶能力的。』現在來看《馬可福音》第九章第二十三節。『在信的人，凡事都能。』」

這些都是簡單明瞭的經文，給人帶來希望、讓人安心，在不穩定的世界裡散播一些撫慰。他把這些話重複了一遍，使其深入人心。

「再想想《耶利米書》第二十章第九至十一節。」強森牧師的聲音平和而振奮人心。「『我知道這規劃是為了給你們帶來幸福——而不是災難。』[8]」我分不出他是在引用《耶利米書》、還是在自行闡述——反正這也無關緊要。我翻閱放在我這張長椅上的《聖經》經文，發現他是在自行闡述：「然而，耶和華與我同在，好像甚可怕的勇士。因此，逼迫我的必都絆跌，不能得勝；他們必大大蒙羞，」等等。他身為權威人物，對這裡的信眾負責，提供解釋，給予規勸。

「要告訴你的鄰人：上帝為你做了安排！」

我前方的女士、身旁的男士，甚至是十呎外的錄影師，都輪流用一種通知好消息的哽咽聲調對我說：「上帝為你做了安排！」

「以色列的兒女被擄去了巴比倫，」強森牧師提高音量繼續說，「先知耶利米就寄了封信給他們。信上說」——這時他俯身靠向我們，字字清晰地唸著——「信上說，『就算你們的生活看起來亂七八糟，過一陣子都會好！不要再愁苦、不要再擔心。就算你們的狀況不寬裕，一切都會好起來！』」

「《耶利米書》的意思就是這樣。我要在這裡告訴你們，一切都會好起來。」他揮舞著手勢，《聖經》薄薄的書頁隨之晃動，又說道：「現在是怎樣都沒關係。如果你與上帝相連，就都會好起來。我的生命不是決定於總統做得對不對。為什麼呢？因為我會信耶穌。上帝不會辜負你們！在受到奴役與壓迫時——如同以色列的兒女在巴比倫一樣——耶利米說——他是怎麼說的？他說：『一切都會好起來！上帝會打造一條出路！上帝會想出辦法的。所有的跡象都是正面的！』」

這時，信眾中有幾位婦女高喊：「是的！」和「感謝祢，耶穌！」其他男男女女則站起身來拍手唱歌。

「我們有些人在心裡還受著奴役——在我們的生活當中、沉迷當中受到奴役。不要緊的！上帝說了，『我會賜給你們未來與希望。我給的未來會比今天更好。』因為你們只能看見今天。但是上帝可以看見未來！」

「說吧！說吧！」

「做好準備，因為你們明天就會知道。上帝說了，『在事成之前要撐住！』」

「是的！主啊！要撐住！」

「這分成三個部分，『上帝對你的人生有安排』的三個部分。第一點。上帝的安排也許不是你的安排。要順服並且遵從上帝的安排。」

「噢！是的！讚美祂！」

「第二點。你也許不能理解上帝的安排。但是要接受祂對你說的話。你也許會想說」——這時強森牧師停頓下來，做出蹙眉疑惑的表情——「為什麼我會碰到這種事？」他微笑著靠在講臺上說道，「聽著，要有耐心。不要急忙慌亂！努力想一想！」

「想想饑荒時期的鷳與鵟鷹吧！鷳說：『我不習慣等待。』但是鵟鷹怎麼說？牠說：『我等習慣了！』等就對了！因為第三點就是：上帝有祂自己的時程！你的時程跟祂的可能不一樣。」

「讚美祂的名！」

8　強森牧師引述的是《耶利米書》第二十九章第十一節，只是將英語《聖經》的書面文字改成較口語的句子。中文和合本該段經文為：「我知道我向你們所懷的意念是賜平安的意念，不是降災禍的意念。」但是作者卻聽成了《耶利米書》第二十章第九至十一節，故有接下來的誤會。

這時許多人都站起來搖擺高喊，頭戴大白帽彈鍵盤的女士俯身前傾，用力敲擊琴鍵，按壓出激越的和弦。一位鼓手加入，用鼓棒連擊銅鈸，彈電吉他的人則向後仰，用瘦長的手指撥弄琴弦。

強森牧師繼續布道，讓我想起了《聲音與憤怒》（*The Sound and the Fury*）當中狄絲（Dilsey）那一段（「我看過起始，而今我看到了結尾」）的最後，希果牧師（Reverend Shegog）在復活節所做的布道（「我獲得那隻羔羊的回憶跟血」[9]），而就在強森牧師布道之時——越來越振奮人心，用語也越說越通俗——他變成了一名先知，傳遞著上帝的聲音，以及上帝降下的希望與愛的訊息，就像帕默主教在塔斯卡盧薩所做的一樣，聽起來就像他引述的先知耶利米和以賽亞一樣篤定。

於是當強森牧師說出「上主如是說」，感覺就很合理，因為他表現得就像是個聲若洪鐘、轉達神諭的預言家，帶著他深南地方的口音，就像他對我說「可憐小子」時那樣，正充滿自信地給人鼓勵，傳遞著「不要急」、「上帝有安排」與「不要放棄」等訊息。

「耶利米對以色列的兒女說了什麼？『你們的一切都會好起來！』」

接著肅穆的音樂響起，歌聲震動整間教會。眾人傳遞著幾個信封；我們將鈔票摺好裝進去；戴白手套的男士們捧著沉甸甸的籃子在走廊間來回穿梭，收集信封。眾人仍在歌唱，我在歌聲中拿起一本《聖經》，翻找出《箴言》當中一則我從很久以前就記得的段落：「耶和華所恨惡的有六樣，連他心所憎惡的共有七樣，就是高傲的眼，撒謊的舌，流無辜人血的手，圖謀惡計的心，飛跑行惡的腳，吐謊言的假見證，並弟兄中布散分爭的人。」

人生至理。

隨後我們互相擁抱，魚貫走向外面的陽光，心情喜悅。幼童在我們腿邊繞著溜著，像被燙到的老鼠一樣，衝到我們前頭去了。

吉利

隔天，我在鄉間小徑某處的交會路口開過頭，錯過往奧蘭治堡的轉彎處。當我停下來要迴車時，看見一間獨棟商店，其實只有儲藏室大小，縮在一棵茂盛大樹的枝幹下，掛了塊手寫著「吉利修槍行」（Lucky's Gun Repair）的招牌，上頭一根生鏽的排煙管冒出縷縷薄煙，消散在寒風之中。

我已經學到了，做槍枝生意的人一般都很能聊。他們通常會抱怨政府，並對鄰居或犯罪問題有強烈的觀點，覺得自己受人利用與輕視。持有武器的人，也是心頭有事的人。

於是我停車走了進去。

一個戴了頂黑色牛仔帽、身穿沾有汙漬的襯衫外加一件厚背心的男人坐在工作檯後面，金屬零件四處散落，還有一些手槍部件，但舉目所及沒有一把完整的槍枝。他的雙手就跟那些滿是油汙的部件一樣髒，正拿著一把手槍的扳機總成。

「需要什麼嗎？」

「我在找去艾倫代爾的路。」

「往那邊。」他手拿扳機總成比劃著。「過去大概六哩。到加油站左轉後一直走。」

---

9 福克納在原文中，刻意將此處之回憶（recollection）拼做 ricklickshun，模擬其連珠炮般的口音。

「謝謝。你就是吉利嗎？」

「嗯哼。我就是吉利。」

「我修槍。我沒有資金維持存貨。」

「你賣槍嗎？」

「所以你都沒槍？」

他笑了。「我槍可多了。在那邊的屋子裡。」

「有考慮賣掉任何一把嗎？」

他沉思了一會兒、好一會兒，或許是在心裡盤點著他的槍枝收藏吧！

「有一把不錯的點四五，修好了要拿去賣的。」

「那可是把大槍啊！」

「大又實用。」他將椅子向後一推。「我去拿過來。」

我說：「我還沒確定。」

「看看嘛！不是一定要買。」

他經過雜草叢生的院子，往大樹下一間腐朽大屋走去，這時我坐在小店裡，身邊是幾把拆解的手槍、一本型錄、一份月曆、幾口裝滿生鏽螺絲的果醬罐，以及一個放滿油膩小工具的錫盤，柴火在爐子裡劈啪作響。

幾分鐘後，他走進門來，把槍交給我。這槍拿在手裡很沉，重得要命，握把很厚。上面布滿刮痕與撞痕，看來不受疼愛。

我說：「謝謝，對我來說太大把了。」

「沒拿來開過不知道。」他說。

「要去哪邊開？」

「就那邊，」他說道，並推開了門，走過一張綻裂的沙發與一個傾倒在地的汽油桶，桶內裝著一些穿了孔的機油罐。我跟在後面。他穿了雙陳舊的牛仔靴，抬高腿走過了垃圾堆。

「這把槍多少錢？」

「三百塊。不過你先開開看吧！」他邊說，邊從襯衫口袋裡拿出一枚子彈，約有花生米大小，或在我看來像是這個大小。「瞄準那邊。」

他指向一堆六呎高的卡車廢輪胎。我們距離幹道頂多五十呎，汽車來來往往，偶爾也有卡車、校車經過，還有一輛加高了握把的改裝重機，機車騎士伸長腿坐在上面，就像坐在理髮椅上一樣。我感覺到了在房舍破敗的地段會有的那種混亂失序。但是這裡有吉利跟我在一起，他很友善，還拿了一把正經八百的槍。

他沒有填充彈匣，而是將一發子彈裝進藥室，再把槍交給我。「瞄準那堆輪胎的中間，厚實的地方。」

我照做了，雙手握緊槍，以免滑套的後座力把我的拇指夾斷。接著「砰」的一聲，我的頭嗡嗡作響，手槍一下子彈了起來，變得輕飄飄的。

「你覺得怎樣？」

「不錯。可是我不需要這麼大的槍。」

「每個人都需要一把這麼大的槍、或是比這還大的。」他又往藥室裝進另一發子彈。「多打幾發吧，兄弟。」

我開了一槍、又一槍。接著他又往一個扔在輪胎堆裡的可樂罐開了兩槍。我注意到他開槍時，槍在他手裡文風不動。他便示範給我看，如何在不知不覺中扣下扳機，讓槍身保持不動。

「你怎麼會取吉利這個名字呢？」

「不是我爸取的，是別人取的。」他看起來有點惱。「你不會給自己取吉利這種名字吧！」

「這名字不錯啊！」

「最好是啦！」他笑出聲來。他把槍握在手裡，像拿著一件危險的玩具，而這確實也是。「講個價錢吧！」

我沒有開價，而是換了個話題。我向他問起艾倫代爾的事。他說：「那裡很辛苦啊，」接著微笑起來，「哪裡都很辛苦吧！我賺不到錢，一直都賺不到錢，我工作了他媽的一輩子。不過誰都賺不到錢──我認識的人都賺不到錢。抱怨也沒用。不過你要是買了那把槍，我就有三百塊錢了。」

我沒買槍就離開。我覺得自己浪費了他的時間，也向他道了歉。不過像我這樣的隨興造訪，在南方是可以接受的。在這麼靠近公路的地方，車來車往的，拿這麼一大件武器朝一堆廢輪胎開火，感覺是挺奇怪。他倒是不假思索：走了幾步路，然後就「砰砰砰」。他讓我付了子彈費，又說：「再回來啊，好吧？我們再多打幾發。」他說他有好多槍；我原本預期會碰到一個滿腹牢騷的槍瘋子，但是，雖然就跟其他人一樣拮据，吉利看來卻是個還算快樂的人。

「未來是首褪色的歌」

我上次看見的艾倫代爾陽光燦爛，街上人們彼此問候，孩童猶在嬉戲。那裡乍看有如世界末日，但有耀眼的市民為其注入了動力。在一個冬日的早晨，天色陰沉欲雨，無人閒晃，就連坐在樹下的人都沒有，鎮上看來杳無人煙。我研究著這裡的崩壞，發現這裡還是原樣，是真的：過了三個月，卻毫無變化。這時我才瞭解到，在南方旅行的其中一項吸引我之處，就是我可以回來接續上次的行程，因為在我選擇遊覽的鄉村地區，什麼都沒有改變。就算有什麼變了，大多也是緩慢地向後倒退，過往仍在頑抗，而「未來是首褪色的歌」[10]。

正因景況這般委靡、越加陷入貧窮，人們——我交談過的許多人——對過去都有清晰的記憶，記得很久以前的事情是什麼樣子，以及他們當年有過的希望。

威伯．凱夫在等我。我先打了電話過去，並提議我們一起去靈魂菜餐館「嘗嘗看」吃頓中飯。他做完禱告之後，我隔著烤雞、豆子和玉米麵包問他：「一切都好嗎？」

「我們還在試，試著做出一點改變。」他說。

「可能的話，我想見見幾家人——你們安置了住處或協助過的人。或是陷入困境的人。」

「我來打幾通電話。除非先獲得他們許可，不然我能做的也不多，」他說。

---

10 出自T．S．艾略特詩集《四個四重奏》（*Four Quartets*）。

他說著，便在一本備忘錄上面做了筆記。我想起我在旅行生涯中所有攔下攀談過的人，我敲過的門、發生的衝突等等我闖入他人生活的歷史。而我現在在自己的國家，說著相同的語言、也不帶威脅性，理應是他們的一分子，反而卻需要一個中間人，除此之外，還需要事先預約。但我當然不是他們的一分子，而是個陌生人。

「你最近在做什麼呢？」威伯問道。

我跟他說我最近剛參加了強森牧師主持的禮拜，從這個不經意的消息，就又帶出熟悉的話題：宗教、音樂、種族、槍枝、失業、貧窮、過往。

「我年紀比強森牧師大，」他說——他六十二歲——「所以一九六六年那時候，我在巴恩維爾中學（Barnwell High School）上九年級，住在公路再往上走的克萊恩（Kline）。那算是一間種族融合的學校；強森牧師會說是『自願融合』，當時的說法是『選擇自由』。挺大的學校，裡面有我們五個非裔美國人，但只有我上的是升大學預備班。」

「如果其他學生全都是白人，你一定覺得……你覺得如何呢？」

「孤單，」他說。「但是還不至於太糟。你要是跟年紀更大的人談過，就會聽到他們以前過得更辛苦。我加入田徑隊，跑一百碼、二百二十碼、四百四十碼。我之前是二百二十碼的全校紀錄保持人，不過現在已經被打破了。」

「運動是不是一種讓自己脫穎而出、獲得尊敬的方法呢？」

「賽跑很奇怪，它不像籃球或美式足球。大家不太關心，你跑得快也不會出名。」他說。

「不管怎樣，你上了大學，就得用功讀書了吧，我想。老師有幫忙嗎？」

「有幾位是真的很幫忙，我的英文老師馬蘇斯基小姐很會鼓勵人。她要我們選一篇小說，讀過之後，選出一個對自己有意義的段落。那一天，我們要在全班面前講解這個段落。我已經記不得那本小說了，但我還記得當時站在大家面前，說著『它就是這個意思。就是這樣。我們知道的事，比自以為知道的還多。』」他說。

「很好啊！他們喜歡嗎？」

「馬蘇斯基小姐鼓掌喊道：『我最喜歡這一段了！』我感覺好棒。這對我很有意義。」他又吃了一些東西，思索了一下，又說：「另外還有幾次，是別的時候。有一場美式足球賽，應該是在一九六七年左右，我們是主場。跟我們交手的是布蘭奇維爾高中（Branchville High）——那間學校在班堡的另一邊。他們隊上有一個非裔美國人，是個跑衛。他是他們的明星球員。」

「你那時候想看他們打得怎樣嗎？」

「非常想去看看這個人，我爸媽開車送我們過去。我們看了比賽，但並沒有待到比賽結束再搭車回家，而是提早離開。我們走在路上時，有輛車裡的幾個白人看見我們，就來追趕我們。我們就跑了！」威伯說。

「不過你跑得很快啊！」

「我的跑步功力幫上了忙，我們躲進一塊田地裡，最後在那塊大豆田裡趴了好久。」他說。

「那些人是誰？」

「我確定我知道他們是誰。我不敢想像要是被他們抓到，他們會做出什麼事。」

「揍一頓？」

「當然了——或者更慘。不過你知道，想惹麻煩的人不多。大多數人是沒問題的。在一九七〇年代初，南卡羅萊納大學有兩萬名白人學生，卻只有幾百個非裔美國人。」

「你當時對此有什麼感覺？」

「你知道你在這個環境不受歡迎，」他說。他吃完午餐，面色凝重地點了點頭。「我到進墳墓都會記得這個感覺。」

威伯的辦公室隔間所在的貨櫃屋，就停在艾倫代爾法院的旁邊，在走回去的路上，他說起自己為何會回到克萊恩，參選南卡羅萊納的州議員獲勝，又在結束從政後投入非營利的社區發展工作，也就是這間小規模但成效卓著的「艾倫代爾郡活力會」。

「我們做的是住房服務，一次處理一個人。」在艾倫代爾與費爾法克斯一帶，修繕與新建的房屋約有一百五十棟。但人們還有別的需求。像現在這麼冷的天氣裡，民眾會要求暖氣；他們也要求過食物、遮雨棚、衣服、提供貸款以免贖不回抵押品——艾倫代爾的其他機構會協助這些事務，但申請人的收入須較該郡中位數低百分之八十，方符合資格。

「這種人很多嗎？」

「多到我們處理不來。」

說到飢餓與無家可歸、說到活在貧困中的人，其中許多都沒有水電可用，許多人都沒有工作，讓我記起在非洲與亞洲見過的情景——關於撥款的話題、對於發展的盼望，以及彷彿與世界相隔遙遠時，那種自覺地處偏僻、備受忽視的心情。不過這裡是現實世界，是公路旁一座陷入危機的小鎮，是從我位於公路另一頭的家裡，就可以輕易抵達的地方。

「就是我之前說的，我想見一些你們在協助的人。」

威伯拿起電話請助理徵求對方同意，讓我訪視幾戶受到協助的家庭和幾戶尋求住房的家庭。

「民眾會不會把所有的工作都丟給你，還是他們也會一起分擔？」我問道。

「我們有一個新的做法，民眾若要獲得協助——作為申請住房修復援助的一部分——就必須擔任社區服務志工。」他說。

「這招我喜歡。」

「我們會列出他們可以做的事。清理垃圾、讀書給小朋友聽、在遊民收容所工作。或者他們可能具備技能，如果是這樣，就分享出來。我們希望讓這個成為規定：嘿，你得到了一些東西，就要回饋一些東西。」

電話響起，威伯拿起來聽了一會兒。

「你要見的人，他們目前處境困難。他們還沒準備好。或許等你再回來的時候吧？」

如果這裡是辛巴威，說來也是滿像的，我或許就會說：「這很緊急。我不知道什麼時候才會回來。你沒有其他辦法了嗎？」

不過我說的是：「OK，我改天再回來。」

無可避免的帕特爾先生

在前景黯淡的艾倫代爾，小鎮上全部的便利商店、三間加油站和一家汽車旅館都是由印度人經營，每個印度人的姓氏都一樣，無可避免地會叫帕特爾先生，這是我在初次來訪時學到的事。

其中一間加油站年久失修但生意繁忙，同時也是間便利商店，店內放滿字跡潦草的手寫標示，有一架子內容暴力的黑色題材DVD、廉價T恤、口香糖、糖果還有啤酒。由於啤酒是散裝販賣的，這裡也就成為那些用褐色紙袋包著瓶罐喝酒的人消磨時間的去處。我在這裡停下來加油。我才走進去付錢，就聞到一股東方氣味——像是糖燒焦了的薰香味，還有濃厚的咖哩味，其中又可以再拆解出各種薰得眼睛流淚的香氣，如小荳蔻、薑黃與葫蘆巴。帕特爾夫婦來了。

「我是兩年前從布洛契（Broach）過來這裡的。」凌亂的店面裡，站在櫃檯後的蘇瑞許．帕特爾先生（Suresh Patel）對我說道。

布洛契是一座河畔的工業城市，人口五十萬，位於古吉拉特邦。許多印度店主——也就是我在非洲東部與中部所知道的「鋪子掌櫃」——都聲稱布洛契是他們的祖籍，在當地從帕特爾這個姓氏就可以辨識出，他們都是古吉拉特一個印度教次種姓的成員。而帕特爾先生位於艾倫代爾的便利商店就跟東非那些「鋪子」一模一樣，貨架上擺滿食品、啤酒、廉價服飾、糖果與日用品，嚴肅的手寫告示「不收信用卡」，在同樣的簡陋氣息中，透著一股薰香與咖哩的氣味。

蘇瑞許．帕特爾先生只能勉強說點英語，也可能他的口齒不清是嚼印度檳榔（pan）造成的，印度教徒喜歡在飯後吃這個幫助消化，用荖葉將檳榔子包起來，反覆咀嚼出味道，直到染得滿口牙齒猩紅，並產生赤褐色唾液，將你在印度見到的許多人行道染成赭色，也將水泥地抹紅。

他在印度原本是藥劑師。「我表哥打給我。他說，『快來！好賺！』」

帕特爾先生便匆匆與太太跟兒子跳上飛機，接手了店面與加油站的經營，連這間店在內，艾倫代爾共有三家商店兼加油站，老闆都姓帕特爾。這座郡治城鎮將近一百五十年的歷史裡，從來沒有非裔美國人經營過這些生意。

一週前，在我去五劈路（Five Chop Road）[11]的途中，靠近奧蘭治堡的另一間加油站，有個叫艾佛斯（Evers）的人對我說：「白人把這些商店、加油站跟汽車旅館賣給了印度人，」他正好在吃東西。他將食物吞了下去，才把想法說完：「現在由印度人接管了。」

現在我做了一些功課，對他們也稍微多了一些瞭解。記者兼學者通庫・瓦拉達拉金（Tunku Varadarajan）一九九九年就這個主題寫過一篇文章，登在《紐約時報雜誌》（New York Times Magazine）。據他報導，全美國超過百分之五十的汽車旅館是由印度裔所有，這是亞裔美國人旅館負責人協會（Asian American Hotel Owners Association）提供的數據。而擁有並經營這些汽車旅館的印度人，大多是首次從事這項工作，其中許多人若不是在東非開過商店、就是在印度當過農民，或是像我在維吉尼亞見過的那樣，是移民過來的印度醫生，順利獲得簡易簽證，以醫師身分入境，再改行或兼職開汽車旅館。

一個義大利移民經營一間披薩店、或一個日本人開一家壽司吧、或一個土耳其人擺一個沙威瑪攤，都是合乎邏輯與線性推理的身分過渡，但一個印度人來營運一間汽車旅館，就顯得反常了。美式的汽車旅館在印度極為罕見，幾乎無人知曉，因此，瓦拉達拉金寫道：「美國的汽車旅館構成了所謂非線性的族裔棲位（nonlinear ethnic niche）。」他如此解釋了這個微妙的社會學詞彙：「某一族

---

11 國道三〇一線該區段的舊名。

群在明顯可資辨識的經濟部門確立了穩固地位，從事的工作對他們而言並無文化上、地理上、甚至是種族上的親近性。」這種現象又稱為「職業群聚」，就像紐約的韓裔經營的熟食店，或是據我所知，由希臘人在英格蘭開的炸魚薯條店。

印度移民轉而做這門生意，似乎是因為經營一間非連鎖的汽車旅館（或是自家的便利商店）並不要求英語流利、也不用向美國老闆負責，只需長時間工作就好。經營餐廳會有問題，後來旅途上遇到的另一位帕特爾先生是這樣告訴我的，因為老闆必須試吃菜色，但那是做不到的，因為賣的可能是牛肉，而印度教徒吃素且將牛視為聖獸，所以避之唯恐不及。

印度教的親屬體系是一項優勢。其他也姓帕特爾的人都算是大家族的親戚，在需要可信賴的合夥人、或做生意要預借頭期訂金時，就可能伸出援手。瓦拉達拉金在全面調查這個現象之後發現，「全部的印度裔汽車旅館負責人當中有百分之七十——或者說全美國汽車旅館負責人的三分之一——都姓帕特爾。」當時是一九九九年，現在這個數字又高多了。

一個新近移入的族裔，卻支配了某個他們並不熟悉的行業，乍看不太可能。我試著想像一個對照組，就想到遍布印度每座城鎮的傳統特徵，名為荖葉店（paanwala）的檳榔攤，我便設想，要是印度有百分之八十的荖葉店都交由移民來的、姓史密斯的美國浸信會教友經營，會是什麼情景。

現金流是個明顯的誘因，但經營汽車旅館最大的好處之一，就是店主可以自己住在裡面。便利商店也行（住在珠簾後面），就像東非的商店（樹叢裡的「鋪子」）一樣。住在店裡也就表示沒下班時間、不用通勤，而我也很少見到這些地方雇用非印度裔的人，除非是粗工、店員或清潔工。典型由帕特爾氏經營的非連鎖汽車旅館通常構造簡單，其中許多都相當髒汙且廉價，足以適用查爾斯．波帝斯在〈汽車旅館，低等水平〉（Motel Life, Lower Reaches）一文的觀察：「門口應該要掛上兩塊晃來晃去的牌子，寫著：『不算太破爛——只收破爛價。』」

印度人——尤其是古吉拉特邦的帕特爾氏——構成了南方的其中一種次文化，而我越是深入南方，就遇到越多他們的人，幾乎都像艾倫代爾的蘇瑞許．帕特爾那樣，在經營便利商店、加油站和汽車旅館。我跟一些人提過他們的事，他們回答說：「那就像《密西西比風情畫》（Mississippi Masala）一樣。」《密西西比風情畫》是一九九一年上映的電影。關於一個印度裔汽車旅館老闆之女與丹佐．華盛頓（Denzel Washington）之間的愛情故事。這家印度人是被獨裁者伊迪．阿敏從烏干達驅逐出來的，因此這名父親便將他敵視非洲人的偏見，套用到南方黑人身上。但現實截然不同於電影裡演的。

本片的瑕疵在於，劇中假定烏干達的印度人會敵視非洲人或黑人。但我在這些人當中生活了六年，也因此認識了他們，當他們談到曾參與爭取烏干達的獨立時，語氣是帶著驕傲的。（肯亞殖民時期的印度人也是如此，提供了資金、法律援助，以及他們自己的反殖民報紙，將烏胡魯〔Uhuru〕[12]拱上臺。）他們知道阿敏只是異常個案。幾代人以來，這些烏干達出生的印度裔已學會如何適應環境，這就是為什麼他們在英國如此成功。他們不會因為身為外地人而驚慌失措；他們已丟開許多印度偏見，所以才會選擇去英國，而非他們多數人不熟悉的印度。也有些人已回到烏干

12 此處指的應為率領肯亞獨立的開國第一任總統喬莫．甘耶達（Jomo Kenyatta），也是現任總統烏胡魯．甘耶達（Uhuru Kenyatta）之父，疑為作者將父子名字誤植。

達，重拾原本的事業，而且生意興隆。

我在南方遇到的大多數印度人，就像艾倫代爾的帕特爾、還有我在維吉尼亞遇到的帕特爾，以及我在旅途中遇到的大多數帕特爾與德賽一樣，都是直接從印度過來的，他們對新的國度感到恐懼，並從古老的信仰裡獲得撫慰。實際上，我認識的每個帕特爾幾乎都很在意種姓、互相支持、極為迷信、對族群差異高度敏感、對本地歷史無知、有黑人在場會感到緊張，並且懷疑任何可能會對他們宗教、觀念或種族純淨造成威脅的事或人。他們可能也會反對自己的女兒嫁給丹佐吧！

在這些以鄉間路邊汽車旅館形式呈現的非線性族裔棲位中，雖然也有一些清潔且營運良好者，但多數都糟糕到噁心的地步。我就在其中一間過了一夜，這家汽車旅館位於州道六十八線，阿拉巴馬州的柯林斯維爾鎮附近，在我經常因別無選擇而投宿廉價旅社的一生中，那裡算是前幾名骯髒的地方之一。在我入住的這間旅人客棧（Travelers Inn），客房牆上有成群一角硬幣大小的棕色甲蟲，緩緩地爬向天花板聚集，又一團團地掉下來，劈里啪啦落在我的臉上，噁心的床單觸感僵硬，上面還有塵土與來源不明的汙漬，整張床墊都髒，中間（確如他們所說的）鬆弛塌陷，浴室看起來與聞起來都像有人吐過，地板上到處都是結成毛球的灰塵——這間客房幾乎比我目前為止在非洲或中國、乃至於印度見過的任何房間都還要髒。櫃檯的店員帕特爾先生，則微笑面對我的投訴（「我是骯髒的」），還吹噓說每一間（骯髒的）客房都住滿了。

他以前也是學生。印度人有一種插隊走捷徑的本能，比我遇過的其他任何族群都還強烈。沒人寫過印度人在南方的完整故事；只有祕密而隱晦的竊竊私語，會偶爾在有政治野心的印度裔美國人成為公眾人物時浮現，像是人稱「巴比」的路易斯安那州州長皮尤希・金達爾（Piyush Jindal），以及南卡羅萊納州的州長寧拉塔・蘭達瓦（Nimrata Randhawa，即妮基・海利），兩人都是旁遮普移民的子女，都改信了基督教，都是共和黨右翼，都支持死刑，都蔑視社福政策。兩人也都與父母保持距離，因為他們不僅觀念傳統，或許異國感也太重了些，不利於吸引南方選民。儘管錫克教徒和許多旁遮普人其實自認為是印度亞利安民族的。

這些印度裔的店主與汽車旅館老闆有許多人現在都成了美國公民，他們工作無疑都很努力，但很多人都保持了印度教的種姓規範，其中也包括對於玷汙種族血脈的高度嫌惡感。我第一次來的時候就注意到，印度人在南方鄉間的存在有著某種詭異的殖民地感，讓我想起了非洲：在塵土飛揚的內陸城鎮的印度商店裡，陳列著漫天要價又髒兮兮的商品，當地人蹲坐在樹下，為南方的部分地區賦予了一種甚至更加戲劇性、更昏昏欲睡、更無可救藥的第三世界外貌。

無親無故

回去阿拉巴馬州的路上，我先沿著疏散路線（Evacuation Route）[13]離開艾倫代爾，接上輻射路經過薩凡納河設施區之後，就這樣走鄉村道路進入了喬治亞州。從佩爾城（Pell City）南邊的塔拉迪加國家森林區（Talladega National Forest）出來後，走國道二三一線轉州道二十五線，陸續經過的柴爾德斯堡（Childersburg）、威爾遜維爾（Wilsonville），以及哥倫比亞納（Columbiana），都在

13 由政府指定，作為颶風等天災時民眾遷往主要城市避難用的公路路段，路牌亦會標明疏散路線字樣。

灰暗天色下的冬季霧氣裡顯得陰沉。

我在卡利拉（Calera）一個十字路口的一家當鋪停下來，探詢了一下他們的槍枝存貨。

「我們有很多，但是不能賣你，因為你是外州來的。」

「那我該怎麼辦呢？」我說道，但只是為了誘使他回話。

這樣說太有效了，害我都為自己的不誠懇而愧疚起來，因為這人看起來為我難過。「我知道。你在這裡無親無故，在這些地方你真的需要一把槍。像我，我沒帶槍才不會在這一帶開車咧！」

「但我看起來這裡都挺漂亮的啊！」

「他們這裡有些地方很奇怪的。天啊，我真希望能幫上忙。」

他指的並不是穿過偏僻樹林後狹窄長途公路旁的各家木材公司辦公室，它們坐落在成堆的圓木與廣達幾英畝的橘色鋸木屑之中，也不是那些酪農牧場，也不是謝爾比溫泉（Shelby Springs）與那裡的綠色池塘，也不是那幾片棉花田。他指的想必是那些突然冒出的聚落、那幾叢廢棄空屋、那幾棟看似舊款特大包香菸盒的拖車屋與露營車、那幾棟逐漸破敗的房舍與一些極粗陋的木板房——都是這片美麗的松林中顯而易見的飢餓與貧困。「像是一片與時間脫節的土地。」我在一家位於十字路口的雞肉餐館寫道，還在那裡與一名要去蒙特瓦洛（Montevallo）的人聊了起來。他剛從海軍陸戰隊退伍，想加入蒙特瓦洛警察局。他選擇蒙特瓦洛是因為他有孩子；那裡的中學規模小而氣氛友善，鎮上也比他女友住的胡佛市（Hoover）要安靜。

經過塔拉迪加森林修長飢瘦的松林和格林斯波羅鎮外的木板房與破舊房舍之後，沿著主要大街前行，對我而言有如回家。

羅森瓦德的餽贈

在郡道十六線的路邊，格林斯波羅以南十哩處，有一棟白色木造建築物，與馬路稍有距離，但引人注目。這棟房子最近才做了裝潢與整修，以充作社區活動中心之用。我在打聽時得知，這裡在啟用時，原本是一棟有兩間教室的校舍，是一九一七年興建給黑人學童用的。而引起我注意的是，這所學校是在那麼多年以前，因一位芝加哥慈善家發起而建成的，他不知為何發現有必要在地處偏遠、又嚴重種族隔離的格林斯波羅興辦這樣一所學校，這裡可是個盛產棉花、卻不樂意教黑人識字、讓黑人投票的地方。

「那裡就是羅森瓦德的學校。我們稱為艾默里學校（Emory School），」我在萊爾斯牧師位於格林斯波羅的理髮店停下，當問起這所學校時，他這樣告訴我。「我是一九四〇年進學校的。半數的經費都來自西爾斯公司（Sears, Roebuck）。這裡的鄉親做出了成果。我母親也念過一間羅森瓦德學校，跟我一樣。學生是黑人，老師也是黑人。你要是沿著州道六十九線走，到了加利翁（Gallion）地區，還有另一間名字叫橡樹叢（Oak Grove）的羅森瓦德學校。」

朱利斯．羅森瓦德（Julius Rosenwald）是猶太裔德國移民之子，銷售服飾給西爾斯公司事業有成，後來在一九〇九年成為西爾斯的執行長。到了晚年，他希望用自己的錢做件好事，便計畫好將自己的財富捐作慈善用途，但附帶一個現在已經很常見的條件，就是當另一方捐出同等金額時，才能動用他的款項——也就是相對捐款（matching grant）。羅森瓦德確信，布克．T．華盛頓（Booker

T. Washington）所提的理念在鄉村辦學，是條可行之路，便與這位大教育家見面，因此設立羅森瓦德基金，在南方的偏僻內陸建學校，其中許多都位在赫爾郡。

「赫爾郡就學人口的黑白比例是五比一，」詹姆斯．艾吉一九三七年在一篇隨筆中寫道。這篇文章被他當時的雇主《財富》雜誌退稿，直到最近才以書籍的形式出版，題為《棉花佃農：三戶人家》（*Cotton Tenants: Three Families*）。他繼續寫道：「由於黑人學校領不到一分錢，只有白人小孩才有可能（在蒙德維爾）用上如此整齊的建築物。黑人還是跟沙丁魚一樣，多達一百至一百二十人，擠在點爐火取暖；草草搭建的單間教室裡面，照理說就算牆壁、屋頂、窗戶都夠牢靠，應該也只能容納他們五分之一的人。不過，就像當時有許多人都會同意的某個地主的說法：『我不反對讓黑種仔上學，大概上到四或五年級吧，不過不能再多了。』」

他們從一九一七年起，在十五個州興建了五千所學校，並持續興建到一九三〇年代。羅森瓦德過世於一九三二年，最後幾所學校也是在這幾年建成的，但在他留下的款項於一九四八年用盡前，還通過另外一個計畫，以資助特別有前途的黑人學者與作家。其中一位年輕作家，是來自奧克拉荷馬的拉爾夫．艾里森（Ralph Ellison），他因為獲得了羅森瓦德獎助金（Rosenwald Fellowship），而有了時間與動力完成他的小說《隱形人》（*Invisible Man*），成為描寫美國種族暴力與絕望的一部決定性作品。領過羅森瓦德獎助金的還有攝影師戈登．帕克斯（Gordon Parks）、雕刻家伊莉莎白．卡特列（Elizabeth Catlett）、W．E．B．杜博斯（W.E.B. Du Bois）、朗斯頓．休斯，以及其他許多非裔美國人藝術家與思想家。

這些靠羅森瓦德的資金（以及在地人的努力）興建而成的學校，一開始都建造得很簡樸，就像格林斯波羅這間一樣，全校只有兩間教室，再加上兩名、最多三名教師。這些學校通稱為羅森瓦德學校，雖然羅森瓦德本人並不贊成以他為任何學校命名。隨著建校計畫在一九二〇年代發展起來，這些學校的格局也跟著擴大，改成磚造，也加蓋更多教室。這些校舍都有一種易於辨識的簡樸風格——因為外觀都很相似——而這種風格來自於兩位塔斯基吉大學（Tuskegee University）的建築學教授，羅伯特．R．泰勒（Robert. R. Taylor）與W．A．哈澤爾（W. A. Hazel），在一份研究案中所做的詳細規劃，他們並在一九一五年出版了一本自述理念的小冊，題為《黑人鄉村學校及其與社區之關係》（*The Negro Rural School and Its Relations to the Community*）。

這些學校的特色之一，就是強調以大窗戶進行自然採光。預設的考量是，興建這些學校的鄉村地區很可能沒電力。粉刷的顏色、裝設黑板、書桌的位置、還有門戶朝南以盡量增加採光，在藍圖裡都做了具體的指示。一絲不苟、詳盡規劃出這份藍圖的山繆．李奧納．史密斯（Samuel Leonard Smith），既是羅森瓦德手下的行政主管，也身兼建築師與教育家。

儘管布克．T．華盛頓早在一九一五年羅森瓦德還沒開始興建學校時就已離世，但他的理念卻獲得採納——其中關鍵一點就是，設在如此偏遠地帶的學校，若還能發揮公會堂、社區活動中心、聚會場所或表演廳的功能，就更實用了。為此，有些學校安裝了活動式隔間牆，有需要時可以摺疊起來，創造更大的空間。

格林斯波羅鎮外這棟簡樸的白色建築，是上一個時代的遺跡，要不是萊爾斯牧師解釋那裡的歷史與他的個人淵源，我應該想不到將近一百年前，有一位來自芝加哥心懷慈善的陌生人——白人、猶太人、謙遜、不欲揚名——曾經試圖在這裡做件好事。順道一提，他還透過獎助金成就了許多關於黑人體驗的經典敘述，使得美國文學更形豐富。

「經費有一部分是家長的責任，」萊爾斯牧師跟我說，「他們必須支付一定的學費。不見得都是付錢。你有沒有聽過人家送雞給醫生，代替診療費？那是真有其事——就發生在美國。有些人收到的是玉米、花生，還有其他東西，用來代替現金。他們那時候沒錢。等鄉親開始領到錢，已經是一九四〇年代中期或末期的事了。」

學費是以實物償付的：出身農家的萊爾斯牧師，帶的就是他父親種的作物，還有雞與雞蛋。

「你們學校為什麼叫做艾默里學校？」我問道。

「學校的名字是一位姓艾格紐（Agnew）的紳士取的，」萊爾斯牧師以他精準的方式說道，語速緩慢，而我再次想起了，雖然我們談話時他通常都坐在其中一張理髮椅上，而且隔壁就是他開的靈魂菜餐館，但傳道人才是尤金．萊爾斯首要且優先的身分。「這位艾格紐跟一個叫湯米．魯芬的人合夥做事。他在那一帶有土地。艾格紐就把地捐給學校，條件是他們要以他兒子之名為學校命名。他兒子就叫艾默里——當時已經過世了。」

「你認識這位艾默里嗎？」

「我父親認識。我父親、還有其他那時候出生的人，他們幫忙興建了這所學校。最近潘．道爾跟HERO的人剛擬定一個計畫，要把學校修復起來。」

我問他有沒有參與翻新的事。

「這方面的翻新是沒有，不過讓我驕傲的是，這裡改成社區中心重新啟用時，我能夠去致詞。我父親也會覺得驕傲的。我父親和艾格紐先生的兒子是同時代人，年紀差不多。那時候已經是老阿伯了——我祖父是一八五〇年生的。」他說。

我以為我聽錯了。這肯定不可能吧！我又問了下日期。

「對——是一八五〇年。」所以布克．T．華盛頓（1856-1915）的年紀還比萊爾斯牧師的祖父小。「我祖父不是在這裡出生的，是搬來這裡的。他還記得奴隸時代的事，他都有跟我們說過這些事。我十三歲時他就走了，我是一九三四年生的，他那時候應該九十幾歲了。算算嘛——他一八六〇年時十歲。那時黑人不能上學的。他經歷過奴隸時代，所以他跟著姓主人的姓，萊爾斯，他就叫安德魯．萊爾斯。後來，他聽說一些南北戰爭的故事，就說給我們聽了。」

棉樹花小姐

藍影民宿（Blue Shadows Bed and Breakfast）成了我那陣子在格林斯波羅的家。鎮上另一頭還有家半廢棄狀態的「客棧汽車旅館」（Inn Motel，業主叫帕特爾先生），停車場裡始終沒車，也看不到任何住客，除此之外，也沒別的地方可以投宿了。另一家更老的民宿，主要大街上的「穆克賓館」（Muckle House），已經歇業了。距離最近又沒蟑螂的汽車旅館要往南再走二十哩，位在戴摩波里斯的外環小道上。

藍影是一棟寬敞方正的房屋，有明顯的浮誇風格，坐落於赫爾郡監獄再過去的樹林裡，位於格林斯波羅近郊的農地上。我的房間是在車庫上加蓋出來的，其適合我之處在於離開了隔壁的主棟房舍，以及那裡一直在播放的、主人最喜愛的主題音樂，大多是音樂劇歌曲。

獨自住在這裡的民宿主人，是位年邁的寡婦暨前選美皇后，珍奈・梅伊太太（Janet May）。寫到這些描述（年邁女士、一度明豔動人、獨居、客棧老闆、古舊的大房子）時，我明白自己正遊走在南方式怪誕風（Southern grotesque）的邊緣，彷彿在描述某個出自卡森・麥卡勒斯（Carson McCullers）筆下的人物，心頭浮現了《傷心咖啡館之歌》（*The Ballad of the Sad Café*）裡那位徐娘半老、獨居在南方小鎮的愛蜜莉亞・伊文斯（Amelia Evans）小姐，在家裡招待了謎樣的駝子李蒙表哥（Cousin Lymon），用她的愛綁住了駝子，直到他陰狠發狂洗劫了她，傷透了她的心。不過珍奈・梅伊和藹而慷慨，與人為善，毫無怨懟，是當地衛理會的支柱，也是位能幹的廚師。

「前選美皇后」並不是她自誇的，而是我自己發現的：我在房間裡到處窺探時，在櫥櫃上層隔板發現一尊獎座，上面刻著珍奈的娘家姓氏與獎銜：一九四九年度棉樹花小姐（Miss Cotton Blossom）。我從透露的線索與一些提及的事件推算出梅伊太太現在已經八十七歲，她的成就在於將這家民宿經營得相當上手，不慌不忙，雖然她的招呼是慢條斯理又熱情奔放的。

她在紐約市當過鮑爾斯[14]旗下的模特兒，風光了幾年。「是個小牌模特兒，」她解釋道，「因為我不夠高。」她來自查塔努加（Chattanooga），搬到已故丈夫的家鄉格林斯波羅這裡落戶，他們在這裡帶大了五個孩子——梅伊家已經在這棟藍影大宅住了好幾代。約翰・梅伊（John May）以前的職業是民航飛行員，他在幾年前過世了。珍奈聘用的管家艾邁拉（Elmira），曾經在梅伊家工作過好幾年。珍奈很愛艾邁拉，尤其感謝她在這段寡居的孤獨日子裡給予的協助。

關於艾邁拉，則有一起帶著美妙南方風情的軼事。好幾年前，有天早上，珍奈語帶感激、又故作誇張地說：「艾邁拉，你為什麼對我這麼好？」

正在掃地的黑人老太太停下來說道：「梅伊先生跟我是親人啊！」

這件事我不是從珍奈那裡聽來的，而是鎮上一個信誓旦旦真有其事的人說的。而我寫下這件事時也意識到，這聽起來就像是一段南方小說的對白。

珍奈不經意間向我提到，她有一個兒子每年都會在非洲待一段時間，擔任某種社區發展的志工。「協助民眾。」

「非洲的哪裡？」

「尚比亞。」她說。

我憋著沒有嘲笑出聲，又對她表示說，格林斯波羅的某些部分——破敗的房舍、木板屋地段、骯髒的道路、釘板封死的商店、印度人開的加油站與被飛蛾吞沒的客棧汽車旅館、許多無所事事的年輕人、焚燒藍桉樹的煙味與新翻鬆泥土的臭氣、紅土路、木材加工廠——這裡與我在尚比亞見過的許多地方是如此清楚地相似。既然如此，她兒子為何沒有動念為格林斯波羅做點事呢？

「這倒是個好問題，我真希望你能跟他談一談。我自己常會這樣想，真的。我想不透他為什麼堅持要去非洲。」她說。

我建議她，等兒子下次生日時，送他一本《暗星薩伐旅》（*Dark Star Safari: Overland From Cairo to Cape Town*）。

珍奈兒子的動機無疑是出於理想主義。許多南方人去非洲則是為了傳教：一九六〇年代時，我

---

14 約翰．羅伯特．鮑爾斯（John Robert Powers）在紐約成立的同名模特兒公司。

見過這些人充斥在馬拉威與烏干達內陸，通常是一個傳道士帶著妻子，有時是一整個小家庭，其住處隔壁就是他們用家鄉募來的捐款蓋成的野地小教堂。

「儘管白人新教傳教士會被派往非洲，拯救當地黑人土著異教徒的靈魂，」厄斯金．考德威爾在一九六六年寫了篇幅有專書那麼長的隨筆——《深南：記憶與觀察》（*Deep South: Memories and Observation*），裡頭談論到南方的教會時（他自己的父親就是巡迴牧師）他寫道：「在國內卻擔心，黑人要是被灌輸太多基督教的手足精神，可能會造反不守本分，並以為自己夠格享受社會上、政治上及宗教上的親善對待。」

有天珍奈說，隔天晚上在她的教會，鎮上的第一聯合衛理會（First United Methodist），有一場大家各自帶菜的晚餐會——而且我真的該去，因為食物會很美味，我也會受到歡迎。碰巧我那天晚上很忙——我原本打算去見萊爾斯牧師。而這場邀約點出了一個問題。

「這場聚餐會有任何黑人參加嗎？」

「喔，不會的——從來沒有黑人來過，這裡的黑人跟白人不來往的。」她說。

「連在教會都不來往嗎？」

「保羅啊，」她用一種訓斥的語調，像對個傻子一樣說道，而帶著南方口音的訓斥聽起來又特別藐視人。「他們有自己的教會。」

「所以都沒有混合進行的聚會嗎？」

珍奈搖搖頭。「我那邊過去的鄰居是黑人學校的老師，但是我知道，他們雖然教那些人，其實也完全不跟那些人來往。黑人從來沒進過他們家。我猜你會疑惑為什麼吧？但這裡就是這樣。」

她語速緩慢，講話落落長，聲音微顫。但我漸漸開始喜歡她了，並覺得她很了不起——以她的年紀還要經營這個地方、出門採買、解決許多時間規劃與做菜的問題，而且除了艾邁拉做的一點拖地板、撢灰塵工作，其他她都是獨力完成的。

要在這麼個地方撢灰塵可不簡單。這棟房子極為雜亂，堆滿了小裝飾小擺設：石膏材質的豬、跳舞的青蛙、貝蒂娃娃的玩偶、高爾夫獎盃、可愛的圖案、標語牌（樓梯間一幅問候語寫著「大家平安」）、流蘇吊飾、聖誕花環、各地的紀念品——紐奧良、納許維爾（Nashville）、迪士尼世界——電影海報、一顆壁掛鹿頭、編織蕾絲、腳踏毯、杯墊、印花馬克杯，還有一股實在刺鼻的味道，是揉合了發霉地毯與空氣芳香劑的氣味。

然而我欣賞珍奈的幽默、堅韌、優雅與獨立。她是位老太太了，仍做著年輕許多的女子該做的工作。若要消遣她、嘲弄她說的「他們有自己的教會」，或她過度雕琢的妝容，抹上胭脂的臉頰、煤黑的睫毛膏、豔桃色的口紅，是很容易的。但她是另一個時代的人，就連她的站姿也是，以她飽爾斯模特兒的倨傲姿態向後微微斜仰，兩腿併攏，一手伸直，一指搭在頰上，有如賣弄風情的女子常表現的那樣看似微醺：棉樹花小姐。

有時我會覺得難以脫身，但仍擁有我所需要的隱私。我需要獨處，才能將筆記與交談轉錄成敘述與對白。我沒在用錄音機。有天清晨來了一場風暴，它挾著強風豪雨，所向披靡，吹著浸著這片平坦的田地，漫天的雨幕捲來了密西西比河水，淹沒藍影的院落，擊折了幾大叢的白色山梅花與木槿，風撕扯著扭擰著光禿禿的樹枝，自始至終都帶著雷鳴閃電。這陣翻江倒海的大雨狂風從我們上方拍擊而過，與我在北方見識過的任何風暴都全然不同，更像是印度的季風驟雨，突如其來、用浸濕的方法癱瘓一切。雨水摜著泥濘院落時的喧囂，是亞細亞式的。我能做的只有等待，坐著守候，看它將藍影的招牌摑打得前後擺動，激烈得使我以為會將其從絞鍊上扯落。我在那場風暴中想起，我需要這棟房子作為避難所。

「現在出生的人不知道以前是怎樣」

衛理會聚餐那天傍晚，我在阿金理髮店跟萊爾斯牧師談著格林斯波羅各式各樣的教會活動——而我心裡還記著珍奈．梅伊的邀約。他舉起手，示意我無需再多費唇舌。

「我在這裡認識的白人很少，」他說道，語氣中並無酸楚，單純是在陳述事實，讓我知道他沒有立場去評斷發生在種族分野另一側的事，儘管他這輩子都住在格林斯波羅，已經七十九年。問到有沒有進過白人的教會，他搖了搖頭。

「我們不受歡迎，我是從經驗裡學到的。那時候有一場葬禮——我會去是因為我朋友想去，我就到那裡去幫他忙。我們一走進去，每個人都回過頭來。我心想，天啊。我就跟我朋友說：『我不想惹事。』我就離開了。四十年前你要是試圖走進去，他們是會揍你的。不到四十年前，還有個男的往我朋友揮了一拳。」他說。

「在教堂裡面？」

「就在門口。」他思索了一下。「每個經歷過這件事的人都還記得。格林斯波羅那時有點動盪，五九年跟六〇年的抗爭，差不多那時候。然後金恩博士在六二跟六三年來過格林斯波羅三次，還在非裔衛理會的聖馬太教會跟聖路加教會發表過演講。」

「是祕密進行的嗎？」

「是啊，是啊！還有火車站那一帶的安全藏匿點（Safe House），他六八年還在那裡躲過三K黨。」

這間安全藏匿點是民權運動奮鬥的地標之一，現已改成格林斯波羅的安全藏匿點黑人歷史博物館（Safe House Black History Museum）。這間排屋紀念這場運動中眾多被埋沒的無名小兵，以及像這間小木屋一樣遭到忽視的地點，還有熱情的當地人在一九六八年三月二十一日夜裡，於格林斯波羅一角從一群凶殘暴徒手中，解救了馬丁·路德·金恩的事蹟。

「他來的時候我們就知道他來了，我們有聯繫。他演講的時候座無虛席。」萊爾斯牧師說道。

「他說了什麼？」

「他的訴求是非暴力，去做選民登記，不要用槍枝與武器反擊。那些都是歷史了。但是看看都過了這麼些年，赫爾郡還是不穩定。確實有各色各樣的人，都覺得種族之間還是彼此不信任。我們剛選出一位非裔的遺囑認證法官（probate judge），現任鎮長則是第二位坐上這個位子的非裔人士。就是JB——強尼·華盛頓——他跟我是同輩人。」萊爾斯牧師說。

「我上次來的時候有見過他，我們談過。他提到了這些問題。」我說。

「這裡的歧見很多，但你要考慮到一件事，就是改變不會是一夜之間發生的——而且大多是經過好幾代人才改變的。種族合校就帶來了巨大改變。小孩一起上學時，他們看待人生的方式就跟被隔離的人不一樣了。」萊爾斯牧師說道。

我說起了這裡的人會彼此問候，不像在北方，陌生人會迴避眼神接觸與打招呼。

「你得住在這裡才會懂。大家有時很冷漠的，但他們靠那句問候、那聲招呼，就熟絡起來了。現在你跟我在聊天，但從前是不一樣的，兩個種族尤其不會講話的。記得我弟班尼嗎？」

「記得，他在軍隊待過。」我在靈魂菜餐館見過他，一起吃了飯，他還跟我說了去過北方的事。

「在以前啊，我弟——你不能像你之前那樣跟他講話的，我是說憑你一個白人。你連一個字都講不上的。要等到黑人開始擔任公職、開始與其他人交往，而且意識到你我可能會有類似的觀點，事情才有所改變。」

「所以事情在改變了嗎？」

「有些在改了。我是見到了一些改變，進行得聲勢浩大。但如果要有真正的改變，你就得找到能一起做出改變的人。所以要有人挺身而出。我們不能只是坐在一邊，希望會有所改變。第一件要做的，就是找到能促成改變的資源。要是你找不到資源，就得找到有用的人。此外，如果他有資源，他就必須請我出力。」

「在我看來，你似乎一輩子都自給自足，做自己的事。」

「這棟房子是我蓋的——磚造建築，做工也好，花了我好幾個月。我去跟鎮長申請了建照。不容易啊！等我取得建照，還得通過各種關卡跟壓力。」

「你是怎麼借到錢的？」

「一點都不容易。我跑了一家一家又一家的銀行。終於有個銀行員跟我說他會評估看看。那是一九六二年的事，當時我二十幾歲。貸款給我的那個人，他對我說：『那些人最不想看到的，就是你在格林斯波羅得到經濟支持。』他是位老先生。白人。他說：『他們寧可看到你失敗。』」

「但是你成功了。」

「我是個理髮師，我想要一間自己的理髮店。我買了全新的椅子，我想要我在其他城市見過的東西。我對自己說：『我想在格林斯波羅看到這個。』」

「你有其他的白人顧客嗎？」我這樣問是因為前一天過來時，萊爾斯牧師正在替一位白人老先生刮鬍子。那是幅滑稽的景象，因為那人並不是白色而是粉紅色的，身材肥碩，七十歲以上，看似是個格林斯波羅的守舊派，坐在椅子裡略為後仰，萊爾斯牧師則捏著一把鋒利得足以割喉的剃刀，緩緩地用閃耀的刀刃刮過他的頸部，專心程度就像梅爾維爾的故事裡，德拉諾船長所見證的，叛變者巴波（Babo）在「聖多米尼克號」甲板上為俘虜貝尼托．賽雷諾剃鬚一樣。[15]不過這純粹是我自己的幻想罷了。

「你昨天早上看到的那個人——可能來第五次了吧！但是他在這裡住一輩子了。改變是需要時間的。這兩三年以來，有些白人會來這裡了。時間會帶來變化。以前主要大街上有家白人理髮廳，現在沒有了。」

「你去過那邊嗎？」

這話讓萊爾斯牧師大笑起來，搖了搖頭。「拜託，我連站在那家理髮廳門口都不行。他們不准

15 在梅爾維爾這部短篇小說《貝尼托．賽雷諾》（*Benito Cereno*）中，敘事者德拉諾船長（Captain Delano）登上西班牙奴隸船「聖多米尼克號」（San Dominik）欲提供協助，覺得該船船長賽雷諾等人舉止不甚自然，直到離去時才發現該船黑奴早已叛變並挾持船員。

的，不行逗留在人行道、不行講話、什麼都不行——我年輕時都不准的。這就是我經歷過的改變。」

「你那時是什麼感覺？」

「我覺得很生氣。」他蹙眉回憶著。「所以到了選民登記時，我們是第一批去的。但你要是沒讓黑人跟白人像現在這樣一起聊天、有一個願景，就沒生意可做了、商店也得收掉了、也沒工作了。我們在市鎮級、郡級政府都有黑人了。我們這裡的國會議員也是黑人——特麗西娜．修維爾（Terrycina Sewell）。」

特麗西娜．修維爾代表的是阿拉巴馬州的第七選區——大多位於黑帶——她是年約五十的高學歷女士，在亨茨維爾（Huntsville）出生、在賽爾瑪長大，父母親都密切參與過民權運動。她畢業於普林斯頓，又到哈佛法學院與牛津大學念了研究所，在華爾街的律師事務所工作了十年，接著回到阿拉巴馬，在伯明罕一家專接公共財政案的事務所擔任合夥人。她在二〇一二年的選舉大獲全勝後，成為了阿拉巴馬州首位黑人女性國會議員。

「那就是民權運動的目標了，在政府裡有同等分量的代表，已經實現了。現在的財政卻比以往都更困難。所以下一步是什麼？」我說。

「這些人得要坐下來，開始腦力激盪，他們在經濟上可以做什麼最務實可行的事，來促成改變。但格林斯波羅現在有很多人反商。老派的家族會有維持現狀的心態——那些老派的家族有好多都是白人。他們的思考方式就是，要是企業來到了赫爾郡，開出不錯的薪資，他們就會被迫花更多錢請人了。再說，這裡是農業區，他們也寧願讓這裡保持原狀。牧牛、種大豆、養鯰魚。」他說。

「阿拉巴馬鯰魚之都」大大的字樣就漆在格林斯波羅的水塔上。有些人將鯰魚視為經濟動力來源，但其他人則認為是莊園體制的重現，正如阿拉巴馬記者派翠西亞・戴瑞克（Patricia Dedrick）二〇〇二年在《伯明罕新聞》（Birmingham News）所做的觀察：「在南方得意（Southern Pride，位於格林斯波羅的鯰魚公司）無技能的男子、單親媽媽，以及從州立監獄設在方斯代爾（Faunsdale）農場來的受刑人，構成了大部分的勞動力。這家公司也用巴士將西語裔工人從塔斯卡盧薩和更遠的地方載過來，車錢再從工資裡面扣。」這裡的工資少得可憐，而這整個產業，尤其是關於外役監的細節，都使人隱約聯想起十九世紀的「償債奴工」（peonage）這種在南方一度盛行、如今已被禁止的糟蹋人的做法。

「還是有一些鯰魚的，不過有間離這裡很近的工廠不到一個月前才關掉。這終究是個高風險的行業吧！賓士去塔斯卡盧薩設廠時，對於赫爾郡有如一劑強心針。我們需要一些離鎮上更近的東西。」萊爾斯牧師說。

我要離開前，看到他放了本書在他平常用來讀《聖經》的書桌上。他將書拿給我看：《繼續堅持：阿拉巴馬的反貧窮作戰與民權運動，1964-1972》（*Carry It On: The War on Poverty and the Civil Right Movement in Alabama, 1964-1972*），作者是艾默里大學（Emory University）的美國史教授蘇珊・楊布拉德・艾許摩（Susan Youngblood Ashmore）。他先前與來訪格林斯波羅的作者見了面，還分享自己在民權運動時代一些夢魘般的經驗。

瀏覽這本書時，我翻到書中描述的一起發生在格林斯波羅的事件，當時是一九六五年七月，三K黨發起示威，以反制一場湧入主要大街的和平抗議遊行。當地的白人男子與身穿長袍的三K黨徒結夥，打出的標語寫著：「對抗共產主義」、「對抗種族混雜」、「維護美國生活方式」。這些人用棍棒、水管與榔頭攻擊遊行民眾。共有十七人送醫，全都是黑人。兩間黑人教堂遭到焚燒。到了七月底，已有四百三十五名黑人抗議者入獄，罪名是涉及非法集會與擾亂治安。

「我們那時候不敢在晚上出門，」萊爾斯牧師說道，「過了很久之後，白人也會怕了。他們到現在都還會怕，會想說，你當年揍過的黑人可能認得你。所以這個恐懼，就讓大家有隔閡。」他搖搖頭。「現在出生的人不知道以前是怎樣。」

「我們的蘭道．克伯」

有天我在藍影用早餐時，珍奈．梅伊面對我的連番提問，翻了翻白眼無奈地嘆了口氣，說道：「你知不知道我們的蘭道．克伯（Randall Curb）？」她這個聲調的意思是，既然我是個作家，那我想必認識這個也是作家的人。我說我沒聽過這個人。

接著我微笑起來。「不過他或許聽說過我。」

她驚呼：「保羅，你真會耍寶！」

她開始認真思考起來。她有個習慣，就是思索事情時，會從側邊拍拍自己盤起的頭髮，就像錫克教徒在整平自己的頭巾一樣，她就這樣弄了一會兒，接著又說：「他是個歷史學家，可以回答你所有的問題。」

我說好。她撥了電話給他，再把電話交給我。我們談了一下，然後蘭道．克伯以一種南方式的作風對我說，歡迎我隨時到訪，並給了我地址。

「今天早上再過一會兒怎麼樣？」

「太棒了。我等你來。」

就在我離開藍影前，珍奈沉吟了一聲引起我的注意，又說：「蘭道幾乎算是失明了，讓他動作遲緩了些，但是完全沒困住他。」

裝了百葉窗的白房子就在第一大街與主要大街的街角，位於鎮中心附近，前廊就像他描述的加裝了紗窗，很容易找到。我依照他的建議，將車停上他的草坪，我一敲門他就走過來了。蘭道・克伯是位高大、白皙、微喘的男士，年約六十，團團臉，坦率得有孩子氣，一雙藍色的大眼睛，還有近視的人那種熱切又輕微失焦的眼神。他伸出手臂摸索，找到了我的手，一把拉住握起來。

「你是保羅吧，快進來。」他說。

我一時置身於許多書本當中，並且微笑著，從擠滿書的架上指認著我喜愛的作者名與書名。而我們才正走過玄關而已；後面還有更多的書架。這很不尋常。我這趟旅程到目前為止，都還沒遇到任何的讀書人；我進過的房子沒有一間看得到書，雖然好幾戶都放了書櫃。架子上放的通常是懷舊物與紀念品，例如珍奈・梅伊的跳舞青蛙與石膏小豬及彩繪瓷盤。

正因如此，每當我提起我是個作家，大多數人的笑容在我看來都像在表達憐憫，好像我剛透露一件個人缺失，但還是個討喜的、可原諒的錯誤。因為對於不讀書的人而言，書本就是謎團與挑戰，而他們因為不知如何接話，又感到為難，就會有點怪罪我害他們陷入這個處境，這就像是晚宴的賓客在一群肉食者中就了座，還說：「對了，我吃全素。」

與蘭道會面的另一項特別之處，在於我遊歷南方的這一年半，還有這段期間的幾百次邂逅裡，他是我遇到唯一曉得我的名字、或讀過我任何一本書的人。這本是一項優勢：不為人知就是自由。

在我的旅行生涯中，從來不曾覺得身為作家，要生活在文盲之中是件困難的事。我待在非洲的大多數年頭裡，那些與我一起過得很高興的人，不但覺得書本高深莫測，簡直就把書本當成有神力的法寶。不識字的人會有別的專精技能，而且他們的審慎、精明以及暢所欲言的程度，常常還勝過那些識字卻文學經驗有限的人，那些人相信，凡是人生的問題，都可以從《聖經》、抑或是《可蘭經》的字句裡找到解答。而最懶惰也最囂張的人，則是那些讀得懂書卻懶得讀的人，他們活在自鳴得意的無知之中，在我看來很是危險。

讀者遇到另一位讀者，則是志同道合。這種快意時刻的樂趣，是無法向不讀書的人描述的，我又何必費事？但是你，手裡拿著這本書的你，對這種現象是熟悉的，所以也無須贅述。我在其他地方也寫過此事，我曾有幸在夏威夷一處海灘遇到鼎鼎大名的學者里昂．艾德爾（Leon Edel），他寫過一套我特別喜歡的書，就是長達五冊的亨利．詹姆斯傳記。我原本已認分接受夏威夷的島民心態與粗俗不文：列島上有太多事可以享受了，食物美味、天氣宜人、海濱豔陽、巨浪堆疊、招牌的彩虹美景。

所以我在夏威夷很滿足，對於陽光與我自己的工作都很滿意。但當我遇到像我一樣娶了當地女子的里昂．艾德爾時，我便發覺到，在我腦子裡的某一部分、經驗裡的某一塊，某一種自我表達的方式、某一套可能的交談內容，用來談論書本的語言，都能夠再次派上用場了。這就好像（我後來寫到過）我遇到一個來自母星球的外星人同胞：我倆看似與常人無異，但我們屬於偉大的讀書人種族，說的是同一門語言。後來我常跟里昂見面，一起吃午餐、喝飲料，當他過世時，我既為他也為自己傷心，又得要孤身一人，在歐胡島（Oahu）的晴空下，用洋涇浜話、或粗淺的英語與人泛泛瞎扯、言不及義了。

看見蘭道．克伯的書庫架上，擺著里昂．艾德爾五鉅冊的《亨利．詹姆斯》，使我頓感心滿意足。這讓我有機會可以跟他說我與里昂．艾德爾的故事，以及能遇到另一個讀者是我莫大的榮幸。

「你的《蚊子海岸》剛出版時，我寫了書評登在伯明罕的報紙上，我那時還能看書。」他說。

我們現在坐在他起居室的沙發上，周遭是更多的書本、油畫——十九世紀的風景畫——以及裝飾用的玻璃器皿與抱枕。播放的是古典樂，這是我第一次在南方的住家聽到古典樂。穿透蕾絲簾子照進來的陽光，映在光亮的桃花心木桌頂的紅寶石色花瓶上，顯出其深層的緋紅色律動、展現鑲金瓶口之效果，為其賦予了生命。

「我一出生就符合失明的法定標準，視神經萎縮，我再也不能看書了，不過我還是會買。我喜歡擁有書，喜歡感受書。」蘭道說。他現在手上就拿了一本，是喬治．歐威爾的傳記。他已經聽過了有聲書版本，也談了一下這本書。接著他問我來格林斯波羅做什麼。

「有點像是歐威爾，類似《通往威根碼頭之路》（*The Road to Wigan Pier*）或《巴黎倫敦落拓記》（*Down and Out in Paris and London*）那樣。我在遊歷南方，開車到處轉轉，只待在鄉村。」我說。

「我一直都沒辦法開車，不過我還是很愛旅行。我好羨慕你可以開車到處走。」

「你是在這裡出生的嗎？」

「對，就在這裡。在主要大街上的一家診所出生的，從來沒離開過，不過我每年夏天都會去英格蘭待上很長一段時間——倫敦、牛津，到處跑。」

「你的視力受限，是怎麼旅行的呢？」

「我有人幫忙。不過倫敦有完善的大眾運輸系統，也讓事情變得很簡單。這裡夏天熱到受不了。到倫敦我就解脫了。你是旅行家，所以你懂的。」

「珍奈．梅伊稱你是位歷史學家。」

「那是珍奈過獎了。她人很親切吧？格林斯波羅有很多人都像她一樣的。有位和氣的老太太，是鎮上另一邊的望族出身的，她患有嚴重的穢語症（coprolalia），每次一開口就冒髒話。她出了一本詩集——寫得很好，我寫過一些關於這座城鎮的東西。我還編了本書，《歷史上的赫爾郡》（*Historic Hale County*），大約二十年前在本地出版。」他說。

「我是因為《現在讓我們讚譽名人》，才會想到要看看南方，還有造訪格林斯波羅。」

「喔，對啊，其他人也這樣講。他們到這裡來，然後就失望了，因為都找不到佃農。」

「我沒有失望。這是我第二次過來了。我還打算再回來。」

「有好多人經過格林斯波羅，因為太喜歡這裡，就買了棟房子，有些人是留下來了。另一些人呢，就感覺吸引力漸漸消退了。他們就把房子賣掉，因為還整修了房子，所以虧了錢，然後就搬走。」蘭道說。

「其中有些房子真的很豪華，雖然陳舊了些，在艾吉的時代想必是很美麗的，不過他在書裡都沒有提到。」我說。

「他聚焦在那些佃農及那些貧窮的白人身上。但這裡在南北戰爭之前，本來是非常富庶的地方。當年是棉花產業的中心，這些大房子都是棉花大亨在鎮上的公館，他們在莊園裡還有大宅。早年，那些莊園就在這裡，在鎮子的旁邊。」

我們談到了詹姆斯．艾吉的事。蘭道沉浸在《現在讓我們讚譽名人》的掌故裡，而他說話時，我則在想，蘭道就像是你在契訶夫故事裡會碰到的人。實際上，你遇到的許多南方人，都像是契訶夫筆下的人物——除了聚集喝茶的偏鄉守舊知識分子，還有庸碌平凡的貧困鄉村百姓，而農民就像任何在美國的農民一樣：掙扎求生的小農、住在木板屋裡的人、對南方奴隸制及俄國農奴制還有著民間記憶。獲得解放的年份也很接近——林肯解放黑奴是一八六三年，沙皇亞歷山大二世解放農奴則是一八六一年——兩者都與戰爭有關，分別是南北戰爭與克里米亞戰爭。

蘭道像是前地主的後裔，而萊爾斯牧師則是奴隸的子孫——兩位都使人強烈憶起複雜的過往。萊爾斯牧師熱情、委屈、虔誠、寬恕，且仍抱希望；蘭道則友善、慷慨、甚至貼心，急於分享他對於格林斯波羅的認識，而他也已是這座城鎮的非官方史家了。兩人對訪客都很感激。

我試著向蘭道解釋我對於《現在讓我們讚譽名人》的感受，這本書由於自我意識太強、太常離題，而且刻意創新，因此文學的價值仍然高過對於佃農境況的可靠紀錄。看似完全違反常理的一點就是艾吉忽視了黑人的存在，而赫爾郡的黑人在他來訪時，正遭受私刑虐殺。況且黑人當時應該也占了人口裡的多數。

我說，我對這本書的欽佩之處在於，它用這樣的方式納入諸多聚焦特寫的片段：描寫了民眾的衣著、木板房的地板、粗疏的餐食、亂髮糾結衣衫襤褸的野孩子。沃克．埃文斯也在相片裡捕捉到這些畫面。從個別的局部來看，這本書發人深省；在整體上，卻顯得比例失衡、矯揉造作，而且過度雕琢了。無怪乎此書當初銷量不佳，但二十年後再版卻獲得了成功，那時我還是大學生，第一次念到這本書，就被它——用威廉．布萊克（William Blake）[16]的句子來說——「對細微詳情的清楚表達」給撼動了。

我對於行文的這番批評，挑動了蘭道，他表示：「我覺得它就像咒文一樣。我把它朗讀出來，就更好懂了。」

「咒文」似乎是很中肯的說法，這篇散文的語句重複，宛如古代歌謠的唱詞，由於艾吉既是詩人也是散文家，這段評語應該會讓他開心的。艾吉才華橫溢，但寫作的產量不穩，心理衝突嚴重、有自毀傾向，還會酗酒、對三任妻子家暴。因為他出生於田納西州的諾克斯維爾市（Knoxville），為南方的這塊角落寫本書，對他來說就意味著一切，但這本書到他死時，已跟他寫過的所有文字一樣絕版了，他四十五歲死於心臟病時，都相信自己是個失敗的人。寫這本書的概念源自一篇雜誌稿，當時他在《財富》擔任文字記者，但他這篇長文卻被編輯退稿了。後來這篇文章在二〇一三年以小書《棉花佃農》的形式出版，是行文簡明的模範，相當不同於以此發展出的那本大書。

被艾吉取了化名的芮克茨（Ricketts）、伍茲（Woods）與格傑（Gudger）的那幾戶白人佃農（真名分別是汀格〔Tingle〕、費爾茲〔Fields〕、勃洛斯〔Burroughs〕），仍有部分後代住在格林斯波羅再往北一點，靠近艾克朗（Akron）的地方。時不時（尤其是在大衛．惠特福〔David Whitford〕二〇〇五年為《財富》寫的補償報導裡），就會有記者回到這個地方，卻發現這幾家人為此感到憤怒，認為艾吉的描寫——使他們因此成名——帶來了羞辱，覺得他們被歪曲成貧困的形象，也破壞他們對兩個陌生人吐露心聲的信任。這是「整個部落的恥辱，」惠特福寫道，「不論是艾吉寫下或埃文斯拍下，現已四散繁衍了好幾代的這幾家人，還是認識這幾戶人家的其他階級——

認為他們是白種垃圾、低賤出格的人，對此的感受都仍然強烈。」

「在人們心中，他們就是南方最糟糕的代表了，」蘭道・克伯曾這樣告訴惠特福。「當然那是很大的反諷，因為艾吉本來想告訴大家，他們並非如此。」

對於《現在讓我們讚譽名人》這幾戶人家最詳盡的回訪，則記錄在《他們身後的孩子》（*And Their Children After Them*, 1989）當中，由戴爾・馬哈里奇（Dale Maharidge）撰稿、邁可・威廉森（Michael Williamson）攝影。這本書的標題就像艾吉的書，典故也出自《便西拉智訓》（*Ecclesiasticus*）[17]第四十四章。該書備受評論讚譽，並且獲得了普立茲獎，我雖然只約略瀏覽過，蘭道卻詳讀了一遍。

「那本書充滿恨意、行文笨拙，而且到處都是偏見，他們跟白人聊一聊，就一面倒地說他們有多麼種族歧視。我不否認這裡的種族歧視與偏執觀念很猖獗，很高百分比的白人小孩到長大都不認識黑人，但他們忽略太多事了，尤其是這裡的情況真的已經比以前好太多了。看看我們走過來的路吧！」蘭道說。

聽到這裡，我想起了萊爾斯牧師說的，他連在主要大街的人行道上蹓躂都不行。

「而且現在公立學校都完全是種族合校了。」蘭道說。

---

16 英國詩人、畫家，浪漫主義文學代表人物之一。

17 天主教譯作《德訓篇》，天主教、東正教與東方教會將其納入《舊約・聖經》，新教教會則多認定其為次經。此處之「名人」（famous men）原意為信神之人死後留名，或譯為義人、敬虔的人、信主之人。

「但是還是有抗拒，比方說，這裡還有全白人的私立學校。」我說。

「南方類似的地方都像這樣啊！」蘭道認命地聳了聳肩說，「這是人生的實況。」

「那教會呢？尤金．萊爾斯——就是鎮上的萊爾斯牧師——跟我說，他不敢踏足白人教會的，怕會被人扔出來。」

「沒人會被趕出去的，不分黑人、白人。在格林斯波羅，每年會舉行兩次跨宗派的禮拜，在感恩節和復活節的時候，是全鎮的活動，所有種族都一起參加的。」蘭道說。

他又接著說，整個聚落的社交結構都是在教會建立起來的，而且教會在黑人認同當中占的分量很重，這使得沒有任何黑人會想要脫離自己教會的保護。以「保護」這個字眼說明加入教會的意義，似乎還滿狡猾的。

「大多數人參加的都是自己從小上的教會，有新人搬來鎮上的時候，各教會就競相拉他們加入。我有時候會好奇，新來的人要怎樣才能不參加某間教會。」他說。

「這是我在南方學到的一項好用技巧，去教會就能遇到人。槍展也是。還有理髮店、足球賽。」我說。

「還有書本。南方小說。」蘭道說。他指的是要如何熟悉南方。他侃侃而談——聊起了艾吉、福克納、他喜愛的英語作家，以及班．富蘭克林（Ben Franklin）等歷史人物。他對這些作家瞭若指掌。

我同意他說的，福克納在小說裡為南方寫下最可靠的歷史，但我也說了，覺得其中有些部分不堪卒讀。我和盤托出我對這人的氣憤，而他才華洋溢，卻品質不穩，有時還像艾吉一樣晦澀，因此又更惱人。我喜歡他的幽默；我討厭他矯作的迂迴曖昧。在蘭道放滿書冊的起居室裡，我們抱怨了南方哥德式小說（Southern Gothic）對於恐怖服裝與駭人蜘蛛網的怪異呈現，也都同意楚門・卡波提（Truman Capote）名過於實、威廉・史代隆（William Styron）受到低估，查爾斯・波帝斯則徹底遭人忽略。這些人被認為是陳舊、落伍、老套，全都已經過氣。

「寫文章談新問題的人不多，新的緊張關係比舊的還要微妙難解。舊時的緊張是出於完全的互不理解。新的緊張則來自『我們要怎麼做？』」蘭道說。

「有誰在寫這個題材嗎？」

「你曉得瑪麗・瓦德・布朗（Mary Ward Brown）的文章嗎？」

我說我沒看過。

他對我說：「你應該見見瑪麗・T。」他是這樣稱呼她的。她住在培里郡（Perry County）的馬里昂鎮，位於赫爾郡的東邊。「她寫短篇故事，寫得非常好。」

蘭道跟我說了一點她的事。她嫁進一戶農家，現在仍然獨居在偏僻地段的家族老屋裡。

「她九十五歲了，過幾個月就九十六了。」蘭道說。

「說不定你可以引介我認識她。」我離去時說道。

幾天過去了。我讀到了布朗收錄在《火舌》（*Tongues of Flame*）裡的幾則短篇故事，對她貼近事實的描述與真誠自然的行文印象深刻，許多故事談的都是小鎮上的社交尷尬，以及彼此的——有些是種族的——誤解與怨恨。這些作品的文句簡明，例如〈當季水果〉（The Fruit of the Season）的開場：「深南地方最好的時節是五月初，先前的冷天已結束，高溫也尚未到來。樹葉與草地仍是復活節的嫩綠。野花令鄉間生機盎然，重要的是，木蘭花也開始綻放。白天越來越長，螢火蟲也照亮緩緩降臨的夜色。一九五九年的五月初，阿拉巴馬的露莓（dewberry）[18]已經成熟。」

這段故事講的是三個黑人小孩去採莓果，以及他們將莓果送給擁有這一小片莓果園的白人婦女時，所引發的一場小小危機。

我打電話給蘭道說：「我想快點見到她。」

「也許等你再回來的時候吧！」他說。

這話我聽過很多次了。在旅程中，我一般會堅持要見到面，但這不是趟一般的旅程，不是為了寫書取材而橫越中國或環遊非洲；這次不一樣，是趟公路之旅，來回往返，是一種生活方式，是連續的每季回訪，而現在正值冬天。

「或許春天的時候吧！」他建議道。

「她到時候就九十六歲了。」

推遲與如此年長的人會面，似乎有些冒失，但是蘭道說她身體健康，期待著幾個月後與我見面。

格林斯波羅的HERO

有間位於主要大街街角的店面，現在成了一家咖啡館，名叫「派餅實驗室」（Pie Lab），在當地人之間以自製水果派、沙拉與三明治的口味多樣而聞名。這家店原本是簡稱HERO的「赫爾郡培力暨復甦組織」所推出的一項計畫，我初次來訪時就聽說過這個組織的事了。

「他們的想法是大家會走進派餅實驗室，就能認識一些新的人，立意良好，但是成效不彰——至少我認為不行。」蘭道・克伯這樣說。

他搖搖頭，稍帶貶意地說這是「自由派的譁眾取寵」。

不過隔天，我在派餅實驗室吃午餐時，碰巧遇到了HERO的創辦人兼營運者潘・道爾，我秋天時就想見見她了，但一直沒能聯絡上。我們就在這兒喝起咖啡，吃起洛林鹹派（Quiche Lorraine），這種鹹派被格林斯波羅某些鄉親發音成「魁基」而非「基許」。

南方這些凋敝、衰落的城鎮越來越能吸引外地人，就像第三世界國家吸引了有理想的志工一樣，許多人正是為了相同理由而來。看似質樸純真、前景可期的這些地點，既貧窮又秀麗，且亟須復興。這些地方展現出施救的可能性，這對於年輕的大學畢業生，或想休學一個學期去另一個世界做社區服務的人而言，就成了難以抗拒的挑戰。而這些地方住起來也很愉快——至少看似如此。

格林斯波羅和整個赫爾郡嚴峻的住房情勢，激勵了奧本鄉村工作室（奧本大學〔Auburn University〕建築規劃與景觀學院的大學部學程）的學生建築師，要為窮困民眾打造有吸引力的低價住宅。這些奧本住宅小巧而簡單——其中有些創新得亮眼且吸引人——貌似展開的摺疊物且造型合理，就像是用錫與三夾板做成的超大型摺紙作品。由於首要目標是平價，格林斯波羅一棟新建的奧本住宅——又稱為「20K住宅」——的價錢不會超過兩萬美元，也就是一個領社會福利金的人能負擔的最高額房貸。

18 一種黑莓。

聽說了奧本鄉村工作室的事之後，潘・道爾十年前從舊金山遷來格林斯波羅，隨後便成為奧本的「校外學員」。她就此中斷原本擔任設計師的成功事業，她待過的公司包括Esprit和Gap，後來還有維多利亞的祕密（「我做過舒適的睡衣」）。她起初帶著一股志工精神來到格林斯波羅，但是當她的學員身分期滿時，卻不願意離開這座可愛但陷入掙扎的城鎮。

「我意識到這裡還有太多我可以做的事，」她在派餅實驗室對我說道，而這裡也是她的創業點子之一。她的點子很多。她曾經用「免費撿來的材料」打造出她在舊金山的公寓——她給我看的照片裡，有她色彩繽紛的房間，以及她在垃圾堆與二手貨裡找到並重新上漆的桌椅。修理、再利用與翻新，是她的熱情所在；格林斯波羅的環境急須改善，而且這裡有的是原料——破舊的房舍與商店要修到能住人，垂死的鬧區還可以復活，松林裡還有許多恣意蔓延的竹子叢生，可供善加利用。潘提出了用竹子製作自行車車架的點子，結果成立了英雄自行車行（Hero Bikes），這也是潘從二〇〇四年創立HERO以來就經營至今的事業之一。

「我們蓋房子，也教育民眾住者有其屋的觀念，還跟非傳統派的銀行家合作，協助民眾建立信用。」

當地的銀行過去主要放款給白人。黑人也可以獲得貸款，但利率卻高得過分——百分之二十七的利息也不少見。

「我覺得這似乎是個大好良機，可以讓聚落重獲新生，我們有三十三名職員，還有許多志工。HERO參與了派餅生意、胡桃生意——我們把在地種植的胡桃賣給零售通路。我們還有一家日間看護中心，跟課後安親方案。還有一家工程行、一間舊貨鋪，以及自行車生意。」潘說。

其中有些商行現在就開在主要大街以往曾經是五金行、保險公司、歌劇院的地方。HERO在主要大街上改造或者整修了十一間荒廢店面，都是在屋主急於出售時（「屋頂垮下來或天花板塌陷時」）收購下來的。

在英雄自行車行，我與自行車製作師兼經理派崔克．凱利（Patrick Kelly）聊了起來。他印證了我的想法，致力於改善格林斯波羅狀況的這些外地人，就是有可能去第三世界國家工作的那種人。「我本來想去奈及利亞，從事發展工作，但計畫沒通過。所以我去韓國待了五年，去教書。我在那裡也學會製作單車。然後就來格林斯波羅了。」他說。

潘．道爾也像你所能想像到靈感最豐富、精力最旺盛的和平工作團（Peace Corps）[19]志工。她面帶微笑、積極樂觀，腦中充滿了執行方案、解決辦法與改造活化的構想，還很年輕——不到五十——而且見多識廣，還帶著加州式的笑容與不拘禮節。

「我不支薪工作了兩年，我們拿到了住房城發部（Department of Housing and Urban Development, HUD）的撥款，還得到了一些其他的補助，現在因為有了這些各式各樣的事業，我們是自力更生的。」潘說。

來自加州使她與眾不同。她穿衣服的方式，一件紫色刷毛衫配上綠色木底鞋，令她顯得醒目。她決心實現改變，則使她顯得可疑。外地人在南方經常受到懷疑。他們求的是什麼？他們為什麼要來這裡？他們試圖改變現狀的意義何在？這些人被視為煽動者，就算他們做的不過是興建平價住宅、

19 甘迺迪總統任內成立、由美國政府支持運作，派往國外服務的志工組織。

或採收竹子、或讓職業婦女的孩子放學後有事情忙：德克維恩（De Kevion）、凱尤娜（Keyonna）、潔美莎（Jaimesa）、金柏莉（Kimberly）、賈琪拉（Jakira）、拉斯琳（Raslyn）、迪美斯（Demais）、崔妮蒂（Trinity）等等。

「你住在這裡會發現很多事，毒品是個問題。晚上開車沿著巷道走，你就會看到白人女孩為了滿足毒癮在賣淫賺錢。還有媽媽替小孩拉皮條的。有人十三歲就懷孕了——我自己就認識兩個，但這種人很多。不是只有黑人才這樣。有些念基督教學校的白人女生懷孕了，就用皮帶把自己的肚子勒緊想墮胎，因為懷孕的白人青少女在阿拉巴馬州是無處可去的。她們要是被發現懷孕，會被學校踢出去的。」她對我說。

「鎮上怎麼看待你們的工作呢？」我問道。

「很多人站在我們這邊，不過他們也知道，改變要從內部開始。」她說。

「萊爾斯牧師跟我說，你們幫忙修復了這裡的羅森瓦德學校。」

「艾默里學校嗎？是啊！不過我們獲得阿拉巴馬大學與美國志工團（AmeriCorps）[20]的協助——很多人都有出力。萊爾斯牧師也在重新啟用典禮上做了一段致詞。那是很棒的一天。」她說。她深吸了一口氣，平復情緒。「但也不是每個人都站在我們這邊。」

「真的嗎？」

這讓我很驚訝，因為她所描述的事，在艱困的農村地區翻新舊校舍，就像是在第三世界國家的小規模發展計畫一樣。我曾多次見證類似的努力：為昏沉的社區注入活力、募集資金、遊說支持者與贊助人、召集志工、請求捐贈建築材料、申請補助與審核、對抗怠惰與唱衰者的訕笑、制定計畫、公告周知、管理營運、付薪資給技術工人、為志工送餐，直到大功告成。長年的努力、長年的量入為出。最後在啟用典禮上，每個人出席時都換上一身乾淨的服裝，迎向餅乾、檸檬飲、致謝感言與擁抱。那是南方的另一面，人們將其視為發展的契機，在各種「工作坊」裡談論著「挑戰」與「潛力」。

「所以是誰在反對你？」我問道。

「許多人似乎不喜歡我們做的事。」潘說。她晃了晃腳上的木底鞋，拉上了刷毛衫的拉鍊抵禦寒風。「很多人在作對。講了很多難聽話。他們還會咒罵我。」她大笑起來，這樣說道。「不時會有人走過來，對我吐口水。」

參訪事由

我還記得上次造訪西阿拉巴馬社區服務計畫時，看到的那本訪客登記簿，他們的辦公室位於塔斯卡盧薩市區邊緣一棟低矮的建築物裡，在一所老舊的中學後面。有天早上，我從格林斯波羅開車過去那邊。這一次，也跟先前一樣，我詳讀了簿子裡的「參訪事由」欄目，留意到姓名旁邊的潦草字樣寫著：「食物」、「衣服」、「水」、「電費」，還有「水電瓦斯」、「協助」等等。「食物」是出現頻率最高的事由，其他原因也幾乎一樣常見。這只是今天的記錄，而這時還不到上午十一點。

20　柯林頓總統任內成立、由美國政府資助的志工服務團體。

我再次來見辛西雅・波頓，以瞭解住房情況的進展，還要預約幾場會面。

辛西雅仍然一如往常地熱情好客，但看起來氣色不佳。她坦承她生病了，因此我就沒再問她有沒有聯繫上任何我可以見的人，而是問起她的健康。

「高血壓，而且我還有血栓。我的膝蓋需要開刀，但麻煩的是，為了動手術我得先服藥。這種藥可能會導致我出血。問題在於要穩定我的病情。」她說。

她雖然身體有恙，卻還是每天在這棟狹小簡樸的建築裡長時間工作，在我看來，她就跟她試圖協助的民眾一樣處境艱難。走投無路的民眾在訪客登記簿上寫的是「食物」、「衣服」與「水」，都是他們需要的東西，換成辛西雅的話，也許會寫「時間」或「健康」吧！

我因為剛從格林斯波羅過來，就提到了HERO推動的那些計畫：舊屋翻新、商店、製造自行車、採收胡桃、課後安親方案、派餅實驗室。

辛西雅聽著，撇嘴一笑，流露出明顯的懷疑，我問她為什麼有這種反應。

「他們造成了分歧，他們本來可以避免這樣的。」她說。

「我覺得潘・道爾滿能帶動士氣的啊！」

辛西雅搖搖頭，輕輕笑了。「潘・道爾是從加州來的，她認為她比較懂。她相信她初來乍到，就能解決她看到的每件事——這是加州的作風。但是啊，保羅，這裡是阿拉巴馬，不是加州。」

「不過，她還是為她的計畫申請到款項了啊！」

「有些是住房城發部給的錢。但是她也失去了幾筆款項。」

「HERO不是也在修房子、蓋房子嗎？」

「跟我們不一樣的。」她說的「我們」，指的是西阿拉巴馬社區服務計畫的住房興建與翻修工作。現在我才瞭解，為了爭奪款項、知名度，還有住房發展部的資金，這些非營利組織之間的競爭也很激烈。雖然兩位女士對我都很坦誠，我的認識程度卻不足以讓我選邊站。她們兩位都是堅強的女性，我也很感謝她們的直言不諱。她們都沒有迴避我的問題，給我的資訊都比我索求的還多。儘管潘．道爾是個外地人，而我一直聽說，新來到南方決意帶來改變的外人，經常會被說成是煽動者——既被本地的非營利組織視為競爭者，也被守舊派當成可鄙的多管閒事者。

所以我換了個話題，問說：「有什麼新消息嗎？」

「跟你說，我們剛選出了一位遺囑認證法官，亞瑟．克勞福（Arthur Crawford）。他的勝選過程可以寫入歷史。他先前因為一些技術問題被褫奪了資格，沒能列入選票上的候選人名單。於是他發起自填候選人運動。他到處巡迴，告訴民眾投票有多重要。他們要做的不過是在選票上寫下他的名字作為另填候選人，以及把字拼對。原本在任的利蘭．艾弗瑞（Leland Avery）已經做了三屆，但克勞福靠著自填選票就打敗他了。」她說。辛西雅興奮得有點喘不過氣，接著又說：「了不起吧？」

用自填選票逆轉局勢，在阿拉巴馬州是史無前例的事。這位亞瑟．克勞福二世是黑人，而利蘭．艾弗瑞則是白人——現在艾弗瑞還面臨嚴重違背倫理的指控——這讓我們討論起曾是一九六〇年代抗議遊行核心訴求的選舉議題。

「你也知道，今年是民權運動五十週年紀念，我在想我們已經走了多遠，我想談談大家從中受惠了多少，也想表揚那些沒有聲名大噪的人家。好多人都在抗爭中貢獻了力量——這是一場戰爭，他們都是那場戰爭的士兵，沒人曉得他們的姓名。他們都是平凡人，卻冒了大風險。」辛西雅說。

我提到了三K黨在一九六五年引發的衝突，以及萊爾斯牧師描述過的在格林斯波羅「對抗種族混合」的白人，都詳盡記載在他給我看的、由蘇珊・艾許摩寫的《繼續堅持》當中：街頭鬥毆、多人負傷、黑人抗議者被捕、警方縱容、白人政客的冷漠或敵意。

「這當然是場戰爭。」辛西雅說。她嘆了口氣，沉思了一下。「我試著想像比尤拉・梅・唐納（Beulah Mae Donald）看到自己兒子吊在樹上時的痛苦。」說到這裡，辛西雅眼眶泛淚。「那女人真可憐。」

麥可・唐納（Michael Donald）之死，在阿拉巴馬州算是晚近之事，曾經引發民憤，也是該州最後一起有記錄的私刑虐殺案。這起於一九八一年發生在莫比爾市的本地恐怖事件，並未在外州引起太大的迴響。事件起源於一宗謀殺案，由於陪審團無法做出一致裁決，導致一名遭控謀殺白人警察的黑人男子無罪開釋。當地三K黨支部的獨眼尊者（Exalted Cyclops，即支部頭目）班尼・傑克・海斯（Benny Jack Hays）受事態轉折激怒，遂召來手下黨徒集會，下令殺人報復。他的兒子亨利（Henry Hays）與詹姆斯・諾勒斯（James Knowles）這兩名年輕的三K黨人——在黨內的代號為食屍鬼（Ghouls）或騎士（Knights）——遵從了他的指示。他們開車駛進市區的巷弄，要找個黑人，隨便哪個黑人，來殺雞儆猴。

一九八一年三月二十一日深夜，十九歲的麥可・唐納獨自走著，要去便利商店買香菸。這兩名三K黨減速靠近他，從車子裡叫住他，自稱迷路了，要請他指路。唐納答應了，正回答他們的問題時，就被他們抓住拖進後座，車子開去鄰郡，他們在那裡將他亂棒打死，還順帶割了他的喉嚨。他們隨後把唐納的屍體運回莫比爾，繞著他的脖子綁了條纜繩，醒目地吊在市區的路樹上。

「我幾乎無法想像身為母親的悲傷，以及這位可憐的女士經歷過的事。」辛西雅・波頓說。她經歷過的，是在恐怖中眼見自己的兒子被私刑致死，隨後還遭到警方不實指控為毒販（以此作為其遇害的藉口），又忍受了兩年半無處討公道，受盡煎熬，奔走求助後獲得（傑西・傑克遜〔Jesse Jackson〕[21]等人的）聲援，直到FBI介入，凶手才終於落網，被送上法庭判刑。兩名被告中，較年輕的三K黨人詹姆斯・諾勒斯於一九八三年六月被定罪之後，從被告席上向比尤拉・梅・唐納表示他很抱歉，並祈求她的寬恕。

「我寬恕你了，從我知道你們是什麼人。那天起，我就請求上帝看顧你們，祂也做到了。」喪子的唐納太太說。

由於諾勒斯接受認罪協商，並指證了他的共犯，因此獲判終身監禁。亨利・海斯則被判處死刑。他在莫比爾東北方約五十哩的霍爾曼監獄（Holman Prison，囚犯俗稱為「屠宰場」）當了十四年的死囚。他於一九九七年六月在霍爾曼被處決，坐上了那張漆成黃色、阿拉巴馬人稱作「黃色媽媽」的電椅。

辛西雅與我談起這場悲劇及其意涵。她說：「現在不會發生那種事了。但人們對於前人的犧牲並沒有感激之情。我們還有一段長路要走。」

過了一會兒我說：「還有就是那些約訪的事。」

「喔，對，等你再回來這裡，我也好一點了，我想讓你見一些人。」

21 美國著名黑人民權領袖和浸信會牧師。

「黑人日」

我沒有再繞路經過費勒德菲鎮與喬克托，而是南下再往西離開了阿拉巴馬，橫貫了密西西比，行經的鄉間道路兩側都是些破舊的平房，以及漆成白色的小間木造教堂。我從林肯郡（Lincoln County）進入了傑佛遜郡（Jefferson County）。傑佛遜因擁有全美國最肥胖的居民而著稱，弔詭的是，這裡卻也是全國前幾名貧困的郡。我去了傑佛遜的郡治法耶特鎮，再從那裡前往尤寧徹奇（Union Church，意為聯合教會），這座小鎮有八百三十人人（以及五座頗大的教堂），打算從那裡北上進入三角地，再回到國道六十一線。我終於來到可愛的維克斯堡鎮。

在維克斯堡，我再次回到了核桃丘餐廳的圓桌，因為上次來這裡與八位白人一起吃飯，那樣的沉浸體驗（「你們讓我們吃老鼠」）真是出乎預料。這次則有三位快要吃完的女士歡迎了我；兩位提問的——是一對母女——正在用甜點，而另一位相貌更有異國風的女士、也是她們的朋友，則啜飲著咖啡。

「我們喜歡這張圓桌，」母親帶著好心情說道，同時將叉子的尖端斜插進一塊派中。「我們喜歡吃飯，你都看到了。」

她們每個人都身材壯碩、膚色蒼白，有相似的塊頭跟友善，只是咀嚼得很用力，吃得有點上氣不接下氣。

「我有一部分切羅基族血統，」異國相貌的女士說，她的膚色暗沉，黑髮編成了一條長辮。「我也會寫一點東西。主要是寫詩。」

她們隨即就問我結婚了沒？我太太在哪？我做什麼維生？這些都是我在非洲、印度或太平洋島嶼旅行時就已習慣的問題，既是對家庭的關注，也是對獨自旅行者的著迷與不信任。

「媽媽，看看幾點了。」

「喔，天哪，我們得閃了，」母親說，「我們是從河對面過來的，就在塔盧拉鎮（Tallulah）北邊，靠近路易斯安那州的雷克普羅維登斯鎮（Lake Providence）那裡。」她又有點自誇地補充道，「那可是全美國最窮的鄉鎮了。」

這說法並不正確，但也很接近了：雷克普羅維登斯的人口有五成生活在貧窮線以下。

說完，她們就起身離席，並祝我旅途平安。我坐著單獨吃了一會兒，轉著餐桌轉盤，隨後又有三位女士走進房間，來到桌邊就座。她們分別是黛博拉．麥唐納與卡門．布魯克斯——這兩位在納切茲當律師的中年婦女，以及卡門的姑姑蘿拉。她們今天來維克斯堡玩，開車兜風、到處看看、還有購物。那天是週六，她們都有空，也喜歡在這張圓桌上享有隨意選取菜色的自由。

「我念過艾爾康，接著又念了密西西比大學（Ole Miss）的法學院。約翰．葛里遜（John Grisham）[22]是我同學。」黛博拉說。

艾爾康州立大學（Alcorn State University）位於我曾路過的羅爾曼附近，傳統上是一所黑人學校，於一八七一年創立時，就如同該校的手冊所述，是「為了教育先前受奴役的非洲人之子弟。」

22 美國暢銷作家，作品多是以法律為題材的驚悚小說。

現在又設立了另外兩個校區，但是招收的學生絕大多數仍是黑人。

念密西西比大學時，黛博拉是法學院該屆（1979-1982）共三百名學生當中的十三名黑人之一。她回想起自己在校那些年，發出了笑聲，我懷疑她的笑聲純然出於憤恨，便詢問了細節。

「那裡敵意總是很重，這很奇怪，因為詹姆斯・梅瑞迪斯好幾年前就念過那裡了，比方說，其他學生會把書藏起來不讓我們用。我們有指定閱讀的書單，去了卻找不到那些書——就是不在架上。那真的很惡質。然後老師也對我們視而不見，但他們又時不時會點名我們發言，有幾天還會點到三個黑人學生。我們都覺得那很可笑。我們稱之為黑人日。」她說。

通情達理的蘭道・克伯曾對我說：「風水輪流轉。在南方的很多地方，白人已經失勢了。黑人已經取而代之。雙方都有怨氣。」

我向卡門提起了這段話。

「那是真的，但白人想要重拾地位——他們或許也做得到。他們推出了自己的候選人，像是傑克遜市的喬納森・李（Jonathan Lee），一個右翼的黑人候選人——就是他們的人。傑克遜現在有百分之七十五是黑人。」她說。

但李在民主黨初選中輸給了社運律師喬奎・盧蒙巴（Chokwe Lumumba），這位六十五歲的民權律師因為一九九三年成功替遭指控「企圖傷害罪」的饒舌歌手吐派克・夏庫爾（Tupac Shakur）辯護而成名。他本名艾德溫・塔利亞費羅（Edwin Taliaferro），出生於底特律、在密西根受教育，放棄了他所謂的「奴隸姓名」，並改名為喬奎・盧蒙巴。這姓名在我看來是個怪異的選擇：喬奎——正確地說，是隆達與喬奎族（Lunda Chokwe）——是安哥拉的一支部族（而且喬奎也不是他們族人會取的名字，艾德溫反倒還是），而盧蒙巴則是剛果的殉難愛國者。喬奎・盧蒙巴在二〇一三年七月當上了傑克遜的市長，承諾要帶來革新與公平，還在就職典禮上舉出「黑人權力致敬」（Black Power Salute）的手勢，並高喊：「解放這片土地！」一份當地報紙描述，他的政綱是一套「全新的進步派黑人政見，致力於推動自決、自治、自力經濟發展。」若說白人先前已經稍感疏離，那麼盧蒙巴市長並未給予他們任何鼓勵，還告訴他們，他們的優先順序被排在後面。盧蒙巴市長上任僅六個月，就在二〇一四年二月二十五日驟逝。

「我住在法耶特，查爾斯・艾佛斯（Charles Evers）很久以前當過法耶特的鎮長，從一九六九年做到七四年。他是羅伯・甘迺迪的好朋友。」黛博拉說。

她們問我目前為止在南方看到了什麼。我說我沒料到會有這麼廣泛的貧困景象，就像我在第三世界國家見過的那樣。

「我們這裡現在都是窮人勞工，只能勉強餬口，」卡門說。接著她又說了句我後來時常想起的話：「健康出個問題就能拖垮你。」

她談到了納切茲，該市南區以白人為主、還有自己的學校；納切茲北區則是黑人區，那裡的中學有百分之九十是黑人。納切茲近年的歷史充滿動盪。三K黨在此地的成員眾多（密西西比州的這一帶計有六千名三K黨人，分屬五十二個支部），並且組成了一個行徑特別暴力、稱為「三K黨白色騎士團」（White Knights of the Ku Klux Klan）的分支單位，在納切茲市區與周遭一直活躍到一九六〇年代晚期。包括蘿拉姑姑在內，許多人對此記憶猶新。

回想起這些事，黛博拉的語調激昂起來，如同她當律師時——在重要審判的尾聲進行總結、做出結辯，字字分明。

「我們黑人白人是一起生活的，永遠都是，」她說，「說我們是陌生人是沒道理的！我們一直都是朋友。我們一直都是鄰居——彼此通婚、共同生活、始終在交談。我們對彼此的認識比對其他人更深。」

「所以要怎麼做才行呢？」我問。

「大家要打從心底做出改變，」她說完，又壓低了聲音。「這很難。」

三角地之冬

冷冽的霧氣與灰暗的天空彷彿夷平了三角地，也使這條公路更顯慘澹，漫長筆直道路旁的泥濘田野隆起宛若土堤，從河流吹來的寒風也將樹葉扯落。三角地赤裸裸的，卻有種粗率的美麗與簡樸，樹被剝光了葉子，有些黑土田地已耙平了殘梗，準備種植——棉花吧，我猜；在上次旅程中，我還不覺得田地蔓延得如此顯眼。到了冬季，這片土地光禿禿的，有一種荒涼的壯闊。但那指的是田野與樹林，是低地的斜坡沼澤，以及浸在水裡的野草、小溪與池塘。

人類的聚落則是另一回事了，而且說來悲傷。破敗的拖車屋叢集坐落在破敗的城鎮外圍，全都因為如此惹眼而更顯驚人。又因為天氣冷，待在戶外的人不多，恍如世界末日的景象，一條公路貫穿一片人口衰減的土地。難怪我在南方常會想起末世這類的概念，《啟示錄》裡提到的饑荒、劫難，以及假先知等等。走上國道六十一線，（如果你們教會也幫忙將這些經文灌進了你憂懼的心神）

你可能就會相信，你正在目睹七道封印悲慘地陸續揭開——欺騙、破壞、飢餓、動盪、迫害、苦難，以及——第七封印——揭曉的奧祕。

阿科拉鎮就是幾棟粗劣的屋子、木板房與幾家拉下鐵捲門的商店，叢生在幾條網格狀的街道上。有間房屋的前院裡有六座墓碑。有一小間學校、一間警察局、還有郵局——但戶外空無一人。我上次旅程在格林維爾遇到的迪．瓊斯，有個妹妹住在這裡，叫作露比．強森，迪建議我，如果想對阿科拉多瞭解一點，就去找她。露比是阿科拉郵局的支局長。

「強森小姐本週不在。」櫃檯的女士告訴我。

這位是來幫她代班的薇薇安．魏斯頓。「你下次回來，就會找到她了。」

「這裡狀況怎麼樣？」我問。

「這附近滿好的，也安靜，我喜歡這裡。」魏斯頓小姐說。

這是三角地的一項特色：無論一個地方看上去多麼潦倒不堪，當地人都能說出優點，並找到一些事情稱讚。

我買了幾張郵票。

「當然啦，荷蘭代爾的魚塭收掉時，」魏斯頓小姐邊找零邊說，「是真的很辛苦。」

「發生什麼事呢？」

「他們都沒有工作了。」她帶著三角地的口音說道，聲調上揚，把工作的work念成了woik。

在利蘭的十字路口，我打電話給蘇．伊凡斯約時間再見個面，瞭解一下近況，或許還能多知道一點比比金的事。但她在忙。

「下次你到這附近，請順便過來吧！」

南方最陰森的建物

所以，我在利蘭並未左轉，而是向右駛去，又開了四十哩左右，到了格林伍德，再沿著芒尼路（Money Road）前行，來到了這個名為芒尼（Money）的地方。

芒尼（人口九十四名）幾乎算不上是個城鎮或村落，只是塔拉哈奇河（Tallahatchie River）河岸旁邊的一個路口而已。在那裡，我毫不費力地找到我要找的地方，一間有百年歷史的雜貨店，屋頂塌陷、磚牆破損，立面封上板子，木造前廊做了草率的補丁，整堆殘骸都長滿垂死的植物與纏繞的藤蔓。這間一副鬼屋模樣，還有段血腥歷史的店面，便成為了我在這整趟南方之旅裡，所見到最陰森的建物。這片廢墟原名為「布萊恩雜貨暨肉品行」（Bryant's Grocery and Meat Market），現在已經列為密西西比州遺產信託組織（Mississippi Heritage Trust）的「十大瀕危歷史遺跡」之首，雖然有許多人視其為可憎之物，寧願將其夷為平地。

發生在這間店裡，以及隨後發生在芒尼這個小聚落的事情，是我年輕時聽過最震撼人心的故事之一，而且難以忘懷，我今天也為此來了這裡。一如通常有的情形，在南方沿著鄉間公路開車，就會開進陰暗的過往之中。掛在店門口的一塊「密西西比自由之路」（Mississippi Freedom Trail）告示牌，詳細說明此處在歷史上的地位。這也是我個人歷史的一部分。

一九五五年五月，那名男孩的命案發生時，我剛滿十四歲，他與我剛好同年。但我不記得當時波士頓的報紙登過任何關於這件暴行的報導。我們家訂的日報是《波士頓環球報》（Boston Globe），但也訂了好幾份勤於閱讀的家庭雜誌：《生活》（Life）看的是攝影，《柯利爾》（Collier's）與《週六晚郵報》（Saturday Evening Post）看的是人物側寫與短篇故事，《展望》雜誌（Look）看的是葷腥報導，《讀者文摘》（Reader's Digest）看的是從其他雜誌摘錄的選文。這種以雜誌作為家庭娛樂與啟迪的維多利亞時期習慣，一直持續到一九六〇年代，電視的勢頭壓倒雜誌為止。

在一九五六年一月，我們訂的《展望》雜誌刊登了一篇威廉・布萊德福・休伊（William Bradford Huie）的報導，題為「密西西比州獲准殺人案的驚人故事」，那年春季號的《讀者文摘》又刊登了這篇文章的刪節版。我清楚記得此事，因為我兩個哥哥已先看過這篇報導，而我又深受他們品味與興趣的影響。聽見他們激動地談論此事後，我也讀了這篇報導，既受到驚嚇、又為之著迷。

艾莫特・提爾（Emmett Till）是個黑人男孩，來密西西比州探望舅公時，進了一間雜貨店買糖果。他據稱對站櫃檯的白人女性吹了口哨。過了幾個晚上，他就被人綁架、折磨、殺害、棄屍河中。兩名男子為此罪行被捕受審。他們無罪獲釋，後來還沾沾自喜，告訴休伊他們確實犯下了這起案件，並且明目張膽地主動交代了血淋淋的殺人細節。他們已擺脫謀殺的刑責了。

「來給他們寫封信吧！」我哥亞歷山大說了，也這樣做了。他的信裡只有兩句威脅的話：「我們要來抓你了。你會後悔。」署名是「波士頓幫」。我們寫上兩個殺手的姓名作為收件人，寄給他們所在的密西西比州芒尼郵局轉交。

雖然殺手與共犯的身分已為人所知，卻始終沒人因這起命案被定罪。但就像布萊恩商店門口的紀念牌所寫的，「提爾之死受到國際關注，外界亦普遍認為此案激起了美國的民權運動。」

這起案件的書面證詞，以及一九五五年被告受審的法庭紀錄，原本據信皆已遺失。但是ＦＢＩ在二〇〇四年發現了浸水受損的文檔，且加以謄錄，並在二〇〇五年、也就是案發五十年後公開，集結成一百一十頁的「ＦＢＩ調查艾莫特．提爾命案之概要檢控報告」[23]。

ＦＢＩ的調查報告指出，艾莫特．提爾年僅十四歲就重達六十八公斤，在一九五五年八月，從芝加哥來芒尼探訪舅公摩斯．萊特。他離家前，他母親瑪咪．布萊德利將已故父親的銀戒指交給他。戒指上面刻著「一九四三年三月二十五日」，以及路易斯．提爾（Louis Till）的姓名縮寫「ＬＴ」。

路易斯．提爾的經歷奇異而暴戾。為了避免因遭控襲擊妻子而去坐牢，提爾在一九四三年參加了美國陸軍，並投入義大利戰役。他在義大利時，被軍事法庭以殺害一名義大利女子、並性侵另兩人的罪名，判定有罪。他被關押在比薩（Pisa，詩人艾茲拉．龐德〔Ezra Pound〕也因遭控叛國，而被拘留在同一所軍事監獄），並於一九四五年在當地被處以絞刑。提爾的前妻與幼子對這些事一無所知，還以為他已戰死沙場。結果這枚戒指成為了辨識艾莫特．提爾身分的重要依據，因為這是整具赤裸殘破的遺體身上唯一完好無損的部件了。

艾莫特跟著摩斯．萊特住了一週，萊特的小房子位於東芒尼，距離路口三哩。萊特在當地被稱為傳道人萊特（他是附近一間小教會的兼任牧師）。艾莫特上次到這裡來是九歲的時候，他被稱為波波或阿波，有點輕微的言語障礙，講話口吃，但他也是出了名的愛惡作劇、戲弄人，又會逗朋友開心。他很受其他小孩歡迎，在深南地方的這塊窮鄉僻壤，他擁有芝加哥人的自信。

有天傍晚，在採了一天的棉花後，艾莫特跟另外八個年輕人，包括一名女生，去了布萊恩雜貨店買飲料與糖果。店主人是羅伊與卡洛琳．布萊恩（Roy and Carolyn Bryant）。羅伊一九五〇至一九五三年曾經在第八十二空降師當傘兵，是個大塊頭，身高約一百八十二公分，體重約八十六公斤。他當時二十四歲。卡洛琳比他小兩歲，羅伊不在時，就由她來顧店，出事的那個下午就是如此。

艾莫特走進店裡，要了些泡泡糖，並且付了錢。

「提爾走出商店，沒過多久，老闆娘卡洛琳．布萊恩也走了出來，就在卡洛琳．布萊恩走出來時，提爾吹了口哨。陪他前來的親戚曉得他的口哨會惹上麻煩，他們就帶著提爾，急忙離去。」ＦＢＩ的報告寫道。

這些是店外旁觀者的說詞，也有人暗示，艾莫特向卡洛琳吹口哨，或許是為了向朋友展現大城市的帥氣。

卡洛琳．布萊恩的說詞則有所出入。她聲稱艾莫特付泡泡糖的錢時，抓了她的手一把，還說：「要不要約個會啊，寶貝？」接著，她抽身退後時，他又跟在後面，說了「一個不堪入目的字眼」。她受到驚嚇，便跑進她的車子裡，從前座底下拿出手槍，由於她的舉動，逗留在前廊的艾莫特．提爾就向她吹了口哨，上車離去了。這時太陽已下山，芒尼陷入黑暗之中。

卡洛琳．布萊恩的故事遭到提爾其中一位朋友駁斥，他在提爾進入店裡不久就跟著進去了，付

23 作者註：這份「檢控報告」是ＦＢＩ對這起命案八千頁調查報告的摘要版，原報告為二〇〇六年二月九日，由該局駐密西西比州傑克遜市辦公室發布。原報告也納入了一九五五年Ｊ．Ｗ．米朗（J. W. Milam）與羅伊．布萊恩（Roy Bryant）以謀殺罪出庭受審的三百五十四頁紀錄。參見www.emmettillmurder.com。

錢買泡泡糖時也跟他在一起。據這位朋友表示，提爾並沒說過這些話。但吹了口哨是沒有爭議的。其中一位朋友就說：「每個人都知道提爾的口哨會惹麻煩。」

其後幾天裡，什麼事都沒發生。接著，事情過去四天後，在八月二十八日，羅伊．布萊恩與他三十六歲的同母異父哥哥J．W．米朗見面做了商量。米朗是二次大戰的退伍軍人，一九四一至一九四六年曾在歐洲的第二裝甲師服役。他們決定去找卡洛琳描述的那個男孩，便開車巡著芒尼附近的道路，發現了一個獨自行走的男孩。他們抓住他，帶回去給卡洛琳看，但她說這不是來過店裡的那個。

這名南方白人女子是這場紛亂的核心角色。早在這起事件發生前，法蘭克．譚能邦就在《南方的更黑暗時期》當中寫過：「事情的簡單真相似乎是，南方對白人女性鋪天蓋地的保護，補償的是有色人種女性必須忍耐的欠缺保護。」他接下來這段先見之明的觀察，也令人聯想起羅伊．布萊恩與J．W．米朗的形象：「在南方對於白人女性的理想化，有一部分是出於白人男性無意識的自我保護，免受他們自己的不良習慣、觀念、信仰、態度與作為所害。」

布萊恩與米朗懷疑到店裡來的男孩與摩斯．萊特有關，當晚就去了他在東芒尼的房子，做出要求與威脅。米朗一手拿著手槍，另一手拿著手電筒。他說：「我要在芒尼說了那些話的男孩。」

屋後的艾莫特從床上被吵醒。艾莫特穿衣服時，摩斯的太太伊莉莎白哀求那兩人放過艾莫特，並說他們要什麼她都願意給，只要別把他帶走。她問他們想要多少錢？

他們沒回答。米朗說：「我們只是要帶他到公路上，抽他一頓鞭子而已。」

他們把艾莫特拖進了車子裡。有一名女子的聲音說：「就是這個。」

（「鞭打的次數通常取決於『女士的心情』，而非奴隸的舉止，」路易斯．休斯〔Louis Hughes〕於一八九七年在《為奴三十年》〔*Thirty Years a Slave*〕中寫道。）

那天深夜，布萊恩、米朗，以及另外幾人（可能包括兩名黑人農場雇工，綽號「歐索」〔Oso〕的歐沙．強森〔Otha Johnson〕與綽號「太緊」〔Too Tight〕的李維．柯林斯〔Levi Collins〕）將艾莫特放在小貨卡的後車廂，載往葛倫朵拉（Glendora）的一處穀倉，在那裡殘忍地毆打他、鞭笞他、砸他的頭。曾聽米朗描述毆打過程的一個朋友後來舉報，米朗說過：「在揍他的時候，提爾從來沒尊重過這些人，也不肯說『是，先生』或『不是，先生』。事情就開始失控，提爾又說了一些話，大意是『他跟他們一樣好』。」

「黑人對白人說話時，被預期應當使用『先生』、『老爺』、『老闆』之類的稱呼，」哈佛的田野調查員在他們的研究著作《深南》（出版於一九四一年，對於一九三〇年代晚期的納切茲進行的社會學記述）中如此觀察，並補充說，「然而白人絕不能對黑人使用這類敬稱，而應該直呼其名、或『小子』。」

艾莫特．提爾打破了所有的規則。他違逆綁架他的人，就連被鞭打時，也不恭順或謙卑；他不曉得自己的身分；他妄自尊大。如果他乖乖的，就會接受並顯露出他低賤的社會地位了。就如同學者在《深南》所描寫的，一名白人男子如此陳述發生在納切茲的一場毆打事件：「他們是壞黑鬼，而且越來越踐。」

發生在艾莫特．提爾身上的事，儘管很殘虐，卻早已發生多次了。他在店裡的自信，以及他事後的違抗，都打破「體系裡最嚴重的禁忌」。《深南》引述的一名白人莊園主，就清楚解釋了這種處罰：「我們經常要鞭打，他們這些人裡面，有的變得太傲慢、或是太無禮、或是做了什麼不該做的事。我們不會趕走他們，因為讓他們回去工作通常會更有用，這樣其他的黑鬼就會知道這件事……我們會（把一個人）拉出來抽一頓，隔天再叫他回去工作。從此以後，他每次看到我，都會拉拉帽沿致意，從此就都是個好黑鬼了。」

最終，在艾莫特．提爾的顱骨被打破、臉龐被砸碎之後，這些人向他的頭開槍，再把他血淋淋的屍體裝上了小貨卡。（「這是一頭鹿」，隔天在某處停車時，有一名男子指出卡車後座有血流到了地上，「太緊」柯林斯如此向他解釋。）他們將車開到塔拉哈奇河畔，用帶刺鐵絲網在他身上綁了一臺三十四公斤重的軋棉廠鼓風機，再將他棄屍河中。

當天布萊恩與米朗就因涉有嫌疑而被捕——人們已議論紛紛——幾天後，一名漁夫發現艾莫特「被勾住」的屍體，之後在芒尼以北約十哩，菲利普鎮（Philipp）再上去、一處名為胡桃點（Pecan Point）的地方被拖上岸。這具腐屍的臉部破碎（「頭部大面積創傷」），已經無法辨識，但一隻腫脹手指上戴著的、刻著縮寫「LT」的戒指，證明了這就是艾莫特。一週後，艾莫特受盡摧殘的屍體在芝加哥被公開示眾。有數以千計的人，在四天之中，列隊見證了艾莫特（依他母親堅持）開棺陳列的遺骸。

謀殺案發生一個月後，布萊恩與米朗在薩姆納鎮（Summer）的塔拉哈奇法院受審。不利於他們的證據都無可辯駁，也傳喚了幾位控方證人。摩斯．萊特出庭作證，眾所周知地從證人席起身，指著這兩人，指認他們綁架了艾莫特。看似篤定會作出有罪判決了，但白人組成的陪審團經過短暫商議，就裁決布萊恩與米朗的謀殺罪不成立，隨後連綁架罪名也判定無罪。他們被拍下在法院外抽著雪茄、摟著妻子，公然洋洋得意的照片。

後來，為了錢，這兩人便與威廉・布萊德福・休伊合作，在審判後四個月登出的《展望》雜誌報導裡受訪。休伊付他們每人一千五百美元的受訪費，他們的律師則拿了一千美元。最多話的米朗毫無悔意地敘述，他如何在布萊恩的協助下綁架了提爾，他們在葛倫朵拉他家後的棚子裡，是如何用手槍毆打他、再射殺他，並加以棄屍。

雖然米朗所說的細節有多處與證據不符，時間線也不盡準確，但他說的每件事都是入罪證據。此案在北方引發一片譁然，我兩個哥哥跟我有好幾個月幾乎都在談這件事。然而官方卻毫無反應。南方黑人對此的反應則影響深遠、且非比尋常，因為這些反應是非暴力的。審判提爾案的同一年，一九五五年的十二月一日，在阿拉巴馬州的蒙哥馬利市（Montgomery），羅莎・帕克斯（Rosa Parks）拒絕在公車上向白人讓座。她因為拒不服從而被捕，並成為對抗的象徵。她的頑強與正義感使她成為了一股號召力、一個楷模。

艾莫特・提爾之死在首都又引來什麼反應呢？密西西比州的參議員約翰・C・史坦尼斯（John C. Stennis）向媒體發布了路易斯・提爾被判軍法、並在義大利因謀殺與性侵罪而問吊的詳情。其用意在於打烏賊戰，並將輿論帶往不利艾莫特的方向。審判一結束，瑪咪・布萊德利立刻就寄了封電報給艾森豪總統，乞求他主持公道：「我是艾莫特・提爾之母，仍懇求您明鑒，涉及在密州芒尼虐殺我兒之人等，皆未受司法制裁。候您逕復。」

她沒有得到回覆，但她的電報最後被寫進一份跨局處的行文紀錄。在提爾案的諸多文檔之中，包括了這份日期為一九五六年十月二十三日的白宮書函，由艾森豪的內閣祕書長兼少數族群事務顧問麥斯・拉布（Max Rabb）行文給白宮新聞祕書詹姆斯・C・哈格提（James C. Hagerty）。這份函件開頭就說，瑪咪・布萊德利是共產黨人的工具；這女人在「假仙」。拉布繼續寫道：「任何對她的認可，都會被用以在我國推進共黨之事功……布萊德利太太已經因為利用兒子之死當作謀生手段，而身敗名裂。」

「實際上，所有不利於被告的證據都是間接證據。」這是一九五五年九月二十五日《傑克遜每日新聞報》（Jackson Daily News）在社論裡的觀點。「對所有相關人士而言，最好能讓布萊恩—米朗一案盡快被遺忘。」

但傑克遜的這份報紙也登了威廉・福克納寫的一篇更扎實的文章。這宗罪行本身就像是一篇福克納寫的黑暗故事，有著一切的南方小鎮元素，甚至連角色亦然：年輕的白人老闆娘、自吹自擂的窮白人謀殺犯、驚慌失措的黑人孩童、畏懼脅迫的黑人牧師。這是福克納寫過最不留情面、也最陰沉鬱悶的譴責文字之一——而他對於報紙雜文簡化事實的寫作方式，通常是抗拒的。從他在參加國務院舉辦的巡迴演講時，於羅馬匆忙寫下的這篇痛斥文字中，即可看出他的苦悶。這篇文章是透過美國新聞處發布的，並且在那兩人從提爾謀殺案無罪脫身時，登在《傑克遜每日新聞報》上。

福克納首先談起了轟炸珍珠港的事，並說向敵人吹噓我們的價值觀是虛偽的，因為「我們已經先（像現在做的事一樣）教了他們，當我們說著自由與解放時，我們的意思非但不是其中任何一項，甚至也不是安全與正義，甚至也不是保護不同膚色的人的性命。」他又繼續說，如果美國人想要生存下去，我們就必須向全世界表明我們不是種族主義者，「向世界展現一條同心堅實的陣線。」然而，這或許是個我們通不過的考驗：「或許我們現在就要發現，我們能否再生存下去了吧！或許這起在我家鄉密西西比，由兩名成年白人對一名受殘害的黑人孩子鑄下的、淒慘而悲劇性的錯誤，其目的就是要證明，我們是否值得生存下去。」而後是他不留情面的結論：「因為如果在美國，我們窮途末路的文化已經走到必須謀殺孩子的地步，那麼無論是什麼理由或什麼膚色，我們都不配活下去，或許也活不下去的。」

福克納的文章裡，不曾提及艾莫特．提爾的名字，但任何人讀了都知道他指的是誰。

密西西比作家傑瑞．W．瓦德（Jerry W. Ward Jr.）的詩作《（在密西西比）別是十四歲》（*Don't Be Fourteen* 〔*in Mississippi*〕），則是對於這起殺人案的直接回應，且充滿力道。瓦德是黑人，在命案發生時與艾莫特．提爾的年紀相仿，如今擔任教師的他，也仍住在該州。「種族主義是密西西比州生活的長年特徵，而這又造成了本地自有的一連串頭痛問題。」他說。

忘了艾莫特．提爾吧！傑克遜的報紙在社論這樣說道，但這起案件並未遭到遺忘。相反地，它成為了一件為人銘記的醜聞、惡名昭彰的不義，而艾莫特．提爾則被奉為英雄與烈士。打壓真相不僅徒勞無功，幾乎還保證會由此衍生出某種神妙的內情揭露，創造出一股更強大、終歸勢不可擋的反抗力量，撥雲見日，正如提爾案所證明的一般。

我從未忘記此事。這就是為什麼那天傍晚我會在密西西比州的芒尼，將車停在布萊恩雜貨店陰森的廢墟旁，留意到門口告示牌上的說詞。我在冷冽的空氣裡四處走了走——這種冬日裡，戶外都沒人了。只有牆面，而且並不牢固；很難想像這座建築怎麼還沒倒。這裡被包覆在寄生植物糾結的爬藤與根部之中，就像是吳哥窟那種綻裂的粗面石砌建築一樣，這間店或許也是因為相同理由，靠著這些攀爬的根系與藤蔓抓住，才沒有散架吧！

在這個路口，以及荒涼的、用錫製浪板搭成的棉花堆置棚附近，都不見人影出沒，棚子後方有一座古舊的軋棉廠，以及一塊褪色的牌子，寫著「芒尼」字樣，布滿了紅色鏽斑，掛在卸貨平臺上方。在馬路上和南北向鐵路的軌道附近，都空無一人，只有我在布萊恩雜貨店門口的平交道旁，站在漸漸昏暗的暮色中。

一陣汽笛聲響起，是一列駛近的火車發出的高低音呻吟，「嗚——咿——」，像一陣呼喊，在這個鬼影幢幢的地方，位於密西西比州中心平原犁過的黑土上的一處路口，尤其顯得孤寂。列車從軌道上轟隆駛過，撞擊鐵砧的啷噹聲在布萊恩商店徒留骨架的牆面、棉花堆置棚的錫板，以及軋棉廠之間震動迴盪。讓我驚奇的是，在案發後的五十九年間，這列火車經過時雷鳴般的冷漠聲響，竟然還沒把這間老舊店面的牆壁給搖垮。

我向東從惠利路（Whaley Road）開下去，經過芒尼河跡湖（Money Bayou）與幾個狹小的池塘，希望能找到黑渡船路（Dark Ferry Road）與葛洛佛．C．華盛頓（Grover C. Washington）的農場，摩斯．萊特的小房子原本位於此地，他當時是這裡的佃農。我的地圖幫不上忙，那裡也沒有人可以問，過往的一些部分已經被人抹除，但也無關緊要。我開回芒尼時已是黃昏，天色就像艾莫特被抓走時一樣暗。

沿著離開芒尼的空蕩公路（已在二〇〇五年更名為艾莫特．提爾紀念公路）開出去，我經過了一塊路牌，上面寫著「葛倫朵拉」。我掉轉方向，就算在漸暗光線中也能看出，葛倫朵拉不同於芒尼，是一座真正的城鎮，有一條主要大街，或者說，在步入衰敗前曾是條主要大街。就在這些破爛小屋、拖車屋與破產商店附近，艾莫特．提爾在J．W．米朗的穀倉裡被人毆打致死，而米朗事後仍以自由之身住在這裡，直到他死於一九八〇年。

後來在一個晴朗的日子，我回到葛倫朵拉。陽光也可能是殘酷的——無情的光線可能使原已悲慘的地方更顯糟糕。葛倫朵拉比廢墟還不堪。此景令人震驚，醜陋的街道邊盡是些木板房與茅舍，有一家差勁的雜貨店，還有一家酒吧門廊上坐著幾個衣衫襤褸的男人，眼神如狗般呆滯，就著瓶罐啜飲著酒。葛倫朵拉的髒亂，使此地看似展示南方貧窮的真人博物館——穿著破鞋、腳步踉蹌的醉漢，在這個晴朗的中午裡無所事事，有些人就仰躺在草地上鼾聲大作，附近就是原本屬於凶手J．W．米朗的土地與房屋——房屋已拆除，原址只剩一塊告示牌。而這些葛倫朵拉黑人男性，及態度挑釁的恍神男孩，則是此地的「繼承者」。

在南方旅行的一年多裡，我從未覺得遭受威脅，或是感到有任何人對我造成危險。我在這裡也不覺得身處險境，但在葛倫朵拉這條坑坑洞洞的路上，隱隱翻騰的敵意讓我覺得自己像個不速之客，使我保持戒心。或許原因很簡單：是窮人的羞恥感，在陌生人面前突然有了自覺；醉漢覺得在清醒的人身旁跌跌撞撞的自己引人側目；窮人身陷頹敗腐朽之中，厭惡被人觀察，既憤恨我來了這裡，也憤恨我這麼輕易就能離開。

沿這條葛倫朵拉的小徑走下去，我看到一座退役的軋棉廠，是一棟有壓迫感的簡單兩層建物，由金屬浪板搭建而成——錫板牆面、錫板屋頂——又因為沒有窗戶，而顯得格外恐怖。這間原已廢棄不用的樓房，兀自矗立在葛倫朵拉邊緣的田地中央，現在改成了艾莫特．提爾英勇史蹟中心（Emmett Till Historic Intrepid Center, ETHIC），還設有一座以他為名的博物館。

在屋外，有名女士正往自己的車走去，對我微笑了一下。我說了聲哈囉，然後，為了搭上話，就說：「你覺得這博物館怎麼樣？」

「你得看一看。」她說。她衣著正式，像是要上教堂或參加社交場合，一身紅色連身裙，戴了頂白帽子，提著大型手提包。「這是個很重要的地方。每個人都應該來看看。」

她說她叫切芮．歐慈。她差不多年近五十，一身端莊的穿著，與我在葛倫朵拉見到的其他人都不相同。

我說：「我還記得這件事發生的時候。」

「我年紀小到不記得了，」她說，「不過這件事深刻影響了我阿姨」——她停頓了一下，又補充說——「她就是芬妮．露．哈默（Fannie Lou Hamer）。」

芬妮．露．哈默是一九六三年的自由之夏選民登記運動裡，最勇敢也最直言不諱的社運人士，並在隔年創立了密西西比自由民主黨（Mississippi Freedom Democratic Party），作為對於該州派出全白人代表團，參加紐澤西州大西洋城召開的民主黨全國大會一事的回應。[24]芬妮．露．哈默因為其見解而遭人痛毆、監禁與解雇，繼而成為了民權運動中最難忘的呼聲之一，並在政治與社會議題上保持活躍，直到一九七七年去世為止，享年六十歲。她的墓碑上刻著她對種族隔離的評語：「我對嫌惡與厭倦感到嫌惡與厭倦了。」

切芮．歐慈與她的女兒寇特妮都在歐波拉鎮（Eupora）的芬妮．露．哈默促改中心（Fannie Lou Hamer Center for Change）擔任主辦人。切芮在魯爾維爾鎮（Ruleville）長大，現在居住的歐波拉，是個離葛倫朵拉不遠的小鎮。芬妮．露本姓湯森，是佃農父親的二十個孩子之一，因此她必定有許多的姪兒、姪女，但從切芮的熱情與儀態來看，她與哈默是一模一樣的人。我們聊了一會兒——她問我怎麼會到這裡來，以及要往哪裡去。

「我很高興你來了，」她說，「不過我告訴你，這裡沒什麼變。」

用來綁在艾莫特・提爾身上，將他沉屍河中的三十四公斤鼓風機，就是從這間軋棉廠搬來的。現場展示了一臺類似的軋棉用鼓風機，以及一些農場器材——不過是些舊工具，卻在謀殺案的脈絡下顯得險惡與凶殘：帶刺鐵絲網、榔頭與草耙子、斧頭與鐮刀。有一項展品是老舊福特小貨卡，與綁匪開的那輛同款式。另一項是艾莫特的床鋪與臥室，以及重新仿建出來的布萊恩店面。在一處毛骨悚然的場景裡，艾莫特・提爾等身大的模型躺在棺材裡，並用塑膠做出他那張被砸碎的殘缺臉龐。展品多半適度血腥，但也呈現犯罪的細節與時序：這是間值得一看的紀念館，也是歷史的必備註腳。

「這是件可怕的事。」該館的策展人班傑明・索斯伯里說道。索斯伯里年僅二十九歲，但對於這起罪案以及附近一帶的知識淵博。他帶我去看博物館的一個展區，介紹的是藍調歌手索尼・博伊・威廉森（Sonny Boy Williamson）的生平與事業。威廉森是一百年前在葛倫朵拉附近一處莊園出生的。

「你們這裡的遊客多嗎？」我問。

「每週十到十二人吧！」

一天不到兩人，又一個令人憂傷的數字。切芮・歐慈已驅車離去，車子揚起的塵埃也已落定，

24 自由之夏活動與密西西比自由民主黨成立的時間點皆於一九六四年，此處時序不合可能為作者筆誤。

除了班傑明與我，館內再無別人。這副荒涼的樣子又使展品更加顯得猙獰。有一疊小冊子推銷著收費十五美元的一日遊行程，參觀與提爾命案有關的地點，如雜貨店、案發房舍原址、法院、那條河——都是我已看過的地方。這天早上無人報名，僅有的生命跡象就是步行可達的不遠處、葛倫朵拉那些商店旁的遊民與醉漢，以及位於這座貧困村落邊緣、他們那些蠅蟲橫行、散發惡臭的木板屋。

「本來不想要槍的人都在買槍了」

在密西西比州的冬季，很早就昏暗下來的天色裡，貝茨維爾（Batesville）與南海文這兩座位於葛倫朵拉以北的城鎮，宛如燦爛的火光，從公路邊升起，忽然間擴展成整片聚落，生氣勃勃——或者看似如此。在南方，類似的地點乍看之下也許像是重要的大都會，但那只是誤解；現實中，那不過是一些過度明亮、蔓延叢生的速食連鎖店、過季品門市與購物中心，以及龐大的停車場，在黑暗中閃爍生輝，但卻是空蕩蕩的。

南海文就是其中一個光彩奪目的幻象，位置接近密西西比州最北端，就像是曼非斯的郊區一般。我輕易就在當地找到一家汽車旅館。我當時戴著一頂美國陸軍的迷彩小帽，在門前閒晃，想著要去哪裡吃飯。

「你要去哪裡打獵啊？」有個男人從停車場走過來問我。他戴了頂類似的帽子。

我說我不是來打獵的。但他是——來獵鴨的。他剛從田納西州過來，帶了三個小男生，跟一把裝在手提箱裡的步槍。他說了明天要去的那座湖泊。

「我是來看槍展的。」我說。

「那裡真的很熱門。」他說。他又說我去那裡很聰明，因為彈藥的供應短缺，但展場可能還有一些。

我又要去逛槍展了，而且這回有更好的理由，並不只是為了去盯著人瞧，雖然盯著人瞧就是我平常的消遣。新聞都在報導槍枝法令的事，因為六週前，二〇一二年十二月十四日，康乃迪克州紐敦鎮（Newtown）珊蒂虎克小學（Sandy Hook Elementary School）有名配備重裝武器的二十歲男子亞當・藍札（Adam Lanza）用一把突擊步槍殺害了二十名學童與六名教師後，再朝自己頭部開槍。騷亂平息後才發現，他當天早上離家前就先殺掉自己的母親。他用的是母親的槍，教他射擊的也是母親——傳授這種技能，給自己神經質、孤僻、內向、不喜被觸碰、可能有妄想症狀、脾氣火爆、足不出戶的孩子，對一個母親而言，也是個詭異的選擇。她曉得自己的兒子瀕臨發狂邊緣，卻給了他一把槍。

作為美國史上由單一槍手所犯下的傷亡最慘重的事件之一，珊蒂虎克小學慘案也在國會重啟了槍枝議題的辯論，並引發一陣搶購突擊步槍的熱潮。據新聞報導，對槍枝氾濫的譴責不但沒阻撓人們購買槍彈，反而在槍枝擁有者與潛在買家間引發一陣恐慌。人們在案發後購買了太多槍枝與彈藥，以致於謠言四起（就像汽車旅館那位獵人對我說的），認為出現全國性的短缺，尤其是大毒蛇（Bushmaster）突擊步槍，也就是亞當・藍札使用的款式，以及與之搭配的點二二三口徑子彈。

「三湖槍枝刀具展」（Tri-Lake Gun and Knife Show）是南海文體育館的週末活動，也是該鎮引以為豪的盛事。這裡與我逛過的其他槍展很類似，這間體育館也很像是我在南方週日裡經過的許多大型教堂，同樣有車子停滿了占地三到四英畝的停車場，同樣如教堂般在貨倉頂上加了座尖塔的工業式建築，裡頭是上千名堅定不移的信徒，以及一片嘈雜友善的歡迎聲。

南海文的參觀群眾井然有序，穿梭在幾百個疊滿步槍、手槍與刀械的攤位之間。其他攤位上則堆置著琳瑯滿目的物件：泰瑟電擊槍、皮件，以及「彈藥價昂故不再鳴槍警告——禁止擅入」之類的標語。

我幾乎一入場就聽到了一個男人的聲音，他在攤位旁氣得跳腳，怒罵著學校槍擊案的事。他說：「要是哪個人有槍，他們就能阻止他了嘛！老師應該要配槍的。」

我已經明白，參加槍展的都是擁有良好武裝與良好舉止的人，因此任何激動表現都能招來人群聚集，而這個人也吸引了一群聽眾，以及此起彼落的低語聲。

一人說道：「學校應該要常態性設置駐衛警的。」

另一人說：「一點都沒錯。」

第三人說：「他們措手不及啊！」

這些人大多攜帶了隨身武器，但都遵守展場規定，清空彈匣，擊發裝置也裝上了塑膠束帶。

這是我看的第三場槍展，我現在已懂得這裡雖然外觀看似臨時湊合的跳蚤市場，但每場槍展都重複著相同的模式：有幾攤是罕見別致的槍——鐫刻過的霰彈槍、獵鳥槍、決鬥用的手槍；後面的桌上疊著幾把舊手槍；成排的突擊步槍；賣標語牌的、賣刀具的，以及賣納粹收藏品的；有人供應剩餘軍品——舊水壺、腰帶、野戰餐具、防毒面具、工兵鏟；有人專門販賣彈匣，其中許多都是被多數州列為非法的加厚、弧形、高容量的三十發彈匣。然後還有自動槍械，其中最簡單也最厲害的就是AK－47，基本上就是一挺機關槍，如果你要發動戰爭或是打掉一支塔利班分遣隊，或許會有需要吧！

但是我三個月前看見賣一千五百元的AK，在這裡要價將近兩千元——槍是一樣的。我對賣家說了這件事。

「都是因為歐巴馬啦！」他說。「看到這個寶貝沒？」他拿起一把塑膠製的突擊步槍交給我。「這本來賣兩百塊。禁令出來之後漲到五百塊了。現在給這些校園槍擊案的議題一搞，還會再漲上去的。你都還沒發現，就漲到一千塊了。」

參觀者的興致濃厚，在一個個攤位間來來回回，點評著武器的品質：「那把是限量版」、「那個是氣冷式的」、「你看那把小美人身上的雕花」、「那把是魯格的盒子炮（broomhandle）——真漂亮」。他們顯然都很愛看這些展出的槍枝，但買的人卻不多。從南海文體育館停車場就能看出銷售遲緩的原因，裡頭停滿老舊小貨卡、沾滿泥巴的小轎車，以及撞凹的休旅車，而來回其間的民眾——大多是男性——都是些衣著寒酸的鄉下人，指甲縫黑黑的汽修工，穿連身吊帶褲、戴著飼料店小帽、或一身獵人迷彩的農人。還有零星幾個衣著光鮮的人，比其他人更急於買到東西，或許是一把最新款的西格紹爾公司（Sig Sauer）的九毫米海狸尾式握把（beavertail）手槍，而這也是亞當．藍札——或他母親——槍庫裡的收藏之一。

一個男的站在他賣南北戰爭時期撞擊式手槍的攤位後方，正對著手機大聲說話，同時審視著人群：「只是來逛逛的，人是很多，都不掏錢。」

我從一攤走到下一攤，重溫了槍展上普遍的極度客氣與禮貌。鄰近的攤位發出的咂咂聲引起我的注意。有兩名黑人——這座可能有上千人的巨大場館裡僅有的黑人——正在示範操作泰瑟槍與電擊棒，其中一人兩手各拿一把泰瑟槍，在中間壓出了一束亮藍色的電弧。

我與他們交談了一會兒。生意不佳，他們說，但是晚一點會好些。

「這些在麻州是非法的。」我說。

「但是你現在不在麻州啊！」其中一人說，一邊用泰瑟槍射出火花。「所以也許是時候挑個幾把了。也給你朋友送幾把。」咂、咂。「你看這個電壓。可以撂倒一個大塊頭呢！」

「我叫保羅。」我說。

「馬諦斯（Matisse），」那人說，而且在我來得及回應前又接著說：「對，就跟那個畫家一樣。」

他們說，這幾把泰瑟槍與電擊棒都是中國製的，所以才這麼便宜。不像槍枝賣家大多是本地人，這兩人來自密西西比州傑克遜市，前往一場又一場槍展，兜售他們所謂的「人身保護產品」。

「差不多每週都有槍展。」

我說：「不好意思，不過我在這裡都沒看到別的黑人。」

「黑人不會把自己的槍拿來賣，」馬諦斯邊說，邊輕聲笑著。「他們是不會。」另一人附和說。

後方的攤子堆滿舊槍械，顧攤的是一些樂於殺價的年輕人，但在展場的中央與前段，另有一些作出更大折扣的正宗銷售商，在指導客人填寫槍枝登記表格。

我試圖向其中一家商販買一把槍，但我的請求被禮貌地拒絕了：「如果你是外州來的，我就不能賣手槍給你。」

但在後面的攤子，那些年輕人可堅持了。「這支克拉克狀況很好。我自己開過的。三百塊就歸你了。好啦，兩百七十五，我再另外送你彈匣跟一盒子彈。」

「我是外州來的。」我這樣說來委婉地回絕他。

「私人交易。這是保護自己用的。給我出個價錢吧！」

我走向其中一個堆滿彈藥的攤位，十幾個人圍在那裡，我跟著排了隊。

「我聽說供應有短缺。」我向排在我前面、身穿迷彩夾克的人說道。

「靠，我的彈藥多到夠讓我撐到下一次南北戰爭了。」他說。

我對賣家說：「我想聽聽看有哪些彈藥是缺貨的。」

他毫不猶豫：「點二二的長步槍彈沒了。點二二三的也沒了。我這邊九毫米的也不多了。大家可能都在囤貨吧！不過其他的我都有。你想要什麼？」

「我只是問問看。」

「你要是不買，行行好閃邊去吧，先生。」

在槍展普遍的有禮貌與好心情當中，他嚴厲的口氣就像是赤裸裸的挑釁。

「那些民主黨的害怕了，」隔著幾個攤位的一個攤主，就站在他整排的手槍前面說道。「他們會縮回去的啦，不然以後整個華盛頓民主黨連一席都不剩了。他們竟然怪罪給槍！」

「當然不是因為槍嘛！」另一人說道。

「假釋出來的人弄到槍殺了人，然後他們怪罪賣槍的人！怎麼不看看這整套愚蠢的假釋制度咧？他們罰錯人了。遊說心理健康議題的更糟糕——他們也在怪罪用槍的人嘛！他們都在嚇唬美國人，還把價錢推高。」這名賣家說。

「本來不想要槍的人都在買槍了啦！」另一人說。「他們買槍是因為他們覺得以後就不可能買到槍了，現在這都是恐慌性購買啦！最後會變怎樣咧？」

這裡就是個市集，而且就像任何市集一樣，也是個社交場合，人們拿著堆滿起司薯條的紙盤，交換著彼此的故事。有幾攤在賣T恤、也有幾攤在做摸彩，還有一攤是擁槍權支持者擺的，在募集連署，也替人講解該州槍枝法令裡暗藏的細部規定。

這種意氣相投的部落氣氛，也是種心懷委屈的氣氛，是我在其他槍展就見識過的：這裡有更在意擁有槍枝多過開槍射擊、為自己的權利受到威脅而憤怒的人，所表現的反抗。在一個厭惡改變的地區、要這些不得不接受改變的人，去做更多的改變，而且現在聯邦政府又來對付他們了。

不過我喜歡來槍展，可以得知關於南方的事。我在這裡是個陌生人，誰也不認識，所以走進這座建築、受到這麼多人歡迎，也是件輕鬆的事。我跟他們之中的任何人都能攀談起來，因為大家想當然耳會認定我們對槍枝的觀念一致，所以對於其他每件事也都一致——政治、戰爭、宗教、狩獵、育兒、飲食選擇、電視節目。在這方面，這裡就像是一間規模龐大、好客熱情的教會。對一個旅人來說，這意義重大。我去那裡不是為了挑戰他們的信念，只是去觀看與聆聽。

在南海文的這場槍展上，我見到南方白人是如此需要聚集成群，以提醒自己他們是誰、主張的是什麼，而他們又如何在自己信念裡的部落心態與單調一致之中、在自己歷史的激烈變故之中，感到有必要申明，他們與其他美國人並不相同。相較於在北方與我一起長大的人，他們更會社交，而家庭——就算已然解體——又比社群更為重要。這些白人覺得自己像是受人鄙夷的弱勢——異於他人，而且受盡挫敗、誤解、干涉、欺侮與詐騙。重要的是血緣，以及歷史、長年的委屈、還有自認遭到不公對待——全是福克納筆下的主題。他長大的地方就在附近，拉法葉郡（Lafayette County）的牛津鎮（Oxford）。

我決定開車過去。

山楸橡樹館

牛津鎮是福克納居住及辭世之處，也是密西西比大學的大學城，距離南海文只有一小時的車程，位於州際公路五十五號以東二十五哩處。這裡緊鄰車來車往的國道二七八線，在鎮上就能感受到遠處車流的震動。此處原本尚稱宜人，只是幾乎沒有一個角落聽不到車輛引擎聲，就連在山楸橡樹館（Rowan Oak），也就是位於校園外圍、氣勢鮮明張揚的福克納故居，都還有嗡嗡的低鳴聲。

公路噪音敲擊出的音頻古怪而擾人，因為，雖然牛津鎮就是福克納作品裡寫的「傑佛遜鎮」（Jefferson），但這座城鎮及其周遭卻在所有面向上都極盡可能地遠遠不似福克納筆下那樸拙、蔥鬱、糾紛不斷、曲折離奇、虛構出來的約克納帕塔法郡（Yoknapatawpha County）。牛津鎮則出人意料地溫和可愛，儘管每一件接近繁忙公路的物品，都隨著過往車流的持續轟鳴而震顫，但這所大學仍在南方式的希臘復古風格中散發著古典美，使用了列柱、磚塊與穹頂，給人一種文雅有書卷氣，但也故步自封的感受。

一個世紀以來，這所備受敬重的學府始終緊抓著舊派作風不放，其中就包括了種族隔離與固執褊狹，並且壓制著任何的自由派傾向。於是這裡就顯出了反諷之處，也是福克納此生諸多的反諷之一，奇怪程度更甚於他自稱農人，卻居住在一個為兄弟會狂熱、為美式足球瘋魔的城鎮側巷裡。

福克納是我國最偉大的作家、也是最隱晦的思想家之一——他個性靦腆，但也是大膽、固執的文學天才，對南方歷史的掌握有如百科全書般詳盡，任何在南方旅行的人都無法視而不見——他在這個種族隔閡聚落的市中心住了一輩子，但在這個他驕傲地稱為「自己的城鎮」的地方，卻一次也不曾以他睿智的聲音疾呼，應該立即給予黑人學生在這間大學就讀的權利。他的觀點是，船到橋頭自然直。這位諾貝爾獎得主袖手旁觀，看著黑人被人噓出校園，只能以粗工的身分從後門進出，事情做完就得離開。福克納於一九六二年七月過世。過了兩個月，經過一場曠日廢時的官司（以及隨後幾次致命暴動）後，無需福克納幫忙，來自密西西比中部小鎮柯修斯柯（Kosciusko）的詹姆斯．梅瑞迪斯（James Meredith）就被錄取了，成為密西西比大學第一位黑人學生。[25]

在詹姆斯．梅瑞迪斯案的論戰前五、六年，福克納曾經在《哈潑雜誌》（Harper's Magazine）上寫過，「生活在當今世界的任何地方，卻因為種族或膚色而抗拒平等，這就像是住在阿拉斯加卻抗拒雪。」他從奧瑟琳．露西（Autherine Lucy）申請阿拉巴馬大學遭拒事件中看見的種族主義，則被他視為「對人性的悲哀註解」。但他尋求的是用漸進方式達成融合，而且就像他在《生活雜誌》寫過的一樣，他反對激進的融合主義者，或聯邦政府的介入——「為了在一夜之間根絕這種邪惡而動用法律或警方強制力，這來自南方以外的勢力。」我們想做的時候，我們就會自己來，這是他的做事方式，但什麼事都沒有發生，直到聯邦政府——南方歷來的反派角色——介入了，梅瑞迪斯才在聯邦法警的護送下進入校園。

福克納這棟房子興建於一八四四年，歷史比密大最古老的建築物、知名的大講堂（Lyceum）

還要久遠一些。校園之美麗、建築物之和諧，皆使我驚訝。我驚訝的，還有該校的新穎：這所大學創立於十九世紀中葉，原本學生與校舍的數量並不多，直到邁入二十世紀時才有所擴展，差不多就是一九〇二年，福克納家族從密西西比州新奧巴尼（New Albany）遷來，那是小比利剛滿五歲時。

沒在寫作時，福克納也閒不下來，總是需要賺錢，於是他一輩子都在旅行。但牛津鎮仍然是他的故鄉，山楸橡樹館仍然是他的家，（似乎）即使在這間大得不成比例的農莊（原名「百利大宅」〔Bailey Place〕）周圍蓋起了一整個社區時亦然。他將這裡更名為山楸橡樹館，寓意取自山楸木的威力[26]，館內的解說員如此對我熱心解釋道。這棟房子的首任屋主兼起造人，名叫羅伯特．希戈（Robert Shegogg）——這個罕見的姓氏，在稍作改動之後，就重現在《聲音與憤怒》中，成了來自聖路易、以有力的布道使狄絲哭泣的黑人牧師希果。

這棟房子位於一條郊區街道底端，而這條街——秩序井然、布爾喬亞（bourgeois）[27]、照料得宜、整潔、合乎傳統——與福克納的小說截然相反，也不符合福克納擺出的鄉紳姿態。在這條滿是自命不凡住宅的路上，山楸橡樹館顯得自成一格，即使不說是虛華累贅，也像個遺跡一般，設有門

---

25 作者註：校園裡後來立起等身大小的詹姆斯．梅瑞迪斯銅像，呈現他向前邁步的形象。二〇一四年二月十六日，就在我參觀密大之後幾個月，三名白人學生毀損了這尊塑像，將絞索套上塑像脖子，再覆蓋了一面喬治亞州舊時的邦聯戰旗。梅瑞迪斯對這起事件發表了很有其人特色的溫和評論，但他也在接受《紐約時報》專訪時，表示他根本就不贊成豎立銅像：「這是個假偶像，不僅侮辱了上帝，也侮辱了我。」

26 在英國民間傳說裡，歐洲山楸樹有護身辟邪、抵禦巫術等神祕功效。附生在橡樹上長出的「山楸橡樹」法力尤強。

27 中產階級的意思，常音譯做布爾喬亞。

廊與白色的列柱，裝了深色百葉窗，種了成排古老可愛的刺柏樹。在門前的樹下，仍可看出法式幾何庭園（formal garden）的殘跡——但地表只剩磚塊砌成的花圃邊緣與步道圖形，就像一處受人忽視的新石器時代遺址。

福克納在牛津鎮定居下來，但仍過著一團混亂的生活；令我驚訝的是，在這段凌亂踉蹌的日子裡，他既像苦行僧般專心寫作，又分心於狂歡買醉與屢次出軌，卻能產出巨量的作品，多部文學傑作，幾次功敗垂成，還有一大堆的語焉不詳。他並非學者出身，而是自學有成，而且——除了馬克．吐溫——同等分量的南方作家都沒能走在他的前面。

山楸橡樹館的房間都布置得很樸素，掛了幾幅平凡的畫作，放了幾件簡單的小擺設，有一架積滿灰塵的鋼琴，一臺打字機，樓上有間房還被他在牆上寫滿了怪異新奇的筆記，藉以釐清《寓言》（*A Fable*）的情節。用筆記來弄清楚這些即使不算雜亂無章，也是層層疊疊的情節，對福克納來說是個好主意，也能幫上讀者的忙。對我而言，最有用的莫過於牆上這些解釋情節的字跡了，就像留待福克納小說的讀者查詢的裝置一樣。你在被七頁拐彎抹角的文句弄得一頭霧水之後，只消往牆上瞧一眼，就能看到：「查爾斯（Charles）是尤拉莉亞．邦（Eulalia Bon）與湯瑪斯．薩特本（Thomas Sutpen）之子，生於西印度群島，但薩特本先前並不曉得尤拉莉亞是混血兒，得知時已經太遲……」

「我們快要關門了。」解說員提醒我。

我走到外面，看向磚造的別館、儲藏室與馬廄，流連在素樸的庭院裡，走在冬日斜陽下刺柏長長的樹影和幾何庭園的殘跡之中。從我站的地方望去，這間房屋在門前的樹木遮蔽之下，看起來倒像是陵墓了，還有著——你可以說是——在犧牲、克制與歲月中迸閃的無數光輝，[28]或者是單純的斑駁與風霜所留下的痕跡。我不由得在想，福克納就是在這些房間裡，為了寫作而腸枯思竭，把自己灌到酒精中毒，被南方的種種矛盾逼得發狂，倔強地拒絕簡化或浪漫化南方的歷史，堅持以如此的深刻與多樣的人性面孔，映照出南方的複雜——直到他才六十四歲就早早離世。

圖珀洛藍調

在密西西比漸濃的夜色之中，一股穿透內心的憂鬱徹底支配了我。作家經常會誇大他們人生中的艱辛，但福克納卻從不抱怨，他作品裡的企圖心也比我讀過的任何作者都高。而我在他這棟房子與他這座牛津鎮，都感受到這男人身上有著某種要命的頑強。

往圖珀洛市（Tupelo）的車程要一個小時，而這一路上，我的腦中都播放著〈圖珀洛藍調〉（Tupelo Blues）的歌詞——「一朵烏雲翻滾過，在從前的圖珀洛」——（在密西西比州別處出生的）約翰．李．胡克（John Lee Hooker）以這段輕柔的唱詞，哀嘆著圖珀洛的洪水。這座城鎮的名字來自紫樹（tupelo tree），也俗稱黑膠樹，在北方則稱為胡椒樹（pepperidge）。我家在鱈魚角那條路底就種了一棵這種樹，高大而宏偉，枝葉水平開展成了寬闊的樹冠。我的感傷也起因於圖珀洛在暮光之中的樣貌，一座占地廣大、依然繁忙的城鎮，周遭都是些速食連鎖店，並有貓王的光環籠罩其上：他那間兩房住宅——其實是間修繕過的木板屋——是他的父親建造的；還有他唱過福音歌曲的

28 此處刻意引用了福克納《聲音與憤怒》的句子（myriad coruscations of immolations and abnegation and time）。

教堂。

南方的情緒強而有力，而此地民眾的表情、姿勢、衣著、房舍與木板屋，還有荒廢的樣子，也都表露了歷史的重量。你納悶著，在經歷這一切之後，接下來又會發生什麼事呢？要做穿越南方的旅行，就不可能不去問：誰會接手這片土地，以及其上的種種衝突呢？

天黑後，我隨便選了一家小型汽車旅館，打算早上再悠閒地去鎮上看看那屬於貓王的圖珀洛——那棟房子就在鎮外而已。我才剛踏進旅館大廳，就聞到了那股新南方的薰香，是印度斯坦的味道，使人眼澀鼻子癢的冒煙線香，砂糖與洋蔥燒焦黏鍋的異味，濃烈的沸騰咖哩味，是福克納或貓王作夢都想不到的氣息。

經理出現了，他瞇起眼瞄了一下，彷彿在強調：我是避不開躲不掉的。不然你還期待誰？

「單人房，一個晚上，不吸菸。」我說。

他舔了一下大拇指，便翻開登記簿。「我看看我們還有什麼房間。」

「謝謝你，帕特爾先生。」

他笑了。「你怎麼知道我姓啥？」

藍草音樂

沒有路可以直接從圖珀洛穿過州界、通往亨茨維爾，只有迂迴曲折的窄路可走，但這反而是件幸事。慢行在鄉村道路上，我一直聽著廣播裡的藍草音樂，在密西西比州聽的是「前門廊聯播網」

（Front Porch Fellowship），當時正在播出「藍草福音歌」（bluegrass）。在一月份積雲成堆的天空下，沿著空蕩蕩的公路而下，聽著東田納西電臺的輕鬆閒談與提振精神的歌曲，藍草專門節目「克林奇河大車拼」（Clinch River Breakdown），山丘狂飲樂團（Hill Benders），小提琴與斑鳩琴，不時提到的「鄰人」、「救贖」，以及一再出現的安撫：「你沒事的。」

越過州界到了查塔努加，北上諾克斯維爾，再經過布里斯托，都是我第一次來時走過的路線。東田納西這時很冷，開始飄起了薄雪，隨後，粗壯的冰柱與凝固的冰滴，就懸掛在、結凍在路邊的峭壁上，再過去又飄下了片片雪花，維吉尼亞已經積了厚雪，沿著變成冰天雪地的阿帕拉契山脈走，路上噴灑著冰霰，能見度很差，我再次駛進了冬季的迷濛，往北前行。

插曲

福克納的弔詭

參觀山楸橡樹館的記憶猶新，我便在準備下次驅車前往深南地方的時間裡，又重讀了福克納。我沉思了他的人生，滿是各種弔詭，屢次故作姿態，還有諸多祕密的人生。他無疑是個天才作家；他也是個胡言亂語的作家，身兼成功的好萊塢編劇。他的學歷並不完整，但他以自學者的方法，觸類旁通且有所選擇地習得了豐富的知識。他看似來自無名之地，但他使這無名之地成名。這些都是我所謂他的弔詭之處。

「你一旦把詹姆斯・布朗奇・卡貝爾（James Branch Cabell）算進去，就再也找不到一個真正能寫的南方作家了。」H・L・孟肯（H. L. Mencken）一九一七年在他廣泛譏嘲南方粗俗作風的文章〈偽美術的撒哈拉〉（The Sahara of the Bozart）中寫道。孟肯將南方視為美國的屁眼，滿是浸信會的糞坑、衛理會的瘴氣、耍蛇人、房仲業者，還有得了梅毒的福音派。除此之外，這還是個沒有藝術的地方。「喬治亞州同時是棉紡線衫、變成了薩佛納羅拉（Savonarola）的衛理會牧師，以及私刑同樂會（lynching bee）的產地。」他帶著鄙夷寫道。然後又說：「在南方最為盛行的虔誠信仰，與認為私刑是種良性制度的論點，是相容不悖的。而在兩代人以前，與狂熱擁護奴隸制度的觀念，也是相容不悖的。」

或許是受到這股怒氣的刺激，在孟肯發表這篇文章十三年後，福克納寄了一則短篇小說給孟肯本人，這篇小說（經過孟肯大幅刪改後）於一九三一年登上了他的《美國信使》雜誌（The American Mercury），題為「傍晚的太陽」（That Evening Sun）。於此同時，福克納也出版了他的第一本小說《薩托里斯》（*Sartoris*），其後筆耕不輟直至離世，他駁斥孟肯的方法，就是將南方文學轉化成別樹一格的藝術形式，用小說讓南方生活的種種細節脫俗入聖。每個志向遠大的美國作家，都會被鼓勵去閱讀他的作品，但他錯綜複雜又高談闊論的文句，則是年輕作家能效法的最糟模範。他是你得去學習如何閱讀的作者，而不是任何人應該膽敢模仿的作者，雖然不幸的是，很多人都這樣做了。

引領我認識福克納的入門書——也是大多數學生第一本念的書——就是《聲音與憤怒》。這本書的多重敘事者，其中包括一個拚命製造噪音的三十三歲白痴，加上康普遜家一團亂的家族史，都使我困惑不已，迷失其中，但也發現了許多喜愛之處。當時我年紀還夠輕，還能將其中的種種雕琢與浮誇視為成就，而非缺陷。即使我讀到的句子，像這樣描述了狄絲在希果牧師講道時的哭泣：「兩滴淚水順著她凹陷的臉頰流下，裡外映照出在犧牲、克制與歲月中迸閃的無數光輝。」我也不敢說他寫得很荒謬，又華而不實。

福克納自學了寫作，希望能以他的雕琢與晦澀脫穎而出。從他的行文與敘事結構可以明顯看出，他的文學靈感較少來自書本，更多是得自早年結識的健談者——他的作品裡經常出現喋喋不休沒完沒了的獨白閒扯，或是傳道人在講臺上的厲聲訓斥。溫德翰・劉易斯（Wyndham Lewis）便直白地批評，福克納就是個「拿了根玉米的道德家」。當你看見福克納發表這樣的評斷，或許也會同意劉易斯的看法：「人需要麻煩——要有一點挫折，才能磨銳精神、鍛鍊精神。藝術家就是如此；我的意思不是說你們要住進老鼠窩或下水道才行，但你得學會堅毅、還有忍耐。笨蛋才會開開心心。」

在他為南方營造的華麗變幻場景之中，常會出現像這樣才華洋溢的段落：「墜落的最初幾秒，都有如翱翔：先是無重的從容不迫，繼而是並非往下、而是往上的急衝，就在那一秒內，墜落體反轉，驟變成了向上急衝的泥土。」問題是，這幾行可愛的文字，都被掩埋在《修女安魂曲》裡「牢獄」（Jail）那幕的一句長達六千字，一口氣寫了四十頁的臺詞裡頭了。這「就像是對著鑰匙孔放屁，或吹出〈安妮蘿莉〉（Annie Laurie）[29]一樣，也許是很厲害啦，但是值得這麼麻煩嗎？」電影《財星高照》（The Horse's Mouth）裡，古利．吉姆森（Gulley Jimson）是這樣說的。

對於要如何以絕佳的弔詭自欺，將墜落說得像是飛行一樣，福克納是有第一手的認識。他才十幾歲時，就簽約加入了英國皇家空軍，想要開飛機參加第一次世界大戰，但卻因為沒能參與任何行動而大失所望。後來在一九三三年，等他有錢時，他就買了自己的飛機，是一架瓦可二一〇（Waco-210）的單翼機，對於密西西比或其他地方的任何人來說，都是很炫的。

他總是出人意料，過著各式各樣互相矛盾的多重生活：可靠的高薪編劇、稿酬微薄的新潮小說作家、整個大家族的經濟支柱、兼差的獵狐人、偶爾是酒鬼、幻想家、有時又是紈褲子弟（一身紅色獵裝、高帽子、白手套、亮面皮靴）。他的傳奇事蹟還包括：密西西比大學沒念完、當郵局職員也被開除、還短暫且不情願地在密大的發電廠工作過。但是這段時間他都在寫作，一開始是寫詩，然後是《出殯現形記》（*As I Lay Dying*），都是在發電廠的鍋爐旁寫出來的。

就連從來沒讀過福克納作品的人，都能夠用自己的說法傳達出他的感受，由此即可看出，他對南方鄉下人心靈的認識程度之深。他們或許不曉得他筆下的故事，但我遇到的許多人都活在他的敘事裡，輕易就能在他的小說裡對號入座。萊爾斯牧師擁有盧卡斯．博尚（Lucas Beauchamp）的尊嚴與桀驁不馴；我在納切茲遇到的英勇母親羅蘋．史考特，則是另一個喬．克里斯瑪斯的孫女；史諾普斯家族（Snopeses）仍在深南地方的鄉間到處耍著詭計。[30]

雖說一離開大學的英語系，就沒什麼人會以閱讀福克納為樂了，但福克納的南方有一部分依然存在著，並不是存在於土地上，而是成為一段種族的記憶。他在寫作生涯的早期，就賦予自己一項艱鉅的任務：要創造一個虛構的世界，一個典型的密西西比州某郡，讓一切事情都在其中發生；要向南方人解釋，他們是誰、又從哪裡來。至於他們要往哪裡去，對福克納來說則不太重要。慢慢來，福克納如此敦促道。他始終是個漸進主義者。

他為南方人塑造了英雄、惡棍與鄉下老小子（good ole boys）；他為南方的刻板印象增添了名字與歷史：少校、上校、律師、地主、傳道、逃亡者、外地人、囚徒、罪犯、管閒事的人、闖進來的人。他區辨了印第安人，與各式各樣、分門別類的黑人──《押沙龍，押沙龍！》與《八月之光》當中的混血角色，《闖入墳墓的人》（*Intruder in the Dust*）之中正直蒙冤的黑人盧卡斯・博尚，隱忍的管家狄絲（「我看到了最初與最後」），農場的幫工們，以及處境曖昧的共犯們：像綽號「太緊」的李維・柯林斯，那個協助將艾莫特・提爾棄屍的黑人勞工，他就連名字都充滿了福克納風格。福克納最讓人難忘的人物都是惡棍，如《聖殿》（*Sanctuary*）裡的凸眼（Popeye），「老人河」（The Old Man）裡的高個子囚犯，以及史諾普斯家族的每一個人，尤其是陰險狡猾的弗萊姆・史諾普斯（Flem Snopes），就成了史諾普斯家族的典範，還（在《大宅》〔The Mansion〕裡）用他表弟蒙哥馬利・瓦德・史諾普斯（Montgomery Ward Snopes）的話說了出來：「好吧……史諾普斯家的每個人都會以此作為個人私下的目標，要讓全世界都承認，他就是王八蛋中的王八蛋。」

29 蘇格蘭民謠。

30 盧卡斯・博尚、喬・克里斯瑪斯、史諾普斯家族（Snopeses）皆為福克納筆下人物。

福克納最暢銷的作品，是他那幾部駭人聽聞的小說（如《聖殿》裡的「獻給愛米麗的一朵玫瑰花」〔A Rose for Emily〕）。但我最喜愛的，還是《八月之光》、《出殯現形記》，《下去吧，摩西》裡面的短篇故事（尤其是「熊」〔The Bear〕）、《野棕櫚》（*Wild Palms*）、《聖殿》，以及史諾普斯三部曲：《村子》（*The Hamlet*）、《小鎮》（*The Town*）、與《大宅》。為了這次的南方之旅，我又重讀了這些書，仍然讚賞不已，儘管它們依舊像是從我大學宿舍裡翻出來的課本，其價值卻歷久彌新。

《隱形人》的作者拉爾夫．艾里森曾說過：「如果你想瞭解一下，是什麼動力在推動著南方，以及南方大約從一八七四年至今的人際關係，你不用去找歷史學家；甚至不用去找黑人歷史學家。你去讀威廉．福克納跟羅伯特．潘．華倫（Robert Penn Warren）就好。」

但是華倫，就像艾里森與許多南方作家（如馬克．吐溫、湯瑪斯．沃爾夫、威廉．史岱隆、威利．莫里斯〔Willie Morris〕、楚門．卡波提、田納西．威廉斯、卡森．麥卡勒斯、理察．賴特〔Richard Wright〕等等）一樣，也為了北方的輝煌、殷勤、讚美，以及充滿的工作機會，而逃離了南方。華倫去了紐哈芬（New Haven），艾里森去了紐約。在《北上返家》（*North Toward Home*）當中，威利．莫里斯並無文采但點題地寫道：「為什麼，每次我要離開南方之前，總會有某種如釋重負的感覺？好像有什麼人從我肩膀上卸下恐怖的重擔，或什麼長久的怨念突然消散了一樣。」

「你到北方去。就成了放逐在外、流離失所者，」史岱隆作品《躺在黑暗中》（*Lie Down in Darkness*）裡的一個角色說道，「而且想亟欲否認那伴你成長的錯誤。」

《巴黎評論》（The Paris Review）曾經採訪過寫出多部狂野故事與精彩小說的巴瑞．漢納（Barry Hannah），問他為什麼這麼多南方作家「都覺得有離開的必要」。他的答覆是：「他們是這樣覺得的，而且他們最好的南方小說，都是在佛蒙特州寫出來的。」

結果漢納終老在密西西比——他的出生地。他最後來到牛津鎮，就像一直待在自己長大的城鎮、執著於繼續當個鄉野村夫的福克納一樣。他筆下的角色都有著相同的想法——決心留在南方，視野並非向內封閉，而是留戀過往，並且進退維谷，任憑宿命擺布。他們由於執拗的鄉野習性（你可以說福克納也是如此），而無法想像在他處的生活。

福克納的這種孤立與內向，必定有某些地方促成了他的文風；或許在他嘮叨、微醺且跌跌撞撞的敘事裡，還能看出他身為貪杯者止不住的顫動。但是，即使他乍看下有些輕率、甚至粗心，堆砌了太多技巧，你也會在思考後得出結論，就是他之所以會這樣寫，是因為他打從心底知道，他有個意欲掩藏的計謀。出於對形式的自覺，他透過具有堅實可靠社會基礎的可見架構，以及他熟知其背景的家庭與人物，來展現自己的嘮叨，並且決意要寫一部沒有中心的小說，一份向外發散的文本。他的生活方式老派，但身為一位作家，卻是個現代主義者。針對他「炫目耀眼、震撼心神」的現代主義，英國批評家V．S．普瑞契特（V. S. Pritchett）曾經寫道：「福克納拚命以猜疑、甚至是狂熱，來建立每一個場景與暗示，而所有的狂熱都造成了單調乏味。」

福克納堅持，南方人非常不同於其他地方的美國人；這是許多南方人都堅信的觀念，也解釋了福克納的感染力。他的小說就是對這種差異的詳盡闡述，而這也是芙蘭納莉．歐康納（Flannery O'Connor）在她頗具說服力的自我辯解文章〈地方作家〉（The Regional Writer）當中所堅持的論點。南方認同的重點並不在於當地風采、古雅趣味、比司吉、白色列柱、塵土飛揚的道路等事物。「它藏得非常深。它的全貌只有上帝知道，但對於追求它的人來說，則沒人能像藝術家那麼貼近。」

這段話積極堅定地解釋了福克納，以及她自己在小說裡描寫的奇特細節。

但那些炫目耀眼的矯飾又該怎麼說呢？「凡是靠思索南方維生的藝術家、新聞人或是歷史學家，必定時常會有這樣的困擾，就像我一樣，會害怕他所走私的這些地方『差異』，當你湊近了看就會發現，基本上都是蒙昧主義的：或許表現得挺優雅，但都是一樣蒙昧的。」南方的傑出新聞工作者艾德溫．尤德（Edwin Yoder）在他為約翰．里德的《耐久的南方》所作的序言裡寫道。

當一位作者懷疑自己將作品設計得過度複雜時（《尤利西斯》的喬哀思就是個好例子），常常就會使用這種拐彎抹角、欲語還休的手法；滔滔不絕、誇張用詞與特殊技巧，都是讓讀者分心、不去注意整體規劃的方式。但在語言與敘事形式上，福克納是個真正土生土長的實驗者。他想必是鼓起了勇氣，才敢在密西西比狹隘又難搞的文學界寫下這樣的文字，而這也解釋了，為什麼當麥爾坎．考利（Malcolm Cowley）發現其中暗藏的巧思，並以《隨手讀福克納》（*Portable Faulkner*, 1946）帶領讀者回去注意他設計的宏大架構之時，福克納的書都已絕版了。這本文集指出，福克納從頭到尾都知道自己在做什麼，並且誇張到為考利提供了一份詳盡的地圖，畫出了虛構的約克納帕塔法郡，還列上那裡的地標與居民。

他小說中的矛盾太多了。現在要談的是另一個弔詭。那就是身為好萊塢編劇的福克納——導演霍華．霍克斯（Howard Hawks）所仰仗的劇作家。身為小說作家時，福克納毫不妥協。看到他作品裡任何一頁的糾纏文句，你都只能斷定，這篇稿子印刷出來的樣子，完全就是從山楸橡樹館展示的那臺打字機打出來的原樣。要不是出版商發了一份備忘錄，註明不得更動一個字、一個標點，或是冗長的斜體段落，否則他的手稿真會是文字編輯的噩夢。一句話就長達六千字？福克納希望不要動。留著分號與新詞，使其更加含糊，埋藏訊息，用誇大其辭加以混淆，遮掩說話者，強迫讀者解謎。

這種英文系喜愛的隱晦曲折，對好萊塢而言是不可接受的，在那裡改寫才是常態，合寫才是規矩，遵循傳統才是方法，賤賣自己更是必然，輕鬆賺錢才是目標。雖不是非常適合福克納這類人，然而他——要灌酒來療癒自己——卻在那裡發達起來，收入頗豐，而且非常搶手。許多才華洋溢的作家，三〇、四〇、五〇年代時，都在好萊塢找到工作——阿道斯・赫胥黎（Aldous Huxley）、詹姆斯・艾吉、約翰・史坦貝克、約翰・克里爾（John Collier）、F・史考特・費茲傑羅、麗蓮・海爾曼（Lilian Hellman）、桃樂絲・帕克（Dorothy Parker）、納旦尼爾・韋斯特（Nathanael West）——但就連最用心的影迷都會發現，很難說出任何一齣由他們編劇的電影。但福克納是認真且成功的，而他改編的劇本，如《夜長夢多》（*The Big Sleep*）、《逃亡》（*To Have and Have Not*）、《金字塔》（*Land of the Pharaohs*）、《亂世情天》（*The Left Hand of God*）也都很有名。當你發現他在獲得一九四九年諾貝爾文學獎之後，還寫了這份清單裡的最後兩部電影，就能明白他對這份工作的投入程度了。

寫劇本是乏味的苦工，對於在意語言微妙差異的人來說，簡直在嚴重侮辱他的智能；其文學性並不高於詳列一份蛤蜊巧達湯的食譜。我寫過九部劇本（願上帝原諒我屢次如此糟蹋光陰），而任何寫過劇本的人都知道，這份工作有多麼無聊，寫腳本的理論有多麼不精確，描述有多麼粗略含混，加上拜占庭般複雜的取景角度，巴洛克般花俏的拍攝技術，以及身處粗俗非利士人的荒蕪領地，跟成群結隊會霸凌人、自以為什麼都懂、東管西管的有錢人，常常還有跟一堆難搞的演員打交道的挫折感。

這還不是這份爛工作最糟糕的一面，只是這個排外行業的典型狀態而已。它的俗濫之處，在於這是一段長期的妥協歷程，全然與偉大（尤其是福克納式）的小說寫作背道而馳。它鑽研的是嚴格的時間限制、最愚笨的電影觀眾的專注力、妥協、團隊合作、腳本會議、換個方法試試看、多重版本、改稿、事後諸葛，以及刻意為之的粗鄙，全都是為了取悅觀眾，讓他們的屁股坐進戲院的椅子。我是再也不幹了。福克納怎麼受得了？

福克納以及許多為他作傳的人都聲稱，他寫劇本是為了賺錢，但是他真有這麼拮据嗎？他的諾貝爾獎金有三萬美元，在當時是筆鉅款，而且他在飛來橫財、手頭寬裕之後，也還是繼續在寫劇本。他的小說顯示，他很擅長寫對白，所以在好萊塢這樣賺錢應該是滿輕鬆的。不過福克納也公開聲明過，他不喜歡看電影，尤其是自己編劇的電影。

此外，還有更惡劣、更毀滅性的事。所有編劇都曉得，許多腳本都純粹在做白工。初稿寫好了，被要求重寫，又叫來了其他編劇修改，又召開了腳本會議，經過了這麼多工作、時間、妥協、爭執、編輯之後，整個案子又大逆轉，或是束之高閣、或是直接砍掉。完全是在浪費時間跟腦力。

福克納想必碰過很多次這種羞辱。或許這就是為什麼，雖然我們有《最後的大亨》（*The Last Tycoon*）、《蝗蟲之日》（*The Day of the Locust*）等等關於好萊塢的生動小說，但是福克納——當了二十幾年的編劇，熟識多位導演與演員（例如亨佛萊．鮑嘉〔Humphrey Bogart〕與洛琳．白考兒〔Lauren Bacall〕）——卻從未寫過關於好萊塢的小說，只有在寫信抱怨時才會提及那裡。而他與同時期從事編劇、並寫出這些小說的史考特．費茲傑羅和納旦尼爾．韋斯特相比，在好萊塢做得又更久，瞭解也更深。

電影劇本要求的秩序、平淡與嚴格的時間順序，截然不同於福克納著作裡的明顯失序、華麗描寫與時間錯置，因此，不妨將他這些實驗性質的小說，想成是對於編劇工作之約束的反動——也就是出於「躁狂性防衛」（manic defense）這種衝動的一個表現。

這個乍聽像是格鬥招式的心理學術語，是由佛洛依德的學生梅蘭妮·克萊恩（Melanie Klein）提出的，她延伸發展了佛洛依德的理論，以解釋某種形式的逃避。「藉由對心理現實採取一種居高臨下的輕蔑態度，患者使用這樣的防衛方式，以迴避與內在目標已遭摧毀之信念相連結的抑鬱。」身為一個劇作家，在承受了各式各樣的白痴意見、粗魯解讀以及要求重寫之後，也許就會想要在私人時間裡，進行自己的案子，寫一個長達六十頁的句子，任意插入標點，以作為某種形式的表態——或者基於我只修過大一心理學入門的粗淺認識，看來似乎如此。「躁狂性防衛的三種典型感受，就是控制、勝利、鄙夷。」

對福克納而言，好萊塢也讓他得以逃離山楸橡樹館的緊張、他火爆的婚姻以及密西西比的守舊封閉，並且給了他機會——就像許多人一樣——去發洩他的慾力（libido）。福克納在公開場合或許很矜持，但他私下是熱情奔放的。在約瑟夫·布拉特諾（Joseph Blotner）所寫的上下兩卷、長達兩千一百頁的權威傳記裡，其中一項大錯就是略去了福克納的歷次婚外情（其中幾段對他的文學創作至關重要），另一項則是委婉處理了他的通姦紀錄。然而這套傳記在無足輕重的細節上卻鉅細靡遺，像是晚餐的菜單，以及福克納偶然遇到的小聯盟選手姓名。

若不管他的種種弔詭，那麼福克納還是充滿了原創性且不可或缺。在美國的其他地區，都沒有這種有幸具備如此視野的作家。辛克萊·劉易士（Sinclair Lewis）在《大街》（*Main Street*）與《孽海痴魂》（*Elmer Gantry*）裡為中西部的偏北地區下了定義，也指出我們是誰，但他後來就轉向其他地方與其他題目了。福克納則留在原地，獲得了偉大成就，但身為一位作家、一個男人、一名丈夫，身為南方繁文縟節與無法無天的勾畫者，他的人生卻飽受折磨。

「要理解這個世界，你首先必須理解像密西西比這樣的地方。」他這樣說道。而他筆下最睿智的角色之一，（《下去吧，摩西》的「熊」當中的）艾克·麥卡斯林對陌生黑人的喊話，似乎就在替他代言：「你不懂嗎？這整片土地，整個南方，都被詛咒了，而我們這些全都是這裡孳生出來、餵養出來的人，不分白人黑人，都活在詛咒之下啊？沒錯，是我們的人把詛咒帶來這片土地的：或許就是因為這個原因，他們的後代只能靠自己——不是抗拒、也不是搏鬥——也許只能忍耐著撐下去，直到詛咒解除為止。」

第三部

春：紫荊綻放

細微瑣事會在我離家時顯出重大意義。我留神各種預兆。出了城就會發生怪事。

——查爾斯．波帝斯，《南方之犬》

泥濘季節

在早春那引人誤會的閃爍光線，也就是太陽照射午後細雨的餘暉之中（「我閃著淚光就像四月的太陽」[1]），我家周圍的爛泥呈現出不過是本季的另一場錯覺——只是鬆軟土壤與坑坑窪窪草坪上一層濕淋淋的表面；而樹林裡，在駁雜漸層的棕色與同樣駁雜的刺癢感之中，僅有的幾絲綠意就是雪松直豎的枝條，以及脂松促狹的針葉；在樹林的地面上，則堆滿了被雨水泡得發黑的落葉。在這些樹葉底下，在整片黏稠糊爛的淤泥下幾吋之處，還遺留了一層冬季的殘霜。

這片不透水的冰層使積水——新融的雪水、近來的降雨——無法排走。這個月份屬於弄髒的雙手、濺汙的褲腳與踩濕的鞋子，屬於積滿泥水的暗綠色草地裡的深陷腳印，屬於某些日子裡挑逗人的閃光與冷天裡的寒風，以及露水深重的早晨。有時是一陣斷斷續續的暖意，緩緩滴落的水珠暗示了微弱的脈動、生機萌發，以及背景裡年度的冰雪消融。

泥濘的季節：世界因為流淌的濕潤而變得柔軟，花園圍牆上沾濕的花崗岩塊閃閃發亮，草坪像是給豬打滾的泥坑，輪胎在沒鋪地磚的車道上壓出了溝槽。走過赤裸的地面，就像是踩上一層巧克力蛋糕，深陷於因積水而濃稠的牛奶糖狀黏汙之中。有些注定夭折的樹苗，樹幹已被剝了皮而發白，帶著些許明顯可見的齒痕，可食用的樹皮已遭冬雪中忍飢挨餓的田鼠啃去。微小隱約的芽點，已開始在細枝末梢冒出尖端。

春天也是折射種種潮濕氣息的稜鏡，散發出各色各樣的芳香，而這些春季的吐息裡，還帶著希望——從寒冬那毫無氣味、封閉嗅覺的不真實狀態裡有了改變。從泥濘裡冒起來的，是落葉覆土層湧出的菸草味、飽滿土壤的酸腐味、常綠植物的棘刺、潮濕草地的甜甜氣息，在某些地方，還有縷縷的灰濁霧氣，正從溫暖塵土的皺縫裡升起。這些觸動感官的濃烈氣味，使我低頭注意到鱗莖花卉正在萌發的芽點，平滑而充滿希望，有幾株似是鬱金香，冒出了指節般一吋高的苗，鳥喙狀的番紅花、蕨類的捲形嫩葉、鳶尾花瘦長的綠枝和其他愈加尖挺的末梢，新種百合的洋蔥狀球莖正在抽出細芽，這一切都從滑膩又破碎的爛泥裡攀爬了出來。

我在濕漉漉的草坪留下腳印，步履維艱地走向我的車，把行裝扔進後座，開了五百八十哩，來到維吉尼亞州的腓特烈堡（Fredericksburg）。在那裡睡了一頓好覺。醒來後又開過四百五十哩，才離開極平坦的州際公路。我慢慢轉進一條支線道路，穿過了陽光、山茱萸與杜鵑花，以及剛開始綻放的紫荊，來到南卡羅萊納州的艾肯鎮。

艾肯障礙馬術賽

「是來看障礙馬術賽的嗎，先生？」艾肯旅館的女士在櫃檯對我問道。她名叫亞曼達。這間旅館老派而寬敞，簡約且舒適，有英式乘客驛站（coaching inn）那樣自滿又實在的尋常感，位於鎮上的主要大街，這條街本身就像是英格蘭市集城鎮裡的主幹道，店面方正地排列在寬敞的人行道旁，

1 引自英國劇作家西里爾·圖納（Cyril Tourneur）的句子（I shine in tears like the sun in April）。

整個井然有序的社區都狀況極佳——繁榮興盛，或者看似如此。

「呃，對啊，障礙馬術賽。」我說這話時，反應慢了些，因為實情並非完全如此。

我來到艾肯，是為了這裡的矛盾之處。深南地方的許多城鎮，都充滿了種種古怪與反諷，但是艾肯尤其如此，此外這個鎮還有另一個優點：它並不髒亂，反而生氣勃勃，是個非常漂亮又有精神的地方，在這個舉行節慶的週末還特別熱情待客。

「有一間單人房可以給您，」亞曼達邊說邊用手指著訂房登記簿的其中一頁。她坦誠地望了我一眼，唇邊浮現一抹淺笑。「但是我要先提醒您，您到時候是睡不著的。我們這裡有兩間酒吧跟一支樂隊，到時候會非常吵。大家都會在這裡開趴，而且他們大多都會喝醉，而且我們要凌晨兩點才打烊。除非您也要喝酒囉！」

「我不太喝酒的。」然後我心想：天哪！我討厭「開趴」這個詞。

「現在是一年裡最熱鬧的週末，附近方圓好幾哩的人都來看障礙馬術賽了。看馬的人、賽馬的人、有錢人、大學生——喔對了，還有賭錢的人、戴帽子的人。他們都想在這裡玩得開心。」

「『戴帽子的人』？」

「這裡有一種非正式競賽。『最佳帽子』。」她篤定地點點頭，忽然就拉長了調子，還帶著自我消遣的詼諧，是南方人有時為了表現說服力，便會對外地人使用的語氣。「我跟你說啦！這裡真的會變得很吵，所以你如果想好好睡一覺，就去別的地方吧！」

我謝過她，離開了艾肯旅館，開車來到市區邊緣的天天旅舍。旅店老闆為我做了入住登記，還說有附贈早餐（我事先就知道是裝在保麗龍碗裡的香果圈穀片），並自我介紹說他叫麥克。

「麥克？」我用疑問語調說道，想確認清楚。

「麥克．帕特爾。」

殷殷關切、畢恭畢敬、樂意幫忙、亟欲取悅人、頭戴棒球帽、身穿短版夾克、面面俱到的帕特爾先生。

艾肯是座徹底的南方城鎮，儘管面積不大，其特色卻惹人矚目，還有好幾項說法也引起了我的注意。鎮區外圍是有輻射的，這是我上次途經原子路時發現的事，原子路就在河邊，從西南方幾哩處通過了此地。艾肯的大房子——其中有些是深宅大院——都很可愛且維護得很好，在市區的主要地段，鋪展了一條條對稱分布的寬敞林蔭道。艾肯的貧富懸殊也是南方式的：大道旁的豪宅位於鎮中心這裡，木板房在邊陲那些聲名狼藉的街巷，而賽道、馬球場、偶爾的槍枝展售會則辦在露天的集市遊園地。這週要舉行的就是「帝國盃障礙馬術賽」（Imperial Cup Steeplechase）。

秋天那趟旅行時，我已經得知艾肯是與「薩凡納河設施區」核電廠，以及讓人有鄉野錯覺、實則浸滿輻射的河岸距離最近的城鎮（進行核分裂需要大量的水，而且還常有汙水溢漏）。有許多的科學家、技師及後勤職員都住在艾肯。我去那裡純然出於好奇，而這個決定再正確也不過了。

這座比例勻稱、貌似繁榮的城鎮是個愛馬之地，從前曾經來這裡避冬度假的北方富裕遊客當中，包括了人稱「傑克」的約翰．亞斯特四世（John Astor IV）與他十九歲的妻子瑪德蓮．佛斯．亞斯特（Madeleine Force Astor）（傑克在《鐵達尼號》事故喪生，瑪德蓮則倖存），紐約人查爾斯．艾斯林與妻子荷普（Charles and Hope Iselin），後來還有對繁殖賽馬與踢踏舞一樣熱衷的佛雷．亞斯坦（Fred Astaire），以及一些妻子娘家在艾肯的人。其他還有許多人也留下了他們的印記，用他們的財富美化了這座小鎮。

從艾肯通往查爾斯敦的鐵路通車於一八三三年，是美國最早期的鐵路之一，興建這條路線是為了連結威廉・懷特・威廉斯（William White Williams）位於艾肯鎮附近的遼闊莊園，將成綑的棉花運出去。就像許多南方城鎮一樣，艾肯（日後才取了鎮名）原本是座棉花莊園，後來才成為聚落，並且是美國早期都市規劃的絕佳範例。其綱要計畫約制定於一八三五年前後，草擬者艾佛瑞・德克斯特（Alfred Dexter）是在哈佛受訓的測量員，並愛上了一位當地美女，也就是威廉斯的女兒莎拉。在岳父的建議下，德克斯特規劃了一座街道寬敞的城鎮，讓載送棉花的馬車足以輕鬆掉頭。作為秩序井然、氣候宜人的城鎮，艾肯吸引了富裕的北方人，其中有些就是對「馬術生活」（該鎮現今即如此廣宣其文化）感興趣的人——養馬人、騎師、馬球手、獵狐人。

這裡每年在感恩節的週末都會舉行「獵犬之福」（Blessing of the Hounds），進行莊嚴的儀式與飲酒活動；艾肯鎮的馬術行事曆上，列滿了獵狐這項冬季運動。其中有些是現場狩獵、追逐狐狸，但大多是模擬嗅跡的追獵賽（drag hunts），用一塊沾上狐狸氣味的布拖過希區考克森林（Hitchcock Woods）與附近的田野，獵犬群與騎馬的獵人要跨越障礙追逐狐狸的氣味，作為騎術的考驗。

這些避冬人士、愛馬人士與棉業大亨在這裡興建豪宅、栽植花園、組織俱樂部，還開闢了高爾夫球場。這些社交基礎建設不至於無以為繼，仰賴的乃是廉價勞工——以家務員、僕役、園丁、農場幫工、廚師、保母、掃地工等身分出現，傳統上支撐住、並協助造就了南方經濟與社會的底層勞動力。

而艾肯鎮也有——至今仍有——為數可觀的黑人社群，占人口的三分之一，收入則處於最底層。在艾肯鎮內，路樹成行有序，豪華的房屋周遭是用心照料的花園，裡頭種滿了凌霄花、鳶尾、忍冬，以及名為西班牙刺刀的本地王蘭，與這番醒目的壯麗形成鮮明對比的，則是簡單、失修、細長的黑人屋舍，他們曾經被人奴役、再遭隔離，如今則是貧窮而已。他們忍受著，以艾肯鎮農民階層的身分卑微地活著，住在城鎮邊陲坑坑洞洞的路上，或遠處艾肯郡更為髒亂的角落裡。但這裡每一處，富裕與貧窮地段皆然，都有紫荊花在盛開，成簇的粉紫紅色花朵長在赤裸的枝椏上。

「我要戴自己做的一頂寬大的舊款帽。」那晚在一間餐廳裡，年輕的侍女瑞秋這樣告訴我。「我已經做很久了。上面滿是緞帶裝飾。再搭一件真正漂亮又顏色鮮豔的洋裝。」

「我穿了一件新的燈芯絨褲，還有串珠——這些是從肯亞來的。」我在艾肯旅館的馬球酒吧閒晃時，格列果．傑佛遜這樣跟我說。他穿得很有型——黑背心、花襯衫，脖子上圍著幾串珠鍊。我問他年輕時在這間酒吧是不是很受歡迎，他就笑了出來。「不行啊，老哥，這裡以前是搞吉姆克勞法[2]的城鎮啊！不過現在沒事了。你要上哪都行。」他說。

他來旅館一起慶祝，但不確定會不會去看障礙馬術賽。他說他對賽馬沒有太大的興趣。

「你明天會看到一些驚人的服裝——黃色的褲子、綠色的帽子、粉紅色的襯衫。」一位名叫萊爾的兄弟會男生，這樣向我保證。他在西裝外套上佩戴了希臘字母λχ（Lambda Chi）字樣的別針。

此刻已是障礙馬賽前夕的日落時分，地點是跑馬場上。萊爾是跟他的同學錢斯、布萊恩一起來

2 吉姆克勞法（Jim Crow）：一八七六年至一九六五年間美國南部各州對有色人種（主要針對非裔美國人，但同時也包含其他族群）實行種族隔離制度的法律，強制公共設施必須依照種族的不同而隔離使用。

的。南卡羅萊納大學的艾肯校區離這裡不遠，增添了這座城鎮的聲望，也帶來臨時的勞動力。這些學生在漸濃的夜色裡，為年度餐會的賓客泊車。這場餐會屬於正式節目，在馬術賽看臺邊一座大帳篷裡進行。

「每個人都會喝到醉，我說的每個人，真的就是你明天看得到的他媽的每個人，都會喝到掛。」錢斯說。

「那比賽呢？」我問。「帝國盃。」

布萊恩說：「嘿，我去年醉得亂七八糟，結果連一匹馬都沒看到。」

我們站在沾滿了露珠的茂密草地上，看著用餐的客人走出他們的奢華名車，男士穿著燕尾服，女士則身穿晚宴服，腳蹬高跟鞋，蹦蹦跳跳地穿過跑馬場的草皮，走向燈火通明的帳篷。

「這些人是誰？」我問道。

他們是我在這整趟南方旅程裡所看到財富最外顯、穿著也最體面的人，我以前也從來沒在這樣的鄉土地方，見識過這麼正式、規模又這麼大的活動。或許，正是因為這個偏遠地方的鄉土氣，才激勵了這些跑趴人士，好堅稱自己是社交名流。什麼地方會有食不厭精的宴席、穿硬領禮服的男士、珠光寶氣的女士呢？常常是在偏僻的地方，他們才要用盛裝打扮來聲明自己不是鄉下土包子。

「都是些愛馬的人、玩馬球的人、真正的『好額人』。」萊爾說。

「都是白人。」我說。

「我想是吧！」

彼此問候、呼喊、握手、吻頰著，艾肯鎮與附近馬場的這些上流菁英魚貫走進了巨大的帳篷，裡頭色彩繽紛、光線明亮，有酒食與歡笑。這是帝國盃障礙馬術賽的年度晚餐派對，名為「花朵與領結——花園派對宴」。每人費用是一百二十美元，參加者都經過篩選，又因為這尷尬地重現了早年那種社會排除[3]的時代——是避冬勝地艾肯鎮富豪文化的延伸——所以很容易被諷刺為鄉紳土豪的列隊出巡。但這個場合的氣氛太好了，好到難以嘲笑；這是一席盛宴、一頓獎賞、一場慶典。依照艾肯障礙馬術賽的廣告詞所述，部分收入將捐作慈善用途，以幫助艾肯一帶處境艱難的人，以及遭到忽視的動物。

那晚很冷，兄弟會的幾個男生已經閃人了。我站在濕黏的黑暗中，端詳著明亮溫暖的帳篷裡那幾百個衣著優雅的人，在冰雕與花藝裝飾之間高聲歡笑，吃吃喝喝。

「人吃飽喝足了總會有些傲慢，就像握有任何權力時一樣。」契訶夫一八九二年在給一位朋友的信中寫道。當時他住在麥列霍沃（Melikhovo），這座外省城鎮比艾肯要小，卻有明顯的相似之處：有著農場、馬匹、地主、上流人士、過勞農民。「而這份傲慢主要就展現在，吃飽喝足的人會去對挨餓的人說教。」

障礙馬術賽當天清晨，艾肯下起了冷雨。「應該中午就會放晴了。」我走在鎮上的主街沃土大道（Richland Avenue）上時，聽到有人這樣說。但我抵達跑馬場時，雨勢卻沒減緩，接近中午時雨下得更大了，痛擊著跑馬場周圍的橡樹，陣陣狂風吹襲著營帳與遮雨棚，人們在底下的觀賽區排列成行。於是我想到，南方的壞天氣，似乎比我所知的大多數地方更糟糕、更累人，也更有戲劇性，

3 social exclusion：在社會學中，社會排除指的是社會中部分成員由於社會文化體制的劃分，而被排除社會參與的現象。

因為它來得快去得也快。

這場雨並沒有讓跑馬場上的人群驚慌失措。他們是來這裡喝酒、烤漢堡排與玩樂的，暴雨寒風也阻擋不了。他們濕著雙腳，一身奢華鮮豔的衣服站在那裡——男士身穿條紋外套、頭戴草編帽，女士則戴著豔麗的寬沿帽，穿上薄紗洋裝。他們用水手冒著強風的毅力喝著酒，在風中叫喊。

雖然這有幾分像是車尾門派對[4]，但若以此名稱簡化這個場合的性質，就有失公允了。這是一場規模龐大、組織良好的野餐，辦成了野營集會[5]的規模。上千人在雨中飲酒喧鬧，從放在他們休旅車或小貨卡裡的保冷桶倒出飲料來，在帳篷裡、或在瓦斯烤肉爐與碳烤架附近聚集成團。

這整場附帶活動，都在讚美著馬術、朋友與家人，以及金錢。可能要有個勇敢的外來者，才敢不請自來加入這群人吧。但是當我告訴一個人我是外地人時，他說——而且這是我在南方第二次聽到有人這樣對我說——「來了就不是外人了。」還堅持要我和他喝一杯。

我注意到，雖然很多人都醉成這樣——還沒中午，就有人走路搖搖晃晃、跌進泥漿了——但現場還是相當有秩序的。

「這邊這些位子都是指定席，很難弄到的。都只給家人，代代相傳的。」他說。

競賽本身並不是重點；重點在於聚會，還有打扮、享樂。這場派對是鎮上的驕傲，大家都這麼說，是深受期待的。有些人拿了他們去年障礙馬賽的相簿給我看——當時晴朗炎熱，人們都攤坐在草地上。這是籌備了幾個月才有的成果，至於天氣不好這件事，則被當成是好笑的事情、敬酒的理由，或是用來跟我開玩笑的題材。

比賽還有幾小時才開始，但對他們來說，競賽不過是狂歡的另一個部分罷了。這一天是障礙馬賽的日子——在艾肯鎮的歷史並不古老，甚至也不是一直延續的：障礙馬術賽協會（The Steeplechase Association）創立於一九三〇年，後來中斷了二十五年，到一九六七年才恢復運作。現在這已經被尊奉為一種傳統，因為這座城鎮——也可以說是這個地區——需要一些可以傳承給下一代的儀式，尤其是屬於當地、能展現鄉里的驕傲、還有一點排他意味的儀式。

震撼我的則是這件事。可以想見，參加賽前派對的有錢人都挺時髦、或許也很虛榮，要批評他們也很容易。但是這場障礙馬賽的影響範圍，則不僅於此。幾乎整座城鎮都動了起來。我沒想到會有這麼多人，他們來自鎮上各處，有當地人、生意人、房仲、櫃姐、結帳員、大學生、高中生、穿戴手工帽與夏季洋裝的女士與小女生、穿著西裝外套與傻氣帽子的男士與小男生。他們都很愉快，就連成群結隊在帳篷與攤位之間遊蕩、看著比賽的那些人，都淋雨淋得很開心。

眼見眾人展露如此的熱情、好客與善意，你也可能隨之振奮。你只需假裝艾肯鎮沒有黑人就行。

種族隔離主義者的祕密人生

在我來到鎮上之前幾個月，有位女士過世了，老故事。她名叫艾西・梅・華盛頓——威廉斯

4 Tailgate Party：美國民眾的野餐會型態，原意為開車抵達活動地點後掀開後車門，即可以後車廂充當桌面，就地野餐。常見於美式足球賽等場合。

5 Camp Meeting：英美的長老會、衛理會等教會早年在戶外舉行的大規模信眾活動。

（Essie Mae Washington-Williams）。她的訃聞登上了二〇一三年二月五日的《艾肯標準報》（Aiken Standard）：「史壯．瑟蒙（Strom Thurmond）混血女兒過世　享壽八十七」。

史壯．瑟蒙是種族隔離的強烈支持者，一九〇二年出生於從艾肯沿公路北上約二十哩後，經過桃子果園就會抵達的小鎮埃奇菲德（Edgefield）。但他常去做禮拜的第一浸信會（First Baptist Church）則位於艾肯，那是一座紅磚白柱、帶尖塔的宏偉建築。他在艾肯有好幾個家，第二任妻子南西也出生在鎮上。艾肯鎮是有理由當他是本地人。他活了一百歲，在這一個世紀的歲月裡，他體現了南方的一切矛盾之處——就像艾肯障礙馬術賽一樣，雖是場歡樂又激勵人心的慶祝活動，可你卻意識到，這在傳統上是僅限白人參加的。而這就是史壯．瑟蒙身為種族隔離的信徒，大半輩子都在擁護的做法。

瑟蒙畢業於克萊姆森大學（Clemson University），曾在二次大戰時（因參與進攻諾曼第）獲頒獎章，後來陸續當過律師、檢察長、一屆州長，並曾一度（在一九四八年）參選總統，他後來在一九五四年當選聯邦參議員，一直做到他二〇〇三年去世為止。他是美國史上任職最久的參議員之一，為了維護南方過時的種族政策、反對民權立法，而嘶吼咆哮、阻撓議事長達四十八年，對於一九五七年的民權法案更是深惡痛絕。

此外，他從早年開始，就是州權主義的擁護者，後來又發起了訴諸憤怒、並主張種族排除的文件《南方宣言》（*Southern Manifesto*），以違抗最高法院在一九五四年廢除校內種族隔離的裁決。「外來的調解者未經被統治者允許，就威脅要立即且革命性地改變我們的公立學校體系，若其得逞，則肯定將摧毀若干州份之公立教育體系。」這份文件做了這樣的聲明。在另一段又說：「極度關切此一決策所造成、由外來惹事者所激化的爆炸性險峻情勢。」

現在要來談奇怪的部分，並揭露此人的祕密，以作為認識南方內心生活的線索。並且，你也可以這樣說，讓來到南方的外人有個理由，不要把事情想得理所當然，或是只看事情的表面。

在瑟蒙位於埃奇菲德的家裡，有一位十六歲的女傭，名叫凱莉・巴特勒（Carrie Butler），人們也親暱（且原因不明）地稱她為「童琪」（Tunch）。在這戶主張種族隔離的家庭裡，史壯・瑟蒙卻把她當成情人，後來在一九二五年，他們的女兒艾西・梅，就在艾肯鎮出生了——她是瑟蒙的第一個孩子、也是凱莉的第一個。他當時二十二歲，還在只收白人的克萊姆森念大學，主修園藝，準備從事他希望投入的農耕事業：擁有棉花田的景象，就是艾肯男孩的夢想。[6]

瑟蒙比任何人都更清楚，一九二五年時，與異族發生關係在全南方都屬於犯罪，在大多數的州還會被判處一到五年的刑期。各地或多或少仍在施行反異族交媾的法令，儘管在一九三二年，南卡羅萊納州已經將異族交媾從重罪改成了輕罪。為了守住孩子出世的祕密，凱莉・巴特勒便安排了她的阿姨艾西・華盛頓（Essie Washington，後來即以其名為女兒命名）與姨丈約翰，收養當時六個月大的艾西・梅。他們把她帶回賓州的柯茨維爾（Coatesville）一起住。艾西・梅就留在那裡，由華盛頓夫婦以及艾西阿姨的妹妹瑪莉撫養長大，也跟著姓了華盛頓，所以她並不曉得自己的生父是誰。

瑟蒙放棄了當農夫的念頭，轉而攻讀法律，並在埃奇菲德開了一家事務所。他當時是個未婚的在地男孩，但也有些好用的政壇人脈；他被任命為郡檢察官，接著轉任巡迴法官，隨後歐洲的戰事

6 作者註：克萊姆森在一九六三年招收了第一位黑人學生哈維・甘特（Harvey Gantt）。

又讓他考慮從軍。他完全不曉得凱莉以及他不知其名的小女孩後來的去向，但很快就會知道了。

一九四一年的某一天，為了離女兒近一些而搬到賓州切斯特市（Chester）的凱莉・巴特勒，去柯茨維爾的華盛頓家探視了艾西・梅。凱莉說：「我要帶你過去，介紹你認識你父親。」

艾西・梅當時十六歲，正是凱莉當初被白人少主引誘的年紀。艾西後來說，這段關係並非出於愛情；完全不像傑佛遜與他的黑奴莎麗・海明斯（Sally Hemings）那樣，兩人的戀情帶來了六個混血兒女，其中有四個活了下來。他們的愛情故事持續多年，走遍美、歐兩大洲，從蒙提且羅（Monticello）來到巴黎，又回到本地。

艾西・梅一直不知道自己的生父是誰，甚至連他是白人都不知道。後來艾西・梅在二〇〇三年「六十分鐘」（60 Minutes）節目上接受丹・拉瑟（Dan Rather）訪問，並回憶道，她母親從沒跟她說過父親是什麼種族，「當我見到他時，我很驚訝，因為她從沒提過他是白人。」

瑟蒙說：「你女兒很漂亮。」

凱莉說：「她也是你女兒。」

「他很高興見到我，這當然是因為，他從沒見過我。這次會面的氣氛很好。我們聊了很多事，像是我對人生有什麼規劃之類的。」艾西・梅說。

瑟蒙端詳著這個青少女說道：「你跟我一個姊姊很像。你的顴骨就像我們家的樣子。」

這似乎是默認了艾西・梅就是他的女兒。在她的自傳《親愛的參議員：史壯・瑟蒙之女回憶錄》（*Dear Senator: A Memoir by the Daughter of Strom Thurmond*, 2005）當中，她對這場會面的氣氛看得很清楚。「他沒問我什麼時候走，也沒邀請我再回來。這比較像是獲得重要人物的接見、或是應徵工作，而不是與父親的團聚。」

但她後來還是再見到瑟蒙了。他除了給予建議，也會給她錢，一開始是把百元鈔票裝進信封，讓艾西．梅——從賓州花一整天往返——來參議員辦公室領取。後來，為了節省她的時間，他就開個人支票郵寄過去。他亟欲讓她受教育，便力勸她去念奧蘭治堡校區的南卡羅萊納州立大學。她照做了，他時不時就會去看她，雖然沒有向任何人透露他們的關係，卻持續在財務上資助她。「嗯，不管我有什麼需要，他都會從財務上幫助我。」艾西．梅說道。在丈夫於四十五歲英年早逝之後，她再度陷入困境，瑟蒙便又寄錢過去，以協助這名三十九歲的寡婦撫養四個孩子。這項安排一直持續到她的孩子長大成人為止。

免不了會有人議論此事，但也僅限於地方的八卦。在埃奇菲德與艾肯，這件事「在黑人當中是人盡皆知」。但這就是這項祕聞的另一個弔詭之處。就是因為黑人與白人隔離這麼開，才使得消息難以在不同的族群之間流傳。「（黑人）不太跟其他人講話的。」

艾西．梅也沒說過這件事。「去說他做過的任何事，對我都沒有好處，而他呢，當然了，也不希望這事被人知道。」她說。瑟蒙並沒有不准她講任何事——依她所述，他們並未立下「協議」。只是覺得沒什麼好講的。而她也明白，祕密一旦洩漏出去，瑟蒙的政治地位就岌岌可危。艾西．梅說：「我不想做出任何危害他事業的事。」

即便如此，在瑟蒙當上州長之後，他還是會去艾西．梅念大學的奧蘭治堡探望她，而她也會去哥倫比亞市的州長官邸看他。他們會坐在他的辦公室裡，他講話，艾西．梅就聽。瑟蒙表現得像是某種保健達人兼人生導師。「他總是在聊健康、運動、營養，還有我以後要做什麼。」

還在念大學時，艾西．梅曾經在去見瑟蒙時，當面問了關於他那些種族政見的事。「問他為什麼那時是個種族主義者、隔離主義者？」她疑惑著。「然後他說，『這個嘛，事情一直以來都是這樣的。』」

他說，種族隔離的概念或吉姆克勞法，都不是他原創的。這些都是文化的遺留。「你知道，在南方就是這個樣子的。」艾西．梅後來說道。她覺得他的內心並不是個種族主義者。「我想他做那些事，是為了拉抬他的事業。」

比爾．柯林頓在羅伯．勃德（Robert Byrd）的喪禮上也說過類似的話：南方政壇不明言的準則就是堅守倫理信念與強烈道德立場的人，都是笨蛋與輸家；你得要妥協、騙人、當一個偽君子，才有可能在狄克西（Dixie）[7]勝選。勃德也是一位長期連任的南方參議員，而他一九四〇年代還在當地的三K黨支部擔任過獨眼尊者這樣的高階職位。「他就是個來自西維吉尼亞山區的鄉下男孩，他只是努力想要當選。」柯林頓二〇一〇年在查爾斯敦為他致上了這段動聽的悼詞。

換句話說，他就像大多數政客一樣，是為了出人頭地才這麼做的。但在當選之後，勃德的觀點也沒什麼改變，瑟蒙也是如此，直到潮流逆轉，淹沒他們許久之後，兩人才轉為順勢而行。就像瑟蒙一樣，勃德也反對各種推動族群融合的措施，也一直妨礙民權立法，並以議事手段阻撓一九六四年的民權法案，更痛斥所謂的種族混合。

「沒有一個體面且自重的黑種人會要求立法，去強迫別人在他不受歡迎的地方接受他，」一九四八年五月，瑟蒙在密西西比州傑克遜市的一場演講中這樣說道，以此為參選總統鳴響第一槍。「他們自己也不想讓社會混雜的。」當時的密西西比州長菲爾丁．萊特（Fielding Wright）也在集會現場。前一天他才建議那些要求機會平等的黑人，「搬到密西西比以外的別州去。」

幾週後，被看好將獲州權民主黨（States' Rights Democratic Party）[8]提名為總統候選人的瑟蒙，在阿拉巴馬州伯明罕市對群眾高喊（並且被「電影通新聞」〔Movietone News〕拍成了影片）：「而我要告訴你們，各位女士先生，就連軍方的部隊，也不足以強迫南方人撤除隔離，讓黑鬼種族踏進我們的戲院、我們的游泳池、我們的家和我們的教堂。」

就在那一年，他孩子的黑人母親凱莉・巴特勒以三十九歲之齡去世了，艾西・梅則仍在奧蘭治堡念書。

艾西・梅與瑟蒙的金錢往來持續了一段時間。後來艾西・梅結了婚，成為了華盛頓—威廉斯太太，生了四個孩子（汪達、莫妮卡、隆納德、朱利斯），而這對父女仍不時保持聯繫。艾西・梅優雅地老了；瑟蒙則做了植髮，又把植上去的頭髮染成紅棕色。一九六〇年代時，《黑檀》雜誌（Ebony）試圖為這段傳聞中的關係做一篇報導，但艾西・梅予以拒絕，只說她沒什麼可披露的，也不會跟他們合作。她把記者打發走了。她保持沉默長達六十年，一直在洛杉磯當一位受人尊敬的老師。

然後，二〇〇三年，史壯・瑟蒙過世了。她想到自己年近八十，以及膝下的子女，而且說什麼話都再也傷害不到瑟蒙了，便在他死後五個月，也就是那一年的十二月站了出來。她在南卡羅萊納州面對一眾記者，說出自己的故事，「我是艾西・梅・華盛頓—威廉斯，我終於完全自由了。」

---

7 與洋基相對的概念，指南方各州與南方人。

8 又稱狄西黨（Dixiecrat），一九四八年從民主黨分裂出來後，同年即因為敗選而解散。

她的健康不佳，子女皆已長大；是子女說服了她，應該要把故事說出來。她說她覺得對歷史有責任，要說出自己是誰。她不是為了錢。「我沒有要打官司分遺產。我只想說出真相。」

「我的小孩應當有權知道，他們來自什麼家庭、什麼地方、什麼處境，我致力於教導他們，並協助他們學習自己的過往。他們有權利認識、並瞭解他們祖先的豐富歷史，不分黑白。」華盛頓－威廉斯女士在記者會上說道。

她後來表示，自己輕鬆多了。「現在過了五、六十年，我會說，這件事仍然糾纏著我。所以我現在站出來談這件事，如釋重負。因為我守著這個祕密。就算許多人都已知道此事，卻未曾從我肩上卸下。」她說，這是個「歷史遺緒」。

那時她已從洛杉磯搬回南卡羅萊納州。她於哥倫比亞市過世，距離她出生的艾肯不遠，幾個月後，我就來到了艾肯與埃奇菲德一帶，尋思南方的這些弔詭之處。

炸彈工廠：變種蜘蛛

「艾肯真是個可愛的地方。」一位自豪的居民在咖啡館裡這樣對我說。這倒是真的——這裡是如此的整潔明亮。只要沿著原子路走下去，就到炸彈工廠了。艾肯鎮的每個人都在談論這裡，而我上次從艾倫代爾開車過來時，也曾路過這個地方。這裡的存在並不是祕密，但總有傳言在議論著蓋革計數器（Geiger counter）[9]，危險的洩漏、土壤殘留輻射，以及失敗的除汙嘗試。我冬天過來時，在核能廠區的門口就被人趕回去了，所以我想，既然我都來到鎮上，就來蒐集一些傳聞證詞吧！

幾天前的馬術賽前夜，我在旅館見過的格列果・傑佛遜也提到這件事，我當時留了他的手機號碼。我便打給他，約他出來喝一杯。

「原子路，這名字真的很驚人。」我過了一會兒說道。

「這整個地方都很驚人。這是因為炸彈工廠的關係，也就是人家說的薩凡納河設施區。是從一九五〇年代開始的吧，我想。事情經過是這樣。政府買下了敦巴頓鎮（Dunbarton），就把廠房蓋在那裡。他們把所有人都遷走了，總共有幾千人，都遷去了艾倫頓（Ellenton），還為此蓋出了新艾倫頓（New Ellenton）。」

「所以現在是核子設施的地方，原本是一座城鎮？」

「還不太算是一座城鎮吧，在那時候。炸彈工廠裡那些最高層的人——那些白人——他們都跟玩馬的人一樣，住在艾肯。這些都是機密，他們不會讓你靠近那邊，雖然公路就從旁邊經過，就是沿著薩凡納河那裡。」他說。

「有道理。核反應爐需要水來冷卻。」我說。

「鄉親都說那邊有外洩，可能都洩漏到河裡去了。你可能聽過格拉尼特維爾（Graniteville）的事故吧？氯氣汙染。還有其他事。你這裡蓋了棟核子設施，會發生什麼事？就有麻煩了嘛。鄉親以前都說，等俄國人要丟炸彈過來時，第一個就會打我們這裡。我們就是一個目標。」

「俄國人曾經打算轟炸艾肯嗎？」

9 用於探測電離輻射的粒子探測器。

「當然了，我們可被瞄準了呢，」他說著，彷彿成為蘇聯的打擊目標讓他獲得某種程度的鄉里自豪感。「沒關係啦，艾肯是最好住的地方了。」

他的朋友威利加入了我們說：「還有其他東西，用過的燃料棒和核廢料。那些東西都還堆在這裡。」

「你確定嗎？」

「我們都嘛知道。我們這裡罹癌率、畸胎率都很高，祕密一大堆。」

你可以說：這些都是奇聞軼事。你碰到了幾個當地人，聽著他們那些像是街坊傳言的故事，就輕忽隨便地（旅人的道聽塗說狀態）得出了恐怖的結論。但格列果與威利說的沒錯，真相比他們告訴我的還要更令人驚恐。我問了一個原子路的簡單問題，是因為這條路旁松針是如此芳香、河流是如此平緩、空氣又如此清新。艾肯本身是個漂亮的地方，有著整齊的鎮中心、高爾夫俱樂部、跑馬場、平坦的綠草地、氣派的住宅、牧馬圍場，以及養馬戶那令人愉快的木柵欄。真的很可愛，就像那位女士說的一樣。

但在格列果閒談似地講述了核能廠的歷史之後，我又跟別人談起了這件事，也就是閒聊而已。

「他們在那裡做原子彈……」

「雇用了好多人……」

「非常保密……」

「先生，你真的要很小心……」

有位名叫凱文的年輕軍人，休假回到了奧古斯塔的家裡，只是來艾肯辦點事，他說：「他們這裡發生過一些怪事。」

「哪方面的怪？」

「首先是全面警備。你永遠都進不去那裡面。還有動物也很奇怪。」

「什麼動物？」

「森林裡的、還有河裡的動物。」他微笑起來，但笑容中透著沮喪。

「牠們的顏色不一樣。不是平常的顏色了。河裡的那些鱷魚。」

「薩凡納河裡面有鱷魚？」

「但不是綠色的，牠們有黃色的、粉紅色的，還有些是白色的。牠們真的很不一樣。輻射弄的。」

粉紅色的鱷魚？輻射與重金屬感染造成的？紀錄顯示，是有些美國短吻鱷（Alligator mississippiensis）變得異常巨大。有人論證指出，這些巨鱷（最長將近四公尺）會長到這麼大隻，並不是因為輻射造成的基因突變，反而是牠們的棲息地未受打擾之故。不過二〇一二年二月，薩凡納河廠區的核廢料堆置場裡發現了「像紘線材質」織成的網，就有人推論是變種蜘蛛結成的。

將廠區設在艾肯鎮外，是美國原能會（Atomic Energy Commission）一九五〇年代選址的結果，當時的意圖是建造一座工廠，以生產熱核武器的燃料。待工廠落成時，已經有了五座生產反應器、燃料製造設施、一間研究實驗室、重水生產設備、兩座燃料再處理設施，以及氚回收設施。

後來，我查到了官方報告，指稱這個地方——包括道路、河川、空氣——總共三百一十平方哩的場址，都遭受「嚴重的現場汙染」，以及輻射性的「地下水滲移」。國家環境保護局（Environmental

Protection Agency, EPA）的一份報告舉證表示：「薩河廠區之多座樓房與設施皆已受到重大輻射汙染物之汙染，包括鎘、銫、鈷、鈽、氚與鈾。」

該廠區大部分都已經停役，現在作為一個由超級基金（Superfund）[10]接手清理的場址，已經成了十億美元的頭痛問題。國家環境保護局的承諾是這麼說的：「（薩凡納河設施區）全部的停用廢棄場址對於人體健康、生態受體、地表水或地下水都造成了無法接受的風險，並將於二〇三一年之前清理完畢，任何受汙染的地下水屆時亦將完成或進行清理。」

格列果、威利和其他人都說過，薩凡納河設施區是俄國人的一個打擊目標。最近，身兼安全分析師、調查記者以及獲獎的公共教育中心（Public Education Center）主席約瑟・特倫托（Joseph Trento），也為該廠區寫了一篇令人憂心的報告。在他的描述中，當蓋達組織或任何本國恐怖分子想要引起鈽火災，以引人注目之時，這裡就會是他們的首要目標，且後果不堪設想：「一場核子事故只是開始而非結束。」這座藏在薩凡納河畔茂密松林裡的核子設施，「是全世界最龐大的輻射物質集中處之一……存放的武器級鈽元素足以毀滅世界好幾次。這裡可以找到成噸的純鈽。」[11]

場址既廣大又脆弱（「一場地理上的噩夢」）就已經夠糟了。更糟的是，看管這裡的還不是美軍。特倫托對此做過詳盡的描述。由私人公司衛康賀保全（Wackenhut）負責保護這些「大量的高階核廢料、巨量的炸彈等級鈽元素」。後來改名為G4S保全公司的衛康賀，是一家丹麥與英國合資的企業，「擁有承接棘手保全行動的長期紀錄，業務遍及阿富汗與倫敦，以及田納西州的橡樹嶺（Oak Ridge）。」

當時的新聞仍在報導橡樹嶺入侵事件。三名反核人士（由當地越戰老兵、房屋油漆工，以及八十二歲的天主教修女梅根・萊斯（Megan Rice）於二〇一二年七月，在橡樹嶺順利（以破壞鉗與鋸子）剪開了核子設施的周邊圍籬。這三位出人意表的破壞者，用計騙過了警衛，在夜色的掩護下，潛入高濃縮鈾原料設施，留下了塗鴉（都是出自《箴言》、《以賽亞書》與《哈巴谷書》的句子：如「公義的果效必是平安」，還有「以人血建城」等等），懸掛了象徵性的犯罪現場黃色封鎖線，並在牆上潑灑一位已故社運人士湯姆・劉易斯（Tom Lewis）的血液，以資紀念。他們用錘子敲打哨塔，敲下了一點水泥塊，然後就待在那裡等著被人發現。他們在廠區裡待了兩小時。看到警衛時，還請他吃東西，並開始唱歌。警衛逮捕了這些人。（他們最後於二〇一四年二月遭諾克斯維爾的法院判刑。梅根修女被判三年，她的兩位男性共犯則各判五年。）

衛康賀／G4S保全公司派有八百名持槍警衛，在薩凡納河設施區值勤。即便如此，在專家看來，廠區的警備人力仍然不足，周邊也有太多的突破點。一起計畫周詳的自殺炸彈攻擊，就能造成實質的災難性後果，因為當地儲存的鈽元素並不穩定，現場又集中存放太大量的武器級原料。「若受到爆炸的擾動，我們可能就要面臨一場大火，導致鈽元素燃燒，以及大規模的外洩，」特倫托的其中一位消息來源如此表示，隨後又補充說，「這裡從前門看起來很煞有其事，但繞到後面，卻只有一道鐵絲網在保護美國民眾，並把帶著廉價破壞鉗、試圖盡可能危害國民的狂熱分子擋在

10 美國政府於八〇年代為防治廢棄物汙染而設立的信託基金，由該基金代墊尚待責任人歸還的清理費用。

11 作者註：引自〈炸彈工廠：美國凌晨三點的噩夢〉（*The Bomb Plant: America's Three A.M. Nightmare*），國安新聞社（National Security News Service），二〇一二年十一月。

外面。」

從這處準核災現場再往上走一段路，就到了喬治亞州的奧古斯塔市，在那裡永遠不會聽到像是要花上十七年才能清除核汙染這類的恐怖故事，只有關於打高爾夫球的愜意耳語。

「就算告示牌寫了禁止逗留、禁止下車，在整趟路程中還是連一個巡邏的保全都沒看到，」特倫托在他的分析中如此敘述他開車經過的這條狹窄州道——也就是原子路的情形。「公路兩側的大門都是敞開的。看起來就像整個廠區都向公眾開放一樣。」

當我駛離艾肯，穿過那片與核廢料堆置場及幾百萬加侖的高階核廢料相距不遠的秀麗松林時，經驗也是如此。我沿著原子路往東南方向走，從快樂、富裕的艾肯，要前往貧窮、陷入黑暗的艾倫代爾郡。

在我開車時，從樹影間閃過的薩凡納河，曾經以一種作為救贖、能藉以逃離佃農生活的形象，出現在《菸草路》當中。「你能做的最好的事，基特，就是全家搬去奧古斯塔，或是過河去南卡羅萊納。」他的鄰居們對他說。

倫斯鎮一瞥

越過作為州界的薩凡納河，就在原子路以西約三十哩處，就是喬治亞州的小鎮倫斯（Wrens）——也是身為傳道人之子的厄斯金·考德威爾還是敏感少年時，曾居住的地方。他寫的小說有許多都將背景設定在這附近，尤其是《菸草路》，以及他許多最好的短篇故事，都是如此。

考德威爾被他們喬治亞州的州民深惡痛絕，大家都覺得被他變成了笑柄，於是他便離開南方，去了舊金山與紐約市，又在緬因州的一座小鎮住了幾年。隨後他去歐洲與蘇聯旅行，在那裡擔任戰地特派員，同時也被視為美國農民生活的記述者。他寫過幾本遊記，其中就包括幾本對深南地方進行的訪察。最後，他帶著年紀小他許多的第四任妻子，在亞利桑那州度過餘生，他這時仍在寫作，仍然多產，但讀者卻越來越少。

儘管他的文學光芒業已黯淡，考德威爾卻仍有一項眾所不及之處，就是普及了關於南方人都很怪誕的想法——《神的小園地》（*God's Little Acre*）裡的人物缺牙、亂倫、無知、粗俗又偏執，相當有別於同樣出身喬治亞州、與他幾乎是同代人，以《飄》（1936）記述了塔拉莊園（Tara）生活的瑪格麗特．米契爾筆下的角色。她以懷舊情調呈現出來的南方，既有格調又世故洗練，熱情而富裕（舞會禮服、雕花欄杆、鎏金骨董鐘），卻遭到戰爭的侵犯、洋基的摧殘，這才是許多南方白人堅信不疑的版本。

愛之家的大麻煩：「被指控就表示有罪」

在奧蘭治堡一個雨夜裡——我從鄉間道路開過來，經過布萊克維爾（Blackville）與丹麥鎮（Danmark）等小地方——我又回到了露比餐廳，坐在後面的隔間裡，等著與維珍．強森牧師見面。因為他在餐廳裡顯得太與眾不同，所以才剛到就引發了一片竊竊私語，我也在他走近時聽到了這陣嘀咕。強森牧師有著高大的運動員體格，兼具傳道人的溫和風度與律師的自信舉止，當他身穿深色細條紋西裝、打著銀色領帶經過其他餐桌時，人們自然會抬起頭——不分白人、黑人——都因為他的存在感、他的威嚴、他的舉止，一人就抵得上一支隊伍，而不得不然，我見狀便笑了起來。

「保羅弟兄，」他說道，並給了我一個擁抱，然後他點了一杯甜茶，並如此解釋他的選擇：「要是我們的教友有人看到他們的傳道人在喝酒，那就不太好了。我喝甜茶就很適合。」

「說到這個，你們的教友都好嗎？」我問。

他微笑著點了點頭，但這是個意味複雜的笑容，掩藏著道不盡的憂愁。

「一言難盡啊，我等一下再告訴你吧！但我想先知道你過得怎樣呢，兄弟？」他說。

「我剛從艾肯過來，」我說。接著我開始說了一點艾西．梅．華盛頓—威廉斯的故事，但是我才說出她的名字，他就叩了叩桌子說：「史壯．瑟蒙。」我便繼續說：「好笑的是，像瑟蒙這種種族主義者，卻跟他的黑人女傭發生了關係。」

「也許他並沒有那麼篤信種族主義，你有想過嗎？」強森牧師緩緩地說著，一邊用手指捏住吸管，喝著他的茶。「你要瞭解，有很多時候，這些南方的白人政客自己並不是那麼徹底的種族主義者，」他又笑了一下。「雖然他們嘴巴上是那樣講。」

「但是他們說了那麼多次那些話，還是很偏頗、又有煽動性的啊，這又怎麼說呢？」

強森牧師笑出聲來，像在笑我的天真。「他們得照規矩來啊！不這樣的話，他們就什麼位子都選不上了。」

「你對他們的種族言論有什麼看法？」

「我們知道他們是怎麼想的。我們瞭解這種場面話。史壯．瑟蒙也為這個州做過很多好事的。」

「可他也講過很多駭人聽聞的東西，」我說這話時，語氣中帶著——我心裡明白——洋基那種拘謹的裝模作樣。「那他的黑人孩子呢？」

「南方就是這樣的，」強森牧師說完，又繼續用吸管啜飲著。「還有那些支持種族隔離的話，」為求謹慎，我略過了瑟蒙在演講中提及的，讓「黑鬼種族」進入學校與教堂的用詞。

「南方就是這樣的！」強森牧師說。

「你聽了不會不愉快嗎？」

「我們知道他在說什麼。我們會翻譯的。」他說。

「記得喬治．華萊士嗎？他選過阿拉巴馬的州長，人不壞，在某些方面甚至還滿溫和的。他在競選時拒絕了三K黨的支援——他說沒時間理他們。」強森牧師又啜飲了一些甜茶。「他就這樣垮臺了。他們本來要幫他忙的。全國有色人種協進會（NAACP）支持了他。他想拉到黑人的選票。然後他就輸給了採取強硬立場、還有三K黨背書的白人。『我被抹成黑鬼了[12]，』他說，『我再也不會被抹成黑鬼了。』」

強森牧師大笑，這時我又問了：「南方就是這樣嗎？」

「南方就是這樣的。」

我們點的餐來了。強森牧師吃著龍蝦尾與牛排，又變得滔滔不絕，還有講不完的故事，聊起他身為「窮黑人」的成長經歷，以及才在學校餐廳坐下、就看見三十個白人男生起身離開的感受。

12 outniggered：亦有被耍之意。

「但是我堅持立場，最後就獲得尊重了。這是我努力贏取的。」

「我有奮鬥的精神，」強森牧師說，他思考了片刻。「嗯，我本來要跟你說的就是這件事。我碰到了一點小問題。我是說，發生了一件案子讓我很困擾。」

「嚴重的案子嗎？」

「有位主教，他的教會就在艾倫代爾，」他說著，又停頓了下來——這是傳道人會用的，吊人胃口的停頓，意在引起我的注意——「被指控猥褻兒童。」

這項指控因為他小心謹慎的說話方式、緩緩吐出每個音節，而顯得惡性尤其重大：「猥、褻、兒、童。」

「他有這麼做嗎？」

「不可能。天啊，不會的。我認識這個人一輩子了，而且我對發生的事有種感覺——這是個嚴重的誤會。」他又啜飲了一些茶。「這是場悲劇。」

「如果他無罪的話，就會獲釋的，就沒事了。」

「你不懂，他被人指控猥褻兒童。猥、褻、兒、童。他就算無罪開釋，也永遠沒辦法恢復原樣了。他就這樣毀了。名聲壞掉了。被指控就表示有罪。」強森牧師說道。

他跟我說了一些大致的情況。這位巴比．瓊斯主教（Bishop Bobby Jones）現年五十四歲，是艾倫代爾的居民。他主持的「新生命愛之家」（New Life House of Love）教會位於城鎮邊緣的奧斯華大道（Oswald Drive），規模與啟示事工教會差不多，但與其相聯繫的組織則更為龐大，也就是新生命五旬宗聖潔會（The New Life Pentecostal Holiness）。這間新生命五旬宗聖潔愛之家教會鼓吹的格言是「追尋、超越、恢復一切！」

「是強硬路線的五旬節派。」強森牧師邊說，邊舉起了握緊的拳頭，以強調這支教派的頑強。

巴比．瓊斯自幼就篤信宗教，六歲就參加一個叫做「全星天使」（All Star Angels）的唱詩班，成了艾倫代爾的合唱歌手。他們很受歡迎，就被邀請到其他教會演唱。後來他們改名為朝聖者（The Pilgrimaires），因為他們在傳福音、在南方各地旅行，唱出他們的信仰，尋找追隨者。

「他九歲的時候接受了主，用功念書，十四歲就做了第一次布道。他這輩子都奉獻給了這一帶的人——艾倫代爾的人、有需要的人。三十年來他都在布道與主持團契。」強森牧師說。

巴比．瓊斯牧師被晉升成了主教。他很受歡迎，布道與唱歌都很有名。根據當地教會的規章，他的太太也被稱為「第一夫人」——布倫達．瓊斯。他有六名子女與十名孫子女。總而言之，就像強森牧師所概括的，他是位值得欽佩的人。

我說：「那被指控猥褻兒童是怎麼回事？」

「對一個十四歲的孩子犯下性侵罪行，」強森牧師說，而他的口音又讓「十四」聽起來格外年幼。事件發生於今年，也就是二〇一三年的一月份，但是他最近才被起訴，並以五萬美元交保。

「所以事情是怎麼發生的？」

「就像我說的，他是個強硬的五旬節派，全心投入的。對他們來說，凡事沒有例外。都要照律法的條文來。婚前不能有性行為。依照我的理解，也只是大致的揣測吧，他的女兒可能是來找過他，說她有了一些感覺——就是正常的生理慾望吧！主教聽到了。他是個有耐心又虔誠的人。」強森牧師說。

「他給的建議是什麼？」

強森牧師舉起雙手，彎起手指，像在捧著什麼東西似的。他說：「我不知道。不過外面的人是說，他出去幫她買了支按摩棒。」

他說按摩棒時的咬字方式，按、摩、棒，聽起來就像某種大型的高科技設備一樣。

「他真的這樣做了嗎？」

「我不知道。我只是設想，」他說話時，仍帶著律師的推斷與審慎口吻。「然後，這樣說好了，那孩子去學校的時候，她就跟一個朋友說，她的父親給了她什麼東西。那個朋友可能又告訴了別人。老師那邊就得知了這件事，他們就去找了警長，然後警長又把州警給拉了進來，新聞就爆出來了。」強森牧師悲傷地望著我。「然後巴比．瓊斯主教就陷入大麻煩了，愛之家教會也是。」

根據嚴格的交保規定，主教不能接觸任何未滿十八歲的人，這就表示他必須與他的部分子女以及全部的孫子女保持距離。他因為這項指控而名譽掃地。

「猥褻未成年人在這個州是犯罪，就像我說的，就算他獲判無罪，也會很慘的。他有資格請一位他能找到的最好的出庭律師。」強森牧師說。

「會是你嗎，牧師？」

「我會盡力而為，但是問題在於，我們有些教友並不這麼看。他們也有女兒跟孫女。他們聽說的是巴比．瓊斯主教有罪，應該得到懲罰。」他說。

「那你是怎麼想的？」

他微笑點了點頭。「我認為應該讓巴比．瓊斯主教在法庭上有申辯的機會。」[13]

「不是每個人都同意嗎？」

「還是有人心中有恨的。噢，天哪！還是有人心中有恨的。」強森牧師說道。

意在言外的布道：「沒有風暴我會怎麼做？」

不尋常的是，在這樣的週日上午，啟示事工教會只有坐到半滿而已，但就像是為了彌補這一點似的，聖歌唱得更高亢了，啟示樂團（Revelation combo）也放大了音量，極力表現。由一位身穿水紋綢洋裝、拿著《聖經》比劃手勢的女士進行的開場布道，彷彿特別激動，她高喊「今天主就在這裡！」之後，眾人也回應了「是的，姊妹！」

在這段時間裡，強森牧師一直安靜地坐在他那張寶座般的椅子上，上方掛著卷軸造型的金色銘牌，寫著：啟示事工教會——「向世界顯露上帝的話語——我們愛你——你對此束手無策！」

他起身布道了，在他舉起他那本破舊的《聖經》，讀出《使徒行傳》的篇章與詩句時，現場一片寂靜。

「對那城裡的人傳了福音，使好些人做門徒，就回路司得、以哥念、安提阿去，堅固門徒的心，勸他們恆守所信的道，又說：『我們進入神的國，必須經歷許多艱難。』」他平緩肅穆地唸著。

---

13 作者註：本書寫作時，女兒已經收回先前的說詞，並撤銷指控，拒絕作證。由於沒有其他證人出面指證，該案仍然懸而未決，巴比・瓊斯主教仍在交保狀態。

這時他談起了他有意傳達的布道主題：若不經過嚴厲的試驗，就得不到拯救。每個人都知道，他在暗指遭控猥褻兒童的巴比．瓊斯主教，但始終沒有提及其姓名。這次布道完全在談艱難的決定，如聖保羅、約伯、基督，以及其他人所做的艱難決定。

「廣受歡迎的事並不總是正確的，正確的事並不總是廣受歡迎的。所以我得問各位，你們希望不受上主歡迎嗎？」強森牧師說道。他思忖了一會兒壞天氣的事——暴風雨是這場布道的另一項主題：「下起雨了，大家就會說：『噢！這雨真大啊！』但是雨也帶來了別的事——祥和與平靜。你們可以置身其中，與主同在。」

我先前也看過這些信眾起身，高呼讚美——「的確！」「是的！」——呼應著布道的句子。但現在他們繼續坐著聽講，帶著不尋常的保留態度，而強森牧師似乎用起了他身為律師的修辭技巧，而非他身為傳道人的沉穩在說服他們，彷彿他們都是陪審員似的。不過話說回來，兩者在教會裡聽起來也是差不多的。

「弟兄們，從前我到你們那裡去，並沒有用高言大智對你們宣傳神的奧祕。我在你們那裡，又軟弱又懼怕，又甚戰兢。」他引用《哥林多前書》說道。

軟弱、忍受艱困、解決衝突：說的全都是巴比．瓊斯主教，只差沒有指名道姓，很明顯，強森牧師在運用他的說服力，試圖爭取信眾的支持。

「神給我們降下了風暴，」他用雷聲般的嗓門喊著，「我需要這場風暴。要是沒有這場風暴，我會怎麼做？它讓我回頭迎向主。所以我要說，『感謝你，風暴！』因為它遣我見著了主。我必願意為了主，甘冒一切風險——憑的是我的信仰，而不是我眼所見。」

他走下了講臺，這時，就像是以他的動作為暗號一樣，鍵盤前那位戴白帽覆面紗的女士彈出了一個響亮的和弦，隨後琴聲漸弱，慢慢散逸，坐著打爵士鼓的女士也連擊了一陣小鼓，再漸趨安靜。「夜晚的黑暗，」強森牧師繼續說道，「那黑夜是無邊無際的。它可以持續很長的一段時間。它可以試驗你的信仰。約伯他失去了財產，失去了家人。但是他不曾離棄上帝。再撐一下，看看最後會怎樣。永遠不要離棄你與上主的關係，就算你受到了嚴苛的試驗，使你想在悲慘中呼吼！」

說到「呼吼」這個字眼，真的讓他呼吼了起來，這股情緒推動了他，同時他吟誦著、嗚咽著，又仰頭發出咽喉間的呼嚕聲。這樣做很有效，信眾開始向他大喊，表示對他的支持與鼓勵，就像對一個掙扎游向岸邊的人吶喊似的。這段時間裡，啟示樂團仍在演奏，鍵盤前的女士猛力按下琴鍵，製造出閃電雷鳴。

「一宿雖然有哭泣，早晨便必歡呼。」最後，他用一種傳布好消息的語調引述了《詩篇》第三十章，又加以複誦。

這樣做是有效的：信眾露出了喜悅、甚至是福至心靈的表情。風暴已經過去；他停止了朗讀。他現在轉換了語氣，改用朋友在安慰人的口吻。他開始講起他自己的人生故事。

幾個月前吃飯時，他就對我說過這些故事了。或許他的信眾先前也聽過，但就算如此，他們也沒有表現出來。他們坐在位子上，看似很著迷於他說的故事，第一次搭上那輛白人巴士的故事；孤身一人，遭遇白人學生的考驗，受到學校裡僅有的黑人——也就是工友的鼓勵，微笑著像在對他說：「撐住啊，孩子。撐住。」這些在學校的故事，孤身一人的故事，身為一百個白人裡面唯一黑人的故事。

「我失去全部的朋友。我年紀很小時就學到，你得靠自己。讓別人來替你做決定，會怎麼樣呢？你就會變得沒辦法自己下決定了。」他說。

此時整間教會都陷入了沉默。

「我有奮鬥的精神。我從小就在奮鬥。」現在我看到了其中的關聯，以及他為何會同情巴比．瓊斯主教——那個唱詩班男童與早熟的傳道，花了三十年在傳福音的人。「這是命中注定。」

鍵盤響起和弦，傳來了敲打小鼓的一串細碎聲與撞擊銅鈸的嘩啦作響。

「我想讓你們知道，我有我傾向的立場，」他說道，這時他差點就要宣布，他要替巴比．瓊斯主教辯護了。「我也想讓你們知道，我愛你們大家。你們要是跟心中有恨的人說話，你們就要告訴他們，我愛他們。」

這是一場很有力量的布道。然而在這之後不久，維珍．強森牧師就宣布，他不會在猥褻兒童一案中為巴比．瓊斯主教辯護了。他跟我說，他在郡裡其他地方替他找到了一位傑出的律師。

新月汽車旅館

在一個潮濕的早晨，艾倫代爾的街巷散發出陣陣惡臭的貧窮氣息，由破房子組成的街區就是個滿布垃圾的宿營地。我沿著熟悉的路線回到這裡，走過荒蕪的四線道、那條淒涼的公路，經過的生鏽褪色招牌分別屬於歇業的餐廳（「龍蝦」）、廢棄的加油站商店（「州際公路」、「埃索石油」），以及陰暗破舊的汽車旅館（「行政客棧」），宛如進入狄克西的反烏托邦巡了一遭。除此之外，就像來到世界盡頭。

我又再次回到了這裡。遊記寫的通常都是旅人初次迎向某些地方的旅程，生動地記敘那裡，然後繼續前行，不再回來。對這個地方的描繪——在那個小時、那一天、或是那週裡，在那種天氣下看起來的模樣，就此被捕捉進了封面與封底之間，為其特異賦予了永恆的形式。就因為這種以偏概全——旅人的倉促評斷——旅行寫作才會讓讀者覺得如此明快、如此有洞察力，也讓瞭解當地、或是住在附近的人感到惱火，他們從這些風趣旅客的輕快描述裡，連自己的家都認不出來了。

這種單次造訪（「例如我們在吉大港停留用午餐」）也形成了旅行敘事裡的種種扭曲與壞話——並非空穴來風或是惡意中傷，只不過是走馬看花、對擦身而過者的匆匆一瞥。旅人的自負在於，認為造訪一次就夠了，旅行要做的並不是鑽研，而是概括，既是個人的、也是偏頗的。我的許多旅程也是如此進行的，所以我充分察覺到，自己很容易就會簡化事實、萌生歧見與自鳴得意，並意識到我在旅程中所看見的，不僅是我正在體驗的地方，也是我自己的人生。然而，在非洲、印度與中國似乎可行的做法，在深南地方卻不足夠，也會引人誤解。

我第三次造訪艾倫代爾時，就看到了前兩次遺漏的事物。雖然才過了六個月，但鎮上某些地方已經有了改善：廢棄的電影院已經翻新。新開了一家靈魂菜餐館，「卡羅萊納食堂」（Carolina Diner），這家由黑人經營的小吃店位於南大街上，就在三家帕特爾開的「停一下」（Stop-N-Go）加油站的其中一家隔壁。奧斯華大道上的新生命愛之家教會看起來了無生氣，停車場空蕩蕩的，大門上了鎖，而這裡的主教仍在交保中，愁雲罩頂，因為遭控猥褻未成年人而蒙羞——這也算是種新發展吧！

我第一次看到新月汽車旅館的時候，還嘲笑它拼錯的店名與上面那顆生鏽的星星，同時卻也著迷於後面那棟仿裝飾藝術風格的磚造建築荒廢的樣子，有著褪色的、編了號碼的房門，是一九五〇年代留下來的那種老式平頂的一層樓「汽車旅舍」。後來參觀艾倫代爾時，我繞了旅店一圈，踢開幾扇房門，踩過碎玻璃，驚異於那一座龐大的廢棄游泳池，周圍繞了一圈鐵絲網，大門上了鎖，池底還積了一呎深的綠色的水。

這個春天，新月旅館閃現了一線生機，幾間房裡住進了客人，其中有幾人會進進出出，除了有一個帶寶寶的女人，還有一個提著一袋日用品的男人。有個男人坐在房門外的摺疊海灘椅上，帶著疑心瞪著我。兩輛破車並排停在停車場裡，除此之外，那裡一片空曠，只有一群髒兮兮的鴿子笨拙地在積水的坑坑洞洞旁走來走去。一開始我還以為這些人是占住者或是露營者：他們衣著寒酸，斜眼瞄著我，雖然跟我打了招呼，卻不回答我的任何問題。坐在沙灘椅上的大塊頭男人怒視著我，輕聲但語帶威脅地說：「滾。」

那扇漆上「辦公室」字樣的門已經破損了，因為門半掩著，我就看見了地上散亂的紙張與汽水寶特瓶，一個油罐翻倒在地上漏油，一張靠背椅的填充物都跑了出來、扶手也解體了。房間裡這副模樣在我看來有如犯罪現場。

接著這張靠背椅轉了過來，還活了起來，對我說了話。

「偶能，」這人喘著氣，「幫你什麼忙嗎？」

他緊抓著拐杖，撐住了水泥地板，起身向我問好。他穿著厚重的大衣，裡面是一件領子脫線的羊毛針織衫，戴了頂黑色棒球帽，鬆垮的長褲在膝蓋處還磨破了。他的動作遲緩，從辦公室裡走出來，用拐杖戳著綻裂的柏油路，然後向我舉手致意。

「你是新月的經理嗎？」

「我啊，我是做維修的。」他繼續一拐一拐地走向我，因為使勁而哼著氣。

「你還好嗎？」我用一種同情的語調問道，因為他走得明顯很辛苦。

「膝關節動了手術，」他說，他的身體已歪向一邊，但仍向前移動。「髖關節也動了手術。」

「你慢慢來。」

「膝蓋也開過了，髖關節也開過了，我得的是關節炎。」他的名字是里昂．威廉斯，他說；他的工作是維持這家旅社的運作。而這個地方明顯正在解體，他身體又不好，這工作可不輕鬆。「這裡肯定需要蓋新的屋頂，拉新的電線，需要很多東西啦！管路都舊了，什麼東西都舊了。」

不過驚人的是，這裡也有住客了——至少住了七間房——有幾個是單身男子、有幾對伴侶、還有一個小家庭，每個房間每週租金是八十美元。我以前也見過像這樣的汽車旅館，當初是樂觀的葡萄牙殖民者在莫三比克興建的，而今已彈痕累累、殘破不堪，因爆發衝突而人去樓空，又在長年內戰結束後，由貧窮的非裔家庭入住：同樣有著憔悴的女人、陰沉的男人，以及茫然的孩童，站在貝拉（Beira）海邊那些迸裂的牆面與砸爛的窗戶前。

里昂住在東邊十二哩處的布朗森（Brunson）。大多數日子裡，他會開他的小貨卡，走鐵路大道過來管理新月旅館，而這裡現在更像是個真正絕望與無家可歸者的避難所，而不是給路過旅客投宿的汽車旅館。里昂在艾倫代爾出生長大，但說他比較喜歡布朗森，是個小小的路口社區，人口約五百人。那裡的舊鎮民會堂在地方上很有名，是棟木結構的八角建築，刻意用柱子托高，好讓布朗森的鎮民可以坐在下面，在遮蔭裡放鬆聊天。新蓋的鎮公所則是一棟磚造的小房子，平凡無奇得永遠上不了新聞。里昂還記得艾倫代爾從前更風光的日子——鎮上還有工作可做的日子。

「我爸媽，他們那時候都在加工廠上班，我也是。那些都是好工作。」

「他們是做木材加工的嗎？」

「雙層板、單層板、膠合板，還做電線杆。什麼都做。」

里昂六十六歲了，但因為生了病跛著腳，他看起來要老得多。他有三個孩子：他們都是在這裡長大的，但因為找不到事做也沒機會，就都去了紐約市。

「他們會過來這裡，但都不喜歡，因為這裡步調太慢了。我呢，我就喜歡它慢。」里昂說。

「但是艾倫代爾從前一定也很熱鬧的吧，遊客都會在這裡的汽車旅館跟餐廳停下來的時候。」

而這些崩塌的建築物，現在都像是爆炸過的炸彈坑。

「他們以前有很多夜生活的，尤其是在平地街（Flat Street）。人潮都在那邊出沒的。」

平地街就位在鐵路大道的後方，與其平行，可說是被擋在其陰影之下，有點像是被藏起來了一樣。很難想像這條荒涼的街道上曾有過任何夜生活，不過在當時，艾倫代爾還是個新興市鎮呢！

「那時候人潮是很熱鬧，但他們就有了一個問題——有人喝醉酒跟打架。有的還是女人。但是他們在平地街開了一間新的派出所，問題就解決了。」

「州際公路把我們害死了。」

「現在挺安靜的。」

里昂給了我他在布朗森的地址，邀請我隨時過去。然後他就回去新月汽車旅館的辦公室，等著客人叫他去維修。

艾倫代爾也有一處亮點。就在艾倫代爾空曠的寬闊公路以南幾哩處，我發現了克莉絲汀娜住宅區（Christiana Estates），是由幾戶維護良好、占地寬廣的漂亮房舍組成的一個群落，從主要幹道上是看不見的，門禁也不森嚴，證明並不是整個艾倫代爾都像我原先以為的那樣腐朽衰敗、或是窮苦得回天乏術。

禱告謝恩

在靈魂菜餐館「嘗嘗看」裡，對著雞肉、米飯、肉汁、比司吉和包心菜進行過莊嚴的禱告後，威伯・凱夫說了「阿門」，就開始用餐了。

他在幾個月前建議我，如果想再多看看他在艾倫代爾做的城鄉發展工作，就再回來，於是我就回來了。我想拜訪幾戶艾倫代爾郡活力會曾協助過、或正在尋求他們幫助的人家。

「我打了通電話，我們要獲得允許，才能過去拜訪。有些人不想被訪視或打擾。他們對自己的處境很敏感。」威伯說。

九十年前，就在離這裡不遠處，偉大的壁畫與油畫藝術家湯瑪斯・哈特・班頓（Thomas Hart Benton）也遭遇過相同的敏感。他在回憶錄《一個藝術家在美國》（*An Artist in America*, 1937）裡談南方的那一章提到這件事。他當時坐在喬治亞州東部的一處路邊，正在速寫一棟用石灰漆白的木板房。

「坐在門廊裡的幾位有色鄉親看到我，就走了進去，很快就有位高個子的黑人，穿了一身有補丁但很乾淨的連身吊帶褲，走出屋子，猶豫地向我走來。『你好啊，先生。』我說。他用完美的英語說道，『請您見諒，但我母親覺得您在取笑她的房子，所以想請您離開。』我就走了。」他寫道。

從艾倫代爾的主要大街輕鬆步行可達的整個區域，全都是一些有人居住的木板房，也就是威伯・凱夫試圖以艾倫代爾郡活力會的有限資源加以改善的對象。他提醒我，他們的營運預算只有十萬美元，並不算多，但他們的組織可以做到自給自足，靠的就是翻新房舍後再出租的收入。他們的運作規模雖小，卻很有效率，在我看來他們之所以成功，似乎正是因為規模小；威伯可以掌握他們辦公室經手的每一塊錢，開支幾百萬的話就辦不到了。

我們午餐邊吃著雞肉配飯，邊聊著又小又窮的艾倫代爾郡，還有艾倫代爾鎮，鎮上有百分之七十二是黑人，比例是全州最高的。當我提起跟父母都在木材加工廠工作過的里昂・威廉斯，威伯便列舉了許多離開鎮上的企業──不只餐廳、修車廠、汽車旅館，以及在國道三〇一線全盛時期支援他們的服務業都走光了，還有艾倫代爾的製造業也沒了。

「我們這裡以前有在做家具的，我們還有紡織廠，一直到一九八〇年代都還有在做布料跟毯子。」他說。

「他們到哪去了呢？」

「到中國、印度去了。」

「少了很多工作吧，我想。」

「工作全沒了。這裡現在什麼都不剩了，我們這裡的人都沒受什麼高等教育。你做服務業、地毯工廠或農業的，用不著念太多書。所以這些人都被丟下來了。他們現在過得很辛苦。我想努力幫助的就是這些人。」他說。

「要怎麼做才能改造這個郡呢？」我問道。

「我告訴你吧！我們有大量還沒開發的土地。想想那些退休之後想要住在氣候溫和地方的人，或是想要移居的人吧！我們這裡很靠近哥倫比亞市、查爾斯敦市、還有奧古斯塔市，都是開車輕鬆可達的距離。」現在他聽起來充滿希望，同時伸手指向周圍的鄉間。「我們有可能朝那個方向發展。你可以買五英畝的地，在上面蓋一棟舒服的家。你可能就付個每英畝三千塊、甚至是一千塊。想像一下，花一小筆錢，你就可以在一個漂亮的地方，擁有一大片的土地。」

他接起了一通在響的電話，簡短說完，就掛斷了。

「我可以介紹幾個鄉親給你認識。」

剃刀路

剃刀路（Razor Road）上那些廢棄的房屋，讓這裡看起來像是被一場可怕的風暴橫掃摧折過似的，只留下鼠患猖獗的廢墟。剃刀路——既嚇人又好記的路名——穿過了最貧窮的地段，起始於靠近艾倫代爾鎮中心的地方，一直延伸到鎮界東端的農地外圍。這片耕地綿延長達數哩，在夜裡就成了城鎮的漆黑外緣。

這些房子有許多都已傾倒成瓦礫堆，或原本就是木板房。最古老、最奇異也最搖搖欲墜的一棟，則是一間用發黑的人工裁切木板蓋成的單層平房，錫皮屋頂上滿是補丁。這間就算在剛建好時也堪稱簡陋的居所，早在薛曼將軍於一八六五年二月經過此地時，就已經存在了。薛曼當時在布洛斯頓橋（Broxton Bridge）遭遇了為期兩天的抵抗，他麾下的士兵於是深入州境，沿途焚燒農舍與穀倉。這棟房子則是久經考驗的簡明案例，因為距離大肆搶掠的軍隊夠遠，才倖免於難。

這是棟巨大的老骨董，破舊得出奇，後方還加蓋了一間簡易廚房。但這裡的空間尺度看來保持了原貌，自落成以來就沒什麼改變；是因為屢遭風暴侵襲，狀況才逐漸惡化。屋頂生鏽、門廊下陷、破掉的窗戶補上了卡紙；看不見明顯的室內管線。屋頂尖端中央冒出了一支煙囪，是最古老房舍的一項特徵。

「看起來廢棄了。」我說。

「這裡直到去年都還住滿了人，」威伯說。接著，他聽見有人穿過屋旁的草叢走過來，便說：「屋主來了。哈囉，梅爾文。我想讓你見見保羅。」

梅爾文・強森（Melvin Johnson）是位上了年紀的男性，穿著藍色的吊帶連身褲。他跟我說他只有五十七歲時讓我很驚訝，因為他看起來蒼老許多——看來這裡每個活在貧窮線以下的人都未老先衰了，就像別處一樣。我們握了手，他微笑著說：「想進來看看嗎？」

「梅爾文最近身體不太好。」威伯說。

「我在康復了。得了大腸癌。」梅爾文說。

「你還好嗎？」

「慢慢恢復吧，威伯幫了我很多忙。」他說。

「我把他納進了住房專案，不過梅爾文把申請新房子要做的功課都做完了。他還去上了一堂理財的課。他很用功的。他還找到了資金，借到了房貸。」威伯說。

「給我弄了棟新房子。」梅爾文說。

房子很小，只有排屋那麼大，但卻是新的，跟剃刀路只隔了兩條街，他跟兩個兒子都住到那裡去了。搬到幾條街以外，離開這棟受損的老屋，住進簡樸的新家，這樣的成績也許看似渺小，但對我而言是巨大的。我想起某些方案耗費鉅資，受盡吹捧，最終卻沒做出什麼改變。然後我又想到了威伯，以及他是如何地小心運用每一分微薄預算。這時威廉．布萊克的詩《耶路撒冷》（*Jerusalem*）的句子浮現在我腦海：

> 對他人行善者，須對最微小者為之。
> 一視同仁的善乃是無賴、偽善者、與逢迎者的託詞。

「比這裡好，那是當然了。」梅爾文邊說，邊推開了舊房子的門。

這間屋子發出的腐爛味，是潮濕的破布、蟲蛀木頭與死老鼠，以及浸濕呈半溶解狀舊報紙的味道，濃烈得難以忍受。梅爾文打開了一盞燈——是房間裡僅有的一顆燈泡，懸掛在電線上搖晃著——而我彷彿窺見了早年貧窮困苦的景象與一團凌亂：壓平的紙箱釘在牆上，充當隔熱材料；地板上散落著舊鞋、破枕頭、纏繞的被褥、碎裂的椅子、堆置的箱子、亂丟的紙張與破布；累積了幾十年的結果，就像是穴棲動物毫無退路的窩巢。一面牆上裝飾了幾張印在紙上的耶穌像，或許還有幾張剪報——因為照片或標題而被釘了上去，但都已泛黃到全然不可讀。一面碎裂的鏡子更是畫龍點睛，平添一絲恐怖感。

梅爾文坐在一張破沙發上，將一條毯子扔至一旁，蓋住已被煤煙燻黑的變色火爐。這個春日明亮而溫暖，但是陽光卻照不進這間陰冷、發臭的屋子裡。幾條毯子掛在窗前，裡面的房門都關著，而令我難受的並不是雜亂，而是氣味，那是死亡的氣味，以及這裡就像新月旅館一樣，讓人想起了犯罪現場；只差一具屍體而已。

「我是在這裡出生的。我就住這裡，大多數時候都跟阿嬤住在一起。」梅爾文說。

「你們的水從哪裡來？」

「井裡，就在那邊。」

「上廁所怎麼辦？」

「我們在房子外面有一間。還在那裡。」

「你在這裡住了多久？」

「五十六年，去年搬出去的，搬去了新地方。」梅爾文說。他環顧了這個髒亂的房間，發出了感嘆。「很厲害吧？在這棟老房子裡住了六代人。我阿嬤就是在那個房間過世的。」他指向一扇釘死的門，門口還堆著一大疊衣物。

「你對你們的家族史知道多少？」我問道。

他的回覆出人意表，一下跳進了十九世紀，激動地說：「噢，知道的，先生。是布魯斯・伊迪（Bruce Eady）把我們賣作奴隸的。」

花朵巷

在這個晴朗的日子，於南卡羅萊納州最窮城鎮的最窮鄰里，我才發現花朵巷（Flowers Lane）其實並不是條巷子；這是一片兩英畝大的荒地，土質因近來的降雨而鬆軟，使其印上了輪胎痕。在這片滿是泥坑與礫石地的區域裡四散的房子，其實算不上是真正的房子；只是些茅舍與腐朽的拖車屋，就是我在密西西比三角地最窮的幾個城鎮看過的那種。這裡就是助理財政部長賽勒斯·阿米爾—莫克利二〇一一年時經過的地方，他凝視著這片崩壞的景象與衣衫襤褸的民眾，表示不敢相信在美國竟然還有這樣的境況。或許該為此檢討的並不是美國，反而是這位生於伊朗的當權官僚自己，他理應曉得我國有這「被湮沒的百分之二十」。花朵巷位於南卡，但也可能出現在三角地，也可能——我一直在這樣想——出現在在辛巴威。

「你認識這裡的人嗎？」我問威伯。

「我認識一些，這家人要求進行整修。他們已經列入了我們的名單。我們或許可以幫上忙。所以我才到這裡來——來做點評估。」他說。

這棟低矮、平頂的長方形屋子，只有貨櫃屋的大小，已經貼上一層白色塑膠布，乍看之下，糟糕程度還遠遠不及田對面那些破敗拖車屋，以及隔壁那棟草草纏上藍色塑膠布的木板房。但再靠近些看，我就發現這些塑膠布只是廉價的裝飾，以遮掩裂開的木牆，而窗戶上的裂縫也用膠帶貼住了，門廊也不牢靠。當我一踏上門廊——還有屋裡——的木地板，我的雙腳就陷了下去，好像我踩的木頭早已被蟲蛀軟、隨時會垮似的。

有位老婦來到門口迎接，但是看到我們有兩個人，似乎有些退卻。她認識威伯，但我是誰啊？

「我只是看看。」我說。

這似乎又讓她更畏縮了——但我不怪她。前房很亂，顯然行將解體，而且擠滿了人：一個小房間裡擠了七個人，有老有少，有人靠在椅子上，有人攤在地板上。他們在看一齣肥皂劇，《不安分的青春》（The Young and the Restless），電視機就放在遠處的角落裡閃爍著。

人沒事好做的時候會做什麼？我幾個月前從家裡出發時，就在尋思這件事。住在花朵巷這棟破房子裡的這一家人，則給了我一點提示。這些人會試著彼此取暖。他們看的不是電視節目本身，有些人倒臥在地上，有個男孩躺在一張矮桌底下，還有個小女孩坐在另一個年紀較大女孩的腿上，都沒在看電視。他們其實是在這間崩壞的房屋、這個過熱的房間裡縮成一團。他們盯著我瞧，在我打招呼時也做了回應，而我這時才發現眾人明顯的年齡差距，唯一坐在像樣椅子上的是位老婦人，視線固定不動，肩上還蓋了一條厚重的披巾。原應是右腳處則徒留截斷的殘肢，又因為緊緊套上的紅襪子而更顯醒目。她名叫詹妮絲．威廉斯，可能已經九十歲了，或者更老。

她的女兒，也就是表情畏縮、讓我進門那位婦人，名叫夏琳．巴傑。

「這是威利、這是羅傑。」夏琳邊說著，邊指向兩名年紀較大，約在二十歲前後的男孩。他們用譏嘲的表情對我擠出假笑。他們原本都躺在地上，接著其中一人起身，並將臉湊近我的面前。

「你可以叫我羅傑兔，如果你有任何問題的話。」他說。

「目前還沒有。」我說。

我有點被羅傑那種狼一樣的戒心與他的髒衣服嚇到。他穿了一件破T恤，圖案是暗色的雙手，兩隻都比著中指，上面寫著「幹你全家唱片」（Fuck Y'all Records），不是個我熟悉的廠牌。

「叫潔西卡來，潔西卡可以回答你的問題。」夏琳．巴傑說。

「我想威伯有問題要問吧！」我說。

小房間裡非常熱，散發出髒坐墊與人腳的異味，加上高溫的烘烤薰蒸，更使其臭不可聞。這是貧窮的氣息，是任何人，就連被湮沒的那百分之二十，都無法習以為常的臭味，而那臺嘶嘶作響的瓦斯式壁爐，又增強了這種悶臭，並給人一種牆面本身著了火的駭人印象。

從我進房那一刻開始，就察覺到這陣嘶嘶聲。屋外是春日——照著陽光、吹著輕柔的微風——或許有攝氏二十幾度吧，是個穿短袖的天氣。屋子裡，則是抱團取暖的一家人，開著瓦斯壁爐往房間裡噴熱氣。這些人在溫暖的日子裡，卻待在室內發冷，除了取暖外無事可做。

他們是四代同堂：老婦人詹妮絲是大家長；詹妮絲的女兒、她的外孫羅傑與威利、還有另一個在我問名字時別過頭去的孫女，以及這女孩的女兒，六歲了，邊給大人編著辮子，邊跟我說了她的名字，叫莎加維恩．湯普遜。

「那樣很危險，」威伯指的是裝在牆上的瓦斯壁爐，還冒著火焰。「那個要給它通風才行。」

牆上掛了一幅畫在黑色絨布上的耶穌像，還有幾張家族合照，以及其他幾張耶穌圖片，下面是一整排的塑膠收藏品，一個雪花水晶球、一個艾菲爾鐵塔模型、一顆髒棒球、一坨纏在一起的串珠、幾個紀念品菸灰缸、兩張立起來的紐約市明信片、結了幾大簇金流蘇的一大條金穗帶，還有一碟鬆脫的鈕扣。幾張椅子緊緊挨在一起，幾乎沒有空間可以走動，我發現我從進門到房間後方這一路都在側身而行，並試圖迴避羅傑那張古怪而不懷好意的臉。

這裡的貧窮並非表現在物資的缺乏或不足，而是表現在來者不拒地囤積大量腐朽破損的物品，東西就像人一樣塞滿了這個房間，就像潮水打上岸的成堆破爛、風暴過後遺留的那種殘骸。快速做了一下計算之後，我才明白在這個春日午後，藏在這條花朵巷這個燠熱的小房間裡，在這個四代同堂的家中，竟看不到一個能養家餬口的人。

「她來了，這是甜豆。」夏琳．巴傑說。這時一位面露微笑的女孩從陽光閃耀的戶外走進房間，並向我們問好。

這位甜豆就是潔西卡。她個子很高，穿了件綠色毛衣與黑色緊身褲，頭髮綁成辮子，做了金色挑染和織得又長又密的接髮。她的活力顯而易見——我能理解為什麼她母親會叫她來代表全家發言。她相當世故，還說她已經修完一門美容學的課；也旅行過幾次。她看見威伯或我都不慌張。她帶我們走過一條狹窄的走廊，參觀這棟房子，讓我們看沾滿汙漬的天花板、沒窗戶的臥室，以及地板上看似亂成一團的幾條被毯與幾張床墊。

「我們這裡會漏水，雨會從上面那邊流進來——看到這一灘了沒？」潔西卡說。

但那不是一灘水，而是一張濕透的毯子，被水泡成了暗色，堆在這個既暗且悶的房間裡。潔西卡也住在這裡。全都住在一起，她說，九個人都住在這棟隔成四個房間的屋子裡——三間小臥室，還有這間令人窒息的前室。我無法想像他們睡覺時是怎麼安排姿勢的。

「我在考慮搬去俄亥俄州。」潔西卡說。

「帶他們去看廚房。」從壁爐的嘶嘶聲與肥皂劇的聒噪聲中，傳來了夏琳的說話聲。

「廚房真的很糟糕，天花板垮下來了，地板也沒了。」潔西卡說。

這是個擠在屋子背後的小房間，一張油汙黏膩的爐面，一臺破損缺角的冰箱，塞滿髒餐盤的洗碗槽，流理臺上放滿了撕開的穀片盒。外面是一小片院子，散落著莎加維恩的玩具、幾個廢輪胎和一座破損的鍬钁。

「早知道你們要來，我們就會清理一下這個地方了。」潔西卡說。

「沒關係的。」威伯說。

「你覺得你們能做什麼嗎？」她說。

「我們可以幫忙。我們可以幫爐子做通風，把地板架起來，」他說。「也許可以把天花板修好吧，」他邊說邊做筆記。「再把屋頂給補了。」

他站在這堆髒亂之中說話，我則佩服他的沉著冷靜與令人安心的神情。我毫不懷疑他會說話算話，做出改善。

家裡的其他人仍在看著午間肥皂劇——正演到一段戀情爭執，一對白人情侶在吵架——威伯與我則謝過他們讓我們參觀，便走了出去，站在花朵巷的泥濘中，審視這棟受損的房子。

「他們靠什麼為生呢？」我問道。

「你看到的那位老太太，主要是靠她。大概有在領社會福利吧！除此之外嘛……」他的音量漸趨微弱。他想的事也是我想的事：食物券、殘障津貼、失業保險、政府起司（Government Cheese）[14]、

---

14 美國政府過去收購乳品加工成起司，作為救濟糧食發放給弱勢戶。

福利金與救濟品。

這只是一棟破房子、一戶窮人家——只是幾百萬分之一——但卻生動地讓人瞥見貧窮與無望、孤立與閒散。

威伯還在打量這棟房子。他說：「你知道，這個工程會很浩大。整棟打掉重建可能還好一點。但是我們沒錢。」

羅傑與威利跟著我們走了出來。他們騎上兩臺舊腳踏車，對我們露出微笑，前後搖晃著身子。他們的個頭對腳踏車而言太大了，所以看起來只是鬧著玩似的，跨坐在車上，猛然作勢嚇唬了我們，又放聲大笑。潔西卡也走到了門廊上，手上抱著六歲的莎加維恩。在陽光下，他們看起來都不一樣了，顯得更孤零零、也更悲傷。

走遠之後，威伯對我說：「我們會做點事的。」

「對，跟他們一起生活是很可怕，可他們終究還是人類，」在契訶夫故事「農民」（Peasants）的結尾，敘事者借奧嘉（Olga）之口說道。「他們也像人類一樣痛苦與哭泣，而且在他們的生活裡，沒有什麼事情是找不到辯解理由的……她現在很為他們這些人難過，難過得痛苦不已，所以她邊走邊頻頻回頭看向那些小屋。」

跌跤

我沿著原子路，從艾倫代爾開回艾肯與奧古斯塔，接著再次穿過喬治亞州、進入阿拉巴馬，經過塔拉迪加與柴爾德斯堡，來到格林斯波羅，那週我在那裡跟人有約。我在那裡出了一場意外。我正在城鎮的邊緣消磨時間，並走去勘查一家破舊的「客棧汽車旅館」（帕特爾先生物業），就位於鄰近國道六十九線與州街（State Street）交會口的地方。那裡狀況惡劣至極，看似不宜居住。我正離開停車場時，在人行道上踩偏了，整個人往前傾倒，直直摔下去。預期著災難性的一擊與痛楚，我在腦中快速閃過恐慌念頭、來不及想出字句的瞬間，看見了自己的畫面：手臂骨折、臉孔摔爛、頭顱裂開，死得難看。

我滾進了一個水泥涵洞，在驚嚇中癱倒在地。我像隻受了嚴重槍傷的松鼠一樣，躺了一、兩分鐘。接著，爬起來時，我的右前臂還在流血又痠痛，雙手都擦破了皮，但還是慶幸骨頭都沒斷。我的頭很痛，流血的雙手上沾到的塵土也令我擔心。我在塵土裡蹲了一會兒讓自己回神，才走到附近的藥局買OK繃與消毒劑，然後坐進車子裡，包紮傷口。

我跌這一跤既嚇人也惱人。我可能就這樣摔死了，人家說的。但是我很生氣自己這麼不小心，竟然會假設格林斯波羅的人行道就像我來自的地方一樣平整安全。

我給自己放了一天假，開車去了戴摩波里斯，在那裡的外圍道路找到一間汽車旅館。我在房間裡，劇痛不已，沉沉睡去。我過了十二個小時才醒，依然會痛，依然慶幸。

維內爾·麥西

戴摩波里斯位於湯比格比河（Tombigbee）河畔，是一座委靡但漂亮的城鎮，有許多幽靜的房舍、幾棟可愛的豪宅，以及大多已空置的商店，我就在這裡遇見了維內爾．麥西，並設法去理解他設法告訴我的事。維內爾的當地口音是我在南方碰到的人當中最重的。他推薦了一家叫做紅穀倉（Red Barn）的餐廳，但他唸出這個名字時，發的是四個扭動下顎的含糊音：「瑞—呃包—嗯」。

他二十出頭，還在念大四，學的是會計，是個小個子、友善、容易激動的小伙子，隔著一副大眼鏡怒目圓睜。

當我恭維起戴摩波里斯的寧靜時，他變得憤懣起來。

「我想離開這個鎮。」他生氣地說。他的吼聲近乎喜感，但也帶著一絲感染力。「我想要離開這個州。」

「你要去哪裡？」

「我想去北方，去紐約市，或什麼地方、哪裡都好。我想要擺脫這裡，擺脫我的家人。」

「有去過北方嗎？」

「我從來沒離開過阿拉巴馬，所以我才想走。我不管那邊是什麼樣子。一定比這裡好。」維內爾說道。

戴摩波里斯是一座被開闊田野與小片樹林包圍的孤島，附近一帶充滿出色的自然之美。隨處可見在一棟木板房或一叢破敗的拖車屋旁，有一名女性在曬衣繩上晾衣服，或是有一名男性在引擎蓋下俯身處理汽缸。連著好幾哩，都看不到現代性的跡象；你分不出來現在是哪一年；這些老朽、雜亂及簡陋的聚落，都讓人想起更久遠的時代。這些較為貧困的地方，似乎是存在於時間之外的。也難怪維內爾會想離開，但是他似乎比別人更加急迫、乃至狂亂。

當鋪

就像南方許多類似的城鎮一樣，戴摩波里斯也因為幾棟南北戰爭前的豪宅而聞名：如峭壁大堂（Bluff Hall）是十九世紀早期棉花莊園主的住家，格局氣派，原本是聯邦式（Federal-style）建築，在一八四〇年改成了希臘復興式風格；以及相隔十年後興建的蓋恩斯伍德館（Gaineswood），這是棟上了白漆的低矮莊園宅邸，造型更為扎實、也更偏希臘式，但位置與現代磚造的戴摩波里斯高中（Demopolis High School）靠得太近，以致於現在看來不甚宏偉；還有里昂大堂（Lyon Hall），設有多處門廊、列柱、四坡屋頂、陽臺、瞭望臺以及圓頂。令人尷尬的事實則是這些房子都是奴隸建造的，你可以說金字塔也是如此，但埃及人使用強制勞力的藉口還更好一點。

像這樣大而無當的房子、這些位於奴隸州的特大豪宅，都被捧成了觀光景點，有些還修葺得煥然一新。但也有許多、甚至更多這類房屋，都已淪為廢墟，讓人想起麗貝卡・韋斯特的句子：「極大極窮的房子，有其格外恐怖之處……有如一棟悲慘的布倫海姆宮（Blenheim）[15]。」

無論如何，戴摩波里斯這座鎮上仍有許多簡樸的平房、雙拼連棟屋（dogtrot house）、木板搭建的排屋，有一區都是些破敗的小屋，還有殘存的鎮中心，裡邊有家歇業的電影院，還有幾間掙扎求

15 應是指位於英國英格蘭的世界文化遺產，為十八世紀初英國安妮女王為獎勵第一代馬爾博羅公爵約翰・邱吉爾（John Churchill, 1st Duke of Marlborough，也是前英國首相邱吉爾的祖先）的戰功所建，也被稱為邱吉爾莊園。

生的商店。還有幾家汽車旅館、小吃店、路邊商場、加油站與銀行開在外圍道路，也就在通往密西西比州的公路兩旁。

其中的例外，戴摩波里斯鎮上最忙碌的商店——大多數處於此類狀況下的南方城鎮也是如此——就是「交易通販行」（Trade and Traffic），這間當鋪位於鎮中心的華盛頓街與核桃街口。這家當鋪很熱鬧，各色人種都有，生氣蓬勃——有人賣貨、也有人買貨。貨架與展示櫃擺滿拿來典當的工具、家用品、服飾、珠寶、硬幣、南北戰爭與二戰物品、刺刀、頭盔、水壺，以及慣常出現的納粹收藏品。其中一面牆邊的架上擺了幾層武器，陳列了幾把步槍、手槍、匕首，堪稱一座軍火庫，正由一群帽沿低垂、身穿藍色牛仔褲的瀏覽者認真檢視中。

就像我在南方見到的大多數當鋪一樣，這裡的氣氛好客又樂於助人。十幾個人在店裡挪來移去，在貨品中挑揀，還有個開心的男人正交出一把舊電鋸，想當一筆錢。

一位留著絡腮鬍、頭戴獵人帽的黑人，側身走過填充的鹿頭，以及尖端還有塵土的生鏽犁耙，向擋路的瀏覽者說了哈囉，來到商店的後方，那裡的火器區有個非常肥胖的男人，正彎腰看著滿展櫃的左輪槍。彎腰的人就是店員，當時是早上九、十點左右，他正吃著一個外帶漢堡，吃得津津有味，以致於咬下了包裝紙的一角，卡在牙縫裡咀嚼著。

「怎麼啦，大塊頭？」

「我不知道啦。」那人邊咀嚼著邊說道。

「要是連你都不知道，就沒人知道囉。」

「血流得跟頭豬一樣」

沿著鄉間小徑走下去，經過了鯰魚養殖場、養牛牧場與開闊的田野——有匹成馬在輕觸一匹掙扎著想用細腿站起來的小馬——再經過生長失控的樹籬，看到了櫻桃樹如浮沫般的白花及成束的桃花後，我再次駛往有更多紫荊正在盛開的格林斯波羅。

這是個燠熱的春日，整條主要大街上，都因為路邊停車的金屬側邊與窗框反射，滿是亮晃晃的刺眼陽光。我在派餅實驗室的附近，街邊陰涼一側的一張凳子坐下來，因為長凳另一頭的男人對我露出了微笑。他很老了，只有一隻完整的手臂，另一隻在手肘處做了截肢。

他頭上隨意斜戴了頂棕色彎沿帽。他戴的厚重鏡片顯示他有白內障，而他在春日的熱度裡，也還穿著厚重的羊毛大衣。他笑臉迎人，用僅有的那隻手掌拍了拍板凳。我估計他年約八十，就跟很多南方黑人一樣，也隱約有些美國原住民的輪廓。他的名字是福羅依德·泰勒。

「槍是上膛的，」最後他才說，不過我們有先寒暄一下，而我也問了顯而易見的問題。「因為你永遠不知道會碰到什麼事，而且我們很餓，要靠吃松鼠之類的東西過活。我那時候在找松鼠，槍就靠在我旁邊。擊錘是在外面的——他們現在不做這種槍了。我開了保險，握住槍管跟扳機把槍拿起來，一走火就把我手臂給轟掉了。我血流得跟頭豬一樣，走了四分之三哩。但是他們處理過、縫起來，我就剩這樣了。」

「只剩一隻完整的手臂，找工作一定成了問題吧？」我說。

「我們是農夫，這問題不大。我給一家農場開卡車開了一段時間，然後去一家水泥廠做了一陣子，做水泥。然後我又去做道路維護，有損壞時就去。開一輛卡車，灑水車，去路上灑水。」福羅依德說。

「用一隻手開？」

「都用一隻手搞定的，就在戴摩波里斯跟格林斯波羅，三十年前的事了，可能四十幾年了吧，現在想起來。」他說。

「你是在這附近長大的嗎？」

「我是格林斯波羅人，不過住在鎮外的鄉下。」他向後仰起頭，對著藍天微笑。「這裡的生活挺好的，但我們一直都找不到工作。到現在我們都還是努力想找一些產業進來。他們以前是做過一些生意，但雇不到從前那麼便宜的勞力了。他們以前是找得到便宜勞力的，但是再也找不到了。」

「在塔斯卡盧薩有工作啊！」我說。

「可這裡沒有啊！你要是找不到工作，就只能待在家了。我們用不到很多錢的。」

我聽到這裡微笑起來，並且想起了一句話。「我們不窮，我們只是沒錢。」湯瑪斯・哈特・班頓對他身為畫家的艱苦生活是這樣說的。

「我小時候，爸媽都務農，」福羅依德繼續說，「我們種玉米、棉花，在那些田地外面，我們還種了幾樣東西吃。我們有西瓜，一大片都是西瓜。我們從來不賣，只會拿去送人，我爸不相信能賣得好。我們還種地瓜自己吃。我們還會做糖漿和糖蜜。」

「你們是怎麼做糖漿的？」

「糖漿是用甘蔗和高粱做的，紅甘蔗是頂級的。他們還有另外一種叫作ＰＯＪ的。」他說。據我查到的資料，ＰＯＪ是荷蘭人一九二〇年代在印尼東爪哇開發出來的雜交甘蔗品種；其名稱來自「東爪哇試驗所」（Proefstation Oost Java）的縮寫。這些進口的抗腐爛雜交種，在二〇與三〇年代拯救了遭遇病蟲害的南方蔗田。

「把甘蔗削皮，然後送去糖漿廠，那邊有一臺像榨汁機的東西。把甘蔗放進去，再給騾子上套。然後就用一個平底鍋，叫作糖漿鍋，大概四呎寬，糖漿就會流進那個鍋子裡，流到前面，就在這裡加熱。就像炸鍋一樣。把它煮滾，再用勺子把表層撈掉。這糖蜜可棒了。」

「看起來你們可以自給自足嘛！」

「我們很窮，所以自己的食物自己做，殺豬、放血、切塊、煙燻個兩、三天。我們什麼事都自己來。」他說。

「你們有多少土地？」

「四、五十英畝吧，跟一個白人租的，他的土地很多。我對那個白人沒什麼不滿。不過他有一輛曳引機，我們只有兩頭騾子。」

「沒有曳引機，就用騾子耕田。」

「那是當然了。把犁安到牠們身上就好，但是牠們一次只能犁一條田畦，不像曳引機可以犁兩條以上。」

我們繼續聊著老式的農場、摘棉花、採集糧食與打獵的事。

「我爸幾乎每天都會出門打獵，他打到了兔子、松鼠跟鹿，就給我們吃。」福羅依德說。他微笑了起來，或許是因為想起了那幾頓飯菜吧！接著他又說：「不像現在。現在的人也在挨餓，卻只會坐著枯等。」

令人癱瘓的絕望

「等你再回來的時候，」蘭道．克伯以南方人那種不慌不忙的方式說道，言下之意是事情不會發生什麼改變，因為已經改變的太少了。而且他也沒把這句話講完。

人們常常在說「回來」，結果使得我原本設想的這趟有終點的旅程，就像我以前走過寫下的諸多旅程一樣，變成了循環式、季節性的旅程，而我也不確定它將如何結束、或於何時結束。

最終蘭道解釋說，他想的是他跟我可以開車去培里郡的郡治馬里昂鎮，去探視瑪麗．瓦德．布朗，那位再過大約一個月就要滿九十六歲的短篇小說作家。蘭道很有把握，等我回來時，朋友都親切稱為瑪麗．T的她會很想要見我的。而且，她到時候還是一樣活著，敏銳、健談、健康的。

蘭道之前就跟我說過瑪麗．瓦德．布朗的作品，而我讀了其中三本——兩本短篇小說集和她的回憶錄——我就迫不及待想見到她了。她的寫作直截了當，不激動、不濫情，力道來自於她的簡潔，以及揭露了阿拉巴馬鄉村的內心生活，日復一日的，鄉土守舊的禮儀與自負，以及種族衝突與經濟。沒有哥德風、沒有矮人、沒有十二歲的幼妻、沒有白痴、沒有如畫般的怪物風景，沒有稱得上幻境的東西。

自幼，瑪麗．T就渴望成為作家，也開始寫了幾篇故事，但是為了養家而丟開了寫作。她到了六十幾歲才重拾寫作；她的短篇故事在幾家紐約的雜誌與大學季刊上登了出來；然後聲名大噪，使她在一九八〇年代還獲邀前往蘇聯參訪。她是替南方鄉村代言的人。但直到蘭道提起她的名字之前，我卻未曾聽說過她。她的小說是個驚喜，也令人深受啟發。

蘭道也是個驚喜。在他放滿書本的屋子裡，他熱情好客——特立獨行又離群索居，性格還有些可愛；身為鄉里子弟，他與鎮上又有密切的聯繫。他經歷過鎮上的種族隔離時期，見證過主要大街上的民權運動抗爭，還將許多衝突過程記錄下來。他不只是我在南方遇到讀書最廣的人，他也是我這輩子遇過讀書最廣的人之一。他當過老師與批評家，也曾經為雜誌與報紙供稿。他對自己的寫作很謙虛，至於閱讀，他則說這就是他打發日子的方式，沉浸在書裡。

他現在失明了——隨著歲月流逝而逐漸喪失視力，正如同盲人阿根廷作家波赫士（Jorge Luis Borges）這樣描述他逐漸失明的類似過程。「不是人們想像的那種全盲，」波赫士說，因為波赫士還有些許的視力，就像蘭道一樣。「以我的情況來說，是慢慢的夜幕降臨，慢慢的失去視覺，從我開始看得見時就已開始。自一八九九年起便持續不斷，並無戲劇性的轉折時刻，一場超過四分之三個世紀的慢慢的夜幕降臨……淒慘時刻的降臨，就是當我得知我失去了視力，既是身為讀者的，也是身為作家的視力。」

在我接下來要引述的隨筆「失明」（Blindness）當中，波赫士寫道，「失明是有些優勢的，黑暗給了我一些助益。」他又說到他如何發現失明賦予了他其他的感知方式，並描述許多盲人（荷馬、彌爾頓、喬哀思等等）都將生命奉獻給文學。蘭道在我看來，也是那些非凡有才華人士的其中一員，這樣一個少見的人，就獨居在他豐富的藏書之中，住在因貧窮孤立而聞名的阿拉巴馬鄉村小鎮上。

我很高興能夠回來。初次遇見他時，別人向我推薦蘭道，說他是個愉快的在地歷史學家。就像許多熱愛閱讀、偏好獨處的人一樣，他最快樂的時候就是在家，而且他很少有機會能對任何人談起他在讀的書；或者，毋寧說是這些日子裡他聽過的有聲書。我離去時他正在聽《重現的時光》（*Time Regained*），也就是普魯斯特（Marcel Proust）長篇小說《追憶似水年華》（*In Search of Lost Time*）最終的第七卷。他也熱衷於閱讀幾位我所景仰的作家，其中許多人如今都已不再聞名，如亨利・格林（Henry Green）、琴・史塔福（Jean Stafford）、喬伊斯・開芮（Joyce Cary），以及與知名演員同名同姓的英國短篇小說家伊麗莎白・泰勒（Elizabeth Taylor）。他讀完了福克納、伊夫林・沃（Evelyn Waugh）、亨利・詹姆斯、繆麗兒・絲帕克（Muriel Spark）的全部作品。在一個書本只是裝飾品或紀念品、被用來妝點房間的世界裡，蘭道卻讀完他架上的每一本書，以及此外更多的書。他有才華、謙虛又甘於寂寞，而且並沒有意識到他身處在這個背景裡，顯得多不尋常。

見到他令人寬慰，可以跟他聊書，聽他讀完普魯斯特的感想，用我對福克納的困惑試探他的意見。就像先前初次見面時，我所感受到的，我們擁有共同的語言，以及共同的讀書經驗。

「歡迎、歡迎，」他邊說邊在我們之間的空中摸索著，以抓住我並跟我握手。「真高興再見到你。跟瑪麗・T約好我們中午以後過去，所以先進來喝一杯吧！」

我們在他的書架之間坐下，收音機輕柔地播著蕭邦的夜曲，我們聊起了書、天氣，以及格林斯波羅。他說話時帶有熱情，然而在一陣陣迸發的資訊之間，他在呼吸、或是聆聽之時，看起來卻有些鬱悶，甚至是悲傷，會間歇陷入沉默的停頓。

「我狀況一直不太好。」他在其中一次停頓後說道。

「不過你現在好多了吧？」

「好一點。」他說。隨後又安靜下來，眨著眼睛，像是腦中有許多句子在奔騰。隨著沉默降臨，這房間似乎也同時暗了下來，書本也罩上了陰影——這情景是如此詭異，因為在這個春日裡，他的草坪與前院的櫻花上都灑滿了如此明亮的陽光。這種差異讓我想起花朵巷那棟房子裡的貧困陰暗房間，塞滿了瞪著眼睛看肥皂劇的一家人，壁爐在牆上嘶嘶作響，外面的泥水坑則在陽光下閃爍，樹上的新葉也隨風搖曳。蘭道仍在思索著。

「我得了憂鬱症，我這輩子一直都有這個問題。」蘭道最終說道。

「表現出什麼症狀呢？」

「是種讓人癱瘓的絕望。」他說著。但語氣中並無自憐，只是在陳述境況，就像說出某種色彩的名稱似的。

「你最近有感覺到嗎？」

「這幾週都有，對。」

「就是邱吉爾所說的『黑狗』吧！」

「沒錯。」蘭道說話時帶著疲憊的微笑。

「你都怎麼處理呢？」

「我處理不了。我什麼都做不來。我很無助。」

「你會動彈不得嗎？」

「我連想到要動都沒辦法，我就是躺在床上。我下不了床。我想不到為什麼要起床。」他說。

「持續多久了？」

「好幾天了。我沒有意志力了。我就是躺在那裡，對著自己想，我可以舉起手臂嗎？我想了一會兒，還是躺著。然後我想，大概不行吧！」

他坐在那裡，雙手放在大腿上，說他已經好轉了，只是憂鬱隨時都會復發，將他緊緊拖入癱瘓的狀態。我告訴他，威廉・史岱隆跟我提過，憂鬱對身體的影響、激烈且單調的痛楚，以及無法緩解的腦部疼痛。蘭道說他讀過史岱隆的《看得見的黑暗》（*Darkness Visible*），而且不僅認出了彌頓的句子，也覺得這段話反映了他自己的憂鬱。

無光；但見昭昭黑暗
僅用於覺察災荒之象、
悲傷之域、哀戚之影，平靜
與安息俱不得棲；人皆有之希望
永不來臨；唯有折磨無止境……

「有一點更糟的是，這裡沒人照顧我，只有我母親，保佑她，而她都八十五歲了。」他說。

蘭道的失明使他的憂鬱情況更形嚴重，更加疏離、也更為孤僻，或許時不時就引發了憂鬱吧！但他不是在尋求同情，而是在解釋他的疲憊。

「我們等下會很開心的。」他說。稍微振作了些，露出了微笑。

「瑪麗．T迫不及待想見你。我在馬里昂的羅蒂小館訂了位子——那是你在這附近能找到最好的南方料理了。而且你看，今天天氣多好。」

「你需要的是邊緣系統共鳴」

我來到馬里昂鎮時，才意識到格林斯波羅有多麼死氣沉沉。馬里昂的商店還有生意可做，鎮上還有一間宏偉的法院、一所大型軍校，以及瑪麗．T（她堅持使用這個稱呼，亦即瑪麗．湯瑪斯的簡稱）讀過的賈德森學院（Judson College）。這裡還有幾家書店，以及馳名的靈魂菜餐廳羅蒂小館。馬丁．路德．金恩的遺孀科麗塔．史考特．金恩（Coretta Scott King）就是在馬里昂長大的，而主張投票權的社運人士吉米．李．傑克遜（Jimmy Lee Jackson）一九六五年在這個鎮上進行和平抗議時，遭到一名阿拉巴馬州巡警的槍擊，這起民權運動中的催化事件，則引發了那場對峙性兼歷史性的、從塞爾瑪走到蒙哥馬利的抗議遊行。

「注意看看這裡有多荒涼。」我們駕車穿越鎮外的田野時，蘭道這樣說道。他雖然看不見，對於這片平地卻仍然記憶清晰，「你看到就會知道了。那是這裡唯一的房子。」

的確如此。在田野中開了五哩後他說：「這裡一定就是漢堡鎮了。」不到一分鐘後，一棟白色小屋出現在馬路右手邊，在前門廊上——我們已經先打過了電話——站著的是瑪麗．T，以及一位年輕許多、身穿圍裙的女士。

「歐澤拉（Ozella）跟她在一起嗎？」蘭道說著，一邊把頭轉過去，試著用看的。他解釋說，歐澤拉是前一任管家尤拉・梅・湯瑪斯（Eula Mae Thomas）的女兒。歐澤拉就站在瑪麗・T的身邊，瑪麗・T個頭嬌小，神情謹慎，就像隻停在樹枝上的小鳥，露出期待的笑容，而且精神飽滿。年紀很大、站得又很挺的人會散發一種隱晦的光亮，讓他們看似永生不朽。

「我父親在一九二七年蓋了這棟房子。」在蘭道介紹我們認識，我又讚美了這棟房子之後，瑪麗・T說道。

這棟簡樸的兩層樓小屋低矮而堅固，前方有一道突出的門廊，上方開了個老虎窗，因此不同於我們在馬里昂邊緣經過的那些木板排屋、長方形房子，以及自命不凡的豪宅。在屋內，牆壁都裝上了深色的木板，還有鋪了木條的天花板，以及橡木地板。就像蘭道的房子一樣，這裡放滿了書籍，室內的每個房間與樓梯間都裝滿了書櫃。我在一幅畫前停了下來，畫的是兩位坐在窗邊的女士。

「那一幅是克勞佛・吉利斯（Crawford Gills）畫的。」

她擁有三幅這位藝術家的畫，都是在一九八〇年代創作的。我是第一次聽到這個名字。吉利斯一九一四年出生於塞爾瑪附近，去了紐約學藝，後來專心描繪農村的窮人，不分黑人白人，用的是一種簡單、有力，或可說是潦草的風格，為了效果而稍做扭曲，像是湯瑪斯・哈特・班頓的手法，但用色更為陰鬱。他屬於地方主義，也跟新南方派（New South School）有來往（這術語我是從畫廊傳單上學來的），在一九三〇年代獲得了成功，但在戰後成為一名兼職者與實驗者。就像我現在極享受閱讀其故事的瑪麗・T一樣，一旦出了南方——看來是出了阿拉巴馬——便鮮為人知，但他仍是個極具天賦的畫家，瑪麗・T也稱他為朋友。

我對瑪麗・T說，我很榮幸能見到她。她是貨真價實的短篇小說作家，對於現今的南方也充滿洞見。她描寫了新的緊張局勢、她的鄰人與她的城鎮，不帶矯揉造作，文句俐落清晰。

我一直覺得，這樣的人物，卻是南方（而非北方）的作家，這似乎有些奇怪，直到我在南方待了一段時間為止。南方小說（South fiction）是英語系在使用的範疇概念，本身就是個綁手綁腳又啟人疑竇的分類方式，依照其刻板印象，這種小說就是充滿怪誕角色與詰屈聱牙的文句，彷彿有些事讓南方作家覺得太過痛苦或羞愧，以致於他或她不願直白道出。我想起了康拉德讓馬羅（Marlow）說出的句子（而且明顯引來了福克納的效法），「這是憂心於叵測意圖之堅定力量的沉穩靜止」——如此模糊地含混其詞，就是因為康拉德不想描寫人吃人。

我成年後一直在讀南方小說——不只是福克納與哥德風，還有較不知名的作者，以及詩詞類、劇作類、解釋類、辯解類、回憶類的作品——然而就算讀遍了這些書，也少有著作能讓我預作準備，去面對我在南方所發現的事：無異於舊日農民階級的無怨無尤社會底層；投機的外來者，有北方人也有外國人，從南方的樂於助人文化中撈好處；有權勢的少數人，有黑有白，一舉一動都自命不凡；窮困生活，則不若〈鯰魚巷〉（Catfish Row）[16]與《菸草路》那樣色彩繽紛，而是剃刀路與三角地僻巷裡令人沮喪、看來無法根絕的苦難。在這個地區，書籍——除了《聖經》之外——對大多數人幾乎都無甚意義，而這些鎮日勉強求生的人，又為何要在乎書籍呢？怪人跟蠢貨在南方小說裡都得到了詳細的記錄；對窮困勞工的描寫則沒那麼多。

瑪麗．T開了一瓶哈珀斯維爾（Harpersville）酒莊出產的藍莓酒，雖然這是個溫暖的中午，但

16 譯「土虱厝」，蓋希文歌劇《乞丐與蕩婦》（*Porgy and Bess*）的曲目。

在房子後方的小餐廳裡，有隻蒼蠅正嗡嗡飛舞在曬熱了的白色窗簾後邊，我們就站著，舉起大酒杯互碰，慶祝我們的相遇，年邁的瑪麗．T、幾近失明的蘭道，還有路過的迷途旅人我。木造的飾板、窗簾的質地、房間的侷促，熱天裡在鄉下深處舉杯飲酒的感覺——這一切都宛如身處舊日的俄國。我說出了這個感想。

「這就是為什麼我愛契訶夫，他寫的地方就像這裡，寫的人就像是這裡的人，都是相同的情境。」瑪麗．T說。

契訶夫筆下的外省小鎮，正如他的傳記作者隆納德．辛格雷（Ronald Hingley）所寫的，「是濃縮的無聊場景，僅有的鮮明時刻，就是當地居民為了豐富自己基本上都在『吃喝睡』的生活，而做的可悲努力，那就是常見的契訶夫公式。」在喬治亞州長大的卡森．麥卡勒斯也說過，南方的種種弔詭與怪誕——都是她小說的素材——與描寫俄國農民社會的小說相當類似，她在一九四一年的隨筆《俄國寫實主義與南方文學》（*The Russian Realists and Southern Fiction*）裡，也提及了契訶夫、杜斯妥也夫斯基、托爾斯泰，以及果戈里。

「南方與舊日俄羅斯有許多社會學意義上的共同之處，」麥卡勒斯寫道，「南方一直以來都有別於美國的其他部分，擁有自己獨特的利益與個性。在經濟等面向上，這裡被國內其他地方用作殖民地。這裡的貧困與國內其他地方的已知情形都不相同。」她繼續說著南方的階級體系、性格特徵、農民階層，以及更多近似舊日俄國之處——而她論證的方式，幾乎就像在炫耀一樣，將這些田地與農場給俄國化了。

「他喜愛人們身上的獨特性、個體性，」尤多拉．韋爾蒂（Eudora Welty）在《巴黎評論》的專訪裡如此評論契訶夫。「他把家庭感視為理所當然。他的生活方式受到宿命感的強烈影響，而且在我看來，他的俄式幽默近似於南方人的幽默，是那種深植於性格裡的幽默。你曉得，在《凡尼亞舅舅》（*Uncle Vanya*）與《櫻桃園》（*The Chery Orchard*）裡，人們總是聚集在一起，講個沒完，但都沒人在聽。然而其中卻有壓倒這一切的大愛與理解，認識並接受彼此的怪癖，對眾人的容忍，還有對戲劇性的敏銳欣賞。」

了不起的是，她將近七十五年前描述的事，至今在南方鄉村幾乎都還是一模一樣，也是因為這個緣故，在這些地方旅行時，才會感到如此憂傷的愉悅。

在這個晴朗的日子裡，這鄉間卻顯得荒涼慘淡，一座老舊小屋位於狹窄的道路上，附近沒有其他房舍，泥濘田野的氣味充塞房間——此外再加上……那股我感受得到卻不能釐清的、巨大且壓倒性的悲傷。或許是蘭道跟我說的事造成的吧，用他那令人震撼的說法就是「癱瘓的絕望」。

「還有伊薩克．巴別爾（Isaac Babel），《我的鴿子籠故事》（*The Story of My Dovecote*）。」瑪麗說。巴別爾寫的也是小鎮、巷弄、家庭生活，尤其是在他自傳式的故事裡，以及其他小說裡寫到的哥薩克聚落。俄國小說裡有大量與美國南方相對應的事物。

「來片磅蛋糕吧！」蘭道說著，揭開了包住長長一大塊黃色蛋糕的錫箔紙。「我媽昨天做的。」

瑪麗．T切下一片酥鬆的蛋糕，分給了我們，而我一直在想：這是南方才有的情景，但在南方又屬於見過世面的特殊分層，擺滿藏書的房子、昏暗的畫作、聲響很大的滴答鐘、老式家具、沉重的橡木桌、帶著某種憂傷又堅不可摧，但看著又有點受困的氣氛。還有管家造就的那種不尋常、幾乎不自然的有條有理——排列整齊的鉛筆、方正堆疊的雜誌與小冊——這種傭人的秩序感，顯然出自、又不似出自歐澤拉之手。

在《煽起火花》（*Fanning the Spark*, 2009）這本選擇性記敘、印象派風格的回憶錄裡，瑪麗·T說出了她的故事：她身為農村店主的女兒所受的家庭教育、遲暮之年才成為作家——出版第一部短篇小說時，她已經六十三歲了。這是一小段充滿驚奇的歷史：驚奇於她在過了這麼久的時間，她稱之為「二十五年的沉默」之後，卻成為了作家；驚奇於她寫的故事受到了歡迎；驚奇於這些故事還得了獎，包括國際筆會／海明威獎（PEN/Hemingway）、國際筆會／福克納獎（PEN/Faulkner），以及另外四座獎項。後來，由於她寫的一篇設定在南方鄉村的獲獎小說「解藥」（The Cure）被收進了蘇聯與美國的合編文選《人類經驗》（*The Human Experience*），她遂在一九九〇年獲選隨同一支作家代表團訪問蘇聯，這也是她文學生涯的風光時刻之一。

她曾有過幸福的婚姻，但好景不常；四十幾歲就守寡。她兒子柯特利去過越戰，後來回到阿拉巴馬州，在馬里昂鎮當律師。他現已退休，但仍在軍校任教。

她將酒杯放在厚厚的杯墊上，說道：「我好想吃鯰魚啊！」——九十五歲了還能這樣表現好胃口，聽到也開心。

她戴上一頂黑色的寬沿帽——直徑似乎有單車車輪那麼寬——並穿上了一件像斗篷的紅色大衣。扶她下樓時，我發現她嬌小而孱弱，但她神智活躍、口齒清晰、記性也好。我握住了她鳥爪般的手。

「紫荊開得不好，需要照料。」她這樣說著前院裡的一棵樹。「我們要給它施肥才行。」

前往馬里昂鎮羅蒂小館的途中，走在鄉間道路上，她談起了自己是如何成為作家的。

「寫作對我來說並不容易，我有家要養，而我先生過世後，又變得更辛苦了，因為柯特利還小。我有寫作的念頭，有在讀書，但是沒有寫作。我小姑鼓勵我。我就想到我有個優勢。我分辨得出文學與垃圾。我知道什麼是好東西。我知道自己想寫什麼。等我開始寫的時候——都年過六十了——我就很努力修改文字。我試著把它寫好。」她說。

正要開出理論上似乎屬於漢堡鎮聚落的地方時——那裡並無其他房舍——我沿著像鐵道那麼窄的空曠道路而下，既享受著聽她發表見解，也設法在偶爾碰到的十字路口辨識方向。在其中一個設置了幾面綠色小路牌的路口，我試圖找到她說的那條路，便問她那條路叫什麼名字。

「他們給那條路改名了，」瑪麗．T還沒回答，蘭道就從後座說道。「這裡以前叫二號公路。現在叫J．J．霍華醫師路（Dr. J. J. Howard Road）。」

「他是個庸醫。」瑪麗．T說。

我們這時開上了馬里昂的主要大街華盛頓街（Washington Street），經過軍校與法院，經過格林街（Green Street），再來是麥克咖啡（Mack's Café）的所在地皮肯斯街（Pickens Street）——這些涉及吉米．李．傑克遜遭槍擊的地點，現都已納入黑人人權步道（Black Heritage Trail）的史蹟。我們經過幾棟有尖塔與拱門的教堂，都是氣派的白人教會；黑人的教會則破敗而狹小，設於巷弄之內。我們來到羅蒂小館。我把車停在店門口，扶瑪麗．T從副駕駛座下車，並走進餐廳。

「我在看一本書，是對幾位超過百歲的人做的訪談，」瑪麗．T說，或許是下車到走進餐廳這一路虛弱不穩的腳步，讓她想起了這回事。「書名是《向百歲長者學習的事》（*Lessons from the Centenarians*）之類的。」

「學習什麼方面的事？」

「各方面的。但我學到的是，我不覺得我想活那麼久。」

瑪麗．T進門時，座位上埋頭用餐的人都抬起了頭，其中有許多人都認得她，並向她致以問候。瑪麗．T緩緩走著，舉起了手向他們打招呼，同時仍然談著寫作的事，還說：「你需要的是邊緣系統共鳴（Limbic resonance）……」

這個大有來頭的詞彙，在這間不起眼的餐館裡，聽起來有點嚇人而費解。我先抄下來，後來查到這個詞的定義是「情緒的感染」，是對他人情緒的直覺體會——簡言之，就是同理心。

此時瑪麗．T與蘭道都就座了，正在點甜茶。接著是飢餓食客瀏覽菜單的沉默時間。羅蒂小館供應各種做法的雞肉料理，炸的、烤的都有，以及炸鯰魚、燒烤鯰魚，還有鯰魚排；薯泥、起司通心粉，以及三種燙青菜。每個人都有一份比司吉。

「你看，這個洋基選了燒烤鯰魚哪，我們都只吃炸的。」我們點完菜後，蘭道這樣說。

我向瑪麗．T問起她的童年，當時她就住在父親開在漢堡這個小鄉鎮的雜貨店「蒙登—瓦德商店」（Munden-Ward Store）的頂樓。她樂於追憶往事，緩緩地說著，我真希望當時可以錄下來，因為她是用一百年前的口音說話的。

「我母親就在店裡工作。她忙到沒空帶我，」她說完每一句，都稍作暫停，有點喘不過氣來。「我是我們的黑人管家帶大的。她也是家裡的廚師。我都叫她黑媽咪（Mammy）。我知道現在叫人家黑媽咪不太好，但我是誠心的。她對我來說就像媽媽一樣，我很依賴她。」

她在回憶錄《煽起火花》裡寫道：「我不記得母親是否在我小時候坐下來抱過我，但我記得坐在黑媽咪腿上時感受的撫慰，儘管她個子小、膚色也淺，與刻板印象相去甚遠，但她的大腿可以鋪墊得既寬且深，容得下任何創傷。那裡聞起來有格紋布與木屋爐火煙燻的味道，在我哭泣時輕柔地搖著。她不會用敷衍的話安慰我，但有需要的時候都在那裡，給我純然的安詳。」

「你知道嗎，她可能還救過我的命。」瑪麗．T告訴我。「我那時候有結腸炎。我還是個小朋友，肚子又餓，已經奄奄一息了。黑媽咪明白了。她每天都餵我一調羹的白脫奶，後來就能餵更多了。她再一點一點增加到半杯，再增加到一杯。黑人太窮了，看不起醫生。他們有自己的藥方。這就是其中一種。白脫奶。救了我一命。」

我提到了我聽過的另一個傳統，就是所謂的菜渣湯（potlikker）。燙過蔬菜的清湯通常都會倒掉，但南方的窮人會拿來喝，並因為營養豐富的緣故，反而有助於他們保持健康，尤其是預防癩皮症。

但是蘭道想起了黑媽咪，就說到他在南方經歷的種種改變。這激起了瑪麗．T的憤懣。

「現在全都不一樣了，這裡的黑人看我的眼神有恨意。是因為我不一樣。不是因為我做過什麼事。這是一種怨恨。怨恨使他們投票給亞伯特．杜納。」瑪麗．T說。她指的是培里郡的郡委員小亞伯特．杜納（Albert Turner Jr.），一名民權運動領袖兼塞爾瑪遊行參加者之子。

「他是什麼來歷？」我問。

瑪麗說：「他對民眾說，他們窮是因為奴隸制度，還有欺壓他們的白人害的。但真的是這樣嗎？想想領社會福利那些人吧。你會找到有些家庭，三代人都在領社會福利，從來沒工作過，照樣在生小孩。」

這裡會發生什麼事呢？我尋思著。

「慢慢就會改善了。」瑪麗．T說。慢慢就會改善了。

就在她說話時，人們紛紛走來桌邊打招呼，據瑪麗．T所說，他們表現的這般客氣有禮，也是阿拉巴馬的特色之一。有位女士發給我幾份文宣，並且提到了吉米．李．傑克遜；另一人則自我介紹，說著「嘿，大家好，」然後又聊起了一個瑪麗．T也認識的人（「他裝了新的膝關節」），最後說了「大家保重。」瑪麗只是點點頭，面露微笑，等她走遠聽不見了才說，「她是馬里昂的上層人。」但他們卻要特意過來討好瑪麗——身為老居民的瑪麗、身為作家的瑪麗、身為見證人的瑪麗。

蘭道聽見「慢慢就會改善」之後就一直皺著眉頭。他說：「我還抱有一點希望。我的意思是，我見識過民權運動抗爭最糟糕的時候——鬥毆、炸彈、示威遊行。」他將叉子擱在盤中癱軟的鯰魚刺上。「我想到我們以前的情況，現在看起來是有可觀的進步了。」

「但分歧永遠都會在的——種族的分歧，」瑪麗．T說。

在她其中一篇最好的故事，「越過新岔路」（Beyond New Forks）裡，有位白人女性在開車送年邁黑人管家回家時，想起了諸般難堪的問題是如何一再浮現，並由此對照了黑人與白人的命運：

> 忽然間，整個種族問題的潘朵拉盒子就此開啟，加上一切我們當時因為未曾想到、較不理解、出於根深柢固的習慣與行事方式，在無意識、無心、甚至是不予承認的狀態下，所拒絕給予的尊重、地位、特殊待遇，甚至是種種權益，都將隨之敞開，讓我們徹底靜默。
>
> 我們從來不曾像某些人主張的，試著以文字檢驗或是解釋這些事。我們只會無望地看著彼此，然後總有人會轉換話題，並開始準備抽身。

我提醒自己，瑪麗．T是一九一七年出生的。大蕭條的時候她二十幾歲。她只比詹姆斯．艾吉小六歲，所以她曉得當年的貧困，還有佃農、貧窮的白人及貧窮的黑人，以及一九三〇年代發生在黑帶的私刑事件——那是段令人痛心的歷史。沃克．埃文斯為這些店面、街道、赫爾郡與培里郡的白人鄉民拍下的陰鬱照片，等於是瑪麗．T早年生活的相本。

「我來跟你講學校的事吧！在我小時候，農場上的黑人都沒有上學的。然後過了幾年，他們就去上學了，只是學校很糟。他們一開始的資源不多。他們落後得太多了。所以事情有所改變時，我們都要給予支持。」她說。

「有些人還是很重視教育的。」蘭道用他一貫認真而寬厚的語氣說著。

「我認識一位女士，她是個好人。但丈夫就令人遺憾。她每天都開車去戴摩波里斯市的馬倫戈工廠（Marengo Mills）上班。然後她又去上學，拿到了學位。她成為護士。她去工作、讀書、做了這麼多努力。她丈夫卻什麼都不做。」瑪麗．T說。

我說：「就是你在短篇故事裡寫過的那種情況。」

「對，我寫過的。」

「你的家人對你的寫作有什麼看法？」我問。

這個問題讓她大笑出聲，笑到都咳了起來，她用鳥爪似的手掩住嘴，氣有點喘不過來。

「據我所知，他們不讀這些書的！」她最後說道。「沒人提起過這件事——我在寫作的事。我覺得他們不在乎啦！」

接著她再次大笑起來，並不是我預期的苦笑，而是真心被逗樂了，好像她談論的是什麼極度愚蠢的事一樣，不過這確實很蠢沒錯。我覺得這家人真是不知感恩又市儈粗俗，竟然刻意忽視了這位女性展露在作品裡的天分與見證。

「我盡力了，我說了實話。」她說。

「阿門。」蘭道說。

回漢堡的路上，她跟我說了一個關於一家人日漸疏遠的故事。她逐段娓娓道來，起初不帶情緒，後來說到聲音微顫。這段由衷的傾訴是如此地戲劇性又完整，我便勸她寫下來。她說她好幾年沒寫故事了。我說這一篇會很完美的。我送她回到偏僻的住處後，太陽落入田野，她在門廊上對我揮手，歐澤拉也站在一旁。我將蘭道送回了格林斯波羅，就再次上路了。

第二週，瑪麗．T寄了一封電子郵件給我，點評了我寫的一些東西，並說我是個真正的作家——得到她的讚美，感覺就像戴上了一頂花環。「你從一、兩句話就能看透一個人，對吧？謝謝你的書。你來我家作客是我的榮幸。」她寫道。在回信中，我提起她告訴我的，她與家人疏遠的親身記實，並說我覺得這可以成為一則很棒的短篇故事。

「我也這麼想，它正在我的潛意識裡翻騰，但卻是以小說的形式。我一直想寫一則極短篇，也許就是這篇了。以其獨特與冷淡，似應獨立成篇，就像一幅攝影。或說此刻看似如此。」她回信道。

隨後幾天我又寫了回信。收到的是簡短的回覆——「身體不適」——然後就杳無音訊了。蘭道來信說，瑪麗．T生病住院了。在我們見面約一個月後，她過世了。死因據說是胰臟癌。

那時我人在家中，卻彷彿身在他鄉，在通往南方的那條公路的另一頭。

插曲

南方小說的奇幻化

讀書使我成為旅人；旅行讓我回去讀書。我一回到家，就沉浸在南方小說之中。我在上一段插曲裡閱讀的福克納，以及我在春天見過的這些地方，都讓我好奇地想要知道，這些設定在深南地方、篇幅或長或短的小說，可以如何讓我更能接觸到這幾州如此消極、如此靜默的，那兀自深思的內在世界。許多南方作家都強硬地堅信著某種地方主義的含糊概念——也就是說，他們要在作品裡表現出南方的內心與靈魂。福克納對此的信念是如此強大，以致於他的小說似乎就定義了何謂南方，以及那裡的歷史與人民。儘管我越是讀他的書，就越深刻地認識到，雖然他如此執迷於交代細節，有一件單純的事實他卻不曾提及、也不曾解釋，就是他怎麼會在一所羞辱黑人勞工、排斥黑人學生的大學校園邊緣住了一輩子。他對往事著迷到癲狂的地步，但對於自己所見證的，這些重大的現時事件，卻似乎感到無聊、厭煩、不能理解。

我在上次的旅程中，在薩凡納河的岸邊，經過了喬治亞州的倫斯鎮，那裡是厄斯金．考德威爾的童年故居，他似乎是從認識的鄉親身上得到靈感，寫出他最早期也最成功的小說之一《菸草路》（1932）。其內容是佃農吉特．萊斯特（Jeeter Lester）一家人的長篇故事，他那沒有牙齒（「從八歲起就吸鼻菸」）的太太艾妲（Ada）；他那娶回一個年紀大上許多（且沒有鼻子）的女人貝西（Bessie）的兒子都德（Dude）；他（喑啞且兔唇）的女兒伊莉．梅（Ellie Mae）；十二歲就被他嫁給朋友羅夫．班西（Lov Bensy）的珍珠（Pearl）。這名十二歲的妻子拒絕與年紀大得多的羅夫同床，於是睡在地板上，羅夫則因遭受幼妻嫌惡而感到委屈。這到底是搞什麼鬼？

他的小說曾因為粗鄙而廣受歡迎，如今也因此而受人詬病——在一九三〇與四〇年代曾賣出幾千萬冊——在這些作品中，考德威爾為南方塑造了一種住滿各類醜怪人物的通俗形象。他筆下大多數的白人角色，似乎都來自狗斑鎮（Dogpatch），也就是艾爾·卡普（Al Capp）一九三四年首次推出的連環漫畫角色里爾·阿伯納（L'il Abner）的家鄉。《菸草路》與《神的小園地》（1933）裡都是些稀奇古怪的角色，福克納的《聖殿》（1931）亦然，都奠定了關於租戶與佃農的南方小說基調，以怪異而黑暗的喜劇風格為主導——古怪的角色、難以啟齒的罪行、不自然的舉動、驚人的性關係——幾乎以某種間接形式引導了文學的發展。

雖然考德威爾的小說《七月的麻煩》（*Trouble in July*, 1940）與長篇故事《向旭日屈膝》（*Kneel to the Rising Sun*, 1934）都關注了無辜黑人遭到的私刑與騷擾；福克納的《八月之光》（1932）也提到了一起近乎私刑的案件，最後以喬·克里斯瑪斯遭到槍擊與閹割告終。但這些作品都屬於特例。有時被稱為「南方哥德風」的這些南方小說與怪誕內容，鮮少碰觸到（似乎也接受了）一九二〇與三〇年代日常存在的諸般不公不義。所以我們便有了一套夢魘般的文學，充滿了矮人、駝背、白子、巫婆與變態（在《聖殿》裡，性無能的凸眼長了「兩坨黃眼睛」，還用一根玉米芯性侵了田珀·杜雷克〔Temple Drake〕），但卻很少提到強制勞動、種族暴力、極端的隔離，以及對黑人動的私刑。你會在芙蘭納莉·歐康納、卡森·麥卡勒斯，甚至楚門·卡波提早期的作品當中，發現這些宛如女巫安息日（Witches' Sabath）的怪人大雜燴。

「人工黑鬼」（The Artificial Nigger）是芙蘭納莉·歐康納大獲好評的故事，收錄於選輯《好人難遇》（*A Good Man is Hard to Find*, 1955）當中，展現了下流社會裡怪誕的黑人生活。在這本選輯的另一篇故事「善良鄉下人」（Good Country People）裡，一個冒充《聖經》推銷員的人勾引一名女子失敗，便帶著她的義肢逃了。你覺得好笑，但歐康納的本意經常是靈性的救贖與高尚的情操，就如同她收錄在《上升的一切必將匯合》（*Everything that Rises Must Converge*, 1965）的故事「啟示」（Revelation）裡，描述了盧比・特賓（Ruby Turpin）太太一場在候診室裡萌芽、在豬圈裡綻放的領悟。這篇故事談的是階級、種族以及上帝的恩典。此處，在一段南方式的偏執妄想裡，特賓太太因為讓自己進退兩難而深受折磨：

有時她在夜裡睡不著，特賓太太就會思考這個問題，就是她如果不能當自己的話，她會選擇當誰。耶穌若在造她之前，就先對她說了：「你只有兩個選擇。你要不就當個黑鬼，要不就當個垃圾白人。」她會怎麼說？「求求祢，耶穌，求求祢，」她可能會這樣說，「讓我等到有其他選擇吧，」然後祂會說：「不行，你現在就得選，而且我只有兩個選項給你，所以下定決心吧！」她會坐立難安，拚命乞求，但是都沒有用，最後她就會說：「好吧，那就把我變成黑鬼吧——但不能是個垃圾人。」然後祂就會把她變成一位整齊清潔可敬的黑人女士，還是她自己，只是變黑了。

卡森・麥卡勒斯的小說《婚禮的成員》（*The Member of the Wedding*, 1946），講的則是十二歲的南方女孩法蘭琪・亞當斯（Frankie Addams）與她各形各色親友的故事。她偶然遇到一名休假的士兵，士兵說服她到他的旅館房間去，並在那裡試圖對她性侵。她家一眼失明的黑人廚娘，貝瑞妮絲・莎蒂・布朗（Berenice Sadie Brown）裝了一隻藍色的玻璃義眼：「從她平靜有色的臉上，僵固又狂野地向外凝視。」有易裝癖的莉莉・梅・詹金斯（Lily Mae Jenkins）也出場露了面。法蘭琪的重要經歷之一，就是在查特胡奇展覽會（Chattahoochee Exposition）上參觀了異類怪人屋（House of Freaks），她在那裡看到了巨人、侏儒、胖女士、鱷魚男孩，還有野生黑鬼（Wild Nigger），儘管「有些人說他不是真正的野生黑鬼，而是從塞爾瑪來的有色人種瘋子——他還會生吃老鼠。」後來，法蘭琪尋思著自己會不會也變成異類怪人，就想起那次險些遭到士兵強暴：「就像是在真正的瘋人院裡待了一分鐘。」

讀卡波提的出道小說《別的聲音、別的房間》（*Other Voices, Other Rooms*, 1948）還不到五十頁，我們就看到了像巫婆的女人（「手臂像猿猴那麼長……下巴長了疣……指甲骯髒的手指頭」）、黑人矮子（「一個小俾格米人」）、名字意為耶穌狂熱（Jesus Fever）的一百歲男人，和一個長頸廚娘——「幾乎是個異類，一隻人類長頸鹿。」內容或許多采多姿，但你卻沒想到，這段敘事就發生在一座黯淡的種族隔離城鎮裡；日復一日的恐怖已是習以為常的事實，不值一提。

《梅岡城故事》（*To Kill a Mockingbird*, 1960）表面上似乎正面肯定了小鎮的南方價值觀，縱使其情節複雜得乏味、過度雕琢、又可以預料：黑人勞工因為涉嫌對白人女性動粗、掐脖子、性侵而受審，然而他的手臂已經萎縮，根本不可能犯案，但最後仍被判有罪，遭到槍決。批評家傑佛瑞．梅耶爾斯（Jeffrey Meyers）稱這本小說是「對（福克納的）《闖入墳墓的人》做的濫情而幼稚的剝削。」而我哥亞歷山大也指出，這本書有「生態法西斯主義」的問題，他並主張，雖然這本小說堅稱「任何人殺害為我們甜美歌唱的模仿鳥都是錯誤的，不過殺害橿鳥卻是可以的——而這本所謂誠懇的自由派小說，卻還在標題毫無歉疚地抨擊種族主義的極端、偏執以及種族篩選。」這本書集合了種種刻板印象，肯定了對深南地方的每一項傳統偏見，並且銷售了幾百萬冊。

仔細觀察你就會發現，大多數讀者都以為《梅岡城故事》發生在一九五〇年代種族對立的南方，但（法庭上彬彬有禮的對談提及了）它其實設定在「這個蒙恩典的一九三五年」，而且這部作品裡同樣有大批的異類，包括巴柏家姐妹（Misses Tutti and Frutti）與種族歧視嚴重至極的杜柏茲太太（Mrs. Dubose）：「她的臉是枕頭套的顏色，嘴角閃亮的液體，沿著覆滿她下巴的條條深溝，如冰川般緩移。」後來才發現，原來杜柏茲太太嗎啡成癮。原本被當成怪人的阿布．雷德利（Boo Radley），則變成了英雄。當我得知哈波．李（Harper Lee）還要推出另一本小說，也就是寫在《梅岡城故事》之前的《守望者》（*Go Set a Watchman*），而此書據稱還曾經被出版商拒絕發行，便深感鬱悶。

將南方生活描寫成惡性疾患的這種吹牛傳統——「哥德風」是個美化事實的不當稱呼，藉此加以裝飾或抬舉——延續了下來。而已故的巴瑞．漢納，這位密西西比人（一九四二年生）的作品，則是另一個例子。他的小說同樣被描述為「黑色喜劇式」，並且「設定在幻境般的南方」。他寫的短篇小說，尤其是收錄在《飛船》（*Airships*, 1978）裡的故事，都有不尋常的喋喋不休、無可否認的力道、對於語言的迷戀，以及俯拾即是的幽默。這些故事也因為其情境的極度荒謬，而令人記憶深刻。同樣的敘述，也適用於名號已經與喜劇西部片《大地驚雷》（*True Grit*）[17]分不開的查爾斯．波帝斯。波帝斯出生於阿肯色州，現在仍住在那裡，他的作品即使不以阿肯色為背景，靈感也來自於阿肯色的生活。如《南方之犬》，這本才華橫溢的公路書——從小岩城興奮地開車出發，前往宏都拉斯的叢林——就是個引人發笑的好例子。還有《諾伍德》（*Norwood*）也是如此，書中的主要角色是待過馬戲團的侏儒愛德華．雷特納（Edward Ratner），號稱「全世界最小隻的完美胖子」。

背景設定在墨西哥的《老外》當中，大多數的老外，也都是些適應不良、不切實際的空想家。

在這些稀奇古怪的作家當中，最優秀的就是波帝斯了，因為他一貫地保持了幽默、流暢、留意南方口語的微妙差異與抑揚頓挫，以及純粹的喜感——他希望（也幾乎總能）製造笑料。他筆下的角色，像是雷奧．塞姆斯醫師（Dr. Reo Symes），則通常在充滿妄想偏執或虛張聲勢的談話中，顯露出自己的性格。「會有很多人離開阿肯色，其中大部分早晚都會回來的。」就是《南方之犬》的扼要觀察之一。「他們達不到脫離速度（escape velocity）[18]的。」

漢納與波帝斯拓寬並深化了考德威爾與福克納在南方土壤上犁出的溝跡，而他們以誇張文風造成的奇幻效果，則似乎是種聲東擊西的計策。在這些作家的作品裡，也會出現一些怪異且閃爍其辭的內容，好像要讓另一種替代性的現實、一種近乎粗糙的超現實主義（「幻境」），以殘缺畸形白人與奇形怪狀黑人的形式出現。這類被創造使人分心的穿插節目，讓人不去注意南方生活的赤裸實況——當中充滿了無聊、貧困與疲憊，乏味的殘忍與常見的施虐，種種哀傷與致命的誤解。

這就是為什麼，我對瑪麗．瓦德．布朗的作品會有如此強烈的感受，她的文字並不壯闊，但富含細緻入微的審視與觀察。而尤多拉．韋爾蒂的《金蘋果》（*The Golden Apples*, 1949）當中那幾篇

---

17 波帝斯原著小說《真實的勇氣》於一九六八年出版，一九六九年上映，由約翰．韋恩（John Wayne）主演的改編同名電影（臺灣片名為《大地驚雷》）；二〇一〇年新版由傑夫．布里吉（Jeff Bridges）主演（臺灣片名為《真實的勇氣》）。

18 脫離某天體，擺脫該重力場的引力束縛所需的最低速度。如飛離地球需要達到秒速十一點二公里，否則會以拋物線墜回地表。

彼此相連的故事，則巧妙地喚起關於密西西比三角地城鎮的記憶。我並不著迷於哈波·李那本唯一（而且我認為過譽）的書，倒更偏愛與她同鄉的阿拉巴米安·威廉·馬奇（Alabamian William March, 1893-1954），他以最後一本小說《壞種》（*The Bad Seed*）而聞名，其他較不為人知的早期作品還包括《從門進來》（*Come In at the Door*）與《鏡子》（*The Looking Glasses*），以及許多傑出的短篇故事，還有一本多重敘事者的傑出戰爭小說《K連》（*Company K*）。他收錄在《有人就喜歡短》（*Some Like Them Short*, 1939）當中的故事〈逃亡黑鬼〉（*Runagate Niggers*），也反諷了種族不公義與抵債為奴（debt slavery）等現象。他的作品沒有奇幻內容，也符合我的口味；就其描繪的土地與人民而言，也真實的撼動人心。

這些作家全都是南方白人。南方的黑人作家，反而無須訴諸奇幻手法：藏在他們小說背後的真相已經如此詭異，在親身經歷裡就有現成的怪誕效果了。從南方最早的黑人小說家威廉·威爾斯·布朗（William Wells Brown）開始——他一八五三年的小說《凝塊；或總統之女》（*Cloted; or, The President's Daughter*）其寫作基礎就是湯瑪斯·傑佛遜與莎麗·海明斯的關係——直到柔拉·涅爾·賀絲頓、拉爾夫·艾里森、理察·賴特，以及厄寧斯·甘恩（Ernest Gaines）、愛麗絲·華克（Alice Walker）等黑人作家的作品，都更著重事實，納入更明顯的自我描繪，常以爭議方式表達他們感傷的怒意，也堅決展現對種族議題的憤慨。而且除了甘恩，這些作家後來都沒有留在南方。例如布朗，這位逃脫的奴隸，就於一八八四年在波士頓離世。

第四部

夏：日曬道路的氣味

永遠不要趕走門前的陌生人，他可能會是你最好的朋友，你不知道的……

——三角地藍調樂手山姆・查特蒙（Sam Chatmon），

〈讓我在你這打地鋪〉（Make Me Down a Pallet on Your Floor）

追逐夏天

在刺眼的陽光遍照下，鱈魚角晚夏的枯竭已開始入駐，發出一聲可見的嘆息，最後一陣暑氣將灌木叢烘得泛白，普遍地皺縮著，橡樹葉的深綠色正在變淺，海岸沼地上成叢的狐米草不均勻地坍塌發黃，我家路底那棵胡椒樹水平漫溢的枝葉上，也漸漸浮現一抹泛黑的紅暈，還有一股薰鼻的香氛，從幾束既高且直、已經結籽的貓尾草中散發出來。

夏季雖在消退，可暑熱仍重如鐵鎚。

顯明的凋萎隨處可見——從馬利筋那狀似小片易碎脆皮塔可的莢果中，噴出長著絲狀絨毛、如降落傘般飄飛的種籽；細長野花的彎折，牽牛花藤的垂墜；還有斷頭傾倒的萱草莖，底下墊著腐敗的花瓣：「潰爛的百合惡臭更甚野草。」[1]

菜園裡的番茄株已經長黴，斑斑點點、貌似枯萎，即使其果實正值最飽滿、最可摘的時節，像拳頭那麼大的白蘭地番茄（Brandywines）[2]將衰弱的植株拉扯得歪向一邊，因沉重而折斷了莖桿。草坪上一塊塊乾枯的褐斑，一週週在擴大，而褪色僵硬的繡球花，已成了一團蜷曲的棕色，其葉片——以及大多數灌木的葉片，都因揚塵而蒙灰，這些一年生木本的花都謝了，看來有如慘遭重創。

我喜愛這種炎熱。但是白天的溫暖是短暫的，就像一陣呼出的濕氣，八月中的熱天逐漸讓位給更寒涼的夜晚與不可預期的變天——偶發的風暴或是降溫的一天——就像在提醒著即將來臨的事，秋天將伸進濕黏的手，奪走夏日的清新。草木只剩最後一口氣，再去澆水、施肥或種植任何東西，都無甚意義，因為這是個沒落的季節，是一年一度的衰頹，逐漸縮短的白日像在暗示你遭竊了，使你感到被人騙走亮光。

這是鎖上家門、前往南方的最好時機，那裡的炎熱還會再徘徊好幾個月；上路去，再次感受那些仍在枝頭的花朵、翠綠的草地與滿布塵土的街巷；找回好天氣、再次探訪熟悉的路線與友人、也許發現幾個新地方，去追逐夏天，帶著你身在不屬於自己的地方時，會感受到的那種強化的敏銳。

鑽往南方

從地勢較高的東北部出發，在雲層低矮呈顆粒狀的天空下，穿過像橋港市（Bridgeport）與布朗克斯（Bronx）這類醜陋到殘忍的地方，就像是鑽過空氣稀薄的隧道——經過多座橋樑斜坡，路線迂迴起伏——先要忍受密集的車流，還有既悶且臭又過熱、充滿有害微粒的空氣，藉以通往開闊的空間，必須摀著鼻子才能鑿穿這裡，去南方尋得更好的空氣。

這種隧道的意象並非憑空而來。州際九十五號公路那段坑坑洞洞的斜坡路，忙亂且難測、危險而荒涼，像洞穴般壓迫，有時就像穿梭於烏黑的涵管。從我家開往華府這一路上，要經過好幾條真正的隧道，幾條從鐵路、河川與港灣底下挖過去的漫長隧道，在我鑽出時，迎面而來的是刺瞎眼的

1　出自莎士比亞《十四行詩》，原文為「Lilies that fester smell far worse than weeds」。

2　碩大味濃的復古品種。

橘光，隨著幾輛蠢車疾馳而過。開這趟車需要忍耐；連著五百哩都欠缺可愛之事，連樹都沒有（雖然等到遙遠的日後，紐約市的施工做完，或許就會有些對稱之美），這段路程就像是穿越礦坑之旅，空氣因為昏暗的汙染物而混濁，即使在露天路段也像在過隧道。

開了十一個小時的車來到維吉尼亞，當我隔天醒來查看地圖時，便決定走一條不一樣的路，前往喬治亞，去那裡的埃伯頓（Elberton）見一個人。

不知不覺中，我走出了隧道，又可以呼吸了，而南方的鄉間道路仍有著夏季的濃郁氣息，以及因日曬而發軟灼熱的柏油路所散發的甘草香味。

「他們拔掉了偶的牙齒」

在北卡羅萊納州亨德森（Henderson）小路邊的一家餐館裡，有幾位司機正在稍事休息或吃午餐。其中一位名叫羅布·伯明罕（Rob Birmingham），我跟他一起坐了一會兒。他與我年紀相仿，我們的人生卻各自平行，一黑一白，他過著掙扎、服役、健康不佳的日子，我則一輩子躲在房門裡塗塗寫寫、不時失蹤。

「我在軍隊裡服役過。事情當然也碰過的，我可以跟你講幾個故事。」

這使我想起，南方有許多出身小鎮與清寒家庭的退伍老兵，從軍既是他們逃離這裡的方式，有時也是他們的救贖；經常是他們的負擔，時不時也是他們受到的懲罰。

羅布·伯明罕體格強壯，一臉誠懇和善，戴了頂華盛頓紅人隊（Washington Redskin）的棒球帽，跟一副厚片眼鏡。他步履維艱，古怪的走路姿勢搖搖欲墜，上下樓梯也有困難。他休息時很平靜——傾聽著——他的舉止自制，但講起話就變得躁動，彷彿說話這個動作刺激了他，令他想起往事。他說他被人糟蹋。

「請告訴我發生了什麼事吧！」我說。

「我在越南時，是在八十二空降師，一九六八跟六九年，隨便問誰都知道，那是最慘的時候。我們百分之六十五的弟兄都在那裡被打掉了。我那時候在空中機動部隊。」他雙手摀住臉，嘆了口氣，又繼續說下去。「一開始是橙劑。我們以前會喝彈坑裡面的水。我們放藥片進去讓水可以喝。但那個藥片不好。連給牛吃都不行。」

「害你生病了嗎？」

「病得像條狗，我一退伍就出問題了。後來我去了華特里德[3]，做治療什麼的——治我的創傷後壓力症候群（PTSD），還有橙劑弄出來的病。有時候要等五、六個小時護士才會過來叫你。他們會拿走你的藥，再賣回來給你。還有你的鞋子、襪子——他們也會拿走，再賣回來給你。」他說。

「這樣做有什麼意義？」

「就是數字遊戲。」他邊說邊露出苦笑，但我不懂那是什麼意思。

「聽起來像在整人。」

「還有我的牙齒。他們拔了我的牙齒，所以我沒辦法吃東西。我完全搞不懂他們為什麼要這

3 華特里德國家軍事醫學中心（Walter Reed National Military Medical Center）位於華府，性質類似三軍總醫院。

樣，但是每次都會弄到打起來，然後我就被關禁閉。他們做了好多事，就是要來激怒你。」

「你剛提到橙劑的事。」

「橙劑影響到我的髖關節，還有肩膀。也影響到我的小孩。我兒子莫里斯（Maurice）就得搬去亞利桑那州的土桑市（Tuscon）才能活。還有我孫子輩也有受到影響——我完全搞不懂為什麼。因為這個的關係，我的髖關節換了，背上也動了手術，兩個膝蓋也都換了。」

他從板凳上起身，嘆了口氣。

「他們把我們當成天竺鼠，讓我們去死。」

我們在沉默中坐了一會兒，方才的「死」字還在空中迴盪、延展，好像伸長的影子一樣。彷彿為了轉換氣氛一般，他問我要去哪裡。我跟他說是喬治亞。

「那你可要特別小心。」他說。

我說在深南地方的支線小路上開車是件愉快的事。然後我又補充說，他經歷了這麼多事，都忍了過來，是個英雄。我們交換了手機號碼。

四小時後——我正要進入南卡羅萊納——我的手機響了。

「是羅布啦。你都好嗎兄弟？還在路上嗎？有什麼需要就打給我啊！」

末世

另一項指出我身在南方的標示，就是各電臺的牧師眾口一致的傳道，整個收音機的儀表板，不論哪個廣播頻率上，都在呼喊著疾言厲色的訓誡，要證明我們已身處末日。「就像保羅跟提摩太說的一樣——《提摩太後書》說到，」他們一個接一個說著，「你該知道，末世必有危險的日子來到。因為那時人要專顧自己，貪愛錢財，自誇，狂傲，謗讟，違背父母，忘恩負義，心不聖潔，無親情，不解怨，好說讒言，不能自約，性情凶暴，不愛良善，賣主賣友，任意妄為，自高自大，愛宴樂不愛神，有敬虔的外貌卻背了敬虔的實意。這等人你要躲開。那偷進人家，牢籠無知婦女的，正是這等人。這些婦女擔負罪惡，被各樣的私慾引誘，常常學習，終久不能明白真道……」

我繼續聽著，以免漏掉傳道人籲請大家捐款、行善、宣道，以及繼續收聽不要轉臺。播起了音樂，而我在想：這種災厄與幽暗的描述，乃是世間的常道，既適用於今天，也適用於寫下這段文字的第一世紀，寫的人很可能也不是保羅，而是某位親近的門徒——是關於人類軟弱、貪婪、虛偽、自欺的恆久真理，在任何時代都是真切的。

末日？他們難道不曉得嗎？這些特點是永在的，是日日、處處都有的。

馬蘇德：「我是做路緣石的」

在喬治亞州東北方，距離南卡羅萊納的州界不遠處，我找到了採石城鎮埃伯頓和不太典型的南方人馬蘇德．貝沙拉特（Massoud Besharat），他離開德黑蘭後，經過了奧地利、法國與英格蘭，才來到了埃伯頓。有人向我推薦他，說他是少數在南方事業有成的外地人，畢竟在南方堪稱成功的外鄉人如此之少。

「你是做什麼的？」我問。

他說：「我是做路緣石的。」說完便笑了出來，但這並不是個笑話。

馬蘇德的大房子位於這座小鎮的邊街裡，在他家廚房的牆上，掛了一把南斯拉夫製的AK－47，還插入了一支大容量弧形彈匣。我見狀便評論道，我不記得有在哪見過像這樣，在溫馨的廚房裡展示一把全自動突擊步槍的。還有那個彈匣，裡面有裝子彈嗎？

「當然有裝啊！不裝有什麼用？」

他從牆上取下槍，撥動上膛裝置，又笑了出來，一陣伊朗式的嘲諷苦笑聲，在他的鼻腔裡鳴響。外國人或許可以學會說出完美的英語，但外國人笑起來時，用的仍是自己母國的方式，常會笑出一種古老而咄咄逼人的嘈雜聲。

馬蘇德有好幾輛昂貴的摩托車，包括一輛哈雷的雙避震滑翔（Duo-Glide）車款，他曾經騎上這輛車、戴著一頂路易威登的安全帽，遊遍喬治亞州。在屋後以裝飾岩石建成的人造峭壁斜坡上，他又裝了一座可以開關的瀑布。瀑布打開時，水勢轟然噴湧，使我幾乎聽不見馬蘇德在說什麼，但這也不構成我的困擾。

他安排我住進閣樓的備用房間，而我有接下來的三天可以認識他。他大方承認自己富裕、好吹噓、擅殺價、虛無主義、喜愛藝術、盛氣凌人、有格調、心機重、狡獪、慷慨、會算計、猜疑，還挖苦說這些特質都是他伊朗式的魅力與教養。但他隨即補充說：「我恨伊朗。我恨伊朗人。我是逃走的。我逃去了倫敦，而且我在那邊一家炸魚薯條店工作得很開心。」

他說自己輟了學，但是獲得一筆財富、切割石材與使用金鋼石鋸（diamond saw）的專精技術、對現代美國與十九世紀法國繪畫的鑑賞力、對室內設計的品味、銷售高端房地產的技巧，以及一種真誠但累人的友善。在我看來，他似是另一種外來人的實例——就像避不開的帕特爾先生一樣——在南方發現了、也把握了機會。但馬蘇德比大多數人更多才多藝，也更有企圖心。

雖然他膚色黝黑、長了個鷹勾鼻、一臉醒目的異國長相、又愛大嗓門發表意見，但他在這座五千人的深南鄉村小鎮上，卻有許多朋友與支持者。人們不但沒躲避他或找他麻煩，反而很歡迎他，這可能是因為他有唯我獨尊的自信、有幽默感、還有很多錢，此外無疑也是因為他雇用了幾百人，促成了埃伯頓鎮的繁榮。他在大約一百哩外的亞特蘭大，還開了一家生意繁忙的藝廊。他給我看了一份小冊子，上頭印著正在藝廊展出的幾尊身材曼妙的女體雕像，說道：「這些是我的歷任前妻跟女友！」

我稱讚了他屋裡的幾幅畫作。

「這些不算什麼，你應該來巴黎找我的。」他說。「我在巴比松（Barbizon）有一間旅館要完工了。全法國都沒有像這樣的旅館。只有十二間套房，都是奢華套房，每間都掛滿了巴比松畫派的作品。你知道巴比松嗎？」接著他叫嚷起來。「都是些漂亮的畫家！米勒（Millet）！柯洛（Corot）！菲利克斯．齊姆（Félix Ziem）！我的旅館會像美術館一樣——已經像間美術館了！大廳裡現在就有展品了！」

他跟我說話時，手裡正好拿著一把德製的老式魯格手槍。他說：「槍哎。我就是愛槍。」然後用槍抵住自己的臉，像個小孩用奶嘴在撫觸面頰一樣。更增添效果的是，馬蘇德戴的眼鏡還是橘框的。他聲稱擁有五十副眼鏡——分屬不同顏色，但全都是一樣的粗框款式。

埃伯頓鎮的名聲主要來自當地的幾座採石場，就坐落於一座三哩厚、三十哩長，堅實的藍色花崗岩地下礦床的上方。第一座採石場開挖於一八八二年，於一八八九年正式進入開採，在一位名為彼得．伯托尼（Peter Bertoni）的義大利石匠來到埃伯頓時興盛起來，他買下一座採石場，並開始切割與雕刻花崗岩紀念碑。埃伯頓號稱壟斷了全美國花崗岩墓碑的生意，此外也打造鋪路用的石塊石磚、流理臺、方尖碑與高柱。現在鎮內鎮外共有四十座採石場，以及兩百多家石材公司。馬蘇德這家叫藍天（Blue Sky），是這一帶最大的採石場之一，將埃伯頓的地基底盤鋸成岩塊後，再分切成路緣石，運往全國各地。

雖然常在耍寶與開玩笑，但他是個精明的人，對獲利的嗅覺靈敏，留神於各種擴大與改善生意的方式。他手下有幾百名員工，黑人、白人都有，也有墨西哥移民，都在他的採石場裡工作。切割石材的工法既緩慢又單調，要動用複雜的專門機具才能完成，如大型起重機與飛輪裝置，以此牽動首尾相連的金鋼線鋸，使其鑿穿採石場的花崗岩壁，再以一束水柱冷卻金鋼線鋸，如此裁出二十呎高的岩塊，每天能做出一整個巨石陣那麼多的石板。

「你能想像我們做這個要用上幾條金鋼線鋸嗎？」馬蘇德說。「而且這個很貴。我們以前都跟中國買。」

「你們再也不買了嗎？」

他樂得咯咯笑出聲來，搭配他今天戴的紅框眼鏡，讓他看似有些傻氣。但他可不是呆子。

「我自己做金鋼線鋸了啊！我在埃伯頓有工廠！我自己賣金鋼線鋸！我就做起這個生意了。」

隨後他帶我去看了艾美克斯（Imex），也就是他位於後巷的工廠，裡頭有一半是組裝生產線，一半是高科技實驗室，有大約三十個雇員正在將片狀或珠狀的金鋼石電焊到一條強韌但有彈性的四分之一吋粗繩索上。製作一圈圈的金鋼線鋸是件緩慢的工作，過程中有許多精細的階段，需要工藝技巧、昂貴的機具，以及製作者的高度耐心，因為每個步驟都既單調又要求精準。在鄰近的另一間工廠，一隊男男女女製作的是帶有金鋼石鋸齒的圓鋸機——直徑十呎——是用來切割花崗岩的巨大轉盤。

「這很環保的。我跟其他那些人不一樣——他們用的是噴射鑽孔法，用火焰加熱岩石來打洞。我是用金鋼線鋸來切割。廢料比較少，也不起火。」

喬治亞州鄉間這座小鎮的出名之處是採石場，而非這裡的技術學校、職訓學院或製造業。所以眼見這麼多穿白色工作服、戴護目鏡的工人在工作檯前彎下腰，來往於幾大桶閃爍的金鋼石片之間，還有其他人在炙熱熔爐前給金鋼石退火，我便問道：「這些人是從哪裡學會做這些事的啊？」

「我啊——我教的！還有畢堅。」馬蘇德說。

畢堅．阿米尼（Bijan Amini）是他表弟，也是伊朗來的難民，是工程師兼化學家，負責管理採石場的工作及金鋼線鋸的生產。

「這個最適合作大面積裁切了，可以切下大塊的石材。更快速，也不會浪費。」畢堅說。

「他是個天才！現在我得走了。我今天晚上有法文課。我在法國有生意。我想學會講這種語言。那我能幫你什麼忙呢？你想看什麼？我的管家——你可以見見他。他是個紅脖子！他喜歡槍！你想做什麼咧？」馬蘇德說。

我說我想跟他採石場的幾個員工談談，他們在深邃方正的地洞中，看來如此的渺小而有組織，就像埃及人一樣勞動著，彷彿他們切割的是用於金字塔的岩塊，正要將其移往三角架與滑輪上。

傑西：「大家都知道那種刺痛感會消」

在蒸騰的細雨以及滿布的水坑之中，這座花崗岩採石場看來就像是張一團亂的大尺度手術臺，綠色的土地與樹林敞開著，岩石內臟暴露在外，遭人切割摘除。在這八十英畝的土地上，鑿出了十口不同的礦井——有條不紊地，機械在嗡嗡作響、金鋼線鋸啃嚙著石材，但這一切都有種古怪的殘暴，如此移除堅實的岩塊，於是在原本凹凸有致的山丘表面，留下一個深邃的方坑。要說這些採石工在對大地施暴，聽來或許異想天開，但在我看來就是如此——像在劫掠、像在侵犯，在對埃伯頓開腸破肚。雖然我也不能否認，這些忙亂的人、這些呼嘯的機器，這些從堅實岩層中鋸下的巨型石塊，地上這些有著光滑岩壁的開放礦井，確有其運作巧妙之處。

在採石場的入口處，有幾間開放式的挑高工作間，幾塊花崗岩板在這裡依尺寸排列後，用圓鋸切成了路緣石，其他石材則會用斷頭臺般的巨型寬幅鍘刀加以劈開。這些工作全都不簡單：每塊板子都重達十噸，還必須移到岩塊上，用鏈子捆好再行處理。這是件單調乏味的工作，而切割與搬運沉重的花崗岩，這項困難工作給我的印象之深，並不下於前一天看見戴護目鏡的技師製作長長一圈金鋼線鋸的景象。

在其中一個切割石材的工作間裡，有個年輕男子手持榔頭與鑿子，在切削著花崗岩板的邊緣，使其越來越有路緣石的外型。

我走過時，男子別過頭去，但正好讓我看見了他憤懣的表情與痛苦的眼神。我繼續走著，但後來隨著雨勢變大，我就用風暴當作藉口，躲進了他的工作間，與他攀談起來。

「方便讓我進來嗎？」

「來吧，位子很空。」

他放下鑿子，撿起一把大榔頭，開始慢慢地從石材上敲下一些石塊。這名男子身高中等，渾身肌肉，肩膀與上臂滿是刺青，刺的都是裝飾性的花紋，而不是某些紋身的人有時會刺的那種吹噓或訊息文字；還有好幾個咧嘴笑著的骷髏頭。他的頭髮是淺土黃色的，一雙藍眼睛，有種受過創傷的無辜神情。他看起來不太自在——坐立難安、拐彎抹角——這樣的神態顯示，獨自工作的他不太確定要如何與陌生人打交道，尤其那人還在筆記本上塗塗寫寫。

他名叫傑西．麥諾，三十五歲，出生在距離此處不到四十哩、比這裡大得多的雅典鎮（Athens），畢業於瓦金斯維爾鎮（Watkinsville）的歐孔尼高中（Oconee High School）。「大多數都是白人的學校，」他說明道，「鎮上是真的很小，大多數也都是白人。」

「你刺青很多啊，傑西。」

「我這些都是在亞利桑那州給一個紋身藝術家朋友刺的。我說：『在我手臂上刺滿骷髏頭吧！』——骷髏頭很酷很殺的。我脖子上這個寫的是『麗芭（Reba）』就是我女兒。這說來話長了。」

他並沒有鬆懈做事；他說話時仍在鑿著，花崗石屑飛散。

「我以前從來沒在採石場工作過，」他邊說邊揮著榔頭，「我本來是做工地的，在亞利桑那州做了八年。普雷斯科特市（Prescott）真的是好地方，工作很多。但經濟變差，我就回家了。」他停下來，掂量了一下石塊的大小。「我就回來了，在這邊做十八個月了。我在這邊用大榔頭清理石塊，把它們弄平整。叫做品質管控吧，我想。」

「薪水怎樣？」我問。

「我一開始時薪是九塊，現在拿十一塊了。我一週上六天班——一週五十個小時。我不介意工作，但我在家裡不好過。」

「你介意我抄筆記嗎？我有點感興趣。」

「沒關係。」然後他放下了榔頭。「其實就是，我現在在分居了。就是這樣。白蘭蒂——我太太——說，她碰到中年危機了，這真的是很奇怪，因為她年紀還比我小。」

「你覺得她是什麼樣的中年危機？」

「她決定跟一個更年輕的傢伙交往，那種中年危機。然後她真的變得很奇怪。她跟我說：『我愛你，但是我對你沒有愛的感覺了。』這鬼話是什麼意思？」

「我不知道。你有問她嗎？」

「算有吧！」他開始在工作間裡來回踱步，外頭還在下雨。「大家都知道，那種刺痛感，過幾個月就會消了，不是嗎？反正，我想我要給她一點空間。所以我就搬出來了。」他看見一塊花崗岩吊過來，便一把抓住榔頭，舉起來敲下去，同時仍繼續講著。「我才一搬出來，他就搬進去了——那個少年仔，她在交往的那個傢伙。」

「聽起來不太妙啊。」

「他連一輛車都沒有！」他又揮起榔頭，一塊剝離的石屑砰的一聲飛進了一架推車。「我就跟她說：『事情不會如你的意啦！』」

「她怎麼回答呢？」

但他沒在聽，他在用力嘶吼。「我說：『我們在亞利桑那是同甘共苦的！』我們這麼難熬的時候都撐過來了，過得也不錯。我們是同甘共苦的！」

他將大榔頭扔在一旁，坐上一張長凳，身邊的花崗岩板正被滋滋作響的鋸子切成兩塊路緣石。他點燃一支菸，丟掉火柴，吐出一口煙來。

「我們搬回來時，到後來住進一個真的很窮的地方——謝伍德（Sherwood），就是羅賓漢的那個謝伍德，在麥迪遜郡，丹尼斯維爾（Danielsville）的邊邊。那裡主要都是白人，是一個滿街都在嗑藥的社區，都住在拖車裡，有五、六百人吧！我們家的拖車就在社區後面。」

「那裡狀況有多糟？」

「真的很糟。隔壁鄰居的女朋友死了，他就發瘋了。他又找了個帶小孩的女人搬進他的拖車。那女的吸安上癮了，一天到晚在鬧。瘋得很誇張，就是因為呼麻跟吸安。他就一直想把那個女的趕出去。她就是個毒蟲。她有五個小孩，全都一起嗑藥，媽媽帶小孩一起。」

「那種地方是你家？」

「在我搬走以前是，現在是白蘭蒂住在那裡，跟那個男的。」他說。他靜靜地坐了很久，抽著菸。「我擔心的是麗芭。她是我的一切，但是我一週只能見她一次。我想保護她，但是我太太心腸真的很硬。她跟我說：『你的器材被偷了。』——電鋸跟其他東西。誰會別的不偷專偷我的器材啊？我知道，是被那個男的賣掉了。然後是『結婚戒指被偷了』——那可是我媽的戒指啊！我知道發生什麼事了，這讓我抓狂。」

「傑西，你介不介意我問一下——你有沒有嗑過藥？」

「我嗑過，但戒掉了，因為我發現我不想要女兒像我看我爸那樣看我。她會覺得我很笨。我知道會這樣，是因為我就是十二歲跟我爸開始嗑藥的——大麻，還有古柯鹼。」

我腦中浮現的畫面，就像聽到「她有五個小孩，全都一起嗑藥，媽媽帶小孩一起」時一樣，是一群面目猙獰的人在聚集參加一場吸毒儀式；但這更有可能就是一戶悲慘的家庭，困在狹小的拖車屋裡爭吵抽菸。

「那是在他離婚之後，他會在晚上吸古柯鹼。想到麗芭，我就想起我爸做過的事——在開車時抽大麻。我呢，我通常是早上上學之前會來一管。」傑西說。

「你那時候多大了？」

「十二、三歲吧！而且我一直在抽。」他點點頭，似乎在猜想我會想知道更多細節。他說：「我留下了幾個重大前科，就是因為種大麻。種了幾盆而已。他們本來想判我二十年，結果我關了十六個月。我那時候二十歲。我爸五十三歲就癌症死了。」

「辛苦啊！」

「這次分居更糟糕。我說：『白蘭蒂，我要殺了你！』——但我沒那個意思。但這就是為什麼我在房子裡沒放槍，我以前一直都有槍的。她給我弄了個臨時禁制令（Temporary Restraining Order, TRO）。不能靠近她跟那個男的。太扯了。」

我說：「我唯一的建議就是，要努力克制殺她的衝動。」

「喔，對呀！我不想做出會毀掉我一輩子的事。而且我還愛她，我也愛我女兒。我想回到以前那樣。」他說。他想了一會兒，臉痛苦得扭曲起來。「回到我們同甘共苦的時候。」

「你現在住哪？」

「我搬回雅典鎮跟我媽一起住。糟透了！我的傢俬都在拖車裡。我之前去那邊要拿我的工具。白蘭蒂說：『都被偷了。』我要她把結婚戒指還來，因為她沒在戴了。她說：『被偷了。』就這三樣東西被偷──我的電鑽、我的電鋸跟這枚戒指。錢沒被偷，其他什麼都沒被偷。整個很可疑啦！」

他撿起了榔頭。

「而且那男的還住在那裡，在我的拖車裡，跟我太太、我女兒住在一起。」

他拿起了沉重的榔頭，轉過身去。

「我只在乎我女兒，我是為了她而活的，所以我才努力想做對的事，不要去把那男的跟白蘭蒂殺了。我不想要她看我的眼神跟我看我爸一樣，那個給我毒品的爸爸。」

然後他用榔頭往花崗岩的邊緣敲下去，將不規則狀的一角砸破擊飛。

巴迪．凱斯：「你什麼都不能說」

巴迪，也就是馬蘇德口中的紅脖子管家，是個瘦長、友善、輕聲細語的人，自稱是個鄉下男孩。他年約六十出頭，打過越戰。「管家」是典型馬蘇德式的誇大其詞。巴迪的工作主要是安排行程、開車、修東西跟跑腿。他是馬蘇德的後援，兩人也有某些共同的興趣——例如槍枝。

經介紹認識他後，我旋即提起馬蘇德廚房牆上那把跟湯鍋、炒鍋、香料罐掛在一起的AK-47。我說了「我猜你也有一把槍吧」之類的話。

「一把槍，我有四十五把咧。」巴迪說。

然後我們聊起了越南。他一九六九年去那裡打過仗，也是他離開埃伯頓最長的一段時間。他跟部隊弟兄的感情還是很好。他說：「我們每兩年都會在鴿子谷鎮（Pigeon Forge）聚會。」

鴿子谷鎮在大煙山（Great Smokies）的另一頭，位於田納西州諾克斯維爾的附近。鑒於南方出產了這麼多的退伍老兵，該鎮遂於每年八月舉行慶祝表揚活動，名為盛讚自由月（Celebrate Freedom Month）。這個週末的主題是「鴿子谷盛讚自由——歡迎從越南返鄉」。其中一場活動叫作「他們得不到的遊行」，有摩托車隊、樂旗隊參加，以及一架象徵了越南戰事與撤退的UH-1休伊（Huey）武裝直升機從上空飛過。還有幾場音樂會，包括煙山歌舞團（Smoky Mountain Opry）特別演出的「向愛國者致敬」。

「這場表演是為了緬懷那些奉獻及犧牲了一切的人，舉辦這場活動是為了榮耀我們的越戰老兵；向這些英雄喝采。這是讓家庭、朋友及市民同胞引以為傲、向他們致敬的機會；是讓一個感恩的國家說出『謝謝你們』的時機。」簡介裡的文字寫道。

這些都是巴迪告訴我的，他說他很期待這場活動。他描述了那裡的遊行、音樂、喧鬧、聚會、南方料理和友誼。

「跟大家重逢一定很高興吧！」

「感覺很棒。」他點點頭，點起了一根菸。「坐在一起。喝點啤酒。然後我們在Google地圖上看我們的航空基地，在越南的一座山丘上。想知道一下那裡後來怎樣了。」

「所以你六〇年代一定在埃伯頓念高中吧？那時候種族合校了嗎？」我問道。

「他們六七年的時候試著合校了，我那時候高二。來了四個黑人學生——兩個男生、兩個女生。」他說。

「結果怎麼樣？」

他瞇起眼，像在回憶一段不快的往事，然後說：「有件事我記得特別清楚。我們每天早上都在體育館參加朝會。但是現場有幾百個學生，所以座位不夠坐。很多小孩只好坐在地板上。你知道小孩是怎麼坐在地上的嗎？」

巴迪把菸放在菸灰缸裡，示範坐姿給我看，上身向後仰，雙手在背後按地張開。

「你像這樣撐住自己——手放在後面，算是靠在兩隻手上。」

「懂了。」

「四個黑人學生坐在地上，他們每個人，手就被從後面走過的學生踩了過去。」

我可以想見，白人學生在逼近他們，踐踏他們伸開的手指。

「沒人講任何話。我確定有人是為他們覺得難過的。但你還是什麼都不能講。他們受不了這種事，還有騷擾。他們最後全都離校了。到了六八年，又有更多人進來。騷擾也變多。六九年又更多了。但那時候我已經去越南了。」巴迪說。

那天夜裡再晚一些，在埃伯頓的一家酒吧裡，我遇到了艾薇，年紀跟巴迪差不多的本地婦女，就問了她同樣的問題。

「我沒去念這間高中，我進了山繆·艾伯特學園（Samuel Elbert Academy）。那是家私立學校，純白人的。是六〇年代，發生這些事情的時候創辦的。」她說。

我努力思考著巴迪說的「你什麼都不能講」。他的意思是：要違抗學校、堅守道德立場，是不可能的。這就是南方許多人都在說的「道德的兩難」。他們說史壯·瑟蒙就是這樣：並不真的是種族主義者——畢竟，他睡了自己的黑人女僕，還會寄錢給自己的黑人小孩嘛！這也呼應了比爾·柯林頓對於羅伯·勃德參議員參加過三K黨一事的說詞：「他就是個來自西維吉尼亞山區的鄉下男孩。他只是努力想要當選。」

「你覺得我在焚燒這支十字架，而且不准你去上學，而且掩飾私刑虐殺。不過，嘿，我可不是種族主義者喔，真的不是。我只是努力想要當選。」

巴迪早在那麼多年以前，想要與朋友打成一片時，就已感受到這一切是錯誤的；他還記得那些基於種族的欺侮與傷害。我震驚於他是如何複述這些痛苦的日子，三十七年前，四個黑人學生的手指在學校被人踩過去的那一天，而他又如何保持了沉默。「只要我想，我本來是可以留下來的，但是我不想。」哈克·芬在歇朋上校（Colonel Sherburn）譴責私刑暴民時這樣說道。

比爾·柯林頓才是更該被問責的人。他仍然在重複南方那套扭曲的政治邏輯：因為堅守道德立場、違抗種族主義者，就會妨礙當選，所以你就得假裝成一個種族主義者。他等於在說：我們得要踩過他們的手指。我們得宣稱這是正確該做的事。我們需要選票。你得當選才行，不計道德代價。

講實話、守倫理，常常使人無法取得政治權力，但是永遠只做正確的事，沒有例外，長遠來看才是真正重要的，最終也會是有力的。因此，民權抗爭裡的真英雄們從來都不是政客。他們是帶著使命的謙卑百姓，忍耐著靜坐、組織著遊行與辯論。等他們開始獲得成功，政客看出有機可乘，才跟著仿效。

這就是為什麼，最後是羅莎．帕克斯被抬上了英雄的地位，為什麼今天她會受到眾人的推崇，大家似乎都為了彌補自己先前做得太少，而向這位遠較他們勇敢的女性尋求原諒。她頑強的勇氣、拒絕讓座給白人，就是對於倫理信念的姿態，就是對於真理的堅持，也是沒有一個南方政客膽敢展現的態度，因為——就像柯林頓替勃德做的無恥辯詞所說的——恐有落選的風險。

對許多南方白人來說，假裝種族主義者是可以允許的、在政治操作上或許還是必要的，也是可以原諒的。你得是個南方人，才能理解這種推論；這是文化問題，是南方政客開展前途的方式，他們就像巴迪一樣，相信「你什麼都不能講」，或你朋友會討厭你。許多難搞的青少年都擁有這樣的共同信念，他們的道德觀念一團混亂，只渴望受人歡迎。

阿拉巴馬的傳統：種族隔離的姐妹會

經過了亞特蘭大與州界，我穿過喬治亞州，回到了我上次的路線，沿著阿拉巴馬州的支線小路而行，避開了超級寬闊平坦的州際公路，來到塔拉迪加與柴爾德斯堡、哥倫比亞納與卡利拉、從蒙特瓦洛到西布洛克頓（West Blocton）再到卡頓代爾（Cottondale）。我開的車速並不快——誰在這些鄉間道路都開不快的。這是樂趣的其中一部分，另一部分則是犁過的田野與樹林，最重要的，是灼熱道路的味道，猶如墮入了工業地獄一般，亮黑色的柏油冒出泡泡，尤其是太陽曬熱的新鋪路面，這股香氣像是濃烈的熱瀝青散發的，也是我童年夏日的氣味。

最後又來到了塔斯卡盧薩，還有這所大學，而校內正為了一項爭議性問題，在進行激烈的論戰。民權運動已經過去五十年了，該校的白人姐妹會卻因為拒絕了有意加入的黑人女學生，而登上了新聞。

「這並不新奇。」隔天我去看辛西雅・波頓時，她對我這樣說。

再次見到她很令人高興，只是她身體有恙：她兩個月前出了場車禍，正在接受定期的物理治療。此外還有別的毛病：糖尿病、高血壓、兩膝也壞了。她還在用助行器。但她仍然做著全職工作，替黑帶的窮人找房子，審視那許多到她辦公室來，在「會面事由」欄寫下「食物」或「水電費」的人。

她說：「你該查查美樂蒂・推里（Melody Twilley）這個名字，」又跟我說了我該知道的事，「十或十二年前吧……」

美樂蒂・推里來自阿拉巴馬州的黑帶小鎮康登（Camden），當地屬於威爾考斯郡（Wilcox）。「威爾考斯是阿拉巴馬最窮的郡，」辛西雅說道，而康登鎮就位於塞爾瑪以南大約三十哩處。美樂蒂的父親是做木材生意的成功商人。美樂蒂很早就顯露出天分，於是被送去莫比爾市念一所絕大多數的學生都是白人的高中阿拉巴馬數理學校（Alabama School of Math and Science），然後以優異成績畢了業。

她在二〇〇一年被阿拉巴馬大學錄取。她擅長科學、參加了合唱團，成績很好。她盼望能加入姐妹會，但不是為了表達政治訴求——雖然阿拉巴馬大學從沒有任何姐妹會收過黑人女生——而是因為她說，她想要擁有完整的大學經驗。在被問及這份抱負時，她向探詢的記者解釋說：「我那時的感覺是，如果她們認識了我，就會喜歡我吧！」

阿拉巴馬大學這些傳統上純白人的兄弟會與姐妹會，都是將黑人排除在外的，該校也是南方最後一所這樣排除黑人的大學。美樂蒂參訪——並用力遊說——十幾個姐妹會，但只有一間，阿爾法．德爾塔．派（Alpha Delta Pi）[4]邀請她再回來做最後面試。

美樂蒂滿懷希望，結果還是被拒絕了。該姐妹會表示，這無關乎種族因素。她單純只是沒被其他姐妹選上而已。她直到畢業都沒有加入任何姐妹會；她原本可以參加黑人的類似社團，但她沒有。「這所大學裡，有個東西叫做機關（The Machine），是一個祕密團體，裡面都是食古不化的人，這也就表示有些地方還在種族隔離。可憐的美樂蒂．推里。她試過了——主啊，她試過了。」辛西雅說。

種族隔離的姐妹會此後仍繼續存在，巧合的是，一直到我去阿拉巴馬的那個月為止。當時有十一位非裔美國人女生試圖參加姐妹會，採取的方法跟美樂蒂．推里二〇〇一年用的差不多——強力遊說各社團，希望能被錄取。這時已是九月中，而該校的學生刊物《緋白報》（Crimson White）剛登出了一篇文章，指出該校的兄弟會與姐妹會（共計五十六個）幾乎完全是依照種族界線分立的，

4 即希臘文之ΑΔΠ。類似結社傳統上多以希臘字母命名，故此類兄弟會姐妹會又稱為「希臘文社團」（Greek letter organizations）。

而且這種希臘文社團的體系就是「種族隔離在校園裡的最後堡壘。」

雖然有兩位黑人女生成功通過白人姐妹會的第一關，最後她們還是遭到淘汰。這次則引發一片譁然。受到包括多名姐妹會成員在內的憤怒學生施壓，校長茱蒂・邦納博士（Judy Bonner）遂找來董事會與姐妹會的顧問，召開緊急閉門會議。隔天校長發表聲明，指出「我們這些希臘文社團的體系仍然是種族隔離的」，並懇求各方的包容。

值得嘉許的是，幾天之後，有數百名師生，包括邦納博士在內，聚集在該校的戈加斯圖書館（Gorgas Library）前面，手持標語遊行到了羅絲行政大樓（Rose Administration Building）。

部分標語間接提到了五十年前的衝突，也就是喬治・華萊士州長來到校園，親自站在禮堂門口，阻擋兩名黑人學生入內註冊的往事。

「這或多或少，是一場安排好的表演，」查爾斯・波帝斯二〇〇一年在專訪中，這樣評論了華萊士的對抗做法。事發當時，波帝斯就在塔斯卡盧薩擔任記者。他繼續說道：「結果是毫無疑問的。那些黑人學生會被阿拉巴馬大學錄取。華萊士已經見過羅伯・甘迺迪，還有尼可拉斯・卡岑巴赫（Nicholas Katzenbach）[5]了，他想要的就是一齣有聯邦部隊登場的盛大表演，還有大批法警——這讓我想起路易斯安那州普拉克明郡（Plaquemines Parish）的隔離主義者首領林德・培瑞茲（Leander Perez）。厄爾・隆恩（Earl Long）[6]對他說：『你現在要怎麼辦，林德？聯邦那邊有氫彈的。』」對於阿拉巴馬州的這場對抗，波帝斯譏諷地評論道：「其中有一部分，是把南北戰爭給重現成鬧劇。」

與華萊士的頑固不化（或譁眾取寵）形成鮮明對比的是，現任阿拉巴馬州長（暨該校校友）羅伯．班特利（Robert Bentley），在回應姐妹會的種族隔離時，發表了一份呼籲包容的聲明。他的疾呼無人理睬，只傳達了「我們不能好好相處嗎？」的軟弱訊息。這所大學的管理職、或是阿拉巴馬州的政客，都沒有任何人固守道德立場。促成改變的力量來自學生，是他們在組織抗議、撰寫信函、持標語遊行。很明顯大多數的學生並非種族主義者，並想見到更多的公平。雖然傑西．傑克遜現身了，還發表了自以為是的演說，但仍然是學生在推動議題，以及解說其重要性。在一座擁有全國頂尖法學院與商學院的大學裡，求學生活的某些重要方面卻還在進行明目張膽的種族隔離，更顯得詭異地退步與不公平。

「你應該親眼看看的，到那裡去吧！」辛西雅說。

於是我到校園去，四處逛逛，跟幾個學生聊了一下。體育館附近正好在舉行某種姐妹會儀式。幾百名社團姐妹聚集成群，奔跑嘻笑著——而且，做為某種疑似闖關遊戲的一部分，她們還要輪流爬上阿拉巴馬州知名美式足球教練尼克．薩班十五呎高的銅像。這階段的遊戲似乎是場競賽，比的是同時爬上銅像的人數——八或九個似乎就是極限了。她們爬到薩班的頭上，騎到他的脖子與肩膀上，掛在他的手臂上搖晃，或抱住他的腿，坐在底座上——尖叫嬉鬧的女生，大腿到膝蓋時看似凹陷、臉頰因使勁而濕潤泛紅，全都是白人女生。

她們都樂於跟我說話，有十幾個跟我交談的女生表示，她們支持姐妹會的種族融合。她們都

5 時任司法部副部長。
6 路易斯安那州前州長。

說，自己也有黑人朋友；她們想要收黑人當姐妹；她們討厭因此搞得惡名在外。

「我有加入姐妹會，但我不是為了這個選擇來念阿拉巴馬的。我來這裡是因為美式足球。」其中一人說。

「足球能帶來同伴情誼。」她的姐妹會夥伴說。

「喝酒跟搗亂或許也行？」我說。

「對啊，都可以啦！」

「我們不覺得讓黑人女生加入我們的姐妹會有什麼問題。」另一人回答了我的直接提問。

「那她們為什麼還被排除在外呢？」

「校友不想要這樣。」好幾人喊道，彼此爭搶著想說服我。

「校友是反對的，而且對我們施壓，他們有捐錢給學校——還有捐給我們——所以他們權力很大。」一個女生說道。

「那『機關』那邊呢？」

「那個完全是機密。」其中一人邊說邊笑。

那週《緋白報》發表了一篇評論，題為「在姐妹會，融合仍舊難尋」——其實不是難尋，而是根本不存在。但學生有值得讚揚的決心，願意做出改變、反抗校友，並舉證稱「某分會要求具備推薦信，使得某位準會員遭到淘汰」。其中一個案例是，在阿爾法・伽瑪・德爾塔（Alpha Gamma Delta）的會議上，「積極的姐妹會成員……開始起立發聲，支持（黑人）新生，並且挑戰校友的決策。」

「我們全社都想讓這個女生加入阿爾法．伽瑪，」阿爾法．伽瑪．德爾塔的其中一位姐妹說道，「只是我們無力對抗校友。」

這個議題受到了挑戰與討論，但並未解決。南方舊日的黑白分野仍在，不過我看得出學生想要自己做決定，並且招收任何他們想收的人，包括黑人學生。她們為報紙的標題而尷尬，為我的提問而激動。為什麼會有學生想要加入一個自己不受歡迎的姐妹會呢？對於這個顯而易見的問題，她們的答案是，「她們是受到歡迎的。」

但對我而言，這整件事本身的性質就有點像是鬧劇。加入有著種種愚蠢風範與社規的姐妹會或兄弟會，在我看來就是種測量耐受力的可笑方式，因為這種所謂的希臘文社團是出了名的勢利與放蕩，是對交際能力的考驗，混雜了馬戲團小丑的倫理，以及用祕密會社那種高來高去的暗語講一些有認證的蠢話，常常還要再加上電影《動物之家》（Animal House）裡的價值觀，以及堪比CIA黑牢的欺凌手段。在一份稱為「希臘排行榜」（Greek Rank）的年度民調當中，全美各姐妹會的排名依據是顏值、人氣值、時尚值、活躍值、人脈值和姐妹感情值。在這個迷戀色相、互拍馬屁的圈子裡，學業成就顯然不值一提。

然而，作為一種姿態，即使是種錯綜複雜的裝腔作勢，加入姐妹會在阿拉巴馬大學仍然有其意義。塔斯卡盧薩的歷史，本就充滿了林林總總的種族偏見與刻意挑釁。在我先前的一次旅途中，恩尼斯特．帕默主教就帶我看過三K黨在聯盟大道上的出沒之處，而阿拉巴馬的三K黨就算不是現今的實況，也仍是近期的記憶，此外還有許多活躍的仇恨團體。

這樣一所大學，在五十年前依照聯邦命令實行種族合校時，都還需要出動國民警衛隊來保護黑人學生。也就難怪會有理智的人以為，校友們會急於撇清這段種族主義的過往，並強調即使是在姐妹會政治這種老套的來回角力裡，他們也已學會包容。但是實情卻截然相反。校友想盡辦法證明了，他們是多麼地堅持，就算在全國的注視下，也要以傳統為藉口，緊緊抓住這種惡意的愚蠢。

珊卓．費爾：「越來越糟」

「我兒子的朋友有黑人也有白人。」珊卓．費爾（Sandra Fair）對我說。「這跟我小時候很不一樣的。我是一九六八年高中畢業的，我們那時候只有一個黑人學生。我真的替她感到難過。」

珊卓是位開心、坦率，又有商業頭腦的女士，住在皮肯斯郡（Pickens County）的鄉間小鎮戈爾多（Gordo），距離塔斯卡盧薩約十五哩遠。她丈夫是酪農，她則是西阿拉巴馬州社區服務專案（Community Service Programs，CSP）的財務主管，就是那間由辛西雅．波頓擔任執行長的非營利社區行動組織。

我去見珊卓．費爾，是因為我向辛西雅．波頓問起了CSP的財務狀況。我過去經常旅行的非洲與亞洲，都曾獲得數億美元的援助，用以改善或是推廣教育、設立發電裝置、提供醫療照護、甚至是協助發展觀光業（舉例來說，給了坦尚尼亞七億元、尚比亞三億五千萬元）。我很好奇，阿拉巴馬州這個為黑帶西部八個郡提供服務的組織，又有多少預算。

「我們的營運預算大約是一千五百萬。」珊卓．費爾說道。她繼續說，其中大約一半是用來支付教師、顧問、建築工、維修工，以及職員的薪資。「鄉親會來申請貸款、補助，或他們需要錢來繳供暖費、水電費。他們需要食物，也需要建議。這樣花掉我們大約三百萬。」

「你們會給民眾錢，讓他們拿去繳供暖費？」

「不是。如果他們符合資格，我們會直接繳費給水電公司。這都是依據收入決定的。有設貧窮基準線的。」

收入標準似乎相當嚴苛。低於這條「貧窮基準線」，就表示一口之家的年收入必須少於一萬一千四百九十美元，兩口之家一萬五千五百一十美元，以此類推——這點收入連維持生計都不夠。四口之家的貧窮門檻是一萬九千美元。這些數字已經很低了，黑帶的這一區卻還有超過百分之二十的人——那被湮沒的百分之二十——生活在貧窮線以下，符合了接受援助的資格（密西西比州則有百分之二十五）。

以社區發展的標準而言，CSP的預算很少，但他們卻志向遠大。該組織挹注的專案有住房、教育以及「支援服務」——最後這一項包括了電費協助、緊急糧食和庇護所。少年司法介入計畫（Juvenile Justice Intervention Project）則是「為第一次於塔斯卡盧薩少年法庭受審者提供定期課程」的專案。這項計畫指導初犯者如何避免暴力行為，並向這些青少年提供替代教育與傳授技術，以協助他們不再惹上麻煩。

在教育協助方面，CSP提供了「早期介入」：「先開始、早開始」（Head Start and Early Start）專案協助的是家裡有小小孩、卻上不起幼兒園的貧窮父母。此外他們也體認到，雙親家庭也是有待鼓勵的目標。為此，CSP也提供了「父職入門」計畫。「認為低收入高風險背景的父親總是在孩子的養育中缺席，這樣的觀念是錯誤的。」簡章中如此寫道。「先開始專案的父職入門推廣各類觀念與活動，以培養子女與父親之間的關係。父職入門支持，並強化父親在家庭中的角色。」

那也是要花錢的，而珊卓·費爾表示，成果振奮人心：越來越多的父親加入了這項計畫。

「我們也為一些家庭提供居住機會。」她說。做法是建造新的單戶住宅，重新修繕現有的房舍，再興建與維修一些多戶連棟住宅和公寓大樓。

「我們的預算有很大一部分都用於低收入住房了，包括多戶住宅與出租房，其他還有一些是先租後買。」珊卓說道。

「這些做法有用嗎？」

她沮喪地笑了一下。「問題越來越大。窮苦人越來越多，碰到困難的人越來越多。我看是越來越糟。每年我們都會見到從來沒見過的客戶。每天都有新的人出現在我們的辦公室裡。我們在幫忙了，我們也盡力了，但還是沒有好轉。」

蘭道·克伯：「我的翅膀都被剪斷了」

對我而言，前往格林斯波羅，進入塔斯卡盧薩南方鄉間的道路，已不再是《現在讓我們讚譽名人》裡的那幅景象，也不再是那本書裡所做的粉飾。這本書與固著其中的幾戶人家，在我腦海裡已被旅途中經歷的現實及認識的人所取代，其中許多人都成為我的朋友。辛西雅·波頓的組織在赫爾郡為窮人建造或維修房屋，還有潘·道爾的ＨＥＲＯ，則另外經營了六項事業來補貼住房支出：胡桃、竹單車、一家派餅實驗室、一間二手商店、一間日間托護中心、還有一家「低語」（Whispers）

品牌，賣的是用義大利的紗線織成的繩編項鍊。(「精美的編織項鍊與圍巾」，零售商在廣告裡寫道，「於阿拉巴馬州格林斯波羅，由當地女性榮譽製作，尤其適合女性使用，並藉以協助阿拉巴馬州黑帶地區的女性對抗這一帶的鄉村貧困。」)

強尼・B・華盛頓仍然是鎮長，仍然盼著會有像K-mart這種大賣場進駐鎮上，珍奈・梅伊仍然在為她藍影民宿的客人煮著水波蛋，路易斯（Luis）仍然在城鎮邊緣的泰南帕餐廳（El Tenampa）供應墨西哥粽。萊爾斯牧師仍然在剪頭髮與傳道。我跟他一起坐了幾小時追憶往事，當我離去時，他說：「保羅，你是從北方來的，一定認識一些口袋很深的人吧！如果有的話，就跟他們說說格林斯波羅的事——請他們到這裡來吧！我們需要的是投資啊！」

萊爾斯牧師說，他對於羅森瓦德學校原址能夠變成這樣感到很驕傲，那裡經過整修，現在已是人潮活絡的社區中心。奧本鄉村工作室仍然在興建真正的平價住宅。這裡再也不是艾吉與埃文斯當年的那個城鎮了。這裡仍在奮力掙扎，但已在改善，而且有了希望。

只來一次的話，我是看不到這些的，但是這一年來，在四個季節裡，這座城鎮的真實狀況已變得顯而易見。這次旅行的重點已不再是我吃得好或不好，或是我如何像老套遊記寫的一樣，朝著目的地辛苦邁進。在某些我遇到的人看來，我或許像是在往某處前進，但我仍是在繞著大圈子旅行，快快樂樂地，走在地方小路上，遇見人，重訪朋友。

上次我在格林斯波羅見到蘭道・克伯時，他向我透露他罹患了憂鬱症。這並不是隨口說說，而是在深思熟慮後，才宣布自己嚴重的病情。我們上次還與瑪麗・瓦德・布朗一起用了午餐，是段愉快的回憶，但後續發展使人傷心：不久之後，蘭道就向我轉達了她的死訊。

我與他在派餅實驗室一起吃午餐。雖然嚴格說來已經失明，但他別的感覺都非常敏銳，整個人都飽含注意力與理解力。他見到我就露出微笑，觸碰到我，然後彼此擁抱，並聊起了瑪麗·T。

「我收到一封她的電子郵件，信裡談了寫作，還有她的計畫，之後不到兩週她就走了。我很感激你引介我去見她。我當下就喜歡上她了。」我說。

「她也喜歡你。但是之後她病情惡化得很快。她不想要受罪，或是一直拖著。我想她意識到了自己的狀況有多差，所以拒絕多做掙扎。她沒再吃東西。她就只是躺在自己的床上，迎接死亡。」蘭道說。

「記得她提過那本講百歲老人的書嗎？她說過了：『我不覺得我想活那麼長。』」

「她差點就九十六歲了，這樣算走得很順利了。」他說。

「我父親過世時，我有個朋友就說：『平均壽命其實沒有很長。』這是真的。活到七十歲、八十歲或九十歲又怎樣呢？」

蘭道思索了起來。他是個身材福態的大個子，頭腦很好，而他的沉思與默不作聲時，與他醒目的存在感一比，又顯得更加突出，一個大塊頭坐在桌邊，沒吐出一個字或是一聲咕噥。

「我一直在想，瑪麗·T說過的馬里昂的黑人，『他們帶著恨意看我』，我還想再多問她一點這件事。我對她沒有什麼認識，但是我真的很思念她。她是我會期望能再見一面的人。」我說。

蘭道點了點頭，但沒說話。邊吃午餐邊談論死亡，還有他的沉默，都讓我想起了他的憂鬱。若貿然轉換話題會顯得太突兀，所以我就冒險問他近來好嗎？

「不太好。我今年夏天先去了倫敦，然後我回來這裡，就陷入憂鬱了。是因為格林斯波羅吧，我想，是回到了家鄉，這個地方跟這裡的回憶造成的。」他說。

「家鄉是如此哀傷，」拉金（Larkin）說的，「仍與離去時一樣。」

蘭道點點頭。「但不只是因為這樣。我在旅行之後覺得動彈不得，我覺得自己的翅膀都被剪斷了。」

「但我覺得格林斯波羅還是發生了很多正面的事情。」

「人家來到這座城鎮，喜歡上了這裡，想讓這裡變得更好。」他的語氣中帶著疑慮。

「這樣有問題嗎？」

蘭道托著他的頭思考著，他的頭髮濕淋淋亂蓬蓬的，臉頰也因為暑熱而顯得粉紅。他跟我說過好幾次，他有多恨阿拉巴馬的夏天，好幾個月都熱到人們只能躲進室內。我是不太介意，但我只是穿越南方的過客，只是隻候鳥。

「我是在民權運動的時代長大的，」他終於說話了，「格林斯波羅那時候情勢是一觸即發的。」

「所以你看到這座城鎮，或許是整個南方都在變好，不會覺得有希望嗎？」我不確定改變了多少，但是這裡的進展是有目共睹的。

「在那個年代，有人從北方過來推動民權。他們被人說是在挑撥離間。這裡就是這樣看待外人的，就連現在也是這樣。當作一群來惹事的人。」

我並不是完全沒聽過這種事。潘．道爾就跟我說過，別人是怎麼反對她、侮辱她的。「他們咒罵我。」然後她笑出聲說道。「不時會有人走過來，對我吐口水。」

「我不知道，」當我問他，潘是否也被看成是挑撥者時，蘭道這樣說。「但是整個種族問題的情勢已經顛倒過來了。現在種族分野之間的敵意更深了，因為黑人掌權了。」

「不就應該這樣才對嗎？畢竟，黑人在阿拉巴馬的這一帶占了多數啊！」我說。

「白人覺得權益被剝奪了，我們有了黑人鎮長、黑人議員、黑人法官，等等之類的。白人認為他們被排擠了。他們就想要拿回政治的主控權。」他說。

「這有可能嗎？」

「保羅啊，你得明白，」他微有慍色地說道，「民主黨的白人已經滅絕了。百分之九十的民眾都是依照種族投票的。黑人投給黑人，白人投給白人。事情就是這樣了。」

「要是有合適的候選人出馬呢？」

「近期內都不會發生這種事的。」

用過午餐後，我們在凝滯的暑熱中緩步走過主要大街，經過了幾家廢棄的商店、正在整修的幾家店面與樓房，也有幾家仍做著生意。我開車送他回家。「快點回來。」他說，然後我們彼此擁抱，他就站在前廊的陰影下，揮手道別完，才走進屋內，回到他的孤寂與幾千冊書籍裡。

布魯克哈芬——建立家園者的天堂

再次向三角地前進，我隔天起了大早，加速駛過州界，來到密西西比州的梅里迪恩市，再南下前往勞瑞爾市，抄小路向西穿過松樹林。當晚我在柯林斯（Collins）停下來過夜。隔天早上，為了修理一個輪胎，我遇見了幾名汽修技師與建築工人，大威廉、小威廉還有雷。他們說自己去過北方，最北到過賓州。「我們那時候是去蓋一間沃爾瑪。」隨後我向西走國道八十四線，行經普倫提斯（Prentiss）與蒙提且羅，來到了布魯克哈芬（Brookhaven），又一座停留在從前的城鎮，掛在主要大街上的斑駁標語寫著：「建立家園者的天堂。」

或許布魯克哈芬曾經是建立家園者的天堂，就像在布魯克哈芬出生的作家吉米・米塞・穆茂（Jimmie Meese Moomaw）在回憶錄《南方腔小孩》（*Southern Fried Child*）當中宣稱的：「我永遠都不能確知，要是我出生在康乃迪克州或底特律，我會成為什麼人或做什麼事，但我現在確定，我成為了我，很大程度上是因為我生在『建立家園者的天堂』，過了南方式的童年，還有那裡的馬匹、江湖郎中、粗人與妓女，以及對我愛太多又愛不夠的有缺陷的父母。」

在我看來，現在已經沒什麼想建立家園的人會來布魯克哈芬了——就連吉米・米塞・穆茂自己都離開了，現在住在喬治亞州。該鎮位在從芝加哥通往紐奧良的伊利諾中央幹線（Illinois Central main line）上，從一八七〇年代以來，就是鐵路的重要交匯點。美鐵（Amtrak）的快車「紐奧良城市號」（City of New Orleans）每天仍有兩班車往返，南下列車是中午，北上列車是下午四點，沿途還經過許多我們熟悉的地名，如坎卡基（Kankakee）、森特勒利亞（Centralia）、曼非斯及傑克遜。很有氣氛的舊火車站就位於鎮中央，跨過主要大街，未經裝飾的新站就在往北幾個街廓外。

在過去，甚至也不是很久以前，我也會很渴望買張票，就搭上那些列車，前往任何地方——拋下我的車子，跳上中午那班快車，南下前往麥康姆（McComb）與逍遙之都（Big Easy）[7]，或等下

7 指紐奧良。

午的車北上，去亞祖市（Yazoo City）與格林伍德。往哪個方向，對我而言都會是趟真正愉快的旅程。但我也會錯過許多事，而且我已習慣開車的隨興，輕鬆找到任何一條通暢公路，想去哪就開去哪，時常停駐，將自己安插進這片土地的生命中。

我在做的事，是如此不同於火車上的外來觀眾，就像我在許多其他國家也曾是那樣的旅人。但是一般來說，那些國家（中國、印度、俄國、越南、埃及、阿根廷、英國）都有充分的火車服務，而公路則不甚方便；美國南方則是有良好的公路，火車旅行卻很遜色。過去，南方也曾有過交錯縱橫的鐵路網。傳統上，是這些南方的列車提供了一種不昂貴的方式與路線，讓黑人可以逃離南方，特別是一九二〇年代的黑人大遷徙時，這些車站也讓他們有了確切的目的地，尤其是芝加哥和紐約。結果就是，這些列車，以及沿途的車站，為藍調及其許多談到這些北上列車的歌曲提供了歌詞，整本歌單裡都充滿了地名，與離開南方的鐵道之旅。

於是我就在火車站停下來，只是看看，又在布魯克哈芬的街道上走了一下。我找到了那裡的法院，也就是一九五五年五月，布魯克哈芬的居民、六十三歲的二戰退伍老兵兼「投票權支持者」拉瑪．史密斯（Lamar Smith）遭到槍擊的事發地，當時在場的其他布魯克哈芬人，包括鎮上的警長，全都袖手旁觀。史密斯是黑人，而他參與地方選舉的投票，就冒犯了當地人的慣例與感情。

我在一家餐館吃過飯，就又繼續走路。我在麗莎貝絲選美服裝（Liz-Beth Pageants）逗留了一會兒，這間店專門出租晚禮服，是布魯克哈芬最繁忙的店鋪之一，也是一種南方習俗的表現。

「用租的兩百，用買的五百，」其中一位店員金對我說，並回答了我的下一個問題，「生意真的很好。」

「這些衣服是誰在租的？」

「每個人。為了參加畢業舞會跟派對，還有返校節盛會（homecoming court），以及選美比賽。」

「返校節盛會」對我來說是個新詞，活動中會選出校內的國王與王后，是這個執迷於階層與誇耀之地的另一項傳統。至於選美比賽，光是那個月裡，在密西西比州就辦了十場。其中包括了道格伍德郡小姐（Miss Dogwood County）、蘭金郡小姐（Miss Rankin County）、黑美人甜心小姐（Miss Ebony Sweetheart）、西南甜心小姐（Miss Southwest Sweetheart）、狄克西甜心小姐（Miss Dixie Sweetheart）、子午線小姐（Miss Meridian）、三郡小姐（Miss Tri-County）以及深南小姐（Miss Deep South）等等。「零至十一歲」與「十二歲以上」的分組方式尤其令我疑惑。

租金已包括閃亮亮的廉價首飾，還有搭配的鞋子。「小女孩」選美禮服很受歡迎，店內還展示了一排穿著麗莎貝絲洋裝的優勝者照片——有六歲與八歲的，十歲的塗抹了早熟彩妝，十二歲的在搔首弄姿，身穿亮片，刷了睫毛膏，擺出撩人的動作。她們的眼神裡有著心照不宣的風騷，令你想起年齡較長的女人，其中幾個看起來已經完全不像兒童，而是矮人版本的選美皇后，或是俗豔打扮的扭腰擺臀曼奇津人（munchkins）[8]。怪異之處在於這些兒童選美比賽，並不強調參賽者的年幼，反而將她們性感化，讓她們穿上成人的衣服，化上濃妝，讓她們成了眼影深重的大玩偶，好似久經風塵的女子，而不是屬於這個年紀的清新、單純與天真。

8《綠野仙蹤》裡，由東方女巫統治的國度「曼奇津國」的矮人居民。

「你家的小女孩穿上我們特別設計的選美泳裝，將會成為全場的焦點」

——如此寫著的一幅看板上，幾幅照片裡的小妖精（nymphets）[9]都塗了唇膏，身穿粉紅色泳裝，擺著姿勢（雙手置於臀部），精心設計了髮型，盤起的髮式上戴了后冠，其中還有幾人難以置信地頂著一大包頭髮，而使身高增加了十吋。小女孩選美是南方鄉村的一項特色，而「小小選美皇后」（Toddlers and Tiaras）則是廣受歡迎的電視實境節目。我察覺到，自己在描述這種文化的詭異時，語氣中就流露了不敢苟同，但是請別介意我的說教。我強烈懷疑，要是有個年齡較大的男性下載了任何這類的宣傳照，然後不出所料在電腦維修店被人告發，說在硬碟裡發現了這些相片，他搞不好就因為持有未成年少女的敗俗影像而被捕，至少也會被嚴格偵訊，房子或許也被搜查了吧！

又走過幾間店面，我在布魯克哈芬撞球館停了下來，跟球桌旁幾個無所事事的人聊了一下。只是沒人在打球，而老闆比利．譚普正在考慮撤掉幾張球桌。

「我以為這會是一門好生意，在小鎮上開一家撞球館，大家可以來見見面、打打球，但是生意很糟。我要把店收掉，改做別的事了。我有時候會想，我們國家是不是到了一個大家都沒工作的時代了。我兩年前頂下了這家撞球館。那時候這裡真是一團亂。我把這邊清乾淨，又添購了新桌子跟新設備。你可以在這裡買球桿，也可以買汽水或糖果。沒有賣酒。應該做得起來才對。」他說。

「在這樣的城鎮，開這個看起來滿正常的，當作一個見面的地方。」我說。

「我們有段時間是做得還行。有些老人家五點鐘就來了，坐著等人來一起玩。總是有些人會來打球，主要是白人。偶爾會有六十個黑人一起上門。一開始我想，『唉呀，這下慘了，』但我們從來沒出過事。他們人都很好——只是喜歡一大群人一起來而已。」

「可能他們成群結隊會比較有安全感吧。」

「也許吧，但是他們不夠常來啊！生意變差了。沒人打球了。有沒有看到那幾桌都空著？」

比利年約四十，滿身肌肉，穿著黑T恤與牛仔褲，在我們談話時，他開始將一臺推車移進一張球桌底下，再將球桌抬高。他做這件事無須幫忙，獨力搬動了一張撞球桌。我猶豫了一下，又對他提了問題。

「你有什麼計畫？」

「我要放棄了，」他在球桌的重負下，邊發出使勁的聲音邊說著，「也許找個別的城鎮，再開家撞球間吧！不會去跟人家競爭，只是討生活而已。」

「這是你主要的事業嗎？」

「不是，我是消防員，但在這個鎮上當消防員太辛苦了。薪資不好。哎，這是給年輕人玩的。你在隊上睡得正熟，然後警報一響，你就要立刻從狗熊變英雄。」

「救火的風險也很高的，不是嗎？你們可是出生入死。」

他仍在用推車挪動著球桌，發著使勁的聲音，但他還是回答了，他向身後的我喊道：「想像一下，肩膀上扛著一個體重超過一百一十公斤的人是什麼感覺。呿，就算二十幾公斤也不容易了——二十幾公斤的袋子就已經很重了。再乘以五倍，你就知道問題在哪了。加上還有煙霧、熱氣這些

9 納博科夫小說《蘿莉塔》中，第一人稱敘事者亨伯特以此形容他迷戀的蘿莉塔。

的。你穿戴著三十四公斤的裝備。像我這樣四十歲的人都做不來了，何況我身體還很好呢！」

我說：「布魯克哈芬似乎是個滿友善的地方。」

「是很友善，但這座城鎮快完了。政客都出賣我們。什麼東西都收掉了，貨都是在中國跟印度製造。我們把工作機會都搬過去了。然後印度人也來了，來開加油站跟汽車旅館。你能怎麼辦？」

「避不開的帕特爾先生。」我說。

「我一天到晚聽到這個姓。是什麼他媽的古老大家族吧，到處都是他們的人。」

我跟著他走出撞球館，幫他把球桌抬上他搭好的斜坡，再推上他那輛小貨卡的後車廂。

「謝謝你幫我這個忙。」他說。「你現在要去哪裡？」

「三角地。但是我想走風景優美的路線過去。」

「再往前幾個路口，左轉，一直走州際五十五線。真的很漂亮。」

「人生就是條公路」

對，是很漂亮，另一條深南地方的美麗小路——這條狹窄的道路經過了幾片松樹林與沼澤，斜坡上長著幾束高高的草叢，在暑熱中成了黃綠色。幾座井然有序的農場——數量不多——則位於離馬路較遠處，但是大多數的住所都是些小房屋或平房，外頭圍著一圈籬笆，裡面有條昏昏欲睡的狗，以及幾戶拖車屋，疏離淡漠地散落在幾棵桉樹底下——還有幾間木板房，是我只在這種路邊見過的搖搖欲墜的那種。每隔幾哩就有一間教堂，並不比單間教室的校舍大，也都有相似的外觀，在屋頂上、有時是在尖塔上裝有十字架，草坪上還有塊看板，用以布告當週宣講的經文章節。

「人生是一條大道」——《以賽亞書》第三十五章第八節

「主耶穌有你旅程的路線圖」——《路加福音》第二十四章第十三、十四節

一間大型的學校赫然顯現，是一座平頂的磚造建築群，前面立了一支高高的旗杆，一面邦聯旗在微風中輕輕搖曳。或者至少，當我以時速四十哩前進時，是這樣感覺的。那當然是面州旗，只是設計上納入了邦聯戰旗的X型十字（或說對角十字），此地也是南方唯一在旗幟裡保留了這個圖案的州，而且不知為何，出現在密西西比州南部深處的鄉間道路上，還挺相稱的，這條路似乎帶我穿梭時光，回到採用這面旗幟設計的一八九〇年代。（以星星取代邦聯意象的新設計案曾在二〇〇一年交付公投，並遭遇慘敗。）

我頂著大太陽，行駛在這條不斷開展的公路上，就跟以往在南方開車時一樣快樂。在日光下走在鄉村道路上，似乎會產生一種淨化感，從頭頂上掠過的樹枝間灑下的閃爍光芒，在熱騰騰的柏油路上照出的亮斑，一瞥一瞥的天空與屹立的樹木，某幾座谷地裡是牆面般的松樹，另幾座則是巨大的白橡與柱列似的刺柏，空氣中還有一股芳香，是烘熱且輕微腐敗的落葉散發的奶油烤吐司氣味。成排的橡樹與松樹在路旁綿延好幾哩，使道路更形狹窄，並讓人更覺得這是條童話裡的魔咒小徑，在引誘旅人走進更柔的光線與更大的歡愉之中。我很喜愛這趟行程。

約略就在此時，不祥的看板開始陸續出現，就釘在路邊的樹木上。一幅幅固定在粗壯樹幹上的

大字級看板，大塊的恐嚇性看板，亮白的底色上印著黑字與紅字的訊息。

「你當預備迎見你的神」——《阿摩司書》第四章第十二節
「耶和華的眼目無處不在，惡人善人他都鑒察」——《箴言》第十五章第三節
「信心沒有行為也是死的」——《雅各書》第二章第二十六節
「你們要努力進窄門」——《路加福音》第十三章第二十四節
「唯有忍耐到底的必然得救」——《馬可福音》第十三章第十三節
「悔改」——《馬可福音》第六章第十二節

這些話若是在一間坐滿信眾的教堂裡，由一位牧師用和藹體諒的語調說出，或許可以安撫人心，但是用黑色與紅色的大字，寫在釘在樹上的看板上，放在散落著木板房的密西西比偏僻樹林裡，就顯得像是死亡威脅了。

三角地的夏天

我在這個季節從北方啟程，說是在追逐夏天，在尋求陽光的慰藉，要延長宜人天氣帶來的好心情。穿過阿拉巴馬與喬治亞那幾日都愉快而溫和，果樹多已摘乾淨了，棉花大叢綻放等待採收，田裡幾名農工在割著乾草，堆疊成巨大的圓形草捲與方形草捆。但是密西西比令人窒息的悶熱則是另

一回事，沙塵的味道，其中還帶著一股人的體臭，或是一片被太陽曬成褐色的草地，上頭是飢餓的受罪牛群，正咻咻甩著尾巴，在驅趕成團的嗡嗡麗蠅。

三角地癱軟、慘烈、又哀傷。不時有人警告我那裡很危險，但這種警告為其平添了一種過分的戲劇性。我從未在三角地遇到危險；那裡困頓而貧窮。更深入三角地時，我遇到了一位密西西比人，他有個住在納切茲的表親，每個月都要去曼非斯一趟。他自己的處境已經改善了，經營著一家成功的公司，但仍記得他在傑克遜黑人社區成長的窮困日子。

「他看到的事情讓他太難過了，他就去曼非斯的雜貨店採買一箱箱的食品。回家的路上，沿著六十一號公路，他時不時就會停車，在看到窮人的地方，就把箱子留下來。」這是你在非洲或印度可能會耳聞的那種衝動性慈善。

穿過三角地的筆直公路兩側，並非所有的死寂平坦田地都種了棉花，有幾塊看起來還不錯，是因為其間偶有積水形成的池子與埤塘，上方飛舞著密密麻麻、背著光的蠓蚋——身上都披了層金色——池水既綠且稠，凝滯不動。

「就像非洲一樣。」我停在樹下小便時，在筆記本裡匆匆寫下了這句話。觀光客會把非洲想像成一片明亮的仙境，有許多大型獵物，以及長滿樹林的山丘，但是在莽原上，動物都在水坑旁邊，空中飛滿了會叮人的蒼蠅，還有一股淤泥的臭味，就像這片三角地沼澤湧現的一樣。與平原的遼闊形成對比的，是人類的居所——那些成叢聚集的小屋——都是些臨時湊合的簡陋粗劣建物。

沿著塵土飛揚的道路往西走，是幾塊窪地，遠處有些高聳的喬木與低矮的灌木，而我看得出來那裡有水，因為水面浮出刺眼的陽光，在樹幹底部的斑斑暗影之中閃得人目眩。

我一直在追逐的夏天，就在這裡找到了，但卻不是我原本想像或想要的樣子：不是這種從水塘的腐朽泡沫裡冒升的熱氣，不是在拮据城鎮間，公路邊的散亂聚落照耀著蹩腳木板房與廢棄房屋的陽光。而我並沒有被自己讀的書矇騙：並沒有尋找福克納筆下的三角地，或是威利．莫里斯的亞祖市，甚至是幾位偉大藍調樂手的三角地。福克納對於三角地的最終結論，似乎就反映在艾克．麥卡斯林對於老年的評語上，也就是這一切都在萎縮、消逝，讓位給現代性，以及唯錢是問的心態。

是的，這裡還在萎縮，也還在衰敗與流失居民；舉目所及完全看不見現代世界，我看到的人也都身無分文。三角地看來已遭遺棄，而且在這片蚊蟲侵擾的致命暑熱當中，又顯得比蕭瑟嚴冬裡的空曠道路與寒冷荒田更糟。一股死寂、落寞的憂鬱籠罩在整片農田之上，而沼澤與水塘的後方，從視線以外的河流升起了一陣綠色的霧氣。

不過啊，不過：這片空曠正是一種吸引力與解放，穹蒼之下的死寂平地，開起車來讓人如此沉靜的筆直公路，以及我在前幾次造訪時得知的，三角地的民眾不只是可親且低調，對陌生人也很友善，樂意交談，尤其是談論過去，因為他們對未來太不確定。對我來說，在這些開闊的空間裡是自由的。只有在城鎮、或聚落、路邊的拖車屋營地、或一整條街的房屋映入眼簾之時，這種心情才會劇烈轉變。

說是房屋——然而這是個不恰當的用詞。我以前就見過這種建物了，但在心裡希望這些都只是錯覺，並不能代表那裡的事態，可能還有其他地方，更宜居也更有希望，能夠當作榜樣。這也是我再回來的另一個理由。我駛過瑞德伍德（Redwood）、羅林佛克與安圭拉，都跟我在別的季節裡看到的一樣，在艱困的時局裡憂傷凋零，那些房屋都只是近似房屋的東西而已，拖車屋坑坑疤疤，邊緣凹陷生鏽，木板房也慘不忍睹——儘管屢屢會有追求高雅的嘗試，像是在門上掛了個舊花環，破損的鳥用戲水盆，在遍地砂石的院子裡裝了一個塑膠許願池。

我追逐著夏天，離開夏末遍照的光芒，四周景色因炎熱而枯竭，發黃褪色，瀰漫著植物結籽的刺鼻氣味，莢果已空，莓果成熟發硬，瓜藤泛灰帶紅——顯見的凋萎俯拾即是。我在這裡的所見也是如此。三角地永遠都是夏末的樣子。

荷蘭代爾的藍調

正開始覺得一切希望都已破滅之時，我開過了荷蘭代爾，那裡就像離公路或近或遠的其他聚落一樣荒涼，店面歇業封板，但是我聽到音樂聲，而且音量隨著我駛入鎮上而越來越大。當時已近傍晚，依然燠熱，塵埃在從阿肯色州斜曬過來的陽光下飛舞，殘破的街上擠滿民眾，而附近的某處有個男人，在我視線之外卻聽得見聲音，他邊放聲高歌，邊撥著吉他，傳來的還有鼓組的激昂連擊，與一支薩克斯風的抖音：這是藍調公路上的藍調。

當我還在猶豫時，一名身穿卡其制服的大塊頭警員揮手，示意我開進其他車輛停放的地方。我下了車，走向設在幾棵樹木旁的舞臺。此處已是鎮上的邊緣，有個嗓音低沉的壯漢正在唱歌，伴奏的是一支規模不小的樂隊。

「那是巴比．洛許（Bobby Rush）。」警員在我經過時對我說道。

掛在舞臺上的布條寫著「紀念山姆．查特蒙的荷蘭代爾藍調音樂節」，附近的攤位在賣炸雞、玉米、冰淇淋和軟性飲料，還有藍調音樂節的T恤。巴比．洛許正在呼嘯，但節奏緩慢，即將唱完他的最後一首歌，也是他的招牌歌之一，〈吹喇叭〉（Chicken Heads）：「愛那女孩／也愛他們吹喇叭。」

接著樂隊傳來一陣哐啷作響，他深深一鞠躬，揮手致謝——在這座老舊城鎮的小街上，低斜的夕陽在他身後的高聳樹木間閃耀著，此景令人吃驚。巴比．洛許在觀眾——約有兩百人——極熱烈的掌聲中步下了舞臺，站在塵埃裡，這時另一個團登上了舞臺，開始演唱。

「他家有親人住這裡。」我身旁的一名男子說道。

一隊穿皮衣的黑人機車騎士站在一起鼓掌。幾位坐在摺疊椅上的老婦人邊拍手邊唱著歌。孩童在觀眾之間跑來跑去。年輕人打扮得像饒舌歌手，穿著低腰褲、帽子反戴——他們也在鼓掌。還有嬌小清瘦的舒其塔．德雷克斯——剃了半邊的光頭，另外半邊綁了幾根紫色辮子，面容甜美，不過五呎高——懷裡抱著他的小男孩，是個襁褓中的一個月大嬰兒，她取名為德伏塔．奈特。還有羅蘋．麥克雷，她是從亞特蘭大過來的苗條舞者，有親人住在荷蘭代爾，並說，「這真是太讚了。」

但是音樂聲太吵、太強了，劈裂了空氣，也撼動地面，交談是不可能的，所以我退回人群中，而我正走著時，感覺到有隻手搭上我臂膀。是位穿了件日曬到褪色的T恤、戴著棒球帽的老先生。

「歡迎來到荷蘭代爾。」他說。在我遊歷世上其他地方的生涯中，這種事鮮少發生，但是在深南地方，這就像是種福氣——有個陌生人靠近我，來讓我感到安心。

「謝謝你，先生，我叫保羅，是從北方來的。」我說。

「我是這裡的鎮長，梅爾文．威利斯（Melvin Willis）。我能幫你什麼忙嗎？」他說。

然後，我當然也意識到了，雖然觀眾裡也有五、六個白人，但我看起來想必像是從三角地以外的地方來的。或者也可能是因為我打開了筆記本在振筆疾書，也試著從舒其塔潦草的字跡中辨認「德伏塔」的字樣。也可能是因為，他只是個試著把事情做好，在為群眾服務的鎮長。

梅爾文・威利斯一九四八年出生在荷蘭代爾，小時候在三角地念的是種族隔離的學校。但他鍥而不捨，上了大學，還在阿拉巴馬州的約克鎮（York）找到教書的工作，那是個位於薩姆特郡（Sumter County）的黑帶小鎮，就在密西西比州的州界旁邊——我從戴摩波里斯開車去梅里迪恩時曾路過那裡。他獲得升遷，在約克鎮當上高中校長。

「我在約克工作了四十年，二〇〇五年退休，回到了家鄉荷蘭代爾。我有種感覺，就是我能在這裡做一些事，讓鎮上變得更好。我在二〇〇九年參選鎮長，獲勝了。我剛當選第二任。這場音樂節就是展現本鎮精神的實例。」他說。

我問了山姆・查特蒙與荷蘭代爾的關係。

「查特蒙不是在這裡出生的，但是他大半輩子都是在這裡度過的，在他的弦樂團裡演奏，在莊園裡工作，現在大家都認識他了。你看到我們把巴比・洛許請來了嗎？今天太美妙了。這是一座很棒的城鎮，荷蘭代爾，適合居住的好地方。」威利斯鎮長說。

山姆・查特蒙有一首歌，是與他的樂團「密西西比帥哥」（Mississippi Sheiks）一起演出的，就叫〈荷蘭代爾藍調〉（Hollandale Blues）（「我媽說，『回家吧！山姆』」）。其他歌曲還包括〈上帝不喜歡醜人〉（God Don't Like Ugly）、〈坐在世界之巔〉（Sitting on Top of the World）、〈你會自由的（等上帝放你自由）〉（You Shall Be Free〔When the Good Lord Set You Free〕），以及〈黑鬼就是黑鬼〉

（Nigger Be a Nigger）。我最喜歡的一首（一九七八年由民族音樂學者阿倫·洛馬克斯〔Alan Lomax〕錄製）是〈讓我在你這打地鋪〉，而查特蒙聲稱，他是在四歲時聽到了這首歌，從此終身記得。

從舊照片來看，山姆·查特蒙個頭不大，但一臉大鬍子，他父親亨德森·查特蒙（Henderson Chatmon）是來自密西西比州泰瑞鎮（Terry）的前奴隸，活到了一百零五歲高齡。山姆於一九八三年過世，享壽八十六歲。他就葬在當地的墓園裡。

音樂、人群、停在樹下的許多車輛、賣食物的攤商，以及節慶的氣氛——這些全都遮掩不了的事實是，就如同羅林佛克、安圭拉與阿科拉等三角地城鎮，這裡的店面也都釘上了封板，一副破產倒閉樣。我盡量委婉地向威利斯鎮長提起這件事，問起了三角地的艱困處境。

「我們很窮，我不否認這件事。我們的稅基很低。」他說。

「有多低？」

「三十萬美元。」

「這樣要維持全鎮運作？」

「對，全鎮，我們是靠補助款在維持的。我們只有四十五萬美元的聯邦補助。聽起來很多，其實不多。」他說。

跟政府與私人數以億計注入非洲的援助款相比，這聽起來的確不是筆大錢。在我居住的麻州，這也就是一棟平均水準以上的房子的售價。

「就這些錢，我們要發薪水給老師、消防隊、警察、鎮公所員工，還有很多人。基礎設施要維修，也要花錢。我們的人口說是有兩千七百人，但是其實更接近三千五。誰都沒有錢，這個鎮上誰都沒有。我們的稅收太少了，但還是得撐下去。」他嘆了口氣，摘下他的棒球帽，抓了抓頭。

「不容易啊！」我說。

「天啊，一點都不容易啊！棉花業已經雇不了多少人了。這裡以前有鯰魚養殖場的，收掉了。種籽廠也是。醫院二十年前就關門了。我們還有一家三角松公司（Delta Pine），他們是做種籽加工的。就這樣了。這一帶都沒工作了。」

一名白人男子靠近我們，伸出手臂攬住威利斯鎮長，深情擁抱了他。「嗨。我是雷・施林。你看到這個人了嗎？他以前在雜貨店為我爸工作過。」

雜貨店名叫向日葵食品行，位於荷蘭代爾中央，是少數還在營業的商店。我在羅林佛克鎮也見過另一家向日葵商店。雷就像威利斯鎮長一樣，也很積極想帶動荷蘭代爾，至今仍住在附近。

雷說：「那邊在演奏音樂的地方？那裡是西蒙斯街（Simmons Street），以藍色前線（Blue Front）出名的，以前有各式各樣的俱樂部，每種藍調都有。我跟你講，那裡是週六晚上唯一熱鬧的地方了。」

「是很棒的地方之一啊！」威利斯鎮長說。

「有賣私酒，還有人打架。」雷說。

但是藍色前線在六〇年代末就沉寂了，音樂在七〇年代初也停了。

「大家都走了。機械化了。工作都沒了。不過我們還在做生意就是了。」雷說。

更多人來加入了我們，看著落日揚塵，樹枝從上面伸過，小孩在玩耍，聽著音樂，臺上的樂手演奏著藍調的鏗然與哀鳴。

「我爸爸在那邊開過一間藥房，叫城市藥房（City Drug Store）。」一名男子說道。他名叫金．葛洛布斯（Kim Grubbs），是剛才登臺演唱的德莉絲．葛洛布斯．曼諾提（Delise Grubbs Menotti）的弟弟。金與德莉絲都是在荷蘭代爾長大的。

德莉絲是個嬌小的金髮女郎，聲音宏亮，在眾多嗓音低沉的男性藍調歌手當中顯得獨樹一格。她有一首自己寫的歌，就叫〈密西西比三角地〉：「噢，密西西比三角地，這片平原就是我的家鄉……」

「我們以前有間戲院，」金說，「以前也有音樂的。我六〇年代長大的時候，是有種族隔離，但我們還是處得很好，黑人跟白人。我們每個人都認識的。」

威利斯鎮長點點頭，「的確是這樣。」

「簡直就像天堂一樣，我們要怎樣才能把以前的日子找回來呢？我們能做什麼？」金說。

隨著音樂揮手的人、賣食物的攤子、跳舞的小孩，一切都在夕陽餘暉中旋轉著，我說：「這就是個好的開始。」

威利斯鎮長將一隻手搭在我的肩上，熱切地對我說：「我們可以重新來過的。你可要再回來。你就會看到的。」[10]

阿杜食堂

我在格林維爾沿路而上，要找個地方用晚餐時，有人推薦了「阿杜食堂」。我會知道這個古怪的店名，是從亨特．湯普森一九九二年總統大選期間，為《滾石雜誌》（Rolling Stone）寫的一篇訪談稿裡看來的，當時是受訪的比爾．柯林頓提議，約在「一家叫阿杜食堂的餐館」見面。

「我溫順地點點頭，」湯普森以它一貫的嘲諷口吻寫道，「並且坐在一張不是位於桌首就是桌尾的錫椅上，心想候選人（柯林頓）自然會坐在另一頭，遠得我碰不到。但並非如此。這詭異的渾蛋迅速地坐在我旁邊，離我大概兩呎，用沒睡飽的眼神盯著我，讓我非常不自在。他的眼睛瞇成了兩條縫，一開始我還以為他打起瞌睡了。」

湯普森惱怒地嘆了口氣，柯林頓便解釋說，在小岩城的市中心也有家阿杜，而且是「抄的，算是啦，抄的是密西西比三角地的一家賣牛排跟海鮮的木板房。」雖然這家店得到了品牌授權，卻與密西西比州格林維爾市的本店毫無相似之處。

阿杜其實並不是咖啡店、不是餐館，也不算是任何類別的餐廳。它就是一間極大的舊廚房，有著油膩的牆面與更油膩的天花板，還有多張泛黃的好評剪報，以及幾張黏在牆上的照片。這廚房與其幾個邊間，都在一棟樸素的木結構房屋內，位於滿布發黑房屋的密集住宅區的巷弄裡。因此，這個地方很難找——那裡既沒有地標，也沒有其他的商店或餐館。我從格林維爾的市中心開車過來，依照詳盡的指示駛過一條條街道，然後終於在一處街角找到了阿杜食堂。

即使以南方的標準而言，這地方的演變歷程也夠奇特了。這棟小建築起初在一九〇三年時是間

10 作者註：我本來急著想回去，再去看這位親切樂觀的人。但一個月後，梅爾文．威利斯鎮長在定期回診時，被診斷出罹患了癌症。不久後，他就在二〇一三年十一月去世了，享壽六十五歲。

家庭雜貨店，名為爸爸商店（Papa's Store），由席格納（Signa）一家經營（顯然是義大利裔移民；席格納是托斯卡尼的一個市鎮，大約是格林維爾的一半大小）；創業的席格納家族成員包括了杜米尼克（Dominick，外號「大杜」）、他太太瑪咪（Mamie）以及弟弟法蘭克（Frank，外號「呆頭」）。但是雜貨店的生意因為一九二七年的密西西比洪水而失敗了。這場洪水——美國史上前幾名嚴重的天災——沖毀了堤防，淹沒格林維爾與其他多個三角地的城鎮，造成上千人喪生，重創三角地的經濟好幾年。

釀造私酒，這項南方的另一傳統，遂成為了席格納家族的事業，依據阿杜食堂的網站所言：「大杜．席格納開始賣私酒，以協助家族重新振作。幾年後，他就賣掉了他的四十號桶裝蒸餾器，換得了三百美元，以及一輛福特T型車。」

大杜將自己重新定位成專業經理人，並在一九四一年將店面的前段改成了一家娛樂酒吧（「嚴格限定黑人」），於此同時，瑪咪．席格納也練出了一道完美配方的墨西哥粽，並拿到酒吧裡販售。（格林維爾自稱是「美國的墨西哥粽之都」。）格林維爾的白人聽說了這道菜，想吃墨西哥粽與牛排想得不得了，但又不能從前門（黑人用）進去，他們就從阿杜的後門溜進去了，這棟建築的後側遂變成了（專屬白人的）「食堂」，這是相對於前側（限黑人的）「歌廳」酒吧而言。該店的網站還很幫忙地解釋說，「就像是顛倒過來的種族隔離似的。」

大杜「最終收掉了娛樂酒吧，專心做餐館。」他在一九七〇年代退休，現在這間餐廳是由他的兩個兒子查爾斯（Charles）與小杜（Little Doe）在經營（呆頭的太太佛羅倫絲〔Florence〕偶爾也會來看看），此外還有一群忙碌的婦女與冒汗的煎炸廚師，在燠熱的廚房與鄰近的房間裡幫忙，製作飽滿的牛排與滿盤的炸薯條，而這裡也是我在南方找到的最雜亂、也最隨和的食堂之一。

吃了十幾隻烤蝦、一道辣肉醬配菜、一盤薯條、喝了三罐啤酒之後，我搖搖晃晃地走在阿杜門外的黑暗之中，格林維爾這個城鎮也看似柔美了許多。

蒙提且羅的週日上午：教會、鯰魚、美式足球

聽說位於附近金盞花鎮（Merigold）的阿波猴子（Po’ Monkeys）歌舞廳接下來幾個晚上都將關閉——我本想停在那裡聽音樂的——我便駕車向西，離開格林維爾，過了跨越密西西比河的新橋，進入阿肯色州的平坦田野。我沿著河對岸走了一會兒，匆匆駛過內陸，接著穿過松樹林，就到了蒙提且羅。我在那裡待了一天，首先去了涼蔭叢非裔衛理會（Shady Grove African Methodist Episcopal Church）——那裡的泰瑪・漢普頓（Thelma Hampton）牧師規劃了一場「滿座週日」（Pack the Pews Sunday）的活動——然後我繞著鎮上走，並且依照涼蔭叢教會一位教友的建議，去了阿瑞鯰魚燒烤店（Ray’s Catfish and Barbecue），「創立於一九六四年的蒙提且羅老店」。

蒙提且羅是座灰黯的小鎮，地處翠綠的阿肯色州東南方，有著樹林與農田，附近沒有任何州際公路。這裡曾經是個輕工業繁盛的地方——造船與紡織——但大多都已結束。就像南方許多類似的城鎮一樣，位於久負盛名、規劃良好鎮中心的老店——藥房、雜貨店、傳統形式的銀行及成衣布料行——都已變成惜物商店與二手商店。幾家貨源充足的當鋪則開在外圍，生意興隆。

蒙提且羅鎮民每週日的儀式就是上教堂——各各他浸信會（Calvary Baptist）、第一聯合衛理

會、保羅浸信會（Pauline Baptist）、信心浸信會（Faith Baptist）、錫安丘教會（Zion Hill）、玫瑰丘自由意志教會（Rose Hill Free Will）、涼蔭叢非裔衛理會，以及另外六間，都在從鎮上主要廣場步行可達的範圍之內——上完教堂就去吃午餐，到牛仔的店（Cowboy's）或馬齊奧的店（Mazzio's），或週日生意最忙的阿瑞吃鯰魚。

每張桌子都坐了人，還有好幾張是併桌，好讓一大家子人，從祖父母到孫子女，跟中間輩分的全部的人，可以統統坐在一起，有幾張桌子坐了十來個人。

雖然建議我去那裡的是位黑人——他說他自己也要到那裡去——但阿瑞餐館裡的食客全是白人，約有一百多人。

在一張擠滿人的餐桌上，吃著一盤鯰魚的阿公停了下來，舉起叉子，用一種肥厚而果斷的聲音說道：「我認為每個年滿十八歲的人出門時都該帶把槍。我就是這樣想。」

「聽到沒，爹地？」一名女性說道，說話對象顯然是她的丈夫，穿了件藍色單寧外套、戴了頂強鹿牌（John Deere）卡車帽的男人。

「想射誰就射誰。」阿公說。

沒人反駁他，雖然也不是每個人都在聽——大多數都在吃。阿公對這片沉默感到滿意，舉起雙肘，用刀叉攪進剩下的鯰魚。

「只要你有道理就行。」阿公拉長調子做出總結。

在掛著「在此點餐」牌子的窗口——阿瑞沒有服務生，是自助式的——收銀員漢娜（Hannah）說：「偶爾會有黑人進來內用，但不常有。他們大多買外帶。黑人算是住在鎮上的一邊，而白人住在另一邊。」

阿瑞餐館的顧客都穿著上教堂的服飾，亮色的襯衫配聚酯纖維長褲，其中幾人還搭了白色鞋子或靴子。他們狼吞虎嚥、前後嚷嚷，那是南方白人在公共場所表現憤懣不平的滑稽方式。我能清楚聽見阿公講話（「彈藥快要缺貨了啦，我跟你講」），因為他們一家就坐我隔壁桌。小朋友在餐桌間奔跑，在餐廳裡彼此追逐來去；有幾桌坐的是帶著女兒的單親媽媽；在房間的另一頭，我看見單獨一個混血男生與一大家子白人坐在一起，在交談中插著話。

在涼蔭叢教會碰到的那人，就如他答應過的，從側門走進了阿瑞餐館，成了一片白人人海裡唯一的黑人。我晃過去跟他攀談時，他正說著：「外帶。」

他名叫馬文．霍布森（Marvin Hobson）。馬文出生於蒙提且羅以西約十哩的小鎮威瑪（Wilmar）。威瑪的人口以貧困的黑人居多，至今仍有三分之一鎮民活在貧窮線以下。

「我小的時候是很慘的，我是說，民權運動的事。會起衝突、很凶猛很惡劣的衝突。有人受傷，還有人死掉。」馬文說。

「你們家是怎麼撐過來的？」

「我爸是個農民，我說他是農民，指的是他有一匹馬跟犁，種的地是租來的，」他想起往事，發出了欽佩的笑聲。「他老兄可拚了！我們家在收穫季節要採兩百英畝的棉花，一次摘兩排，後面拖著一個九呎長的袋子，要摘一整天。」

他是另一個年紀較長——六十二歲了——對摘棉花還有記憶的南方人，還能區分「摘」（揑下鬆散的棉花）跟「拽」（扯下緊實的棉鈴）的不同，也還記得曾在午餐時間躺在柔軟的大麻袋上，讚嘆著摘出來的「棉花堆」——有時高達六呎——以及在日落時清點採棉袋，結束一天的勞動。我見過許多跟他一樣的人，接下來的旅程中還會遇到更多。不管是黑人或白人，幾乎沒有人覺得摘棉花是苦工。在我聽來——特別是透過馬文獨特的音調——當他們回顧當年如何在一天內摘採兩百、甚至三百磅的棉花時，是他們滿滿的懷念與驕傲。

「我爸爸種過棉花、玉米、花生和西瓜，他靠那匹馬跟犁做了好幾年。後來他終於弄來了一小臺曳引機，一臺老式的福特8N型。他就只用過這一臺。」馬文說。

馬文離開威瑪鎮的方式，也就是南方的傳統，從種族隔離的學校、低水準的醫院，以及普遍的排擠之中自我解放，加入了美國陸軍，以此為業。

「我幹了二十六年才退伍——八二空降師，基地在肯塔基州的坎貝爾堡（Fort Campbell），我參與的最後一場行動是第一次波灣戰爭。我現在回家了——而且很高興能回來。」馬文說。

「但景氣看起來不太好。」

「這個鎮上以前很繁忙的，我們以前有三家地毯廠。伯靈頓地毯的規模很大。還有排氣管工廠、造船的，跟一些別的。他們全都撤了——大概是去墨西哥或中國了吧！我們現在只剩中途路（Midway）那邊的木板廠了。」馬文說。

伯靈頓工業（Burlington Industries）是腳踏墊與毯子的製造商（「絨毛浴室墊與地毯」），在蒙提且羅曾有過一座織造廠，占地一百萬平方呎。廠房關閉後，旗下兩百名員工也在二〇〇五年遭到遣散。阿爾文工業（Arvin Industries）是汽車排氣系統的製造商，也收掉位於當地的工廠。造船公司海方舟（SeaArk）曾在蒙提且羅雇用了二百二十人，也於二〇一一年終止其工廠五十二年來的運作，不過他們的競爭者，生產鋁製獵鴨與釣魚用小艇的戰鷹造船（War Eagle Boats），則仍在營運當中。馬文關於伯靈頓將製毯業務移往中國的看法，很可能是對的。至於阿爾文工業，他們也去了中國，如今為中國的車廠供應排氣管。

我們談到這裡時，站在阿瑞門口等外帶隊伍裡的馬文，拿到了他那份裝在保麗龍便當盒裡的鯰魚，我們便向彼此道別。

「當然了，這是蒙提且羅的週日傳統，上教堂、吃鯰魚，然後看美式足球。」馬文說。

「大家都這樣，黑人、白人都是嗎？」

「不是的，先生。白人鄉親週日會出門吃飯，黑人鄉親週日會自己煮。」他說。

那又是另一項傳統了，來由是白人家裡的黑人廚子週日休假，要上教堂和為自己的家人做飯，而白人家庭則會去阿瑞這類館子用餐。

溫泉城——喜樂與悲慘

我從蒙提且羅開往溫泉城的那個下午，就像是用一個平移的長鏡頭，看遍了一連串的悲哀城鎮與破敗村落，先從華倫（Warren）到了貧窮窄小、了無生氣的愛丁堡（Edinburg），再到我在阿拉巴馬聽說過的、廣受愛戴的教練「大熊」布萊恩的出生地福代斯鎮（Fordyce），當地的每間店面都已關門或廢棄，不然就是變成惜物商店。在福代斯主要大街的十字路口，褪色的招牌與空蕩蕩的店址，見證了班頓五金行（Benton Hardware）、農具行、服飾店或沃爾瑪時代留下的自助汽水機，如今都不再被人需要。接著來到的小鎮鬱金香鎮（Tulip）與莫爾文鎮（Malvern），則沾上一些公路更遠處溫泉城（Hot Springs）所煥發的活力。

忽然間，就進入了沃希托山脈（Ouachita Mountains）崎嶇陡峭的岩壁深谷，還出現了兩座蘇聯式外觀的高樓，一棟是榮民醫院，另一棟是阿靈頓飯店（Arlington Hotel）。溫泉城是個驚喜，是座標榜壯麗建築與氣息的水療城鎮。排列在巴斯路（Bath Row）兩側的溫泉水療大樓，都是修復完成的裝飾藝術奇觀，山崖上還有幾棟狹窄的樓房，排列在傾斜的陡坡街道旁邊。這些地方有一半經過了粉刷、裝飾，還保留了一些罪惡過往的殘跡，另一半則是些平淡乏味的住宅。這座城鎮看似是從山溝的岩石裡鑿出來的，是地勢起伏最劇烈的南方城鎮之一。

主要大街上的許多招貼，都在誇耀這裡瀟灑不羈的風氣，以及這裡的犯罪史——諸般影射黑幫的來訪、得意地提及各種犯罪、娼館，還有歷次的轟動凶殺案。「如今難以想像，這座城市曾是賭博、賣淫與販售私酒等組織犯罪的溫床，」溫泉城的宣傳摺頁上，就這樣誇大其辭地說著（副標題是「過去正是有趣之處」）。「但是從十九世紀末到二十世紀中，尤其是在一九三〇年代時，溫泉城曾是許多惡名昭彰黑道分子的熱門出遊地點，如艾爾・卡彭（Al Capone）、法蘭克・卡斯特羅（Frank Costello）、瘋子莫蘭（Bugs Moran）、福星盧奇安諾（Lucky Luciano）等等。溫泉城的位置既安全、僻靜又風景優美，使這裡成為理想的藏身之地。」

在這許多妓院之中，生意最繁忙的就是「豪門樓」（The Mansion），老闆是溫泉城的知名鴇母美心・譚波・瓊斯（Maxine Temple Jones），招待的都是些有錢有權的人，包括罪犯與政客。抵抗黑幫勢力幾十年之後，她以告發他們交換赦免，繼續營業到一九六〇年代中，後來還寫了一本書，講自己的人生與時代。

「親愛的，我喜歡老派的娼館，有敬意與尊嚴。」她在一九八二年向《阿肯色時報》（Arkansas Times）表示。「而且我帶的小姐永遠都很有規矩。我總是教她們我老爹教過我的事情：要昂首闊步，而且永遠要記得，重要的不是你做了什麼事，而是你怎麼做事。」

黑幫的年代在一九六〇年代末步入了尾聲，中央大道（Central Avenue）上的美國黑幫博物館（Gangster Museum of America，文案是「來這裡尋開心不用碰運氣，而是穩贏不輸！」）就對這個時期進行了大肆渲染的描繪。由於氣候宜人加上風氣敗壞，這座城鎮從一八八〇年代到一九四〇年之間，還曾經是北方的棒球隊進行春訓的地點——那也是個球員固定會狂歡召妓的狂野年代。

這就是溫泉城多采多姿的過去，但並不久遠。你或許會說，這不是個適合養小孩的地方——危險、猖狂、充斥著不良影響、投機分子、常業罪犯、妓女、騙子、騎牆派與陰謀家。然而新婚的維吉妮亞·柯林頓（Virginia Clinton）就這麼做了，她陪第二任丈夫羅傑（Roger）來到這裡，還帶上了七歲的兒子比利。

比爾·柯林頓一九四六年出生在一個有著可愛地名的小地方，阿肯色州西南部的希望鎮（Hope），這是關於此人的傳奇神話裡經常提及的故事。但是平淡無奇的實情是，他成長——人格成形、受教育、長大成人——之處是在此以北一百哩，苦難與華麗並存的溫泉城。他的生父威廉·布萊思（William Blythe）在他出生前就車禍喪生。他母親去學了護理，好養育這個兒子。一九五〇年，他的母親遇到並嫁給羅傑·柯林頓，三年後他們就從希望鎮搬到了羅傑的家鄉溫泉城。

「當比爾·柯林頓在文章裡寫到他一九四〇年代末在希望鎮度過的童年時，雖然承認這座人口七千五百名的城鎮實行了種族隔離，但他的回憶大多仍是調過色調且懷舊的，就像他對那間雜貨店的回憶一樣。」阿肯色州作家傑．詹寧斯（Jay Jennings）在《搬岩》（*Carry the Rock*, 2010）裡解釋道。「但是在二十世紀的前二十年裡，棉業仍是王道，吉姆克勞法是不成文的法令，當時發生在希望鎮的種族謀殺案之多，足以使其被稱為南方私刑之都。」

在溫泉城，大家都知道羅傑．柯林頓是個沒路用的酒鬼。在一座滿是墮落之人的城鎮，貪杯並沒有什麼好丟臉的，但是羅傑到頭來不但打老婆，還瘋狂酗酒，等到小比爾年紀夠大時（他說自己當時十五歲），他就反抗了繼父的怒氣，並保護母親。他們結束了婚姻關係。維吉妮亞後來繼續擔任麻醉護士，但她懷抱的希望顯然壓過了經驗[11]，遂於一年後再次嫁給了同一個可悲的男人。

於此同時，年輕的比爾用功念書，學會了吹奏高音薩克斯風，在溫泉高中（Hot Spring High School）的成績優異，在帕克普萊斯浸信會（Park Place Baptist）上教堂，在極地酒吧（Polar Bar）（即現在的貝利乳品店〔Baily's Dairy Treat〕）買辣肉醬起司漢堡，在麥克拉德燒烤店（McClard's Bar-B-Q）買肋排，在俱樂部咖啡（Club Café）買蘋果派，在庫克乳品店（Cook's Dairy）買冰淇淋，去派拉蒙（Paramount）與馬爾可（Malco）這兩家戲院看電影（不管貓王的片子或《聖經》史詩片）。他在自傳《我的人生》（*My Life*）裡說了這些事，以展現他對於鎮上的深厚感情，還有對細節的非凡記憶力。

但他沒說的是，電影院的樓上座位與後門是留給黑人的，汽車旅館跟餐廳都是種族隔離的，而且溫泉城的黑人區貧困破爛到了悲慘的地步。說起奧瓦爾．法柏斯（Orval Faubus）當州長時固執的種族主義立場，以及聯邦法警強制小岩城的中央高中（Central High）實行種族合校的事件時，他只會說：「我大多數的朋友要不是反對合校，就是漠不關心。我也沒有為此說太多話，大概是因我家裡不是很關心政治，但是我討厭法柏斯做的事。」描述溫泉城的種族隔離時，他也是同樣一副漠然的樣子：「令我不舒服的是，溫泉城的學校並沒有實行種族融合。黑人小孩還是要去讀朗斯頓高中（Langston High School）。」

在溫泉城的一個下午，我覺得一定要開車去趟朗斯頓（Langston），這個街區與柯林頓的住處分據鎮上的兩頭。我找到了破損的街道、衰敗的房屋，是個在學校周圍住滿了黑人的街區，是南方淪入的窮困，所謂鐵軌另一邊的貧民區。柯林頓住在鎮上距今已有五十年，朗斯頓仍然是個恥辱，仍然貧窮且明顯遭到忽視，看起來就像個南非的黑人「土著區」（location），只待NGO伸出援手（但一家也看不到），也是柯林頓全球倡議組織（Clinton Global Initiative）早該列入改善目標的那種地方，但他們並沒有這樣做。

柯林頓十幾歲時（從他的敘述來看，他會在溫泉城信步閒逛），賭博盛行，命案常見，黑幫是固定場景，美心．瓊斯那裡與其他許多娼館都生意興隆，在這座由心術不正的政客集團治理的城鎮上，隨處都是發酒瘋、賣春與豪賭的人。你必定會尋思，如此根深柢固的敗德文化，會給耳濡目染的中學生造成什麼樣的影響。

深思溫泉城的情形，對一個總統而言，這裡如此容易扭曲心智，或是腐化靈魂，難以想像還有

11 此句引自王爾德（Oscar Wilde）：「結婚是想像戰勝了理智，二度結婚則是希望戰勝了經驗。」（Marriage is the triumph of imagination over intelligence. Second marriage is the triumph of hope over experience.）

比這裡更令人不看好的出身地。然而，一位總統最決定性的特質，就是世故與詭詐。全世界的怪誕異常都來到了溫泉城，柯林頓則在其中如魚得水；這座城鎮明顯造就了這個人。在《我的人生》裡，柯林頓複述了溫泉城對那些傳奇遊客的乏味吹捧——「亡命之徒、幫派分子、軍事英雄、演員以及一眾棒球明星」——並形容他的成長經歷：家暴的繼父、辛勤慈愛的母親（同時也愛喝酒、好賭、菸不離口、會跟人打情罵俏——是歡樂梅姑[12]〔Auntie Mame〕那種無傷大雅的類型，深受兒子崇拜），還有他對高音薩克斯風的熱愛、歷次訪視親戚、課後在小雜貨店打工、他身為數學高手上過的課堂、開始玩學生自治，以及他用誠摯認真的裝腔作勢，成功掩蓋家裡的雞犬不寧。

在這樣一個金光閃閃、放縱不羈的地方，拮据儉約度日很痛苦；必須要出人頭地，獲得某些成就並離開這裡，以證明自己沒有辜負母親，讓她重建對他的信心——這些念頭都形塑了他。這是一則美國式的故事，但放在溫泉城，又比其他地方更加俗濫。成長經歷改變了柯林頓，不過他就像許多南方白人一樣，很晚才轉而發聲要求種族融合。在《我的人生》裡，他讚揚了溫泉城人口組成的多樣性——有猶太人、希臘人、阿拉伯人、義大利人——但對於鎮上的黑人區那一側，也就是朗斯頓街區，則隻字未提；黑人的生活對他而言並不存在；他似乎也沒有黑人朋友。

在他的自傳裡，柯林頓持續表明，他是個守著祕密的人，過著兩面生活，在學校從不透露家裡的亂七八糟。他成長過程中陸續住過的幾棟房子（現在都是私人房產，不歡迎訪客），都位於簡樸得體的白人社區。但是參觀過溫泉城，就能夠令人信服地證明，在他早年的人生裡，身為小男孩，或年紀稍長的中學生，柯林頓一直在表演著維持平衡的動作，抬起頭的同時，也踮著腳尖，穿行於滿是人性軟弱與貪婪、狡詐與肉慾的坑窪爛泥當中（這也是許多政客的生存策略）。

離開溫泉城讓他如釋重負，這點在他的敘述中顯而易見。他選擇了喬治城大學（Georgetown University），是因為「我想去華盛頓」。念完喬治城，又拿到羅德獎學金（Rhodes scholarship）去了牛津，在那讀了耶魯法學院之後，他做了一件或許會被許多人視為不可想像的事：他回到了阿肯色州。這是精心算計過的一步。他當時才二十幾歲，對這個州又很熟悉，換去其他地方才是難以置信的。或許他有一套長期計畫——他在書裡沒說，但你看得出他的執著：一個似乎在隱藏某些事（種種創傷、幻想、犯禁、家庭祕密）的無名小卒，有一股拚了命不擇手段的衝勁。他在法耶特維爾（Fayetteville）教了幾年法律，接著在一九七四年參選國會議員落敗。他在一九七六年當上州檢察長，一九七八年當選州長，時年三十二歲——人稱「男孩州長」。

對於支持者而言，比爾．柯林頓是個魅力無窮的人，改善了阿肯色州的醫療與教育，同時嫻熟於打造共識的藝術，並且保持了性好漁色的傾向。對他的敵人來說，他就是個奸險的騙子，把州長官邸變成了穢亂春宮。他做了好幾任，一共將近十二年，然後，年僅四十六歲時，又成為了總統。

這一路奔忙得馬不停蹄，而他也繼續奔忙著，為的是競選連任，以及卸任後的出路——他從未離開公眾視線，對寂寥有著明顯的、甚至是病態的嫌惡，總是尋求受人注意——追逐著世界級政治家、全球人道主義者，以及改革者的角色；但他也是暗影中的謀略者、詭計的操弄者，以及說話含混、模稜兩可的人，也就是梭羅在一篇猜疑的文章裡描述過的性格，「而今，此人若生任何病痛，以致於不能履行其職能……他若犯過深重罪孽，且有了些許的懺悔，會怎麼做？他會著手改造世

12　一九五八年上映的美國喜劇電影《歡樂梅姑》中的同名中年婦女，人生以享樂為目標。

界。」

溫泉城有著截然不同的兩面，柯林頓一家也是如此，柯林頓本人顯然也是如此。這項衝突原本可能會讓他成為罪犯，或是讓他幻滅，使他憤世犬儒；但他反而因此充滿抱負、適應力強、亟欲討好人、迷人、有號召力、有同情心、而且勤奮。但這也讓他偷偷摸摸、擅長角色扮演與裝腔作勢、有點像是自己每一項提案的叫賣者、講話半真半假、掌握各種祕密。柯林頓對於成功的欲望是止不住的，並且持續存在：他強烈地想要領導、想要管事、想要緩解這個星球的弊病、要解說事理、取悅群眾、要與偉人與善人（尼爾遜．曼德拉〔Nelson Mandela〕、達賴喇嘛）交朋友，在感情上又不成熟，並且渴求獲得全世界的喜愛。「他看起來像是我所遇過最飢渴的人。」一個陪這位候選人打過一九九二年選戰的作家朋友，是這樣對我說的。在自傳裡，柯林頓不停打斷對早年生活的敘述，閃回現在，並描述他如何從中學到教訓，或是補償了這個、那個過錯。全美國都知道他是個厲害的補償者、操弄者、妥協者。一個專門獵豔把妹的人，無可避免地，也會是祈禱早餐會上最熱切的說教者。

溫泉城努力將自己重新發明成一個適宜闔家光臨的度假城鎮，以及舉行會議的目的地。這裡的景觀有安穩感，還帶著罪惡的優雅，有種大城市的憂鬱和密集，都是南方城鎮所罕見的——這是一個曾經上演許多戲劇性場面、有歷史問題殘留的地方，投注過大筆金錢想誘使遊客逗留，因而會有股陰暗氛圍。

賽馬與部分的低階博弈項目留存了下來，算是些消磨時間的蠢笨方式，而非敗德的活動，但現狀只是單純的破敗，大學生在泡酒吧趕攤，夏末的遊客在街上閒晃，在禮品店與酒吧衝進衝出，衣著襤褸，推著嬰兒車，對著小孩尖叫，在一個滿目荒涼的地方找樂子。燒烤店與偶爾的選美或節慶，完全比不上過往的槍戰與縱慾狂歡。

現在溫泉城完全是個自成一格的地方：腐朽的廢棄樓房與空置的旅館位於主幹道上，幾間醜怪的汽車旅館，幾家俗爛的商店，在外圍還有零星幾家濕氣很重的汽車旅館——南方式的輕忽，綜合了隨便與粗俗，彌補這些的則是殷勤好客與自我諧仿。這座城鎮的幸運，有一部分在於這裡就是個岩壁之間的山溝，距離深遂的樹林與可愛的山丘，只有幾分鐘的路。

一個宣傳自己如何歡樂的地方，就會有其不歡樂的部分，在大肆炒作之中，也帶著孤注一擲的意味。褪了色的光輝、褪了色的希望、褪了色的歡鬧，詭異的舊貨店，絕望的氣氛，像是酒鬼呼氣或是嘉年華餘興節目的臭味，以及地球上每一座賭博城鎮都有的膚淺，跟明顯的詭詐。而且，就像其他每一座新興城鎮一樣，都注定歸於失敗。

但溫泉城也曾精力充沛，而如此春色無邊之處的一項特點，就是其威力足以使居民在道德上陷入盲目——你可以說白宮也是如此。溫泉城這個殺人犯、詐騙犯與娼妓的目的地，就產出了一位奇特的總統，他在許多場合都會陷入道德上的盲目——就像一九九二年時，柯林頓州長急忙趕回阿肯色州簽署死刑執行令，處決流著唾液、受了腦傷的瑞奇．雷．雷克托（Ricky Ray Rector）[13]，將他糊里糊塗地送上了電椅，如此一來，候選人柯林頓才能夠以打擊犯罪的英雄身分贏得選票。這個公

13　美國謀殺犯，除持槍射擊人群造成一人死亡，也射殺一名企圖逮捕他的員警，遭判處死刑。他曾因持槍自殺未遂而進行過肺葉切除手術，且精神狀態有問題，但仍被處死。

眾人物既複雜又矛盾，尋求著救贖，舉止假裝謙卑，卻又欲求著榮耀，永無休止地找一些大公司來幫他擴張品牌，柯林頓就是個典型的南方叫賣員，不知道適可而止，而溫泉城，這座用自己的恣意妄為做宣傳的腐敗城鎮，本身就很有柯林頓風格。

狄克西咖啡店的公路糖

「貧窮是個偉大的教育家。從來不識貧窮的人，就缺少了某些東西。」英籍愛爾蘭作家傑拉德·布雷南（Gerald Brenan）在《乾季的思索》（*Thoughts in a Dry Season*）當中如此觀察。布雷南與西班牙的農民一起度過了大部分的人生，但這句充滿智慧的話，也是獻給南方生活的偉大悼詞，因為南方人過的本來就是農民百姓的人生。旅行穿越南方，就會看見這份洞察一再得到驗證；南方人，尤其是年紀較大的鄉親，無論黑白，都常會帶著驕傲，回想起他們從苦日子裡得到的樂趣。

我想起布雷南這段話時，正享受著可愛的夏日午後駕車之旅，從溫泉城沿著簡單的七號公路往北走，穿越農田與森林，經過了傑西維爾（Jessieville）與歐拉（Ola）與達達尼爾（Dardanelle），跨過了暴漲呈深褐色的阿肯色河，來到了羅素維爾（Russellville）。

我在那裡的狄克西咖啡店（Dixie Café）遇到了派翠西亞·艾金森，她成長於貧困家庭，家裡有十五個小孩，十男五女。她排行第十二，現在年近六十。她的大哥最近剛過世，享壽八十九歲。她家住在休斯鎮（Hughes），位於阿肯色州東北部的三角地；她父親吉姆·蕭特是佃農，主要種的是棉花。一戶龐大而貧窮的白人家庭，在鄉下的鎮外務農，但他們掙扎奮鬥，獲得了成功，而且一直住在一起。後來，派翠去上大學，在一家住房發展組織找到祕書工作，學會了訣竅，就待在這裡，歷經了組織轉型——「這是自助的住房方案」——現在已是這裡的執行總監。

我們坐在殘羹剩菜之間，四周有鯰魚、燉雞麵片、炸番茄、炸洋蔥、炸玉米棒——玉米棒裹蛋液、沾麵粉後再油炸。

「我爸以前會把玉米粒削下來拿去炸，」派翠邊說，邊戳著她那根玉米。「非常好吃。但是我們什麼都吃的。想想嘛，我們有十五個小孩。裡面只有五個高中畢業。你如果要下田，就沒辦法上學。我有個弟弟就從來沒進過學校——我爸不讓他去。」

「因為需要他在田裡幫忙嗎？」我問。

「不是。是覺得他會被霸凌。我爸對阿蛋很保護，」她說，「是土蛋（Clodhopper）的簡稱。他總是在田裡跑來跑去的。」

「十五個小孩——你們家多大啊？」

「這樣說好了，每個房間都有兩、三張床。沒有隱私這種東西的。我們房間是一起用，床也是一起用的。」

「萊斯特全家睡的總是那三張床，」厄斯金．考德威爾在《菸草路》裡寫道，「就算有時候家裡多達八個或九個人。」

「我想你們全都得要配合幫忙吧！」

「我們很辛苦的，我六、七歲就開始摘棉花了，用的是枕頭套。後來，我有了個麻布袋，大概像掛在馬嘴上的飼料袋那麼大。然後我有了一個真正的採棉袋——有九呎長。那些男生以前會踩住袋子尾端，我就拉不動了。他們覺得這樣很好玩。」她說。

「但是你這段時間都還有上學？」

「對啊。我們週六摘的棉花可以自己留起來——我是說，賺的錢可以留起來。」

「多少錢？」

「在一九六〇年代，我們摘一百磅可以拿一塊半。我幾個哥哥都能摘到三百磅，輕輕鬆鬆。」

「似乎也不是很多錢。」我說。

「是不多，但我們還是得做啊！想想看，一家有十五個小孩要試著餵飽。這永遠都有問題的。我們總是在工作，而且彼此幫忙。我們吃的肉是自己養的——有豬肉跟雞肉——而且我們還會去獵鹿跟松鼠。我們會誘捕浣熊、貂、山貓，把毛皮剝去賣。抓到一隻大浣熊，就可以把毛皮賣掉，剩下拿來吃了。」

「浣熊啊——我也設陷阱抓過，牠們惹麻煩時，會從煙囪爬下來，掀掉屋頂的瓦片。牠們太臭了，會翻垃圾。」我說。

「烤浣熊很好吃的，這附近很多人都在吃。烤浣熊配地瓜。剝皮、剁塊，灑上鹽跟胡椒，然後烤一陣子。幾顆地瓜切塊，放在肉的周圍，再烤一陣子。」派翠說。

「牠們可以睡過整個嚴寒的冬天，所以牠們一定有很多肥肉吧。」我說。

「浣熊肥肉好多的。烤化了流出來，滋味更豐富。」

「你剛剛有提到松鼠嗎？」

「松鼠很大隻的，松鼠的季節要到了。」她說。

「你們都怎麼料理？」

「用松鼠做早餐——先煎後燉（smother-fried），內臟清掉，留前肩後腿跟胸骨。頭也可以煮。全部拿來滾麵粉，再放進煎鍋。松鼠很快就熟了，松鼠肉煎成褐色了，再倒水進去煮。麵粉就會化成芡汁。蓋上鍋蓋，悶燉一會兒。早上這第一餐好美味的。」她說。

「我想你去上學之前，在農場裡也有些雜事要忙吧？」

「我們家裡很多年都沒有自來水，只有一口井。要用幫浦把水抽上來。休斯的冬天有時候真的很冷。我記得小時候有次冬天早上去打水，雪都積到我腰這麼高了。」派翠將椅子向後挪，視線望向中距離處，回想著這幅兒時情景。「當然啦，你要給幫浦解凍才能用，所以我們都會為這個留一點水。那天我們得要把幫浦周圍的一堆雪挖掉，才能取水。」

「我想到的三角地是滿溫暖的，我冬天去的時候沒那麼冷。」我說。

「夏天非常熱，但是我們夏天很開心。我們會把一個兩百五十公升的水桶灌滿，放在太陽底下加溫，然後在裡面玩。你要是沒有錢，就得自己找樂子。我們會用玉米棒做玩具，放在水裡泡軟了，再用這個丟來丟去。我們大多數時候都光著腳，衣服都是哥哥姊姊留下來的，跟其他每個人一樣。」

「你說的『其他每個人』，指的是黑人嗎？」

「黑人是我們的鄰居。我們跟他們一起在田裡工作，肩並肩的。」

「但是三角地在五〇跟六〇年代是種族隔離的啊！」

「我們一起工作。我沒感覺到有任何偏見。」她想了一會兒。「我爸是從圖珀洛來的，他是很老派的人。他覺得黑人就該待在自己的地方。」她搖搖頭補充說：「他一輩子都很苦。他的父母一九一五年就過世了，那時候他才十二歲。他被認定『年齡太大』，不能跟他的兩個弟弟與兩個妹妹一起進孤兒院。所以他就跟弟弟妹妹分開了，被送去一個他叫阿嬤的太太家裡。但那並不是他阿嬤，而是個遠房親戚，叫做瓊斯阿姨。」

「他有重新連絡上他的弟弟妹妹嗎？」

「他有想過。後來有試著去找他們，但是一直沒找到。」派翠說。

「再後來我也試過——什麼方法都試了，所有的資料庫、所有的人脈。但我失敗了。這是他一輩子的遺憾。」

「你的成長歷程真是了不起。」我說。

「這樣長大的經驗，就是我現在做這些事的理由。」

她現在在做的，就是為阿肯色州中西部九個郡的貧民改善住房環境。她謙遜道出的，這些在三角地貧困成長的故事，都是她豐富人生的絕佳例證。這些故事對我來說就像公路糖，是在南方度過的幾個季節裡最愉快的面向。

「有些人懶到從不做事，還期待別人協助」

接下來在羅素維爾待了幾天，我對派翠的認識也更深了。她把我介紹給他們的員工——有企劃人員、承包商與行政人員——還有幾位客戶。她還告訴我她是如何加入這項住房專案的。

一九八一年從商學院畢業後，派翠加入了一個名為ARVAC的自助住房組織，擔任祕書，之後一路升遷，承擔越來越多的責任。她對住房發展事務的長期見習，讓她在三十多年後，做到了現在的職位，也就是羅素維爾全民住房發展會社（Universal Housing Development Corporation of Russellville）的執行總監，幫人翻新住宅、興建房屋、進行維修。就像她在狄克西咖啡說過的，在三角地一戶龐大拮据的佃農家庭成長，就是一種很好的訓練。

任何申請住房援助通過的人，都應當參與房屋的修建工作——稱為「汗水股份」。她這間組織的預算是兩百五十萬美元，許多都來自聯邦補助，多數款項用於專案執行，而非員工薪資。我們所在的波普郡（Pope County）是全民住房專案服務的九個郡之一，大多是白人（百分之九十二），而且非常貧困（住著那被湮沒的百分之二十）。在三角地與一些城市地帶——例如小岩城——則有著更高百分比的黑人居民，以及差不多同級、甚至更高的貧窮比例。全民住房平均每年會興建三十間新的住宅，加以翻新的則約有五十間。這是阿肯色州最大規模、也是最成功的自助住房專案，不過組織規模仍然不大，預算也相對較少。

「我們的客戶都是窮困勞工，在這附近就等於年收入大約三萬兩千美元的四口之家。」派翠說。

「就是一輛車的價錢。」我說。

「一輛好車，他們要是賺得再多，就不符資格了。憑這種收入，他們只能勉強維生。我們的排隊名單很長，主要都是白人。這裡的人口分布就是這樣。」派翠說。

「西語裔很多嗎？」

「西語裔被歸類為白人，他們有些人會過來尋求協助。我們說需要看證明文件——身分證、社會安全卡、稅單，什麼都行。他們有時候會說：『一定要是我的證件嗎？別人的行不行？』你知道嗎？他們是認真的！」她說。

「排隊的名單有多長？」

「目前大約是四百。有些人排隊排太久了，最後沒排到——還沒住到房子就過世了。我們這裡有人等了十年以上。」

在阿肯色州，保險公司會定期檢查投保人的房屋。在許多個案裡，客戶的房屋破敗得太嚴重，以致於被保險公司取消保單。這些屋主沒了保險，徒留漏水的屋頂與破損的窗戶，也無力修繕。

「你可以看到透過屋頂照進來的陽光，民眾會打電話給我們，讓我們去幫忙換個屋頂，或是做點修理。但我們期望由民眾來工作，並加以協助。我們給予建議，協助做出規劃，訂購材料，屋主他們自己來做大部分的工作。他們會找家人、朋友、鄰居，任何有意願的人。」派翠說。

「民眾通常都會幫忙嗎？」

「有些人懶到從不做事，還期待別人協助，會有各式各樣的問題。我不能理解，有些人期待你的幫助，卻不想想他們可以幫助自己。也有些人的要求不多。他們不想承認自己很窮。」派翠說。

「是自尊心吧，我想。」

「有位小老太太，叫多洛麗絲．馬爾頓，住在鴉山路（Crow Mountain）上。是位身材嬌小的女士，體重可能還不到四十五公斤，一位小老太婆，她來找過我們幫忙，想要我們拉一條水管過去。」

「她那裡沒有水嗎？」

「沒有自來水。她住在一小間舊倉庫裡，只是一間八呎寬、十呎長的木板房而已。沒有輸水管路——她還在用夜壺。她說她已經老到提不動水了。她大概八十幾歲了吧！」

「你們拉了水管過去嗎？」

「我們最後給她蓋了一棟房子；另一組客戶，是一對母女，還有女兒的兩個小孩，住在兩小間倉庫裡。沒有輸水管路。狀況很可怕。我們給他們蓋了棟房子。」派翠說。

「我想見見幾位你們幫助過的人。」

「我看看能不能安排，我必須得到他們的允許，才能讓你去拜訪。我來打幾通電話。」她說。

「那比爾．蓋茲、柯林頓，還有其他慈善機構呢——有從他們那邊拿到任何協助嗎？」

「我們從來沒見過他們，什麼都沒拿過——他們想幫助的是非洲，讓我真的很不舒服的是，柯林頓對這裡做得這麼少。我真希望他有幫我們的忙。他去了非洲跟印度，還有其他人，也都在幫助第三世界跟那些國家。我們都沒見過那些錢。他們難道不曉得我們的人民需要幫助嗎？」她說。

奎克斯提爾巷的小木屋

多佛（Dover）是一座秀麗的小鎮，位於歐札克山區幾座綠色鄉野丘陵的邊緣，羅素維爾北方約十二哩處，今天在笑靨般的暑熱下，顯得陽光開朗的這座城鎮，卻因為一場屠殺案而惡名昭彰。一九八七年，隆納德．金．西蒙斯（Ronald Gene Simmons）殺害了自己一家十四口人——他的子女、子女的配偶，以及孫子女——最讓人難過的一個被害人是一名七歲的女孩，是他和自己的女兒亂倫生下來的。在這之後，依然憤恨的他，開車去了羅素維爾，又殺了兩個人。然後，鬍子沒刮、髒兮兮的隆納德．金．西蒙斯就乖乖投降了。

「不過他是從芝加哥來的。」多佛的人跟我說。這倒是真的。西蒙斯在空軍服務了二十二年，去越南打過仗，退伍後去了新墨西哥。他在被女兒指控亂倫之後，就逃往阿肯色。在這邊，他與好幾個家庭成員一起住在多佛北邊一塊圍著籬笆的五畝地上，兩間連在一起、沒有自來水的拖車屋裡。一臉濃密的大鬍子，禿頭又斜視，他似乎才剛開始適應這裡。

他酗酒又獨來獨往，沒有朋友，曾試圖在羅素維爾從事店員工作，但最終因行徑怪異又糾纏女性而被開除。特別是一名曾經抗拒他追求的女性，還成為這場屠殺裡的非家族成員被害人。西蒙斯選擇聖誕節前幾天痛下殺手，作案方式經過算計，用一支從沃爾瑪買來的點二二手槍射殺了幾個人，又徒手掐死了另外幾個，再把最年幼的幾個小孩按進集雨桶裡淹死。這些慘案全都是在拖車屋裡頭跟附近進行的，現場還散落著沒拆封的聖誕禮物。

他疑似對孩子們說：「到這裡來，我有禮物要給你們，」再將他們一個接一個殺害。其他人前來過節，也遭到射殺。陪這些屍體過了一夜後，西蒙斯隔天開車去羅素維爾，在酒吧喝了一杯啤酒，又射殺兩個他覺得對他不友善的人、再射傷了五個人。他投降時，對一個旁觀者說，「現在全都結束了。我把每個想傷害我的人都幹掉了。」並要求處以死刑。他的願望得以實現：不到三年他就被處決了。

除了這場殺戮之外，多佛的歷史都很平淡；這是一個小巧、安靜的城鎮，大多是白人家庭，而且堪稱貧窮，就算以阿肯色州的標準來說也是如此。多佛鎮外十哩處，距離屠殺現場不遠的地方，在一條叫做奎克斯提爾巷（Quickerstill Lane）的泥土路盡頭，也是歐札克山脈開始隆起的崎嶇丘陵林地鄉間，我遇到了芬妮．迪艾巴，一名個頭矮小、話聲暴躁的六十六歲婦人，一見到我就沒好氣地抱怨，「我這裡都沒什麼客人的。」

「怎麼會這樣呢？」我刻意反諷地說。

她尖銳地回答我：「都沒有人來作客，就是因為我討人厭又口沒遮攔啦！」

「你看起來很討喜啊！」我說。

「亂講。」她說道，並且微笑起來，似乎在用她的壞脾氣測試我。

她矮短粗壯、皮笑肉不笑的，帶著頑童的嬉皮笑臉，後來不再故意惹人生氣、變得比較友善時，她就拿出了她的步槍，邀請我來場射擊比賽——拿啤酒罐當靶——而我注意到，她把槍摟在懷裡的方式，靠在她的大肚腩上，既能擱著槍，又能隨時取用。步槍直立著，槍托著地，芬妮．迪艾巴的個頭並沒有比槍口高多少。

「而且，這裡就是很窮的鄉下啦！」她這樣說，意思是「誰要花力氣過來啊？」她又歪了歪了她髮色花白的頭，看向泥土路、垃圾堆、整疊的廢輪胎、成堆的木材與幾塊花圃，以及往北綿延六十哩的密林，那暗綠色的、車跡罕至的歐札克山脈深處。

她本名芬妮．坎貝爾，出生於仲馬鎮（Dumas）的一戶佃農家庭，說到這個地名，她又說：「你一定不知道那裡在哪啦！」

「在蒙提且羅旁邊。」我說。

「就覺得你很聰明嘛。」她用虧人的語氣說道。「我們是用老派的方法養大的。棉花跟黃豆。家裡沒接水管。我小時候從來沒吃過牛排。你家種田又窮，你就是吃豬肉跟雞肉。我到了加州才第一次吃到蝦子——是我第二次結婚的時候。我一邊看著蝦子一邊想，這是什麼鬼？」

那位第二任丈夫就是迪艾巴先生，雖然芬妮後來結了第三次婚又離婚了，卻保留了迪艾巴這個姓氏。「他們家全都是西班牙人。他們以前是來探勘加州的。有人還是王室成員。」

至於她怎麼會來到奎克斯提爾巷的這間小木屋——「這條路名要不是來自奎克先生（Mr. Quicker），或許就是因為他的蒸餾器（still）吧，沒人知道」——就說來話長了，她說，而且也不值一提。但我鼓勵她說詳細點。明確的事實是，她在摩根路（Morgan Road）那邊樹林裡的一輛拖車屋住了好幾年，那是多佛鎮南邊一條漫長而筆直的鄉間公路。「那間拖車屋爛透了。失火了四、五次吧！那是我前夫的。」她指的是第三任前夫。大約十二年前，她搬了出來，在奎克斯提爾巷買了間拖車屋。然後又失火了。「整間都瓦斯失火燒掉了。我們過不下去了。」

她就是這時候接觸到全民住房的。派翠・艾金森請了承包顧問蕭恩來看她，他也估算了一下修理費。結果，被燒光的空殼改建成了一棟小木屋，材料費共計四千六百七十四美元。芬妮簽了合約與權狀，拿到了貸款，承諾會在完工後還清款項：裝了新的金屬屋頂、新的浴室、新的前門廊、鋪了石膏板內牆，還有新的磁磚地板。

「這是自助式的協議。很多朋友都有來幫忙。專案派來的蕭恩告訴我們要做什麼、要怎麼做。然後我把錢還清了，每一毛都還了。」

她邊趕著貓——她說自己有十一隻貓——邊帶我去看裡面，是廚房兼客廳的格局，後牆後方則是她堅持要我看看的浴室。

「這是我自己裝上去的。看到那個天使沒？」是個面容甜美、長了翅膀的天使。「是我畫的。

我一直都有在弄一些塗塗畫畫的。」

這是一棟簡樸的平頂木屋，有點雜亂，但很安全——遠勝她在摩根路的那間爛拖車屋，或是全民住房來協助她之前那具燒光的空殼。

「獵鹿季節之後，我們會把剩下的門廊也組裝起來，你現在找不到人來做事的。他們都在打獵。而且這個季節用的要不是弓箭，就是黑火藥，或現代步槍。學校在打獵季節的第一天就關門了。反正沒人會出現的。」她說。

「你有在打獵嗎，芬妮？」

「不常打，我討厭負鼠跟浣熊，我的狗會把牠們追到爬樹，我再開槍打，牠們會弄死我的雞。我之前還打死一條七呎長的鼠蛇。牠們喜歡蛋，聞得到蛋在哪。那些蛇到處都是，或是在草叢裡，進到我的水槽裡。我不能在水槽上打出洞，所以就拿了把鏟子，把牠砍成一段一段。」她看向我，露出一副調皮小孩的微笑，又眨眨眼，「我可不喜歡蛇。」

「我看你槍法很好吧！」

「中等啦！大概比你好。」

這時她從櫃子裡取出步槍，還有一盒子彈，告訴我跟著她走。她又將步槍擱在肚子上摟著，然後在大約三十呎以外的樹墩上放了一個啤酒罐。

「你先。」她說。

「你來吧！槍在你手上了。」

她舉起槍，擊發，打飛了啤酒罐。然後笑出聲來——是我第一次聽到她巫婆似的咯咯笑——接下來就輪到我了。我開槍，打偏了，再開槍，打到了樹墩，就罵了髒話。

「先生，再打就被你打爛了。」

我又再開了幾槍才打飛罐子，但氣勢就比芬妮差多了。

「你要知道怎麼保護自己啦！拿我新的繼孫女來說好了。她是威斯康辛州來的，從沒碰過槍，剛到這裡時，都焦慮發作了。我馬上就處理好了。我覺得誰都不應該害怕，我對誰都不怕。我覺得你應該要能夠想做什麼就做，想說什麼就說。」她說。

「你這樣跟她說嗎？」

「對啊。不過她有點嚇到就是了。」

「然後怎麼回應呢？」

「回應就是我教她怎麼開槍。一開始是我的點三八，然後是我的點二二。我們掛起了靶子，我再示範給她看。有隻鵟鷹從頭上飛過去。我打不中那隻該死的鵟鷹，但是我們試過了！我們打中了垃圾桶、打掉了靶子跟啤酒罐。現在，你猜怎樣？」她淘氣地賊笑，又搖了搖頭。「她再也不會焦慮發作了。」

「大家都有槍。」

「大家都有很多槍，而且是有理由的。我還記得有一次，有幾個小鬼跑進我車裡——都是很小的小鬼。還有另外幾個小鬼在後面追我跑，有幾個在騷擾我。我就把槍拔出來。他們就溜了！我會對他們開槍的。小鬼都跑進我車裡了！」芬妮說。

「我想他們學到教訓了。」

芬妮這時大汗淋漓，因為說出這個千鈞一髮的故事而激動起來。她又喘著氣說：「我還有一把十字弓。哪個白痴王八蛋敢進我家，身上就會中箭。」她氣喘吁吁，隨後又用力大喊：「我就把你釘到牆上去！」

她放下她的步槍，坐到一張長凳上調整呼吸，俯著身子，大口喘息。

「我出過十四次狀況，那些人算是碰巧遇到我。」她說。

她仍然垂著頭，前臂擱在膝蓋上，調適著呼吸。這時已近傍晚，一陣涼意降臨奎克斯提爾山谷，太陽掛在樹枝之間。

「我血統一部分是喬克托族、一部分是切羅基族。我爸是印第安人。我曾祖母自稱是黑荷蘭人（Black Dutch）——她的名字叫雪花（Snow Flower）。」

「黑荷蘭人」這個詞的詞源複雜，依照使用區域的不同，而有著許多互相衝突的定義。在阿肯色州，指的是為了擁有土地、並且不願被強制搬遷到保留區，而冒充白人的美國原住民。這段談話似乎使芬妮心煩意亂，她喘得上氣不接下氣。

「你還好嗎，芬妮？」

「喘不過氣來。我有高血壓。因為我討人厭，而且我很火大。」

「你為什麼火大？」

「這裡本來是切羅基族的保留區。然後他們就被拆散了——走上了淚之路（Trail of Tears）。達達尼爾鎮本來也是保留區的。」她不平地說，語氣中帶著憤慨。「印第安人不能投票，也不能持有土地。」

「太可怕了。」

「沒錯。黑人都在抱怨，但是我不爽的就是這個。黑人就會抱怨。去找個工作嘛！認了吧！」

「你這房子從這邊看過去還挺不錯的。」我這樣說以轉換話題，想讓她平靜下來，因為她呼吸困難，臉也在冒汗，漲成了粉紅色。

「我對我們的成果很滿意，」她說著，抬起了頭，撿起步槍，審視著樹下的小木屋，周圍有小小的花圃，還有幾隻貓躡手躡腳地緩緩走過成堆的廢輪胎。她擦了擦自己汗濕的臉頰。「只要能撐二十年就夠了。」

「真的嗎——為什麼呢？」

「因為我並不想活得更久。」她說。

通往上帝國度的小道

沿著狹窄的支線道路，駕車穿越多佛鎮西北方的鄉間，向拉馬爾鎮（Lamar）前進時，我在想阿肯色州究竟有幾條編號郡道是像這個樣子，路面是砂礫與塵土，根本是條第三世界的馬路，兩旁散落著第三世界的木板屋。「他們難道不明白，我們國家的人民需要協助嗎？」幾天前談到捐助非洲的事時，派翠．艾金森這樣對我說。她指引我來到這裡，在這片景色出奇美麗又甚為貧窮的地區，會見她的幾位客戶，其中包括了切斯特．斯卡格斯與他太太蘿絲，派翠總是依照南方的周到禮數，稱她為蘿絲女士。

「這裡是上帝的國度。這裡美麗的很。」切斯特．斯卡格斯邊說，邊帶我走過炎熱的、壓出了輪胎痕的長長車道，走向他那棟重建過的小木屋，而他的狗正啃著我的鞋子。「那裡有十幾戶人家」——但這裡一戶也看不到，前景只有一片開闊的田野，歐札克山區從後方隆起。「有些人叫這裡霍爾曼社區（Holman Community），或是希吉（Hickey）。投票所在路德維爾（Lutherville）。」我向北眺望牧場以外的群山，可以看見一座可愛的山谷隱約浮現，宛如地平線邊緣的一道缺口。「這裡的鎮民大多都是中下階層，」他說，但只是陳述事實，而非埋怨。他如果想到這個詞，或許也會說「我們是農民百姓」。然後他與我一起盯著遠處一座舊穀倉的生鏽屋頂看了看，又接著說：「全都屬於貧窮等級。」

切斯特．斯卡格斯五十五歲了，但看上去要老得多，因為從童年在父親的農場與鋸木廠開始，就做了一輩子的苦工，最後在鑽油平臺上弄傷了背部，才縮減工作量。工作了四十五年以上。他從來沒上過學，也沒見過老師。蘿絲的年齡相仿，但看上去也老得多：一頭白髮，發了福，還有點虛弱。切斯特則瘦骨嶙峋、語帶反諷、菸不離口，也有菸槍會有的哮喘與咳嗽帶痰。他戴了頂棒球帽，帽舌繡著「櫻桃」字樣。

開車前往斯卡格斯的房子，對我來說則是另一次時光扭曲的經歷，像是進入了美國某個較早期、較單純的時代，極度貧困，唯有誤導人的風景如畫。我同意切斯特．斯卡格斯的看法，這裡是很美麗，草地外圍環繞著參天大樹，起伏的歐札克山麓，在這個夏日的中午，盡是一片深綠。

「我都沒看到別家的農場。在路上一家也沒看到。」

「是有幾家，各式各樣的，還有一家是黑人——泰隆．威廉斯（Tyrone Williams）。我們處得很好。」他笑出聲來，又點了一根菸。「其實，強森郡（Johnson County）的人口越來越多了。」

「你是這附近的人嗎？」

「我是在這附近，在家裡的農場出生的。家裡只有我們十一個小孩，五男六女。除了農場，我爸還有一間鋸木廠。我們有養牛、養雞，還有一大堆木材。」

他注意到他的狗在啃我的腳，就輕輕把狗推開了。狗仰過身時，我看到牠腹部有一道結了痂的疤痕。

「這隻叫小快。牠很慘啊！有條銅頭蛇咬了牠其中一個奶頭，皮膚都潰爛了。」

「我在阿肯色州一直聽到蛇的事情。」我說這話時，想起了芬妮．迪艾巴說的，她在水槽裡發現一條鼠蛇，就用鏟子砍成了好幾段。

「我們這裡很多蛇。有的有毒，有的無毒，小快發現了那條銅頭蛇，就湊過去聞牠，就被咬了。然後牠就倒在地上，舌頭都吐出來了。牠是我看過最接近死掉的動物了，奶頭都爛掉了。」切斯特說。

「牠看起來還不太糟啊！」那條狗正吠叫跳躍著。

「我給牠吃了藥，又給牠噴了一點那種給乳牛驅趕蒼蠅用的那種東西。牠就好多了——跑來跑去的。」

我們仍然走在車道上，這裡看起來更像是鄉間小徑，而不是私人車道，跟灌木叢另一側那條沒鋪路面的郡道狀況差不多。

「現在慘的是我，先是在農場還有我爸的鋸木廠工作，然後年紀比較輕的時候，又在韋恩鎮

（Wynne）的製鞋工廠上班。後來，我又在奧克拉荷馬州的油田工作過。我是做管路的。」切斯特說。

「經常旅行嗎？」

「我們幾年前在德州做過幾份工作。我的背痛到我不能抬東西，最後我站都站不起來了。」

我們現在來到了房子門口，這裡與其說是房子，不如說是棟小木屋、或是個簡陋的農舍，結構低矮，處在一棵繁茂高大的懸鈴木籠罩之下。

「這棟房子以前叫做老梅茨格之家（Old Metzger Place），已經有一百五十年了。」他說。

「看起來你做了很多整修。」

「從派翠．艾金森那裡得到了全民住房的很多協助與建議。木瓦片因為這些樹的關係都老舊了，就是那棵核桃樹、那棵懸鈴木和那棵橡樹。全民那邊供應了屋頂材料。」他說。屋頂為金屬材質，是二十四號[14]的沉重浪板，就覆蓋在原本鋪設木瓦片的椽上。「現在不漏水了。」

「一定做了很多工作吧！」

「還有門窗也是。這個地方以前就是個廢墟。這些修理都是我們自己，還有朋友、志工做的。他們都是好人，工作又努力。他們哪個人的薪水我都付不起啊！」

蘿絲．斯卡格斯一直在聽著。她說：「我的繼女瑞秋十二歲時，她有幾個朋友從拉馬爾過來。是學校裡的朋友。後來——」蘿絲這時開始大笑，要先平復一下，才能繼續講下去。「後來，他們說，『瑞秋住在穀倉裡面耶！』」

14 美國板金規格，二十四號之鋼板厚度約為零點六公釐，鋁板厚度約為零點五公釐。

切斯特也笑了起來。「那時候的樣子是很粗陋。」他說道，像是也同意了那些訕笑的女學生。現在屋頂是新的，門窗也是新的，外牆的封邊框都漆成了白色，還裝上了新牆板。這是棟小房子，但經過了整修，而且坐落於樹叢當中，從遠處看來還頗有田園情調。靠近了瞧，則是間樸實的居所，住著兩個健康不佳的人，維生靠的是——是什麼呢？我不敢問。也許是殘障津貼吧！

我評論說這棟房子的施工做得很好，切斯特便藉機表示，他在生活中學到的東西都很有用，是工作上學到的，不是學校。

「學校沒有用，」他主動說出了他的觀察，「只是在指導學習的方向而已。沒有讓人學到任何東西，真的。他們可以教你什麼是代名詞，但是那又怎樣？你還是得要教育自己。那是每個人的責任。你要在校外才學得到技能。」

「我同意你的看法。」我說，並想起了「憤怒的虎比聽命的馬更聰慧」[15]這句話。

「我在克拉克斯維爾（Clarksville）做過製鞋的工作，那是一九七八年的事了。我想他們有些人應該還在做鞋子吧！但是他們可能要收掉了，搬到海外去，跟別人一樣。」蘿絲說。

蘿絲跟在我們後面，切斯特帶我進了屋子。每棟房子都有它專屬的氣味。這一棟聞起來就像是冷掉的湯、潮濕的寢具、還有小快。兩把平放的步槍就擱在臥室牆面的槍架上，一把三〇式點三〇，跟一把點二二——從床上都拿得到。還有更多的槍，都立在切斯特的槍櫃裡。我談到了這些槍。

「反槍的人在收購彈藥，還有政府也是，我知道他們都囤積在哪裡。就在松樹崖軍械庫（Pine Bluff Arsenal）。」切斯特說。

「真的嗎？我知道現在彈藥短缺，可我沒想到這是一場陰謀。」我說。

「對啊。我聽我一個朋友說的。」

我看向外面的陽光，小快還在啃著我的鞋跟，風擾動著懸鈴木的粗枝。這裡的生活看起來如此簡單：雞都在籠子裡，一頭山羊繫在木樁上，亂吠的狗，點起菸的切斯特談起他做過的工作，還有他跟朋友和志工如何整修他的房子，將其從一間木板屋改造成能遮風蔽雨的平房。

在屋子裡，切斯特似乎變得更躡手躡腳、輕聲細語，像是個身陷重圍，需要步槍的人，相信著有些黑暗部門正在掃蕩市面上的彈藥。屋內就像我在別處見過的一樣散亂——填充玩具、紀念品、裱框掛在牆上的《聖經》格言、幾顆沉甸甸的時鐘、一臺老電視靠著一張沙發。這間小起居室裡的沙發與座椅都蓋上了小塊的毯子，上面印著虎斑、斑馬紋或是豹紋，還鑲了金邊和流蘇。

這段時間裡，蘿絲一直都跟在我們後面。

「我們把臥室也修過了。」她說，並示意我入內，同時切斯特則躲在外面抽菸。床罩上印的是另一種鮮豔的寬條紋獸皮圖案。

「會想要闖進來的人還真可憐，」我邊說，邊拍了拍掛在床頭桌上方的步槍。「你槍法好嗎？」

「這可有段故事了，」蘿絲說著，壓低了聲音。「有天我從教堂回來，然後切斯特跟他幾個朋友在這裡想把樹上的核桃打下來。他們什麼都沒打中，都射偏了。但是還在打。我看了一會兒，然後我就說：『讓我試試。』切斯特說：『你什麼都打不到的，蘿絲。』」

---

15 引自威廉・布萊克作品《天堂與地獄的媒合》（*The Marriage of Heaven and Hell*）之詩句（The tigers of wrath are wiser than the horses of instruction）。

接著她點點頭。她向側邊俯身，看到切斯特的位置聽不見我們說話。

「我就撿起了槍，瞄準了。主就對我說：『不要多想，你扣扳機就對了。』我就開槍了。」她說。

她開始大笑，就像她在屋外說起瑞秋的朋友時一樣——笑得她說不出話來。

「所以怎麼了？」

「那些核桃都被打飛了！」她終於說道。「切斯特有一週都沒跟我講話，因為我在他朋友面前贏過他，上主幫忙啦！」

待在屋子裡也讓她更願意吐露心聲，就像切斯特一樣。我在床頭桌上看見了一本《聖經》，攤開在《啟示錄》的頁面。

「原來你在讀《啟示錄》啊！」

「我在研究奧祕的巴比倫（Mystery Babylon），」蘿絲邊用一種沒有惡意的炫學語調說道，邊拿起了她的《聖經》。她咂了一下嘴唇，便用一種穩定而謹慎的聲音讀出：「我就看見一個女人騎在朱紅色的獸上，那獸有七頭十角，遍體有褻瀆的名號。那女人穿著紫色和朱紅色的衣服，用金子、寶石、珍珠為妝飾，手拿金杯，杯中盛滿了可憎之物，就是她淫亂的汙穢。在她額上有名寫著說：奧祕哉，大巴比倫，做世上的淫婦和一切可憎之物的母。我又看見那女人喝醉了聖徒的血和為耶穌作見證之人的血。我看見她，就大大的希奇。」[16]

她讓書攤開著，放在床頭桌上，步槍的下方。

「力道很強的句子。」我心虛地說道，在無話可講之時，也想起了切斯特說過的，「上帝的國度」——這句話遂有了新的涵義。

「我想寫一本講這個的書，我們就像上帝毀滅的索多瑪與蛾摩拉一樣。同性戀現在得勢了。他們還進政府做官了，他們還能結婚了，但他們不應該這樣的，《聖經》都有寫。他們不能生小孩的。這全都是徵兆。」蘿絲說。

「那，你覺得是什麼呢——什麼的徵兆呢？」但我知道會聽到什麼。

「我們在末日時代了，我相信這就是其中一個重大的徵兆。」蘿絲．斯卡格斯說。

「保羅致《提摩太書》。」我說。

「你對《聖經》很熟嘛。」

「我幾週前在廣播裡聽到的，你該知道，末世必有危險的日子來到……」[17]我說。

我急著想離開這間屋子，裡面的天花板太低，還有令人窒息的狗味，以及屋主對《聖經》的詭異信心。而我走出去時，陽光再次照耀我的頭頂，切斯特與我便坐在核桃樹下，只是閒聊。他一手搔著小快的頭，用另一手抽著菸。

房屋修好的景象讓他平靜下來，而從他隨口說出的話裡，我得到的印象是，他愛這個地方——這條泥土路上的出生長大之處，別無所求；以及他愛蘿絲，也照顧她；他也愛他的狗小快——他是真的很疼那隻狗；以及修好了這棟房子，找到了節儉的生活方式，儘管很寒酸——用他的話來說，「全都屬於貧窮等級」——他們卻不怕變老。

16《啟示錄》第十七章第三至六節。
17《提摩太後書》第三章第一節。

油炸巧克力派

我避開小岩城——之後還會再過去——開車橫越阿肯色州，來到了布林克利鎮（Brinkley），抵達時已經晚了，我便以為這個鎮上的商店單純是因為入夜才關了門。但是隔天，在陽光下，我就看到這些店幾乎都永遠關門了，主街上杳無人煙，店家都封起來了，房子破破爛爛，而這裡還不是什麼鄉村深處，是剛下州際公路就抵達的一個相當大的城鎮。

我去找吃飯的地方，找到了五、六間家庭小店、幾家靈魂菜餐館、一間「布林克利鄉村廚房」，然後在「市場與運動商品店」，我看到掛了塊「午間特餐」的牌子，就走了進去。在一張長桌上，坐了十四名大個子白人男士，穿著連身吊帶褲，在用他們的午餐。聽到門鈴的叮噹聲，他們從放著炸牛排與薯泥的盤子裡，抬起狐疑和略帶不悅的臉，二十八隻眼睛盯著我，沒有一聲哈囉——這在南方是很怪的事，我在這裡已經習慣了問候——只有一片深深的疑慮，以及一手裡的叉子跟另一手的刀。

「一罐汽水就好，謝謝。」我對一位穿圍裙的女士說道，並擠向後方的冰櫃，拿出一罐飲料，付完錢就撤了，覺得受到驚嚇，好像我闖入了一場私人派對似的，某種程度上也的確如此。

布林克利的另一個用餐地點是「老媽食堂」，那是一棟位於路邊的單間小農舍，讓我想起納爾遜·艾格林在他的小說《走在狂野的一邊》（*A Walk on the Wild Side*）裡警告過的三條規則：「千萬別跟外號大夫的人玩牌。千萬別在名為老媽的店吃飯。千萬別跟麻煩比你還大的女人睡覺。」

我開車回到阿金燒烤店，吃了一堆炸鯰魚與黑眼豆，然後被問要不要甜點。

「要來點油炸派嗎？」

「從來沒吃過耶。」

「你會喜歡的。巧克力派。我們用麵衣包起來，炸到酥脆。你為什麼在笑呢，先生？」

這日子可辛苦了

阿肯色州這座布林克利鎮，在二〇〇五年經歷了遊客人數的短暫激增，因為根據報導，當時在鎮外窪地的沼澤樹林中，發現了一隻據信已經滅絕的象牙嘴啄木鳥。各地的賞鳥人士都前來確認這項出乎意料的消息，但再也沒有人見到這種展翅寬三十吋的黃眼大鳥，這座城鎮又不幸地落入沉靜之中。當象牙嘴啄木鳥據說被發現後，有三年時間，這小鎮看來又有希望了。如今，跟深南地方大部分城鎮一樣，鎮上只有荒涼的大街、打烊的商店、停業的工廠。

我到布林克利去，是為了見從三角地的李郡（Lee County）奧伯瑞鎮（Aubrey，人口二百二十一人）來的卡爾文．金恩博士（Calvin King），他在阿肯色州土生土長，也在當地受教育，並且致力於——照他自己所述——扭轉該州此區黑人失去土地的情形。三角洲有大量的黑人曾是農民。他們因為許多理由失去了自己的土地，也因此失去了生計。金恩博士想見到黑人農民回到田地上。

金恩博士自己就出身農家，是我遇到許多值得欽佩的人之一，在貧窮中成長，並致力於用自己克服艱困時節的經驗，來協助他人。就跟派翠．艾金森一樣，金恩博士也來自一個境遇艱難的大家庭。

「我在十一個小孩裡排行老么。」他在設於一棟磚造樓房的辦公室裡說道。這棟樓房位於從布林克利出發的公路上，一個名為法戈（Fargo）的村子裡。他六十歲了，一副學者模樣，打扮正式，穿大衣、打領帶，留了鬍鬚，擁有自信，有一股沉靜的認真投入。「有那麼多小孩——你這日子可辛苦了。四男七女。我們裡面有九個念了大學，現在他們當了老師、護士、大學教授。」

「這樣的教育真讓人佩服。」我說。

「我爸爸對受教育這件事很認真的，我哥哥姊姊回來的時候，我就像是上學一樣，要跟他們學習。」他說。

「奧伯瑞那時候的學校是什麼樣子？」

「不夠好，為了要上學，進好的學校，你就得去遠一點的地方才行。我是在十三哩外的瑪麗安娜鎮（Marianna）上高中的。我住在親戚家——那是五〇、六〇年代的事。我們要到一九七一年才種族合校。小岩城的合校就早一點。」他說。

「學校是隔離的嗎？」

「以種族來說，隔離得清清楚楚。」

「你在那種環境裡，是怎麼調適的？」

「『誰都不要怕，』我爸說的。『只要敬畏神。』他有高度的自信心，這也幫了我們的忙。」

「他要養十一個小孩呢！」我說。

「用食物啊！」這念頭讓他笑出聲來。「我們什麼都有得吃。我跟哥哥姊姊見面的時候，都會聊起我們有多好運。我們都不曉得自己很窮。我們沒意識到。」

「那間農場有多大？」

「我爸爸一開始跟人家租地來種，後來在一九七〇與八〇年代，終於買了地，大約一百英畝。但首先是用來供應我們自己家，我們永遠有很多東西吃。」

鑒於卡爾文・金恩博士出生於一九五三年，他十個哥哥姊姊又出生在這之前，他父親施特林・金恩似乎在租來的田地裡工作了很長一段時間，才終於買下一些土地。在租來的田地裡，他種過現金作物、棉花與大豆，還有家裡吃的蔬菜，但存下來的錢卻很微薄。

「我們有養牛、豬、鵝、珠雞，還有我們所謂的卡車格──其實是一塊田。我們在那上面什麼都種，我們的蔬菜，豆子、玉米、豌豆、甜菜、西瓜，全都種在那裡。」

「這樣說來，你母親也參與了這全部的作業吧！」

「我媽媽是一位出色的家庭主婦。」他語氣中帶著驕傲。「她總是在做醃漬、裝罐──桃子、梨子、蘋果，什麼都做。然後我爸爸還有一間燻煙室。我們什麼東西都自己加工的。他會燻肉排跟火腿。我們總是有很多肉可以吃。」

「你們怎麼有辦法一邊讀書、一邊在農場做工呢？」

「我們每個人都有任務的。現在三角地有些人也這樣，也許不是很多吧！我從來都不用暑期打工，農場上總有事要做的。我們有我們自己做的糖蜜。我們要給高粱去殼來做糖漿。」他說。

「你們把農產品跟糖蜜賣掉，這樣來賺錢嗎？」

「我們創造了某種以物易物的體系。我媽會去跟人家說：『我想要一床被子，』然後過了一下又說：『我這裡有頭豬。』等我們殺豬時，社區裡的其他人就會來幫忙，有幫忙的我們就會分一塊肉給他。」

格林斯波羅的萊爾斯牧師跟我說過，他在阿拉巴馬州長大時也有相同的經歷，帶一隻雞或是幾顆蛋去給醫師當診療費。還有福羅依德．泰勒他家也做過糖蜜。這是南方農民百姓的共同文化。

「打獵呢？我一直都有碰到一些還在打獵物來吃的人。」我問。

「我爸以前會獵兔子跟松鼠。我們會拿先煎後燉的松鼠當晚餐，配上芡汁跟馬鈴薯。晚餐時間是七點左右。我們有時候也會吃珠雞。」

「那是怎麼料理的？」

「珠雞裡頭塞餡，」他說著還嚥了口水，就像人們談著自己最愛的菜餚時一樣。「我記得的方法是，先煮一隻珠雞做高湯，再做玉米麵包。往珠雞裡頭塞餡料，一起拿去烤。填餡珠雞很好吃的。」

「浣熊呢——你們會吃嗎？」

「有時候會吃浣熊，我爸爸是很喜歡松鼠的。但太小隻了。你一餐要吃上三或四隻松鼠才夠。做成松鼠燴麵片，跟雞肉燴麵片的做法一樣。」他說。

「我在阿肯色州到處都聽人這樣講——烤浣熊、煎燉松鼠。就像是另一個時代的菜色一樣。」

「這附近的人還在吃這些，但是我們家有很多別的食物。我們有養牛，所以我們當然有很多奶油。我幾個姊姊跟我都會回想起以前，我們放學回家，晚餐就有雞肉或火腿。」他說。

「請告訴我你母親的事吧！」我說。

「我媽媽的名字是潔西．希爾，出生在三角地的菲利普斯郡（Philips County）。她有一部分血統是切羅基族。」從金恩博士的容貌，仍可看出下顎稜角的分明與單眼皮等來自母親的輪廓特徵。

「她是在咖啡溪（Coffee Creek）那裡長大的。我媽做的午餐是最棒的，我朋友都一致好評。她在芝加哥有親戚。我們以前會寄吃的過去給他們，醃漬的或罐頭水果，還有煙燻火腿。」

林林總總回憶著一個齊心、和樂、辛勤、自給自足的家庭；回憶著美好的食物，寄給飢餓思鄉的芝加哥親戚的食物。

與我遇到的其他人一樣，金恩博士的成長經歷決定了他的人生道路。他先從瓊斯波羅（Jonesboro）的阿肯色州立大學畢業，又在小岩城的費蘭德史密斯學院（Philander Smith College）取得研究所學位，之後就構思了一套改善農民處境的計畫，並於一九八〇年在布林克利創辦了阿肯色土地農場發展會社（Arkansas Land and Farm Development Corporation）。他在農場長大，父母教給他種種堅實的價值觀，讓他吃得好，也學到了尊嚴與敬業。他的使命感有其深刻的私人理由。

「這個組織旨在扭轉農地流失與家庭農場的衰落，住房是我們的另一個關注事項。還有青少年服務。」他說。

「你們有哪些類別的客戶？」

「窮困勞工。我們有些民眾做了兩份工作，還是沒有錢，生活不穩定，也沒房產。」

等候租屋的排隊名單很長，還有超過兩百人需要翻新或重建他們的房屋。

「我們建立了我們所謂的安全社區，你必須符合資格。我們有一些相關規定跟要求，我們會做過背景查核，才讓你通過。就像買房子或申辦信用卡的流程一樣。」他說。

布林克利正在衰亡，他說。失業率是全國平均的兩倍。所有的「支援資產」都到位了——公路、供水、鐵路等過去的基礎建設——但還是沒有就業機會。三洋曾經在這裡設廠，從一九七七年起就在製造老式的映像管電視，但現已關廠，也結束了生產線。他們沒有為附近佛勒斯市（Forrest City）的廠房升級，以製造更新款的平面電視，而是將生產業務外包到就在墨西哥邊界外的提華納市（Tijuana）——廉價勞工、免稅、沒有工會，進口到美國又方便。

「你們那邊有些來這裡教書的人，他們說，『我真不敢相信這裡現在還一樣！』」金恩博士說。

「我在這裡看到很多第三世界會有的事，但是我也碰到了好人，其中有很多人都在做你正在做的事。都在帶來進步——步伐或許很小，但是都能改變人生。」我說。

「要有所成長，你就需要有共同的願景、有集體協力的感受。」金恩博士說道。「我們需要坐下來一起討論。說實在的，有些白人會說，『有什麼問題嗎？我們有學校念的——有私立學校。有瑪麗安娜鎮的李學園（Lee Academy）。也有菲利普斯郡的馬威爾學園（Marvell Academy）。』他們不懂我們其他人遭遇的困局。並不是所有白人都這樣，而是那些富裕的白人。沒有共同的願景。」

「柯林頓基金會有幾十億在全世界到處灑，」我對他說，就跟我在羅素維爾對派翠說的一樣。這似乎是個顯而易見的問題。那間基金會極其富有，而且時不時——如果你去看他們的網站——你還會讀到這位前總統承諾，要透過在非洲或印度的專案撥款用於民眾，或是這樣的文字：「雀而喜・柯林頓（Chelsea Clinton）在她為期十天的非洲人道救援之旅當中，抽空會見了幾位因她推動的愛滋病工作而受惠的兒童……」我問道：「你見過任何一筆他們的錢嗎？」

「沒有。」金恩博士嚴肅地說道。「我們沒收過柯林頓基金會或全球倡議組織的任何資金。」

「你會想拿一些嗎？」

「會，」他點點頭，「我們對這種援助求之不得。」他又補充說：「我們有很多辛勤工作的人。都在做家庭農場。整個三角地到處都是。」

「我想見見其中幾位。」

「我就等著你說這句話。」

貧困勞工

阿肯色州是個自然美景出色的地方：錯落有致的丘陵與花崗岩崖壁、柳樹飄飄的潮濕河畔、粗砌石牆圍繞的草地與田畦。但這是個貧窮、飢餓、規劃草率、而且住房品質不佳的州，鄉村地帶又艱困得眾人皆知。在某些郡，將近有百分之三十的人生活在貧窮線以下，而且每四個阿肯色州的兒童，就有一個在分類中屬於飢餓——亦即「糧食匱乏」的狀態。

這個州「糧食不安全」（food insecurity）[18]的人口總數高得非比尋常。根據我在網站上讀到的一份二〇一三年農業部報告，「有百分之十九點七，或大約五分之一的阿肯色州民眾不曉得下一餐在哪裡。」這是那種你會在斯里蘭卡看到的統計數據。當我進行查證時，發現阿肯色州的糧食不安全比例與斯里蘭卡是一樣高的，然而人家是個掙扎的島國，還在努力克服近年長期族群戰爭所導致

18 農業經濟學概念。依照WHO的定義，糧食安全（food security）指在物質上、經濟上有充足的管道可以取得安全、足夠及營養的食物。相對而言，若是欠缺上述管道以獲取食物，即屬於糧食不安全。

的後果。

阿肯色州的許多失業問題，以及這裡的飢餓現象，都與此地製造業的衰落有關。我在與金恩博士引介那幾位三角地農夫見面前，還有些時間可以消磨，就去找了幾位因為業務外包而失去工作的人。其中有一位開開心心的女士，自稱叫做「蒂」。（「其實本名不是蒂。我改成這樣是因為日本人發不出奧迪莉亞（Odelia）的音。」）她六十九歲了，在距離布林克利不遠的佛勒斯市電子廠工作了四十二年。就像我在阿肯色州遇到的大多數窮困勞工一樣，她沒有怨言，但看得清清楚楚。

「那裡一開始不是三洋公司，而是西爾斯旗下的華威電子（Warwick Electronics）。那是好多年前的事了。我們主要生產電視機，但公司破產了。那時候是七〇年代末。三洋公司買下廠房，投了好多錢進去，就做起來了。那時候真的做得很大。」她說。

三洋搬到佛勒斯市來，接手電視生產，創造了四千人的就業，是一九八〇年代初全國大報財經版的重要報導之一。「日人令阿肯色工廠轉虧為盈」曾是一九八三年《紐約時報》頭條。他們與工會達成協議，投資一千四百四十萬美元升級廠房，新的電視機採改良式設計，還引進了品質管控（由西爾斯管理時，百分之十的電視機都是瑕疵品）。新進的勞工大多數是黑人，不過蒂則是白人。

「那些人在乎你，」蒂的一個同事在一九八三年對《紐約時報》表示，「對品質更用心了，收尾也做得更好，也很體貼工人的感受。管理層會極盡所能聽取工人的觀點，看看他們可以怎樣讓工作更有成效，更能流暢地把事做好，看看他們可以怎樣讓工人做得更輕鬆。」

佛勒斯市的經濟得救了，日籍主管成為了當地高爾夫球俱樂部的會員——儘管還是沒有黑人會員。大約有十年，一切都是玫瑰色的。然後在一九九四年，隨著電視科技的進步，廠方需要更多的投資與設備換裝，而這時也通過並實施了北美自由貿易協定（North American Free Trade Agreement, NAFTA）。「我們有了重新打造世界的機會，」一九九四年十二月，柯林頓總統在簽署NAFTA時這樣說道，「稍後，我將簽署北美自由貿易協定，使其成為法律。NAFTA將會撤除我們三國之間的貿易壁壘。它將創造全世界最大的貿易區，光是在一九九五年，就可以在我國創造二十萬個就業機會。」

佛勒斯市的末路自此展開。從那一天起，在這個柯林頓的家鄉州，三洋開始縮減廠房規模，並將生產線遷往墨西哥。佛勒斯市則成為了另一個即使不說狀似鬧鬼，也是陰森可怖的城鎮，失業率居高不下，商店都用木板封上門窗，除了一家沃爾瑪跟幾間速食店，再來就沒什麼東西了。

「我們經理很好奇，就去了提華納。那裡現在免稅了。又沒有工會。他說那邊的工人年紀真的很小，他們的手很小隻，可以把零件組裝得很好。他們肚子真的很餓，而且不用付他們太多錢。」蒂跟我說。

蒂現在在一家汽車旅館做兼職。茱莉也是。我是差不多同時，在更西邊的一個鎮上遇到她的。茱莉很瘦，六十幾歲，在汽車旅館坐櫃檯，菸不離口，沒了牙齒，咳嗽聲嘶啞得嚇人，相當開心，但是歷盡風霜且不善保養，就像這家帕特爾氏汽車旅館一樣。我的房間臭到不行——骯髒的床鋪、腐蝕的毯子——朽爛地墊縈繞不散的異味薰得我睡不著。就算來到大廳，茱莉剛把菸蒂偷偷從後門扔了出去，但這裡也散發著惡臭。

「這裡沒有工作了，除了六、七個墨西哥人之外，他們住在同一個房間裡，又沒在繳稅，」茱莉說。她跟我說了她的故事，但事先警告我，這是個關於失敗的故事。「在一家襯衫工廠做了好幾年。我們做過法蘭絨襯衫、州警制服，還有高品質服飾。現在都移到海外去了——中國、多明尼加，天知道去哪了。」

「你以前做的是哪一類的工作？」

「問題就在這裡。說到我做的事，就是拆掉寫著『宏都拉斯製造』的標籤，再縫上『美國製造』。那已經是八〇年代末、九〇年代初的事了。我說：『這樣是不對的！』我就離職了。沒過多久，整間工廠就都收掉了。現在那邊什麼都沒有了。四個閃紅燈跟一家沃爾瑪，就像其他大多數地方一樣。」

「然後你就來這間汽車旅館了嗎？」

「不是，」她說，然後抽了一口菸。「先在伯里斯（Burris）辦公家具廠找了份工作，做橡木抽屜與櫥櫃門。」茱莉又長長地往門外吐了一口煙，再用她瘦骨嶙峋的手將煙拍散。「全都賣光了。然後我們就改用那種真的很廉價的沼生櫟，就是上面長了很多節疤，做什麼都不行的那種木頭。我在二〇〇〇年的時候被遣散了，本來應該可以領退休金的，但是他們什麼都沒給我。」她又抽了一口菸。「還在仲裁，他們是這樣說。所以我就來這裡了。」接著她一彈菸蒂，讓火光旋轉著飛進了停車場。在一片沉默中——我不知道要說什麼——她陷入了思索。

「我只能把車開到下個出口再說。我回到家，把狗放出來，換上睡袍，就看電視。」她聳了聳肩，從盒子裡拿出另一支菸。「我幾年前離婚了。小孩都走了，前夫也走了。我在這裡工作，如果你覺得這也算工作的話。就這樣了。」

路死動物

在全阿肯色州最漂亮的山溝河谷裡，可以找到最貧困的城鎮、最潦倒的人民，幾間狹小、劣質、醜陋的房子，以及坑坑疤疤的拖車屋，就坐落在壯麗的景色當中——柔軟、翠綠、森林密布、綿延起伏的山丘，與幾條混濁緩慢的河流。避開了小岩城，我開下州際公路，向西駛往阿圖斯（Altus）、歐札克（Ozark）與桑椹鎮（Mulberry）這幾個小村落，每個都像這一帶「阿肯色葡萄酒鄉」的名號一樣吸引人，一百三十年前種下葡萄的德裔與瑞士裔移民，就是在其中幾處落了戶。各酒莊與餐廳獲得的評價就算稱不上充滿敵意，也是褒貶不一，但蜿蜒的公路卻是如此宜人且林木蓊鬱，邊上是放養牛馬的牧場，只要放慢車速，享受這片景致，注視那成團的蚊蚋飛舞在落日的金色斜陽裡，就讓人感到輕鬆。

「聽說風暴的事了嗎？」一名機車騎士在阿圖斯附近的一間加油站這樣問我。他剛從曼非斯過來；他正在騎車遊歷全國。「龍捲風要來了。我要去史密斯堡（Fort Smith）蹲一下，等風勢過去。」

也許是道路急遽曲折，並且鄰近獸窩與兔子洞，還有灌木叢和夜行動物巢穴的緣故，但我在這段四十哩長的鄉間道路上看到的路死動物，比我在公路上跑幾百哩見到的還多。

在一副心力交瘁樣的河畔小鎮歐札克，吸引我目光的是當地那座寧靜的廣場，周遭有一所貌似宜居的監獄，以及一間令人生畏的法院，在城鎮的邊緣還有一家河鎮燒烤店，繚繞著蒸騰的焦肉香氣。就像該州這一帶的多數城鎮一樣，此地的人口以白人占壓倒性多數。我在鎮外看到一塊招牌，在為奶油球牌（Butterball）的火雞打廣告。歐札克鎮的主要收入來源，就是這裡的奶油球牌火雞處理廠——附近共有九十家火雞養殖場為其提供禽肉——他們幾年前登上了新聞，原因是善待動物組織（People for the Ethical Treatment of Animals, PETA）發布了一份題為「奶油球恐怖屋」的臥底報告。這篇報告詳盡敘述了該公司在屠宰場的殘忍事跡，其中有些是刻意尋求刺激，其餘則是屠宰這些禽類的工業運作方法——每天五萬隻，接近感恩節時還會更多，一季就是幾百萬。美國農業部對此進行了調查，也糾正了他們的虐待行徑，而歐札克鎮，雖然沒有因為那些拚命咯咯叫、注定受死的奶油球牌火雞而繁榮興盛，倒也是存活了下來。

在河鎮燒烤店的外面，我對一名機車騎士說：「我聽說有風暴要來了。」

「是龍捲風，待著別動就好。會過去的。」他說。

他推薦了肋排、裹粉油炸的酸黃瓜，以及油炸綠番茄。在河鎮的菜單上，還列有淋上浣熊油芡汁的負鼠燴麵片、鮮奶油負鼠，佐以馳名的綜合香料。我點了雞肉沙拉，配菜是炸秋葵，接著踏上可愛的公路，繼續西行。

在荒涼、赤貧、鄉野的桑椹鎮，大大小小的男人與男孩、有黑有白，都埋首於垃圾子母車之中，翻撿著可用的廢棄物，而在他們附近的公路上，恍若擬態一般，一群蹦蹦跳跳的烏鴉，也在啄食著一抹路死動物的紅色肉泥。

打混中：「小小一咪咪的破爛安毒廠」

隔天，在阿爾瑪（Alma）鎮外，我原本打算把一整天都用來參加南方的兩大週日活動，也就是一場教會禮拜，與一場廣為宣傳的槍展——現場總是會有友善的鄉親、強烈的意見，以及充足的食物——但是兩場活動都取消了，因為發布了危急的氣象預報。

「有幾個龍捲風要從奧克拉荷馬過來了，」有位擅長看天氣的女士在一家便利商店外的停車場這樣告訴我。而她行色匆忙。「我正要回家去。」

天色暗得像黃昏，但還是沒有風暴的跡象。我駛離主幹道，也就是國道七十一線，沿著一條泥土路開上陡坡，進入樹林，經過幾間木板房與拖車屋。到了坡頂，泥土路變成一條泥濘的小徑，我來到一間搖搖欲墜的屋子——是座位於田地邊緣、蔚為奇觀的廢墟，田裡散落著扔掉的鞋、破爛的衣服、舊橡膠輪胎、嵌入土裡的輪圈蓋、扭斷的褪色兒童玩具、纏在灌木叢上的塑膠袋、幾處布滿了瓶罐與碎玻璃的區域——是間堆滿垃圾的粗陋棚舍。

這是深南山區潮濕的一天，灰色的雲幕低垂，但院落裡那名年輕人的腳上，還是只穿了雙橡膠的夾腳拖，走在碎玻璃上磨來刮去，他身後的女人則穿著綻裂的短褲、帽T與牛仔靴——歐札克的工作服。他們彎著腰、緊握著手，帶著食腐動物的專注，在茂盛的草叢間翻找著，將被人扔掉的瓶子與啤酒罐裝進一個塑膠製的汽油桶裡。有個赤足的小孩與一隻狗尾隨在後，妨礙著他們工作。

我把車停在路邊，審視著他們的房子時，他們也沒有抬起頭來，這裡的錫板屋頂有一部分已經掀翻，前門廊垮向一側，幾扇窗戶裂出了縫。他倆在院子裡的碎石瓦礫之間尋覓著，就像是發現了這棟廢棄房屋的陌生人，要藉著撿拾這裡的垃圾，好將這裡據為己有，等完成這件事，他們就會進屋了。

但他們就住在這裡，山上這個簡陋的地方就是他們的家，那赤腳的孩子、流著口水的狗，都是他們自己的。他們兩人都三十出頭。聽到我說迷失了方向要問路，他們都笑了出來，我就用這個花招卸下他們的心防。

他們也提到了即將來臨的風暴，那又是另一件要擔心的事了，就像糟糕的經濟與無工可做一樣，而這些事就成了我們交談的話題。

「但是我找到了一些裝車庫門的工作，」那年輕人說。他又興奮地補充說：「我上週工作了五十二個小時，而且我還等著有事做。」

那家安裝車庫門的工程行位於山堡鎮（Mountainburg）的邊緣，沿著公路走下去就到。

「鎮上什麼都沒有，一直什麼都沒有，這裡一直都沒工作。我們全都在硬撐著過。」他說。

他太太還在把啤酒罐跟寶特瓶扔進汽油桶裡，從她的力道來看，似乎試圖表達：我正在工作，你還在穿夾腳拖跟人聊天。但我在想，這家人恰恰就是窮困勞工的寫照——長時間工作，安裝著車庫門，與他們的赤足孩子住在這間殘骸似的房子裡。

我多麼幸運啊，以一個陌生人的身分，偶然來到歐札克山區的這條鄉間小路上，受到這位開開心心的年輕人歡迎，他還樂於回答我這些唐突的問題。這種友善，就是阿肯色的其中一項令人愉悅之處，另一項則是翠綠燦爛的風景。

「這附近有任何的黑人家庭嗎？」我問道。

他笑出聲來，就像住在緬因州巴爾港（Bar Harbor）或是南塔克特島（Nantucket Island）的白人，也會對同樣的問題發出同樣的笑聲，因為覺得這問題太蠢。

「這邊沒有黑人，完全沒有，從來沒有黑人住過山堡鎮，而且我懷疑永遠都不會有。」他說。

「但是阿肯色州有一半是黑人啊！」我說。

「沒那種事，連百分之二十都不到。」他說。

他說得對：數字是百分之十五。

「你要找到黑人，得先穿過整個州——也就是要到康威市（Conway）那附近，這邊全都是白人，那邊全都是黑人。就是這樣子。」他說。

「我還沒去康威仔細看過呢！」

「我以前固定會到那裡去，」他說，並放聲大笑，穿著夾腳拖踩在濕淋淋的草地上，笑得前俯後仰。「去給我爸探監。他現在轉到哈里遜（Harrison）了——去布恩郡監獄（Boone County Jail）了。那地方還不太差，不過老兄啊，他已經在一間一般的老監獄關好多年了。」

「好多年？」我問。

「他被判了二十年，但是要關十一年。我覺得那算很久了，」那年輕人說著，點了點頭，又再補充說：「他再一個月就出來了。」

「你一直都有去監獄看他嗎？」

「幾乎每週都去吧，他被判刑的時候我二十一歲。我現在三十二了。我還是固定會去看他。」他說。

「我可以問他為什麼進去嗎？」

「是毒品，他在這裡做安非他命，」然後他指向一間比旁邊這棟屋子還要搖搖欲墜的木板房。「嘿，他不是藥頭啦！這只是他自己要用的。」他說。

「但還是間安毒廠啊！」我說。

「這麼小小一咪咪的破爛安毒廠，房間裡就幾個罐子而已！這沒啥啦。但就有人去檢舉他——跟他有過節的人，可能是想要貨的人吧！」他搖搖頭，又再次露出似笑非笑的表情。「這是他第一次犯法耶！這樣就判了十一年！」

看到他太太在瞪他，這年輕人就撿起幾個罐子，扔進了桶子裡，發出了哐啷的響聲，但仍在繼續說話。

「他進去的時候是個長頭髮的瘦子。現在是個胖老頭了，因為整天都坐著嘛！頭髮也剪短了。」

「他出來了要做什麼？」

「沒什麼能做的。他可以幫我修理房屋，但也就這樣了。他找不到什麼工作的。有坐過牢的紀錄，你就沒指望了。」

「在那間舊房子裡做安毒給自己用，判這樣好像是滿久的。」

「喔對啊！這麼多年，人生都糟蹋掉了。好像不太公平吧！」他踢著草，謹慎地回頭看了看太太，便再彎腰撿起罐子。「但他得付出代價啊！」

我還想再多聊一點、再知道更多一點，可我又覺得很幸運，遇到的這位年輕人既直率、愉快又耐煩。我只是個從潮濕低矮的雲層裡開車冒出來的陌生人，在他家土地的邊緣停了車，他就在差不多十五分鐘裡，對我說出了他人生的這些詳情。

「我太太覺得我在這裡打混了，我得回去工作了。你保重啊！」他說。

我回到了公路上，也就是德瑞克．瓦科特（Derek Walcott）在喚起人們回憶的長詩《阿肯色誓約》（*Arkansas Testament*）裡提過的那條路。這首關於南方種族與歷史的詩，是他最好的作品之一：

黃昏
從緩慢臣服的太陽
沿著七十一號公路
於金屬閃光中屈折
在告示牌、店面與看板上……

《舊約》般的天氣：「棒球大小的冰雹」

人們談論了好幾天的風暴，已經變成六點晨間新聞快報裡的「強烈暴風警報」，這時我剛起床，人在阿爾瑪鎮外一家環境可怖的汽車旅館，當地位於阿肯色州西部，靠近奧克拉荷馬州邊界的地方，是深南地方的極西角。這裡常有風暴，尤其是龍捲風，會疾速掃過整片有龍捲風走廊（Tornado Alley）之稱的平原地帶，在沒有任何山脈阻擋之下，速度越來越快，掃平禾草、擊折玉米稈、將沿路的一切都攪成碎片，壓垮拖車屋，放倒樹木。氣象預報說有好幾個龍捲風要來，還會出現強風豪雨，其中有幾個詞引起了我的注意：「棒球與高爾夫球大小的冰雹。」

「我認為麻煩在於，美國的天氣剛好就是很誇張，」我朋友強納森·雷班在給我的信裡是這樣寫的，當時我正跟他說到，美國那些遊記作者常會在種種誇張的不實磨難裡提及天氣。他繼續寫道：「我從來沒看過像我在蒙大拿見到的《聖經》等級的暴雷雨——看起來就像直接從《舊約》裡頭搬出來的一樣。龍捲風走廊、大旱、一九九三年的密西西比河洪水、或是一八二〇年左右發生在新馬德里（New Madrid）的地震，當時密西西比河據說倒流了一週。」

也許就是《聖經》等級的暴雷雨，才啟發了南方那些末日主題的宣講與布道吧，這樣的天氣很符合末日的氛圍，一切都預示著大限將至。

「龍捲風預警」（Tornado Watch）已經發布。「棒球大小的冰雹」聽起來很致命，好像有無數白色岩塊會紛紛從憤怒的天空墜落，穿破屋頂，砸爛窗戶，擊碎你的腦殼，打斷你的骨頭。這是另一個《舊約》般天氣的例子，看似是正用冰塊扔向你頭頂的憤怒上帝，在做出審判。

我總是會詫異，乃至於震驚於南方這種激烈的天氣——極端的溫度、猛烈的風暴——但即便如此，這些警報似乎也太過戲劇化了。接著，在阿爾瑪，令態度存疑的我詫異的是，過了幾小時就降下了第一場雨，喧囂的雨勢滂沱得令人目盲，並帶來了突發的洪水。開始下雨時，我就坐在車裡，彷彿我被浸泡、孤立在送洗的車中一般。我看不見前方，水勢漫過道路，越颳越急的風鞭笞著樹木，吹彎了幾棵樹苗，嚴重彎曲到我以為會攔腰折斷，但它們搖搖擺擺就彈了回來，隨後又再次向坑坑窪窪的地面叩首，激動地點著頭。

路過不去，我便將車停在路邊，坐著等了一個小時，雨水在車窗上傾瀉而下，閃電將附近的幾間木板房照成了慘白的色調，轟雷將老舊的板材震得顫抖。我現在陷入了孤立，被豪雨包圍裹覆，在我的車頂敲打出響亮的噪音，又在剛剛還是紅土水溝與徒步小徑的地方，新造了一條滾滾溪流。雷聲劈啪作響，有如一連串大聲噴發的腫脹音節，像是有個巨人，在亮起刺眼的綠金色閃電後，嘶吼出的冗長低沉含糊單詞。我的天哪，上路這麼久，終於碰到磨難了！

但這就是場不實磨難。雨下完了，留下一潭潭的水、濕透的草地，以及垂頭喪氣的樹枝——還有蒸騰的霧氣，宛如風暴的吐息。然後是一片寂靜，幾乎可說是安詳，降臨了我方才躲雨的路邊小聚落。我以為這一切已經結束，風暴已經過去了。

空氣還是很悶，天色昏暗，籠罩著僵滯與濕氣形成的壓抑。我下了車，站在濕淋淋的草地上，猶豫著要去哪裡，或者我到底該不該去。

「你好嗎？」

一個邁著大步、披著輕便雨衣的男人，身後拖了一隻狗，正在向我揮手。

「牠嚇壞了，剛被困在路上。現在要回家了。」這男人說。

「很強的風暴啊！」我說。

「這不是風暴啦！只是下雨而已，還有別的東西會來。」

「你說的是龍捲風預警嗎？」

「是龍捲風警報。」

「有什麼不一樣？」

「已經有人看到一個了，很可能還不止一個，往這邊過來了，預計今天晚上就到。」

所以這不過是前奏而已。我沿著國道七十一線繼續開，接著回到州際公路，這時又下起較弱的雨。我駛進又駛出康威市，但因為風暴警報的緣故，大多數的商家都關門了，街上也沒有行人。我買了個三明治，在車子裡吃了。過了小岩城，雨勢更大了，風也颳了起來，我也決定還是別上路的好，便找了家汽車旅館。

「我得告訴你，我們這裡已經發布龍捲風預警。」櫃檯的女士說。她一臉正經，堆出了笑容，邊說話邊忙著用一根手指纏繞著一縷黑髮。名牌上寫的名字是潔米。「這張拿去。」她從櫃檯上成堆印好的文件裡抽出一頁交給我。標題是「龍捲風應變程序」，並逐條列出了說明（「『龍捲風預警』表示氣象條件有利於形成龍捲風」），包括掩蔽和疏散的指示。

「如果我們這裡情況危急，我會打電話到你的房間去，你可以和其他住客一起在樓梯下方避難，或是躲進浴缸。」潔米說。

這種嚇人的警告，加上具體的指令（「躲進浴缸」），對於遊蕩者而言都意味著，到了早上篤定會發生一些重大及時、值得記載的事。對平民百姓來說的壞消息，卻經常受到旅行作家的歡迎，好讓他們有故事可講。狂野的天氣聽起來充滿了戲劇性，最惡劣的天氣還能夠折磨一片地景，使其輪廓分明，為其賦予一副面孔與一種心境。

在大雨傾盆的道路上開車使我疲憊不已。我躺上床呼呼大睡。隔天早上七點下樓時，我發現了三個亢奮的年輕人，一男兩女，正在把零亂的成套器材搬上一輛汽車的後座——不是一般的行李，而是幾個黑色的箱子，用來裝技術設備的那種。

「發生了什麼事嗎？」我問道。

「你沒聽到新聞嗎？」

「我睡著了。」

「我們整夜都醒著。這太正點了。」那年輕男子說道，並將一支裝在長桿上的麥克風放進車裡。「八個龍捲風耶！」

這些龍捲風吹襲了整晚，掃掉我曾經過的兩個小岩城郊區，尋覓著——但沒找到——停駐之處；維洛尼亞鎮（Vilonia）與五月花鎮（Mayflower）都遭到了直接衝擊。

「我們在五月花鎮進到距離龍捲風不到兩哩的地方，破壞都發生在那裡了，」年輕男性說道，聲音因為興奮而高昂。他聽起來出奇高興，甚至有些癲狂。我問起了他的心情。

「我們是追風人（Storm Chaser）！」他喊道。

他名叫史蒂芬．瓊斯，是諾曼市（Norman）奧克拉荷馬大學氣象學院的學生。他追逐著這些龍捲風，進入了阿肯色州，來回闖過強風豪雨，拍下風暴的錐體與飛旋的殘骸，也錄下呼嘯的風聲。拍攝閃電是瓊斯的專長之一，又因為暴雷雨有助於形成龍捲風，他已經拍下許多這類耀眼閃電劃破天空的照片。

「我想我們是瘋了，」他說，但他其實不是這個意思，他的意思是他們充滿了熱情。他還在匆忙地把東西裝上車。「我們現在要去密西西比州，也許可以拍到更多影片。龍捲風今天去侵襲那邊了。」

「要是我在車上，碰到了龍捲風，應該要怎麼辦？」

「絕對不要停在高架道路或是矮橋的下面。風會像漏斗一樣捲過去——會把你害死。最安全的地方？信不信由你，是洗車場。」

然後，這些追風人就開車離去，去密西西比州找龍捲風了。

災後那天，小岩城的《阿肯色民主新聞報》（Arkansas Democrat-Gazette）的頭版頭條是：「龍捲風已致十五死」，據該則報導描述，「長達四十哩的摧毀路徑」一路行經小岩城北區及阿肯色州中部的三個郡——也就是我剛好所在的位置，只是這場變幻莫測、蜿蜒滑行的風暴繞過了我——「之後就縮回到雲層當中。」所有的警報都很準確：這場風暴就像預測所述的一樣致命，或許猶有過之。它往東北方向蛇行，越過州際公路，「損毀多輛休旅車，並掀翻了重量超過三十六噸的拖車屋。」

風暴繞開了康威市，但夷平小岩城附近的維洛尼亞鎮與五月花鎮，當地現在從晚上七點起實施宵禁，到處是成堆的殘骸、傾倒樹木及僅存碎片與木板的房子。報紙上滿是不幸民眾被困在地下室、被吸出窗外、被壓在倒塌的牆壁下垂死等等故事。數百人躲進了避難所，現在仍繼續待在那裡。「龍捲風掃過三千家園」是風暴過去兩天後的頭條標題。這些受創地帶被宣布為「重災區」。這場風暴的威力在阿肯色州的歷史上名列前茅，在該州中部的某些地方，三小時內的降雨量就將近八吋。洪水普遍可見，道路變成河流，房舍被淹沒，民眾遭滅頂。目擊者提到，龍捲風在他們躲進地下室與安全室時經過了他們的房屋，發出了「貨運列車的轟隆聲」。我在幾哩外沉睡時通過的這場風暴，目前已經造成三十五人喪生，其中也包括阿拉巴馬與密西西比州的民眾，而密州的受損情形又以圖珀洛最為慘重。風暴行經路線上的整排樹木都被一掃而空，外圍有幾棵還被剝了皮。

更全面的實況，以及災情的總結整理登上這份小岩城的報紙時，已是第三天的事。依照改良藤田級數（Enhanced Fujita Scale）——評估龍捲風強度的科學量尺——這場風暴被列為ＥＦ４等級，時速達到兩百哩。這種風力足以使列車出軌、摧毀整棟房屋、將樹木連根拔起、把樹幹吹得像破門錘一樣飛走。這是阿肯色州自一九二九年以來最嚴重的風暴，當年那次ＥＦ５等級的侵襲，造成二十三人喪生，還抹平了斯尼德鎮（Sneed）：當地自此廢棄，再也沒有重建。

這場奇怪且選擇性肆虐的風暴過去之後幾天，當地的醫療院所仍然無法處理全部的受傷與病危患者，受到嚴重外傷、骨折、穿刺傷、肺塌陷的人持續湧入——僅一家醫院就收治了一百五十名受害者。在這場受到當地媒體詳盡報導的悲劇中，還有一種陪襯出現的故事，就是關於「風暴吹走寵物」的冗長記述，例如一條拉布拉多被人發現掛在樹上──並且獲救了。

發生這些事時我都在睡覺。在這場具有破壞性與戲劇性、衝擊三州的氣象事件中，令我稱奇的卻是此事。我只浸濕了雙腳，但除此之外，這場風暴並未傷害到我，也幾乎沒有給我的旅行造成不便。就是一、兩天的警報、報導，以及靜謐。恐怖的風勢來了又走了，就是阿肯色州一個獨特的戲劇性場面，儘管報了一整個新聞週期，卻也不是美國其他地方的頭條新聞。

「這是一個看天氣的州，」後來在小岩城有個男人對我這樣說。「大家對於天氣都很狂熱──總是在討論天氣。也許是因為我們是務農的，有需要知道吧！而且我們這裡的天氣是很驚人。」

有間教會利用這次龍捲風的機會，在看板上打出了：

反常的天氣不正告訴了我們，耶穌即將復臨？

《路加福音》第二十一章說的：「日、月、星辰要顯出異兆，地上的邦國也有困苦，因海中波浪的響聲，就慌慌不定。天勢都要震動，人想起那將要臨到世界的事，就都嚇得魂不附體。那時，他們要看見人子有能力、有大榮耀駕雲降臨。」

但你如果沒有直接被風暴掃到，這就只是歐札克山區的一個潮濕日子，除了遠處傳來的雷聲，別無值得留意之處。對於那些遭到旋風威力猛擊的人來說，這場風暴則是毀滅性的，自此展開數日的喪葬、辛勞的清理，以及突然無家可歸的悲傷故事。

但這是個遠方的片段；是屬於在地人的事。這只不過是南方的又一樁慘事，對於美國大多數地方來說，這場造成混亂與傷亡的風暴遠不足以引發關注，就像是發生在國外一樣。

阿肯色文學節

這幾天風暴期間，我在雨中開著車，在阿肯色州中部到處繞時，在小岩城碰巧遇到一場為期四天的文學節，有幾場講座及書籍相關的活動。主打的多位作家裡，大部分都是阿肯色人。阿肯色州小說家查爾斯．波帝斯就住在小岩城，而我希望——因為我也是他的讀者——他或許會來演講。但是波帝斯的名字並未列入將出席文學節的八十位作家名單當中。

在大多數的文學節上，都可以見到留著糾結鬍鬚、戴著奇怪帽子的自我推銷作者，急切的宣傳人員，以及簽名會與發送免費T恤的喧嚷聲，幾乎等同於一場亂哄哄的丑角戲。但是這場文學節的使命則是——據他們的廣告所述——要「鼓勵更多閱讀人口的發展。」該州有些鄉村地區的郡，成人的文盲率高達百分之二十五，全州不能讀寫的比例超過百分之十四，將近百分之二十的阿肯色人沒有高中文憑，在這樣的一個州裡，培養更多的閱讀人口確實是個有價值的目標。每當提出這個嚇人的數據時，得到的回應通常都是「密西西比州還更糟呢！」但這也是令人感傷的真相。不過阿肯色州知識界的枯竭是明擺著的事實，如此費勁試圖否認，倒使其更形顯眼了。

阿肯色州作家艾倫．吉克里斯特（Ellen Gilchrist）是這屆文學節在廣告中主打的特邀講者。我讀過她的幾本故事集，也希望能聽到她演講。她的短篇故事有許多是系列作，角色會重複出現，關注的是受過教育、中產階級的南方白人女性所遭遇的苦難。這些故事並不合我的胃口，但那並不重要：吉克里斯特悠長、拉雜的文句是發人深省的，對我這樣一個外地人而言，這種絮絮叨叨常比熟練演示的文學技巧更能揭露內情、也更有助益。吉克里斯特總能成功描寫出女性的衣著，每一種色彩與風格，還有鞋子——尤其是鞋子——以及這些女性的妝容與髮型。這些都是男性作家通常視而不見或渾然不覺的描述性細節。從文學的觀點來看，她的小說並無分量——至少對我來說如此——但我讀過的這些故事清楚反映了南方女性的愛情、工作、擇偶習慣與婚姻，她也自信滿滿地描繪了這些情形。

種族議題在吉克里斯特的小說中鮮少提及，雖然有一系列相關連故事的敘事者就是黑人女傭崔斯琳（Traceleen），她的雇主則是吉克里斯特其他故事裡的角色，是個昏頭昏腦、屢次結婚、醉醺醺的南方美人，名叫克莉絲塔．曼寧．馬禮遜．魏斯（Crystal Manning Mallison Weiss）。崔斯琳既清醒、可靠、又勤勞，在其中一回故事裡，她努力想幫助人，接手駕駛一輛昂貴的賓士，無可避免地撞毀了，導致（男性）車主評論道，「老天啊，克莉絲塔。你讓黑鬼女傭開我的車？」

我一直盼著有榮幸去問艾倫．吉克里斯特，關於收在她的獲獎選集《戰勝日本》（*Victory over Japan*）裡的這篇小說的事。為什麼黑人敘事者的語調是堅定持久、泰然自若的？從車禍發展出的鬧劇情境又是從哪來的？崔斯琳又為什麼似乎能接受這樣的辱罵，或至少是，她為什麼在一個我看來很火爆的情況下，對這種語言卻毫無反應？還有，吉克里斯特是否曾因為這種措辭，而引來任何的抨擊或不快？

但風暴將艾倫．吉克里斯特困在了法耶特維爾，她的座談會也取消了，而我是去第二街的總圖書館參觀時才得知的。距離那裡不遠，在渾濁的阿肯色河南岸，就是柯林頓總統中心（William Jefferson Clinton Presidential Center），是座造型怪異唐突、狀似懸空聯結車貨櫃的圖書館兼博物館。

在外型較為傳統的小岩城總圖書館，寬闊的櫃檯就位於入口處一座優雅階梯的頂端，一位女士像艦橋上的船長一樣坐鎮在後，即時回答問題，指引民眾找到書籍、各廳室，以及文學節的活動。

「很了不起，」我說道，翻閱著她遞給我的節目表，我說他們真是辦出了許多活動，也找來了許多作家共襄盛舉。「我滿想見見策劃人的。」

「那應該是布萊德吧。不過他應該在忙著招呼作家。」

「或許我可以留一張字條給他？」

我撕下一張小岩城圖書館的官方便條紙，寫上了我的名字跟連絡電話。

「是關於什麼事呢，嗯，胸腔[19]先生？」

「關於在阿肯色州寫作的事，」我說道，就在她一邊抓著自己的金髮，一邊用藍眼睛盯著我，希望得知更多細節的同時，我又補充說：「我也是個作家。」

「你是用本名寫作嗎？」

「通常都是。」

「你都寫哪種東西呢，胸腔先生？」

雖然我很努力想要圓滑世故些，卻還是覺得這就像在對一個盲人形容綠色。

「你會喜歡這個文學節的。」她說，就在此時，她聽到我說想去聽艾倫．吉克里斯特的演講，便告訴我她的座談已經因為天候惡劣而取消了。

我又看到，在一個小時之內，聯邦眾議員約翰．劉易斯（John Lewis）會在摩西聖殿騎士會文化中心（Mosaic Templars Cultural Center）出席一場免費活動，就他寫的新書發表演講，地點就在鎮上另一頭的第九街。我就上了車，開去那裡聽他演講。

約翰．劉易斯是喬治亞州選出的政壇長青樹，也是民權運動的中堅分子之一。他年少時就受到馬丁．路德．金恩演講的激勵，並在十八歲時見到了金恩博士，不久後，自己也成為具影響力的演說家。他自此開啟了社運生涯，整個一九六〇年代都在從事靜坐、抗議，以及選民登記等活動。劉易斯為了這些非暴力、自我犧牲的努力，曾在許多場合遭人痛毆，在一九六五年血腥星期日的塞爾瑪遊行上，還被州警用警棍敲裂了顱骨。

劉易斯出生在阿拉巴馬州特洛伊鎮（Troy）的一戶佃農家庭，當地位於蒙哥馬利東南方約四十五哩處，他在派克郡（Pike County）的種族隔離學校受了教育，後來進了費斯克大學（Fisk University），以宗教與哲學的學位畢業，此外也取得了神學的進修學位。研習《聖經》的學術背景強化他身為傳道人的角色，他還練出一套沉穩渾厚、而非叱喝叫囂的聲調，以進行他通常採取的布道形式的演講。而他濃厚的派克郡口音，又使他牧靈般的講道更具說服力。

劉易斯在一九八六年當選眾議員，代表的是喬治亞州第五選區（大部分的亞特蘭大），二十八年後依然穩坐這個席次。除了他獲頒的眾多勳獎與五十個榮譽學位之外，他的國會議員官方網站還

---

19 作者姓氏索魯（Theroux）為法裔姓氏，故Theroux之「ou」發近似「屋」的音，字尾的x則不發音。這位女士不認識這個字，所以憑直覺唸成了「Thorax」，意為胸腔、胸廓。

用了這些詞彙來描述他：「經常被稱為『民權運動歷來造就最具勇氣的人之一』，約翰．劉易斯畢生致力於保障人權、捍衛公民自由，以及在美國建立他所謂『摯愛的共同體』。」

像這樣用納稅人的錢，在激情的聖徒傳記上加以歌功頌德，用在一位冒過生命危險的人身上，或許是情有可原的。他在民權抗爭期間吃盡了苦頭，在運動中發出理性的呼聲，成為了能幹的立法者，是歷史的活見證，也仍是政府裡的良心。他由於堅持按照倫理行事，而在國會與眾不同——這可是件吃力的差事，畢竟在那汙穢的議院裡，有為數這麼多的詐騙犯、抓耙仔、出遊報公帳的人、投機取巧者、說謊者、逃漏稅者、通姦者、性騷擾者、自拍私處寄給素昧平生者的人，以及恬不知恥的惡棍。

劉易斯議員只比我大一歲。我對他感興趣，是為了反思我們的平行人生。他在深南地方如此忙於從政，持續在發表演講與推行運動；我則一生沉浸於寫作與旅行，以「胸腔先生」的身分莫名隱身、又飄忽出現。劉易斯一直在從事社運與立法；我則都在旁觀與竊聽。當我在非洲與東南亞的無名學校任教時，他則在深南地方挺身力抗種族隔離。他是投身公共事務的人，是我一直避免的角色。

劉易斯現在是知名人士了，冠有許多榮譽頭銜，有一張歷盡風霜卻睿智聰敏的臉龐，以及明顯可見的跛足，他被視為一位政治家，一尊時代標誌，一個身穿細條紋西裝的勇士。現在我們面對面了，而我是——什麼人呢？是個遊蕩者，穿著一身遊蕩者的皺衣服，坐在一群以黑人居多的信眾中間，至少這些專注虔誠的聽眾給我的感覺就是如此。但我們兩個也都是作家。劉易斯的書，《行進：第一冊》（*March: Book One*）剛剛問世，他來文學節推廣的就是這部著作。

這篇著作，這本書，其實並非一般的書，而是本漫畫書。我還發現，這書也不是他寫的。這本書講的是約翰．劉易斯的故事，但是由他的國會助理安德魯．艾丁（Andrew Aydin）執筆，插畫則由技藝精湛的漫畫家（出過《吞沒我》〔*Swallow Me Whole*〕、《小巨人》〔*Tiny Giants*〕等多部作品的）內特．鮑威爾（Nate Powell）負責。用比較體面的講法，這部作品就是本圖像小說。還是小男孩時，我也曾緊抓著這種漫畫不放，沉溺於它們的簡單明瞭。想到寬敞的摩西聖殿騎士會講堂將坐滿文學節的人，聚集來聽約翰．劉易斯關於一本漫畫書的高談闊論，就使我疑惑不已。

但這不只是本漫畫書而已，它還有段嚴肅的歷史，與一次重要的先例。

在演講中，劉易斯談到了他十幾歲時讀過的一本漫畫書，《馬丁路德金恩與蒙哥馬利故事》（*Martin Luther King and the Montgomery Story*），只有十六頁，售價一毛錢。書裡介紹了導致了一九五五年蒙哥馬利公車抵制運動的起因事件。主題則是羅莎．帕克斯、金恩博士，以及另外五萬人運用非暴力抗爭的力量，成功結束市公車的種族隔離。

「這變得像我們的《聖經》一樣。」劉易斯向這些對《聖經》略知一二的聽眾說道。

編寫這本漫畫的並不是馬丁．路德．金恩。這是和平主義者阿佛瑞．哈斯勒（Alfred Hassler）在一九五六年提出的點子，他見到非暴力行動在蒙哥馬利的成效後深受觸動，便寫下此書。他的想法是製作一份抗議過程的記錄，讓整個南方的潛在活動者都得以參閱。金恩博士向哈斯勒口述了一些段落與相關對話，後來見到這本漫畫出刊，也表示讚揚。金恩博士寫道：「你在掌握這場運動的隱祕實情與哲學理念上，表現得令人驚嘆。我確信這本漫畫書將受到美國公眾的歡迎。」

一九五七年，《馬丁路德金恩與蒙哥馬利故事》由致力於化解世界衝突的組織「友和會」（Fellowship of Reconciliation）印行了將近二十五萬本。金恩博士的肖像——時年二十八歲，憂心又自負——就印在封面上，一旁的文案是「五萬名黑人如何找到新方法終結種族歧視」。這本書受到人們的悄聲談論、分享與稱許，並銷售一空——可說是大獲成功。在南方的某些地區，這本解釋非暴力抗議理念的漫畫還被視為煽動性刊物，使其只能暗中流通。

其中一本來到了阿拉巴馬州的特洛伊鎮，落入了十七歲的約翰．劉易斯手裡，激勵了這名男孩的使命感。許多年後，他仍記得，這則平鋪直敘的故事如何影響了他的人生。聽到此事，他的助理安德魯．艾丁對此進行了研究，並當成他在喬治城大學的碩士論文題目。

艾丁還決定仿效此事，創作一本關於約翰．劉易斯生平的圖像小說，描寫他的成長歷程與當年的種族隔離文化，以及塞爾瑪的那場遊行。艾丁找到了插畫家內特．鮑威爾，因此這部作品是合作完成的，三人共同製作了這本《行進：第一冊》，也是預定的自傳三部曲的第一集。

艾丁和鮑威爾都與劉易斯一起登上了文學節的講臺，劉易斯並談及他是如何受到了更早那本漫畫書的影響。他也稱讚內特．鮑威爾的畫風既寫實又簡練。

劉易斯並沒有提到哈斯勒，這位金恩博士漫畫書的幕後推手。我後來得知哈斯勒（1910-1991）是位沉靜又有勇氣的人。他二次大戰時就是良心拒服兵役者（conscientious objector），因為拒絕作戰，在一九四四年被關了九個月，後來還因此寫了本書，就是《自陷其罪者日記》（*Diary of a Self-Made Convict*）。加入友和會之後，他負責編輯會刊，進行過的活動之一，就是呼籲派送糧食，給一九五〇年代中陷入了毛澤東引發的災難性饑荒的中國。[20]後來他成了積極的反戰人士，在一九六六年參加了一個和平代表團訪問越南，漸漸改信了佛教，又跟有影響力的僧侶釋一行（Thich Nhat Hanh）交了朋友，還將他帶來美國，讓他在這裡流亡了三十九年，並且建立寺院與進行教學。是哈斯勒說服了金恩博士出面譴責越戰，他也因為這種對抗舉動，而遭到許多人的詆毀，並飽受FBI騷擾。

（在研究過這位被尊稱為導師〔thay〕的釋一行的人生之後，我發現了一則好故事。有位富裕的美國社交名流，邀請師父蒞臨她的豪宅，提議要獻出大筆布施，用於推展師父的工作，讓師父可以向她保證關於轉世的真相——也就是她無須恐懼死亡，而她在過世後還會重生。導師說：「若是沒有自我，那重生出來的又是誰呢？」語畢空手離去。）

在擁擠的摩西聖殿騎士會講堂裡，劉易斯發表了一場鼓舞人心的演講，並指出今年是民權運動的五十週年，距離公車抵制運動也將近六十年了。接著，坐在兩位協力作者中間的他，談起了這本圖像小說。

「這比單純只有文字強得多、也好得多。」他如此說明視覺意象在圖像作品中的效用。「他們都說音樂是普世共通的語言，但是當眼睛注視某樣東西、某個形影、某人在移動的時候，這就是真實的，是無可否認的。當你在這裡或那裡，看見或聽見了一個詞、或一句片語，這都可以用各種方法詮釋的，但是當你看見了真正的繪畫，它訴說的事就會比什麼都多。」

聽眾幾乎清一色是年紀較大的黑人，女性多過男性，都是盛裝出席，其中有些則過度打扮——綴滿花朵的寬沿帽、荷葉袖的緞面罩衫、紫色的長禮服、紡紗斜紋布料、與綁帶軟帽、許多人胸前或領口還戴了首飾：都是上教堂的行頭。這也是很合適的打扮，因為劉易斯用的就是傳道人的語

---

20 此處所指的饑荒時期發生於一九五八年至一九六二年，被稱為大躍進運動。

調，而他訴求的訊息也是寬恕。他明白自己是個歷史人物、是個活見證——「時代標誌」這個詞也經常被人連上他的名字。發現自己成為時代標誌，該是多麼欣喜的事！但劉易斯已是個身材發福、健康有恙、傷痕累累、忍耐不適的時代象徵了。

在充塞著濫情吹捧的氣氛中，劉易斯認可了眾人向他投注的情感——並非取暖或自滿，而是一種淡然接受的心境，就像君王在回應群眾的歡呼一般，輔以謙遜的眼神與隨興的揮手致意。他的頭對身體而言太大了點，但有種引人注目的莊嚴，展現出那場戰爭在他這個屢獲勳獎的榮退老兵身上遺留的影響。他的面容飽經摧殘，會張口結舌，但此外無甚特徵，並且歪向一邊，像是個挨了揍的胖男孩。他的臉在一切順利進行時也沒什麼表情，而他今天等候掌聲平息時，也未曾表露太多情緒，似乎意識到了自己的象徵價值，就是個終身社運家的和氣形象，有時也會走進人群、擁抱幾位老婦人、行按手禮，但對我並無表示。

他的座談結束後就是簽名會，劉易斯、艾丁、鮑威爾這三人在講臺上排排坐在一張長桌後面。右方排起了隊伍——共有一百人，因為放在樓下詢問臺的一百本《行進：第一冊》已經售罄。鮑威爾先簽，接著是艾丁，最後才是劉易斯，而每次劉易斯用簽字筆在封面潦草地簽下了姓名，購書者就會繞到桌子後面，與議員合照。一百本書，一百張照片。瘦削的七十歲老人威利．瓊斯（Willie Jones）與妻子米翠德（Mildred），從韋恩鎮開了來回兩百零八哩的路過來，為的就是一本《行進》與一張紀念照。米翠德戴了頂紫色的大禮帽，穿了件薰衣草色的荷葉領罩衫。「她就是我的女王，」威利邊對我說，邊看著她擺姿勢與約翰．劉易斯合照。議員看上去已經疲倦不堪，但他很有拚勁，一直待到最後一本漫畫被簽得面目全非為止。

我站在臺下看著這一切，臺上則有一群人——議員的隨從、友人與支持者——站在那裡，對著議員、也對著彼此眉開眼笑。他們的都打扮得很有型——沒有綁帶帽、沒有斜紋布、沒有荷葉袖——穿的是剪裁合身的黑西裝，以及時尚的設計師洋裝，有位男士頂上一層抹了光亮的髮蠟，硬髮如城垛般凹凸起伏。這些人都是黑人的菁英階層。

「哈囉。」我說。

他們被我的問候嚇了一跳，就像一群韌皮鯊魚，因為注意到有個蒼白的浮潛人而猝然一驚，繼而反應淡漠。但我鍥而不捨。我介紹自己是來自北方的陌生人，而且是個支持者。我得到的回應是有氣無力的微笑、或是憐憫的注視。其中有幾人帶著充滿防備的過度禮貌，到了分不清是客套還是粗魯的地步；其他人則一副輕慢，用掃視的眼神在打量人。他們根本不歡迎我，似乎還有些提防我。

「我看到你們還有多幾本議員的書。」我說。

一位穿著雅致洋裝的女士身旁，有十二本書就疊在椅子上。

「樓下的書都賣完了，我可以跟你們買一本嗎？」我說。

「不行，」她說道，並別過頭去。「這些是留給別人的。」

這群不和善的人，是我在這趟深南之旅當中難得遇到的都市黑人，懷有阿肯色人本能的疑心——猜忌、冷淡、問候中隱約帶著倨傲，好像他們還在學習怎麼跟白人打交道似的。而一身尋常衣服因旅行而亂皺，鞋子還被風暴淋濕到現在的我，又是誰呢？

無須介意約翰．劉易斯在臺上描述過的事——他的父母都受過種族隔離的逼迫，他與警察還有三K黨的對抗，他受過的創傷，他破裂的顱骨，那場以血腥衝突作收的遊行。對劉易斯來說，這些都是遙遠的往昔，沒有怨恨，多的是道貌岸然；對他的隨從而言，則不過是昨天、或者今天的事。

「你會是什麼人啊？」他們睥睨著我，露出侷促的、幾乎是譏諷式的微笑，看似在如此暗示。或許我看起來是有點冒昧吧！

我想他們應該算是小岩城的權勢團體了，閃著特權的光環，不歡迎我任何的靠近動作。逗留在臺下的他們仍是緊密閃耀的一夥人，籠罩在眾議員和善的熱力之下。他們相貌英俊、造型時髦、與自己人閒聊著、裝模作樣，是個不同類型的團體，有別於那些衣著粗陋或衣著過度、一身上教堂的行頭、排著長隊等待上臺索取簽名與合照的貧窮黑人：那些上了年紀還穿著破鞋的鄉巴佬、窮人、農民百姓。

我對這個衣著光鮮的權勢團體的解釋說詞是：我是來深南地方旅行的，我是個作家，也是個外地人。他們覺得《行進：第一冊》這本書怎樣呢？哈囉？

從他們混雜著猜疑、困惑與不自在的態度裡，我得不到任何答案，還覺得其中有一股拒斥感，彷彿他們若是與我交談，恐將有不好的下場，畢竟，我是個白人，而他們又不確定自己想要什麼回應、或是會得到什麼回應。他們的不信任也許是有理由的，因為這裡是小岩城，而他們又是黑人。我猜想，拒斥和排擠都是他們已經熟識的反應了，尤其是在面對一名自信且隨興的白人時。

但是我的衣著很糟糕，因此令人不放心。在那群人裡，逼近得像個不速之客的我，說不定是來行刺的。這是個注重外表的城市，而我又想到，穿成我這個樣子——棒球帽、曬到褪色的棉布夾克、藍色牛仔褲、踩過雨天街道的濕鞋子——我只可能是個土白佬（cracker）。我也是個老男人。當然了，我想必是個白窮漢（peckerwood）。

「但作家看起來就是這樣的，」我原本想說，「穿的不是政治人物那種細條紋西裝！我們也沒有隨扈！我們都不是時代標誌！我們看起來危險又精神異常！對啦，我想我們有些人是看起來像白窮漢，但我們是無害的。」

有幾分鐘的時間，在這群不和善又有權勢的黑人面前，我在轉瞬之間，像是透過碎裂木板的節孔窺見了，在阿肯色州身為又老又窮的白人會是什麼樣——一個活生生的討厭鬼，古怪的胸腔先生。

或許這些都是我單方面的疑神疑鬼，覺得他們倨傲也是我的誤會。或許他們只是冷漠、或忙碌、或疲憊罷了——也累了一整天了。或許，身為住在城裡的人——或者從他們有型的衣著看來似乎如此——他們對陌生人更有疑慮，較難用微笑令他們安心，也避免像鄉下人那樣搏感情，作出我已經習慣的例行問候。

無論如何，他們別過頭去避開我，並且微笑著，伸出了他們的手臂。一拐一拐、手臂鬆開、筋疲力竭的劉易斯眾議員步下了臺階。他們組成人牆，圍在他身邊，護送著他離開會場，形成一支緩慢而莊嚴的隊伍，似乎在保護他不受我的危害，而我就這樣看著。

巴迪：「要小心」

出乎預料的是，我碰到了一場開心的意外，你必須要像南方人那樣流連徘徊而非匆忙離開，才有的因緣際會，那就是我在小岩城碰到了查爾斯．波帝斯。我原本就希望能見到他。他是少數作品令我欽佩的在世作家之一，而我認為，不僅是《真實的勇氣》，這本因為兩部賣座電影而人盡皆知的書，還有他的另外四本小說，也都堪稱楷模。《諾伍德》與《南方之犬》特別引起我的共鳴，是因為這兩本都是以公路之旅的形式進行的追尋，還有他在將近六十年間偶爾寫下，收錄在《脫離速度》（*Escape Velocity*）當中的文章，也顯示出他花了一輩子的時間，致力於觀察人類的種種毛病。他的其中一篇隨筆，是我讀過寫得最好的一篇關於廉價汽車旅館的解析文章。從他這些公路見聞報告看來，我們在經常淪落破舊旅店、有時還加以讚揚的這件事上，似乎是志同道合的。

身為一個旅人，一個描繪美國各種適應不良者與走火入魔者的人，波帝斯充滿了信手捻來的才華，而且他不但流暢有趣，還是個冷面自嘲的喜劇大師。波帝斯是個怪咖，但天才總是奇怪的——納博科夫差不多也是這樣講果戈里的，他還補充說：「偉大的文學都遊走在非理性的邊緣。」波帝斯與果戈里非常貌似之處，在於他的「非理性洞見」，而他書中傳遞的「要旨」（其實根本不是要旨），也近於似納博科夫為果戈里的要旨所做的摘要：「有些事很不對勁，全部的人都有點瘋癲，追求著在他們看來很重要的瑣碎小事，同時又有一股荒謬卻合乎邏輯的力量，讓他們執著在自己徒勞的工作上。」

相較於他的名聲，波帝斯過得深居簡出，不過小岩城的任何友人與餐館都能夠作證，他善於社交又幽默風趣。他對民權運動與塞浦路斯戰爭都做過報導，住過倫敦，漫遊過墨西哥各地，還能夠引用托馬斯．布朗（Thomas Browne）的《瓮棺葬》（*Urn Burial*）——是我想要的那種酒友。

然而他在所有的文學詞句中，卻表現得像是個最不自負的人，有次在小岩城一家叫做褪色玫瑰（Faded Rose）的酒吧裡，他還向一位對他肅然起敬、稱他是大作家的書迷說：「我連這間酒吧裡最好的作家都不是。」

稱他為巴迪（Buddy）或查理的親友們也說過，他的生活過得有多麼隨心所欲。有次他去紐約一家雜誌謀職，被叫去作初步面試時，一位資深編輯隔著桌子問他，「你為什麼想要這份工作？」他深思著這個問題與涉及的涵義，想了一分鐘左右，波帝斯抽著菸回答說：「其實，我不想要這份工作。」然後沒再多說一個字，就離開了房間。他是個傾聽者，而非健談者，是個寡言的人，只在紙上能言善道、侃侃而談。

我們在小岩城相逢的那天上午，他正好坐在搖椅上沉思。他看來心滿意足，但向上瞥了一眼時，仍有點防備。他就跟某些人一樣，邁入老年，卻有了狡黠頑童的特徵，因為出於警覺心，或許還有無可厚非的自我保護，而顯露出同樣和善的表情，以及些微猜不透的詭祕感。

我說了聲哈囉。

他作出親和的姿態，從搖椅上俯身起立，苗條、瘦長、直挺挺的，看起來就像他還是陸戰隊時一樣體態良好，只是因為曾經吸菸而臉色蠟黃——他已在十年前，剛滿七十歲時戒了菸。他領我進門，來到一座面對花園的陽臺。這是個可愛的阿肯色早晨，有著藍天，以及甜膩盛開的花朵。炎熱的沙礫在揚塵中散發出一股花粉般的香氣，剛割過的草也有一種尖銳的、健康沙拉似的芳香。

我很明白他對受訪的嫌惡，所以只是告訴他我有多麼欽佩他的作品——他寫作揮灑自如，隨意點評的智慧，對於南方口語聲韻的敏銳感知，以及他對於種種路上事故的聚精會神與欣然接受。

他露出小男孩式的狡獪微笑，也表示了感謝，但就算他八十歲了，卻還是抗拒著讚美，與任何纏著他示好的人。我說話時，他掀起袖口，悄悄看了一眼手錶。然後他揮手趕走了一個想對他拍照的人，驚魂甫定，又看了看手錶。他還有事要做——我知道這種感覺——而且迫不及待想要脫身。

我知道我打擾到他了。我謝謝他挪出幾分鐘給我，並說，「我要離開了——去歐札克山區、水牛河（Buffalo River），再來也許會下去埃爾多拉多（El Dorado）與斯馬科弗（Smackover），順道經過一下布林克利。」

他點了點頭，用兩隻大拇指扣住腰帶，向後抽身打量了我一下，然後用一種祝福的聲調說：「要小心。」

老人家

一個下著雨的溫暖午後，在布林克利的阿金餐館裡，有兩位壯碩的白人女士，年約七十歲上下，飽滿的手臂都擱在桌上，正在看著報紙、吃著燒烤，有位更年邁的男士走近她們的隔間座位時，又低頭嘟囔了一陣。

「你們好不好啊，女士們？」

「還行啦！」一人坐直了說道，另一位女士則別過頭去。

「下雨囉！」老先生說道。他粗壯結實，褲頭繫著吊帶，戴了頂棒球帽。

「會放晴的，」同一名女士說；另一人不發一語，但表情平靜。「啊別介意。雪比好嗎？」

「還在受罪，」接著他轉過身，用一種飢餓卻讓人安心的聲調自言自語說，「點個派來吃。」

他拖曳著一雙舊鞋離去，走向糕點櫃檯，到了聽不見這裡講話的距離。一直沒發言的老婦人說：「我上二年級的時候他三年級，他都叫我肥仔。」

她們又回去繼續讀報紙、吃燒烤了。

我寫下這些文字，驚訝於這次或有六十年之久的輕慢與委屈仍記憶猶存，於此同時，又發生了另一件深南地方會有的事。

一位高個子，非常老——八十五歲左右——且穿著正式的白人男士走進阿金餐館。他穿了件在胸前口袋繡有金色徽章的西裝外套，還打了領帶。他一手拄著拐杖，另一手搭在一位幾乎一樣老、穿著連身吊帶褲、動作幾乎一樣孱弱的灰髮黑人肩上。他們緩緩移向桌邊，黑人扶著白人，兩人就這樣面對面就座了。

「雨還在下啊！」白人說道。

「對啊！」

他們跟服務生點了一份鯰魚，服務生是個年輕的男孩，點餐的同時正用抹布擦著他們的桌子。他們等鯰魚上桌的時候，說起了他們的祖父母。

「我阿公啊，」白人說起了一段深情的回憶。

「我那老阿嬤啊，」黑人說著，也講起了自己的回憶。

他們交換了各自祖父母的故事，在一些細節處大笑出聲。「老人家啊，」其中一人說道，我則不太確定他指哪一位。

「他們有錢，也有土地。他們有兩間穀倉，還會騎馬。」年老白人說。

「有幾下子不是嗎？嗯。」

「進城的時候都會穿成套西裝。」

他們點的餐送來了，他們就吃了起來，仍然在聊著舊時光的點滴，用低緩柔和的聲音說著話，彼此互相欣賞。

雨天的農人

某個雨天裡，在布林克利北邊的法戈村，我剛在一片灰暗的天空下駛過了幾片泥濘的田野——其中幾塊地因些許水窪而閃著銀光，另幾塊則略微淹水——經過了通往破舊的棉園鎮（Cotton Plant）的岔路來到這裡，再次與卡爾文．金恩博士會面。如他先前答應過的，金恩博士邀來了幾位黑人農民與我見面——他們都是早起的人，都比我先到，有幾位還從好幾哩外前來參加這次會面。金恩博士的阿肯色土地農場發展會社是棟低矮的磚造樓房，位於法戈的一條泥土路上，我們就在房間裡圍繞著一張桌子而坐。在黑色的安格斯牛吃草之處，道路於一塊圍著籬笆的田地戛然而止；這幾頭都是試驗牧場的牲畜，正咀嚼著一垛垛潮濕發黑的麥稈。

這幾位農人都是男性，穿著連身褲、戴著卡車帽，年紀最大的已將近八十，年紀最輕的二十三歲。有位女士坐在邊桌旁，像在做著筆記。原本還有另外兩位女性農民受邀，但在最後一刻不克前來。他們都是沉靜、警覺、有耐心的男士，但置身於會議室幾張空桌子與許多摺疊椅中間，仍有些不自在。農夫都不慣於久坐，這些人看來也都坐立難安、格格不入。

「我是個外地人，」我自我介紹說，「我旅行過也寫過很多外國的事，但是我發現自己花在南方各州的時間不多，而這裡的很多問題，跟所謂的第三世界國家是一樣的。」

我繼續以這種語調說下去，解釋著我正在深南地方旅行，並試圖理解我所見到的事。我謝謝金恩博士安排這場座談，並表示我很感激這些做工的人願意在這個週間工作日的早上過來見我，他們的到場很有幫助。

「是因為天氣啦！太濕了，在田裡什麼事也做不了。要是今天出太陽的話，你就看不到我們任何一個人了。我們的田都淹水了。」其中一人說道。

「而且我們今天早上的雜事都做完啦！」另一人說，並與其他人一起大笑。

他們順從於大自然與人性的現實，但絕不被動認命。我將會發現，他們積極於工作、種植、收穫、還貸款，這既讓他們自給自足，也賦予了他們尊嚴。

他們又笑了起來，並做了自我介紹。第一個發言的是安德烈．皮爾，四十二歲，已經務農十二年。他現在耕作的地有四千英畝，就在他的住處旁邊，當地位於菲利普斯郡萊克薩（Lexa）鎮外約四十哩處。他是個結實健壯的男人，中等身高，動作與談吐都很率直，正眼看著我，說出了他的心裡話。安德烈在這群人裡的學歷最好，一九九五年在阿肯色大學的松崖校區（Pine Bluff）得到農業學位。他種了小麥、玉米、穀粒用高粱與大豆。我後來得知，他的農場成功到他跟太太與兒子在二○一三年度獲選為「菲利普斯郡年度青年農戶」，傳略還登上了《海倫娜世界報》（Helena World）。

「但是做這個一直都很拚，」安德烈說著，用他那雙肌肉發達的農夫手掌撐住了頭，使勁搓揉著。「你應該聽一聽銀行的事。」

「那可一言難盡囉，」恩尼斯特．考克斯說，他是個修長精壯、舉止溫和的人，年近七十，務農一輩子使他顯得歷盡風霜——他自幼就在父親的田裡做事了。他有個保持微笑與點頭的習慣，既吸引人又使人卸下心防，就算講到的是債務、融資障礙、貸款遭遇困難等不愉快的事亦然。他與他的哥哥赫歇爾跟伊爾摩一起經營著家傳三代的大型農場事業，占地五千英畝。這座家庭農場——種了大豆、小麥以及高粱——就位於菲利普斯郡的小鎮馬威爾的郊外。

這些人——全都出自農家——就在阿肯色州三角地生活與照料莊稼，居住的鄉鎮距離密西西比河都不超過十哩，他們會在附近的河岸城鎮海倫娜（Helena）將穀物裝上駁船，沿河而下。與他們談話時，我想起了萊爾斯牧師在阿拉巴馬對我說過，曾有個白人建議他父親，不要把任何土地賣給白人。「要賣給黑人。」他是這樣說的，因為這是一個黑人在鄉村地帶取得立足之地的唯一方法。

「我對銀行是有些看法啦！」山繆．羅斯（Samuel Ross）說道。他年近八十，是這群人裡最年長的。「但是我已經退休了。還是讓其他人來說吧！」他在一個小時裡就講了這麼句話，不過他是個專注的聆聽者。

「我呢，我才剛入行，算是啦。」羅傑．史密斯說。他二十三歲，這已經是他務農的第四個年頭了。他十九歲時從小農場主開始做，接下來每年都再租下了幾百英畝的地，現在共有七百英畝的稻米與高粱田。他輕聲細語且羞澀，說話時拖著長長的尾音，還會反射性地把臉側向一邊，有好幾次我都得請他重複說過的話，甚至默默在心裡再翻譯一遍。

「這位是瑞奇．波恩。」金恩博士介紹另一位年紀較長的男士說。「他是這裡唯一一位沒在種行栽作物（row crops）[21]的人。」

「我太太跟我在種農產品，她才是真正應該來這裡的人。瑪麗精力可充沛的。」瑞奇．波恩說。

「對這些人來說，問題在於取得資金。」金恩博士說。就像他先前跟我說過的，他自己也是農人。而他雖然有一種權威感，說話時也幾乎有股學者氣質，但他在列舉各項議題時卻很流暢。他在經營這間阿肯色土地農場組織，所以已經很習慣參加諸多的會議、工作坊與委員會了。「這是失衡的，」他繼續說，「而且問題是貧困現象正在擴大。聽著，我有個朋友說她要去南非。我問為什麼。她跟我說那裡的人有需要。我告訴她：『你要找到有需要的人，不用跑到南非去。』她是從小岩城來的。我說：『那我們這裡的需要呢？』她說：『我覺得這不一樣。在南非連水質都有問題。』我就說：『我現在就可以告訴你這裡的水質問題！』」

我說：「我開始在南方旅行，就是為了這個原因，因為我看到許多的外人都致力於解決非洲的問題。那些問題跟這裡是一樣的——住房條件不行、醫療照護跟教育的供應也不行。兒童在挨餓。以及文盲問題。」

「還有銀行業。」安德烈．皮爾邊說，邊用粗壯的手指敲著桌面。他一直敲個不停，但他也以瞪大雙眼的方式表達了不耐。

「阿肯色州的銀行業是白人在壟斷的——都被白人控制住了，傳統銀行都要有百分之一百二十的信貸擔保才肯放款。想想看嘛！而且農業部那邊也有嚴重的失衡問題。」金恩博士說。

「我們需要經營周轉的貸款，」恩尼斯特．考克斯說，「每年我們都得要跑銀行。我們做得都很順利——有兩個哥哥跟我一起在顧農場。但我們還是要任憑那些商人擺布。」

「你得要明白這件事，」安德烈．皮爾說，又想了一會兒才繼續說道。「銀行家借給其他農民的

---

21 成排栽種，以機具進行大規模修剪與採收的作物。

錢比較多。」

「哪些其他農民？」

安德烈瞪大了雙眼，兩頰氣鼓鼓的，但沒說話。

「你可以跟保羅先生直說的。」金恩博士說。

「我說的『其他』就是白人。」安德烈說。他講了一段關於他申請貸款的故事。

此時我才意識到這些人所面臨的狀況，因為貸款——要用於機具、種籽、基礎建設——的金額可觀，需要好幾十萬。

「她讓我借了四十四萬二，那一年——就是二〇〇六到二〇〇七年度——的天災很嚴重，乾旱又極度高溫。我的收成很差。我請她不要向農業部提報我的狀況，以申請損失補償。我不想要違約，我知道我還得出來，我曉得怎麼工作的，我想把欠的錢還清，我需要的是時間。我也還清了——每一塊錢都還了。」安德烈說著。他想了一下，又說：「白人都說我們懶惰，我們只是需要機會，我們很願意工作的。」

「這些人是克服了重重困難活下來的。」金恩博士說。

「你要是有了麻煩，發生嚴重的違約，白人農民就想買走你的土地，他們就是在等你失敗。他們是一掛的，銀行的人是另一掛。我的銀行員是都還好，但是我得要向他們解釋一大堆，才能讓他們理解我的情況。貸款專員裡都沒有黑人的。沒人在談這件事，沒人在寫這件事。就是沒有。」安德烈說。

「貸款專員啊。」恩尼斯特．考克斯用心照不宣的語調說著，面露微笑點了點頭，調整了一下小帽。

「還有另一個貸款專員，我們只是在聊，聊別人的事。我說：『你會給那個人貸款嗎？』他說：『不行。』我說：『可是你又不認識他。』他說：『他怎麼買得起那些設備呢？一定是在販毒吧。』他想的是：『他怎麼有辦法做到呢？因為黑人是做不到的嘛！』像這樣講話的人，就是坐在銀行董事會裡的人。」安德烈說。

「阿肯色不像其他地方。」羅傑．史密斯用他拖長的尾音說著，又別過了臉，好像他發表了意見倒令自己驚訝了似的。他羞澀又拐彎抹角，但並不膽怯。

「三K黨現在已經不罩床單了，」安德烈說著，環顧了他周遭的農民同業一圈。「他們都坐在銀行的辦公桌後面了。哼哼！」

「南方顯現出此地對於黑人的害怕。我指的並非生理上的恐懼，」法蘭克．譚能邦九十年前在《南方的更黑暗時期》裡寫道。「這無關乎怯懦或勇敢；而是某種更深層也更基本的東西。其恐懼的是會失去對於世界的掌控。是對於地位改變的無意識恐懼。」

羅傑說：「哈里遜。那座城鎮——可是三K黨的溫床哪。」

他這句話並不是碰巧插進交談當中的。我發現，在話題裡帶到三K黨、過去的往事，以及南方黑人——尤其是在鄉村地區會面臨的不安全，在這裡都是很平常的事，因為三K黨乃是歷史的噩夢，是首要的毀滅者，殘虐不仁又魯莽不慎，還與高位的人有所牽連。哈里遜是座歐札克山區的鄉鎮，也是布恩郡的郡治，位於該州北緣的中段，緊鄰著密蘇里州。那裡的正派鎮民照說有很多人，卻不曾登上新聞頭條，當地的奇葩怪咖倒是聲名狼藉。

羅傑說：「哈里遜立了一大塊給三K黨打廣告的看板。」

「喔，天哪，哈里遜！」房間裡這樣嘀咕了一陣。

農夫們泛泛談起了哈里遜鎮的一些慘狀與欺侮事件，接著恩尼斯特又說：「你不用一路跑到哈里遜去也能發現這種事。摩洛（Moro）就連一戶黑人都沒有了。」

摩洛是隔壁李郡的一個位於公路交會口的聚落，人口不到三百。

「幾年前有一家黑人搬了進去，但是被他們趕出來了。」安德烈說。

「這裡不公平的事這麼多，」說話的是做著筆記的女士，雷夢娜．安德森，我原本還以為她是這場座談會的發言記錄員。但她其實是阿肯色土地農場發展會社的員工，目前為止一直安靜地坐著，埋首於她的筆記本。

她說了一則故事，講的是布林克利北邊棉園鎮的奇怪歷史。「一九六〇年代有個男人來到這裡，看到了一隻鳥——不是大家議論紛紛的那種象牙喙啄木鳥，而是也很罕見的另一種。他是唯一見過的人。結果鎮公所就為了那種鳥劃了好幾英畝的休耕地。他們就用土地徵收，把黑人農民趕出了棉園鎮附近的田地。」

「這是惡意為之的，這附近沒人想談種族不平等的事。布林克利的人口大部分都是黑人，卻從來沒選出過黑人鎮長。這種事是不會談到的。」金恩博士說。

「棉園鎮曾經是個重要的鎮，如今又小又窮。」雷夢娜說。

「那些大地主都不想要學校跟醫院，瑪麗安娜醫院在一九八〇年就關門了。再也沒有重開過。德威特鎮（DeWitt）的規模差不多大，但是那裡有一家醫院。德威特大多數是白人。他們不想要黑人受教育，只想讓黑人開他們的農耕機。」金恩博士說。

這讓我的腦海裡再次浮現詹姆斯・艾吉一九三七年在他的調查報告《棉花佃農》裡提及的白人農民：「我不反對給黑人念書啦，可能就念到四年級五年級吧，但是不能更多了。」李郡屬於鄉村地帶，是金恩博士居住與務農之處，也是阿肯色州（以及全國）文盲比例最高的郡之一。

「公共教育持續在惡化。」金恩博士說。

「經濟發展是不分膚色的，但他們卻操弄少數族群。他們不去推動整個三角地的計畫，反而將不同的區塊分而治之。真正的社區發展計畫會讓窮人受益，可是他們不想要這樣。」雷夢娜・安德森說。

「『他們』是誰？」我問道。

「當權的人，他們設立的不是大醫院，而是小診所。你覺得這樣對嗎？但是依照真正的社區發展計畫，應該要開一間大醫院才對，而不是這裡一家診所、那裡一家診所。」她說。

「民眾都把農民給遺忘了。我們生產食物給民眾吃。我們創造了出口。拿稻米來說吧？我們的稻米是出口的。每蒲式耳[22]是七美元——價格也上漲了。我們的產量也在增加。」我發現這些話都是真的。全國農民聯合會（National Farmers Union）報告指出，美國的稻米種植量有了大幅增長，並且出口到中國、非洲與中東。安德烈又繼續說：「就算這樣，做這個還是很辛苦。我們還要對付

22 或譯「英斗」，英美穀類容量單位，一美蒲式耳（US bushel）約三十五點二四公升，一英蒲式耳（imperial bushel）約三十六點三七公升。

那些白人老小子。」他又抓抓頭，說道：「要記得皮格福跟集體訴訟的事。」

我在其他黑人農民那裡也聽過「皮格福」這個詞。這是一場官司的簡稱，訴訟起於這些人先前跟我提過的，一些農業事務上的種族不公平待遇。皮格福控葛里曼案（Pigford vs. Glickman）是北卡羅萊納州的黑人農民提摩西．皮格福（Timothy Pigford）等四百多人於一九九七年提起的一場集體訴訟，控告的對象是農業部（以及時任部長的丹．葛里曼〔Dan Glickman〕），索賠理由是農業部歧視並常態性拒絕貸款給黑人農民，導致其人數急遽減少。

雖然案子在一九九九年取得了和解，至今政府（在小布希與歐巴馬執政期間）也撥付了超過十億美元的費用，卻遭人嚴厲指控其中有詐領賠償的情事，還有證據指出，牟取暴利的律師、政客、詐騙犯與「炒作種族問題者」都有所勾結。如果你詳察這起複雜官司的細節就會發現，從中獲益者顯然有許多符合資格的農民（申訴成功者各獲五萬美元），但也有許多投機的傢伙。不過黑人土地的流失趨勢已經扭轉過來了，而黑人農民與黑人地主的人數，經過了數年的衰退後，也在南方及其他地方都有成長。

「但是我們還在跟銀行纏鬥，我們還在跟那些白人老小子纏鬥。過了這麼多年，我們還是得要證明自己。」安德烈說。

我說：「比爾．柯林頓在非洲跟印度花了很多時間。他就不能來這裡做些事幫幫忙嗎？」

「要是柯林頓到這裡來的話，那些白人老小子就會說，『你幹嘛到這裡來？你為什麼會想要做出改變呢？』」他環顧房間一圈尋求支持，眾人也如他所預期的點頭認可。「所以他才沒有這樣做。」安德烈說。

這段時間裡，在這些發言中，我一直能感覺到這些人的坐立難安。身為農夫，他們習慣的是挖土、取物與搬運、裝卸卡車、修理機械、在田埂間跋涉，而不是坐在室內這麼久。他們禮貌得不好意思表示異議，但看來仍不甚自在，向前倚身，緊握雙手，在塑膠座椅上扭動著。

我繼續問他們農耕作業的事，到了最後，其中一人——很可能是安德烈，因為他是這群人裡最坦率的——站了起來並說：「你在這裡聽我們講，能聽懂的也不多。我們得帶你去看才行，如果你有時間的話。」

我說：「我時間多得是。我很樂意去看看你們的農場。」

「我就等著你說這句話，」金恩博士說道，他先前也對我說過同樣的話。「你在觀察三角地的時候，有見過由黑人持有、經營的事業嗎？有沒有製造業？零售業？」他微笑起來，因為答案顯然是：少之又少。他又繼續說：「跟這裡的黑人農民做個比較吧，他們做的都是幾十億的生意呢！」

「食品沙漠」

其中最資淺、耕地面積也最小的農夫，是瑞奇．波恩，他和妻子瑪麗——大家都叫她瑪麗．A——就在法戈村裡，與阿肯色土地農場發展會社相鄰的一塊土地上種植蔬菜。波恩夫婦種了大約十英畝的地，是一家蔬果產銷農場。他們種的都是有銷路的、民眾想要的生鮮作物：秋葵、金瓜、西瓜、紫豌豆與橘皮大南瓜。

「去年啊，我們秋葵的植株長到了六呎高。」瑞奇．波恩走在通往他田裡的小路上說道。

瑞奇六十歲了，在小岩城出生長大，畢業自中央高中，也就是一九五七年上演種族衝突的場景，聯邦部隊當年護送九名黑人學生入校，以免受到白人暴民與奧瓦爾・法柏斯州長挑釁態度的危害。小岩城九人（Little Rock Nine）從側門溜了進去，實現了學校的種族融合，締造了歷史。

「你想必聽過這些故事吧，我那時候還只是個小孩子。」瑞奇說。

「那時候我在麻州上高中。這件事是大新聞。」我說。十五歲的黑人女生伊莉莎白・艾克福（Elizabeth Eckford）面對白人叫囂，顯得驚恐又隱忍的畫面。這些呈現了迫害——以及勇氣——的場景對我而言都很鮮明，因為受到欺侮的學生當時與我正好同年。如今，將近五十年過後，中央高中已不再是戰場，而是一座紀念遺址。

「老兄啊，小岩城還是有些比中央高中好很多的事啦！但是我還記得當時有多辛苦。」他露出微笑，像是要指出此事的荒謬。「黑人學校接手的課本還是白人學校用過的。」

他清楚記得自己上的第一所種族融合的學校，是在小岩城上七年級時。

「我聽說了白人有多惡劣，」他說，「我媽媽——她是克里奧人，從北卡羅萊納來的——她跟我說，我就跟任何人一樣好。第一天我就在想，他們也不是全部看起來都一樣。我發現那些話都是鬼扯。我就在想，他們並不壞，他們全都是不一樣的，他們看起來也都不一樣。我們就一起玩美式足球。小朋友沒有父母的那種仇恨。」

我們沿著他其中一塊田邊緣的狹窄小徑走著，因為兩側都是深深的淤泥，小徑本身也黏糊一片。

「可是還有老師，」他憶起往事，發出了嘖嘖聲。「他們把我編進了補救班，跟一些小丑在一起。」

「那你怎麼辦？」

「我想，這樣行不通的。我就去跟我的英文老師談。他聽進去了。他們就把我轉出去了。」瑞奇又思索了一會兒，同時踏過了濕答答的小徑。「並不是說你有不一樣的想法，就能變成不一樣的人。」他似乎在複述母親對他說過的睿智建言。「給我機會，我就能完成任何事。」我們繼續走著。他突然笑了起來，說道：「你知道嗎？我已經擁有我想要的一切了。」

畢業後，他先在市內一家超市的肉品部切肉。接下來，在美國陸軍幹了兩年——駐紮在紐澤西州的迪克斯堡（Fort Dix），體驗了一下北方的滋味。他一回到阿肯色州，恢復平民生活，就加入了小岩城消防局，做了三十年的滅火工作。現在退休了，但不是像一般人那樣的賦閒退休，而是做了更多的工作，而鼓勵他這樣做的，就是妻子瑪麗．A。

瑪麗．A．瓦倫泰．波恩出生於歐札克山區的湖景鎮（Lakeview）。湖景鎮距離哈里遜鎮，還有當地的種族主義奇葩與咒罵者——以及當地的正派鎮民，差不多只有三十哩。湖景鎮在人口比例上，也是一樣的白，但更為宜居，位於牛群湖（Bull Shoals Lake）南邊的一角。瑪麗．A在小岩城當過教師，但現在退休了，就想回去過幼時在父母的幾畝地上熟悉的農場生活。經營農場是她一輩子的夢想——不是使喚農田幫工，而是用自己的雙手播種、除草、收成，要靠自己種植食物。

「瑪麗．A想要一輛曳引機，她對這個有熱情。」瑞奇說。

這座農場，他說，全都是屬於瑪麗．A的；她才是管事的人，他只是個資淺合夥人而已。對於孩子——四個女兒——都已經長大的兩位退休人士而言，就算有瑞奇的弟弟唐納幫忙，這在我看來也是一種很有野心的做法。

「你們都去哪裡賣菜呢？」

「很多都拿去了小岩城的農產攤位，他們那邊——你有沒有聽過『食品沙漠』（food deserts）這個說法？」金恩博士向我解釋說：「在窮困地帶，沒有雜貨店，沒有生鮮產品，連店家都沒有——都因為暴力、幫派問題關掉了。」

這話或許是真的。在小岩城的中區，以及幾個較為鄰近的郊區，資源匱乏是明顯可見的：在了無生趣的網格狀編號街道上，商店的門窗釘上了封板、房舍破敗不堪，在將這座城市割成兩半的州際公路六三〇線、也就是威伯・D・米爾斯高速公路（Wilbur D. Mills Freeway）以南的地方，又尤其如此，「這是條邊界……是地形的一部分，就像河川與峽谷一樣真實。」小岩城作家傑・詹寧斯是這樣說的。就連緊鄰州際公路三十線、位於柯林頓總統圖書館附近的河濱街區也很荒涼，除了那座重新活化的河岸市場。但這座城市還有更多可看的事，如果你有一輛車與半個小時可以去觀察，就能讓你感到驚訝。

離開了東馬卡姆（East Markham）的柯林頓圖書館，在古斯炸雞店（Gus’s Fried Chicken）右轉，繼續走編號十號公路的拉哈普大道（La Harpe Boulevard），直到路面變寬，變成向西的坎崔路（Cantrell Road）。接著經過的是名為高峰（Heights）與山脊（Hillcrest）的鄰里，在這段十哩的路上——你還在小岩城的市區範圍裡——房屋也變得氣派起來，坐落在花團錦簇的樹木，以及河崖（Rivercliff）的山頂高樓之間。艾奇希爾（Edge Hill）一帶的豪宅都很宏偉壯觀，其中好幾戶都才剛落成，在寬闊的草坪上顯得不可一世，那裡的大賣場或購物中心也沒有幫派活動或食品沙漠的跡象。我向一位在這座城市土生土長的男士提到小岩城這一帶的現代化、美麗，以及明顯的富裕，他則為此下了簡短的定義：白人群飛（White Flight）[23]。

瑞奇與瑪麗．A仍然住在小岩城較簡陋的區段裡。但是往東開一個小時到法戈村外，在他們務農的地方，就有一輛全新的強鹿牌八五馬力曳引機、一輛耕種機、一輛冷藏卡車、一間冬季種植用的棚架溫室等設施。這些都是他們用退休儲蓄、跟銀行與農業部借貸的資金購買的。他們面臨的是我在南方時常聽聞的，小農會遇到的種種阻礙、各式各樣的挫折。

「農業部駐哈森鎮（Hazen）辦公室的女士說：『你要有百分之一百五十的保證金才能申請到貸款，』我就覺得很困擾。為什麼不是百分之百呢？我們得要抵押好幾塊地，才能借到十三萬七千美元的貸款哪！但是總之，我們拿到了貸款。我們每年還款一次，就是在收成之後。」瑞奇說。

「那些基金會呢？慈善團體呢？那些做善事的組織呢？」我問。「有從他們那裡拿到任何錢嗎？柯林頓那些人呢？」

「我昨天在那邊有聽到你在講他的事。」瑞奇說。

「他當過州長、當過總統，他的慈善機構價值幾十億。我沒看到他花一分錢在阿肯色州。」

瑞奇．波恩又對我笑了笑。我們穿過簾幕，走進他的棚架溫室，去看他在種的草莓。

「柯林頓很複雜的。」我說。

「我們不都是嘛。」瑞奇說，並且露出微笑，遞給我一粒草莓。

他輕輕說出的這幾個字深深穿透我心，以致於在後續的旅途上，我再也沒提起過柯林頓的事。

---

23 較寬裕的白人居民集體從市中心遷居郊區的現象。

「日落城鎮」

關於哈里遜與三K黨的談話使我急忙繞道。阿肯色州的面積就這麼大，只要開半天的車，就能從三角地來到歐札克山區的中心。哈里遜自我標榜為理想的退休城鎮，還列入了「美國最佳小鎮」的名單。這裡原本是座白人城鎮，從前也因為實行吉姆克勞法的緣故，曾經是個眾所周知的「日落城鎮」（Sundown Town）[24]。（『小子，可別讓夕陽照在你身上。』）我走了兩天的彎路才抵達那裡，繞著該州的西北部打轉，陸續參觀了沃爾瑪的創業發源地本頓維爾（Bentonville）面目全非的市容；泰森食品公司（Tyson Foods）的發源地，斯普林代爾（Springdale）；以及法耶特維爾那所校園環境宜人，周遭卻盡是路邊商場在蔓延叢生的大學。接著我來到了荒郊野外，跨越了戰鷹溪（War Eagle Creek）與洋蔥溪（Onion Creek），經過了乾岔鎮（Dry Fork）與小村莊舊阿拉邦（Old Alabam），歐札克山脈就從這裡開始隆起，聳立於樹林與草原之間。

歐札克山脈屬於深南地方概念裡的山，這裡沒有金字塔狀的頂峰、可供滑雪的斜坡、或山岳峭壁，而是一系列不規則的高地，一連串低矮的深綠色山脊，是由連綿起伏的悠長山丘形成的一片海，組成的一幅延伸到地平線的戲劇性全景。歐札克山脈獨一無二之處，在於日落中央地平線的特色景致：群山襯得夕陽壯觀、俗豔又燦爛。歐札克一帶在地形上並沒有任何明顯的特徵，但這整片山脈——諸多細長山巒所構成的，寬闊而參差錯落的風景——顯得就像是一座壓扁了且森林茂密的平頂山。這幅景色又因為看似杳無人煙，而尤顯動人，幾個遺世孤立的聚落都藏身在山谷之中、斜坡之後，其中有幾處長滿了茂盛的老樹，依然偏遠而美麗。

「而且少有訪客，」我在萊斯里鎮（Leslie）一間舊貨店裡向一位老先生這樣提到，該鎮曾因製造橡木桶而一度繁榮。他回答說：「我希望能保持這樣。」

老先生穿著吊帶連身褲與靴子，戴了頂褪色的帽子，像他一樣鷹勾鼻的鄉下人輪廓，曾經頻繁出現在湯瑪斯．哈特．班頓一九二〇年代於歐札克山區所做的速寫裡頭，其中部分人像後來就被他放進了《今日美國》（America Today）系列畫作的「深南」與「中西部」當中。任何一個早晨，在歐札克山區的小鎮餐館——腦中浮現的是哈里遜、馬歇爾（Marshall）、聖喬（St. Joe）、貝兒豐特（Bellefonte）以及耶爾維爾（Yellville）——裡頭的年長男性，都像是班頓畫出來的樣子。在這個長年的偏僻之地，班頓所記錄下來的工作與消遣方式，都不曾改變：家庭農場、養豬、養火雞、鋤地種包心菜、嚼菸草吐汁。

「歡迎來到內山老粗城啊！」在阿爾皮納鎮（Alpena）的一條小街上，有個男人這樣對我說，語氣中帶著阿肯色州常見的自我貶損。然後他又說：「這裡的人窮，但這對他們來說是好事。經濟情況影響不到他們。景氣好壞，他們過的日子都一樣。」

這人也提到，他剛從不遠處搬來這座鎮上時，三K黨的大巫師（Grand Wizard）曾從哈里遜開車過來造訪他，鼓勵他入黨。

我問他是怎麼回覆這項可疑邀請的。

24 指太陽下山後，黑人在當地的人身安全就沒有保障的城鎮。

「我說，『你跟我的共通點還不夠多，辦不到。』」他往街上吥了一口菸草汁，在平鋪直敘當中停頓了一下，又補充說：「他坦然接受，就離開了。」

我開車在哈里遜打轉，這是個看似繁榮的農業鄉鎮，人口約一萬二——這個週末正因為舉行西北阿肯色地區園遊市集（Northwest Arkansas District Fair）而忙碌著——但我沒看到三角地那些人說的三K黨看板。我找到的另一塊看板倒是上過新聞，因為這個州一直努力想要擺脫他們種族主義的歷史。在這塊黃色的牌子上，用大字寫著，「反種族主義就是用暗語在講反白人」。

當地曾有人抗議，並要求撤下這塊冒犯性的牌子。後來有位住在哈里遜附近的男士對我說：「我看了那塊牌子二十次，還是搞不懂那是什麼意思。」

哈里遜確實有三K黨存在，儘管除了本身就是隱密結社的三K黨，也沒人曉得他們到底還有多少活躍的黨員。就像安德烈·皮爾對我說過的，他們再也不披床單了。距離哈里遜僅幾哩遠的小村莊辛克（Zinc，人口一百零三人），是湯瑪斯·羅布（Thomas Robb）的家鄉，此人曾經擔任大巫師，但現在從三K黨分裂出了名為「三K黨騎士會」（The Knights of the Ku Klux Klan）的團體，並自封為該團體的全國指揮。在三K黨的集會上，羅布（密西根州出生、亞利桑那州長大）通常都會抨擊黑人與猶太人。

仇恨猶太人也是哈里遜的另一個組織「國度認同事工」（Kingdom Identity Ministries）的信條與心靈規範。這個詭異的基督教教派領袖，是從加州移居此地的麥克·哈利摩（Mike Hallimore），他稱自己的使命是「政治不正確的基督徒認同運動（Christian Identity）[25]的擴大事工，以此服事上帝的選民，那真正的以色列，也就是白人，歐洲各族的人。」另一項信條則是拜偶像者、同性戀者、褻瀆神者，以及墮胎者都應該處死。

國度認同事工鼓勵種族主義與反猶太主義，因為，照他們自己的熱心解釋，「種族混雜在全能的上帝看來乃是可憎的，是撒旦的圖謀，蓄意要毀滅那被選中的血脈。」猶太人則是夏娃與「那被稱為蛇的惡魔或撒旦」性交產下的後裔，而這支「血脈」就成了「今天普遍所謂的猶太人」。基督徒認同運動這些言之鑿鑿的說法，都有《聖經》作依據，他們還註明了出處的章節與經文，而這也再次證明了，就像我在許多國家都曾見過的，《聖經》時常是心智錯亂者恣意徜徉的天堂。

想想《哥林多前書》第十一章第六節的這段經文吧：「女人若不蒙著頭，就該剪了頭髮；女人若以剪髮、剃髮為羞愧，就該蒙著頭。」

一個明理的人，或許會質疑《聖經》這種僵硬的選擇，為何要在蒙頭與剃髮之間擇一，但是到了鎮外的哈里遜會展場，在西北阿肯色園遊市集的一頂帳篷裡，就有兩名年輕女性正在發送爆米花，以吸引人的注意她們丈夫的攤位——做的是鋪設屋頂與維修服務——而她們都衣著樸素，身穿老式的長袖棉質連身裙，頭上各圍著一條輕便的披巾，有如簡短版的穆斯林頭巾。她們說，她們是門諾會（Mennonites）的教友。

「我們稱這個是『掩面』，」其中一人解釋道，「我們從來不解下來的，不管出門還是在家。」

我沒有引述《聖經》，只是問說蒙頭是不是有特別的涵義。

兩人裡個子較高那人，一邊鏟著爆米花，一邊說：「這表示我們順從我們的信仰與丈夫。」

---

25 極右派白人至上主義團體，認定只有西北歐白人才是亞伯拉罕與以撒的後裔。

我說：「所以你差不多是先生叫你做什麼，你就做什麼囉？」

「差不多。」

這再次向我證明了，在美國內陸旅行，有時跟在更寬廣的世界旅行是很相似的，都能聽到好騙的鄉民說出一些虔誠又不理性的天真話。

這段時間裡，這兩位女性一直在給爆米花裝袋，再送給過往行人，並不是很適合我再去深究哈里遜鎮的種族政治話題。

當我拐彎抹角地追問時，兩人中個子較小、也較年輕的那人說：「以前還更糟糕得多。情況在變好了。」

「那些老人，他們還是相信種族主義的。」高個子說道，並且理順了她的頭紗。

在這場園遊市集上見不到一張黑人面孔，儘管全鎮似乎都為了遊樂設施與牛仔競技而出動了。然而，這不只是個適宜闔家光臨的週末活動，也是一場養牛業的認真競賽，並依照牛的品種分成了美國組、英國組與異國組。其中部分牛隻重達半噸，有可愛的眼睛與長長的睫毛，在鐵製欄杆裡頭哞哞叫著，等候著評審。也有些畜牧業者，要為他們的雞鴨、山羊、豬隻與綿羊角逐優勝的藍絲帶。其他競賽項目還有醃漬水果、果醬製作、蜂蜜採集；以及縫被單、雕刻、編織等等——全都是經典的農村興趣活動。這些工匠與農人，都是世上的鹽（《馬太福音》第五章第十三節）。

但那天晚上，在哈里遜鎮外的一家汽車旅館，有位女士對我說：「要是有個黑人到這裡來，他們會傷害他的。他們會燒了他的房子。」

在銀山（Silver Hill）那裡，我遇到了一個和妻子在稍作歇息的人，他們剛從哈里遜過來，要前往不遠處的水牛河觀賞美景。

「沒人說過哈里遜一句好話，這公平嗎？」我說。

「地方是很棒，但是我們還是有」——接著他扮了個鬼臉——「那些人在。」

「就是三K黨。」他太太半似低語，半似無聲地說道，眼睛睜得大大的。

「我是個醫生，我去給他們其中一個人治過病，他就住在這附近的馬歇爾鎮（Marshall）。」那男人說。他隨手往路的另一頭指過去。「他們有很多人住在那裡。」

我決定去馬歇爾吃午餐，那裡有位女侍者——友善的中年人——說：「這裡沒有黑人的。老一輩的不接受他們。」

馬歇爾是一座老邁垂死的城鎮，鎮上有個主廣場，還有一家令人印象深刻的寬敞五金行，以及一家藥妝店。而這家藥妝店，除了販售處方藥、洗髮精與阿斯匹靈，還有賣步槍與手槍，並陳列了整排的彈藥，各種口徑都有。

在藥妝店後方，有一棟三層樓的方正建築，是用砂岩砌成的，窗格上都裝了粗鐵條，以前原本是該郡的監獄。現在已經清空了，但是仍在小街上散發著一股陰鬱的威嚴。這棟樓始建於一九〇二年，據稱是依照一種稱為羅馬復興式（Romanesque Revival）的風格設計的，對這座小鎮來說虛華得古怪。有個男人看到我在打量這棟樓房，就晃了過來，說了聲哈囉。

「你好嗎？」我說。

「有夠舒爽，超級快活。」他邊說邊眨眨眼。「就還不賴囉。哈！」

這是當地的表達方式，他說，路過的人都很欣賞。

「小時候，我都有經過監獄這裡，然後那些犯人就會從上面的窗戶放一根繩子下來，丟一個硬幣給我們。我們就會跑去藥妝店那邊，買一支糖果棒，再綁到繩子上面。他們就會把繩子拉上去。那是五〇年代的事了。」他說。

雖然常有人談及這個鎮上與附近的種族主義，但馬歇爾鎮唯一可以過夜，並且提供最好的家常菜的地方，馬歇爾汽車旅館暨餐廳（Marshall Motel and Restaurant），卻是由一家姓馮（Phungs）的華人持有經營的，安齊與蓋伊已經在這裡住了二十八年，很受人喜歡，生活也很滿意。蓋伊．李．馮太太做的鯰魚晚餐更是大獲好評。

「歐札克山區這裡的白人其實對黑人沒什麼意見，真的。」在馬歇爾西邊一個小鎮的舊貨店裡，有個穿著連身吊帶褲的壞脾氣老人這樣對我說道。「想知道為什麼嗎？」

「是的，請說。」

「這裡的人長大的時候身邊都沒有黑人，從來沒認識過黑人。他們也沒離開過這裡。你在聖喬出生，你就待在聖喬，別的地方也都一樣。所以他們只曉得在電視上看到的事。」他說。

「那樣就夠了，不是嗎？」我說。

「差的遠了，你在電視上永遠只會看到一個聰明的黑人，跟一個蠢笨的白人。」他說。

他正在給汽水瓶做分類，瓶身結了一層灰，外觀就像是剛剛挖掘出土的雙耳陶瓶。

「這個世界啊，一整個都爛到底了，而且還在越來越糟。」他說。「但是會發生什麼事都沒差了。我七十七歲了。我看我還能再活個十年。讓別人來解決吧！」他還在處理那些叮噹作響的瓶子。「要當心啊！他們這裡有些很糟糕的白人的。」

「這些糟糕的白人會做出什麼事呢？」

「等著瞧吧，」他邊說著，邊舉起了一個瓶子，對著光檢查瓶身的標記。「整個國家都覺得我們這裡的人是白痴。我是沒關係。他們可以不要過來。」

現在他檢查起了另一個瓶子底部的字樣。

「為什麼，你從來就撿不到什麼東西——任何東西——上面寫的是『非洲製造』呢？像這種事，從來就沒發生過嘛，對不對？」他說。

我說：「看情形吧！」心裡疑惑著話題會被帶到哪裡去。

「不要讓我開始講那些他媽的黑鬼。」他說。

我清了清喉嚨說道：「有些人反對使用這個詞。」

「這附近的人不會，」他高興地說著，暗自發笑。他放下一個髒瓶子，湊到了我的面前。「還有我，我可是真正的保守派喔！」

「我是老派的人，」在希伯泉鎮（Heber Springs），有個中年男子這樣對我說道。「我的意思是，我就當面叫他們黑鬼。他們不介意的。他們叫我紅脖子。」

「他們不反對嗎？」

他遺憾地看著我，好像我對這門語言不熟一樣。「黑鬼不是種族歧視的意思，你可以去查查看嘛！黑鬼只表示你很糟糕。他們也有白種黑鬼跟黃種黑鬼，全都很糟糕。他們有些垃圾白人比任何黑鬼都還要惡質。他們在嗑藥——有吸安的，嗑什麼的都有。他們讓我害怕。」

水牛河

經過這一趟聚精會神但也不知所謂的來回奔波，為了稍作休息，有天我便租了艘輕艇，划一整天，沿著水牛河順流而下。這條水牛河——壯麗且未設堰壩——貫穿州境，由西向東流，是阿肯色的中央動脈，奔流過歐札克山區的心臟地帶。在一本完整、老派的旅遊書裡，可能就會寫下沿著阿肯色州的野外河川划船、露營的經過：沾濕的雙腳、野生動植物、危險的徵兆，以及「就在前方，激流發出了惡魔般的簌簌水聲，聽起來有如通往災禍的邀約」之類的觀察。

在九月初的這個溫暖早晨，我還有別的盤算。我在銀山附近的一家戶外用品店找到了一艘船，划了一整天，從貝克渡口（Baker Ford）划到吉伯特鎮（Gilbert），每隔一段間距就停下來呼吸清香空氣，看陽光在激流間閃爍，以及淺灘水面上縈繞的昆蟲。在流速較平靜的水潭裡，泛綠的河水映著金光，這時上風處有兩頭鹿，是一頭母鹿與牠的幼仔，就在我前頭渡了河，偶爾會停下來嚙咬或啜飲。我看見了幾隻鷺鳥、一隻鶚鷲，還有一隻啄木鳥的啄樹聲，迴盪在懸崖與岩壁之間，顯得某幾段河水像是流經了一道峽谷似的。在這片沉靜與孤寂當中，我有種安心的感覺——因為河水的斜面清晰可見的緣故——我知道自己正順流而下，在某幾處經過了彎彎曲曲的激流，另幾處岩灘則被沖刷得有如洗衣板。

歐札克山脈裡寧靜可愛的一天：不用提到種族、衝突、貧困；沒有外面世界的跡象；沒有別人，只有潺潺淙淙的河水兀自冒著泡沫，不受阻礙，我則孤身一人在一塊溫暖的巨岩上野餐，看著幾隻河偽龜像我一樣，緩緩爬上其他的巨岩，下顎開開曬著太陽。

然後我還了船，開車南下再向東轉，再次進入了三角地，在距離小岩城約十哩的傑克遜維爾鎮（Jacksonville）停下來，看了一場槍展。就像其他我看過的槍展一樣，這裡也有著常見的攤商與櫃位，賣著新槍、舊槍、刀具、泰瑟電擊槍、梅西（Mace）防身噴霧、言詞挑釁的保險桿貼紙、納粹收藏品、南北戰爭遺物以及彈藥。但這裡是阿肯色州，我就看到了來參觀的一家人——共有五人——都光著腳（「我們剛從萊托納鎮（Letona）過來。」一家之主是這樣告訴我的），而槍展的食品區則供應了油炸派。

「我投入太深不能落跑了」

年輕的農民羅傑．史密斯指示我過去的嘉瑞特葛洛夫（Garrett Glove），並不是座城鎮或村莊。那裡只是幾棟房舍而已，其中還有一區，是一座簡陋的、黑人專用的聖保羅（St. Paul's）墓園，裡頭約有四十座小型的墓碑，許多墓碑標示的出生日期都是十九世紀，都叫帕特妮雅（Parthenia）與潘琪（Pankie）之類的名字。其中四塊墓碑是沒有姓名的——沒人知道、或者沒人記得了。

這三間房屋都是小型的白色木框架平房，面向犁過的田地，位於幾棵胡桃樹下，坐落在一條從狹窄的州道岔出來的泥土路上，一旁有條蝌蚪游動的小水溝，名為小松溪（Little Piney Creek）。其中一間房子的屋主是七十四歲的歐西．崔萊斯（Ocie Trice），他是個愛開玩笑的人，年輕時曾經離開這條泥土路，在芝加哥住了五十一年。他在二〇〇〇年回到這裡，跟哥哥一起繼承家裡的地產，共計四百英畝。他們將其中的部分土地租給了羅傑．史密斯。歐西的哥哥名叫尤伊斯．歐瑞．崔萊斯（Eoies Oree Trice）。歐西大笑著說，他也沒辦法解釋這些名字的由來——也許是出自《聖經》吧！只是最厚重的《聖經》索引裡也找不到這些名字。歐西又開始消遣單身的羅傑，說他有可能娶錯老婆。

「她說不定一開始都很好，但是半路上就歪掉了。」歐西說。他剛修理完他那輛車子的生鏽引擎，正坐在房子後方的一棵樹底下休息。在這棟小房子裡的他，繼承了這塊土地，但也沒什麼身分地位，讓我想起那種富農階級在俄國稱為庫拉克（kulak），本意是拳頭。

「沒時間結婚啊，連女朋友都沒交過。」羅傑說。

「去找一個嘛！」歐西說完，又大笑起來。

羅傑開著他那輛小貨卡，載我去他的其中一塊高粱田。他從十九歲開始務農，曾經在美國未來農民協會（Future Farmers of America）研習與服務過。他也在鄰近的佛勒斯市念過社區學院。他的耕地共有七百英畝，全都是承租來的地。來幫他忙的舅舅賴瑞．泰瑞是個老人，一臉亂鬍，缺了幾顆牙，但對於農事議題出乎意料地能言善道，對其他話題也很豁達自若。賴瑞也一起坐上了卡車。

羅傑與賴瑞犁了田、播了種，噴了除草劑，給高粱施了肥。高粱的特性類似玉米，可以賣作餵牛、餵雞、餵豬的飼料。

「你可以把它磨成粉。」羅傑說。

羅傑很自豪於他累積起來的這些機具——他的曳引機、他的收割機，還有他「用來堆田埂」、在稻田裡造出矮堤的築畦犁——都是些有稜有角、氣勢磅礴的巨輪農機，而且非常昂貴，是用貸款買的。

「我今年借了二十萬美元。我本來想借更多的。我其實需要二十四萬。」

「你這些錢是從銀行借來的嗎？」我問道。

「我去農場服務局（Farm Service Agency）求來的。」

「你的獲利怎樣？」

「要看天氣，我沒碰過一個好年，我務農的第一年就熱得要死。去年我收成還掉貸款後，口袋裡還有兩萬八。但是我就算有任何獲利，也都用進農場了。我得付人家薪水。我還得租一輛聯結車，把農作物送去海倫娜。」他說。

「為什麼是海倫娜？」

「那裡靠河。用卡車運到河邊，再裝上平底駁船。」

我想去看看他的稻田。我在烏干達、馬來西亞、印度、中國以及菲律賓，都經常看見稻米生長，在精緻的梯田裡與池塘邊萌芽。稻田形成的獨特等高線讓人感受到審美的愉悅，稻農則是其中的標誌性人影，戴了頂寬沿的草編帽勞動著，踩在小腿深的水中，往淤泥裡插下秧苗，使其生根。長到一半的水稻，是你能想像到最誘人的農作物，水田裡滿是閃亮亮的綠草。到了收成之時，青翠消退成了褐色，每支稻穗都結滿了沉重的穀粒，優雅地低垂。

在緊鄰田邊的三角地筆直的公路上，平穩地開了幾哩之後，羅傑將他的卡車開出路肩，經過一陣顛簸，來到一片稻田的邊緣，見到一幅可愛的景象，有幾道奇形怪狀的一呎高田埂，沒有一條是直的，區隔著一塊塊種了秧苗的田。

「這是洛伊．J（Roy J）稻米。」羅傑說。這是阿肯色大學幾年前剛開發出來的高產量品種。這種水稻很結實——「稻稈韌性」在起風的時候是很重要的，他解釋道。

「這麼多田埂，似乎做了很多工作啊！」我說。

「有築畦犁就很輕鬆了，等築好田埂，再下過雨之後，我們用播種機一次可以種二十呎」他說。他用的是播種機，而不是我印象中農人在泥巴裡彎腰伸出手指。

「這些農作物也要運到河邊嗎？」

「沿著河運下去。要出口的。」

「有賺頭嗎？」

「一切順利的話。如果我們一畝地可以收成一百五十蒲式耳。那一畝地就可以賺個兩、三百美元。還不壞。」

他種稻米的地有八十四英畝，並不算多，而且還得扣掉種籽、肥料、人工、卡車租金，以及貸款利息的成本。羅傑說過，他前一年收成的獲利總共是兩萬八千美元。他每天都要工作。他要處理的不只是農場的事——以三角地的標準而言，跟那些大公司的農場比起來已經很小了，但還是很耗費心力——他還得要管理交易的事，要做銷售，要跟歐西．崔萊特協商。他還得要維修機具，他買的全都是二手貨。然後還有天氣，而且阿肯色的天氣變動劇烈，經常還具有毀滅性。

回去嘉瑞特葛洛夫的路上，我們三人肩並肩擠在小貨卡裡，賴瑞．泰瑞坐在中間，我說：「很多人可能會說，做這麼多工作才賺兩萬八，不值得。」

「是值得的，」羅傑說道，他平穩的話音裡帶著堅信。「等我把欠款都結清，就都會做得很好了。要個四、五年吧！我已經投入太深，不能落跑了。」

我們在沉默中駛過了摩洛，就像他們說的，這是個全都是白人家庭的聚落——經過了那裡的十字路口、教堂、學校、幾間倉儲與工具棚、並排停放的農耕機具，以及幾間整潔的小平房。

「摩洛。」我對著路牌唸道。

「有些事就是這樣。」賴瑞直直看向前方說道，沒有左顧右盼。

「你得要堅忍不拔才行」

我在安德烈．皮爾的家裡，這是棟翻修過的一層樓牧場住宅，並不宏偉但很堅固，而且維護良好，像是當地的律師或保險業務可能會住的房子，位於三角地萊克薩鎮一條鄉間小徑的巷底，當地人口不到三百，其中約有一百名黑人。安德烈指向他窗外一片鄰近的田地。「那裡可有段故事了。」

「告訴我吧！」

安德烈有一個白人鄰居，從來沒對他表示過任何的友善態度，在隔鄰一塊不屬於他的田地裡闢了一方菜園，並且有一部分的菜園挖到了安德烈的土地上。惹惱安德烈的是，這人未經允許，也沒通知一聲就開挖了，也沒有送他任何蔬菜表示補償。所以安德烈就去找地主，並且提議要買下這一小塊被鄰居擅自拿來種菜的地。住在外州的地主跟他談好了價格。等到適當的時機，安德烈便打了通電話給那個鄰居，告訴鄰居現在這塊田歸他所有，鄰居得要停止在這裡種菜。

然後那個鄰居第一次變得友善起來，還給安德烈送了一袋他園子裡種的蔬菜。

「你的菜我一棵都不要，我是要你停止在我的土地上種這些菜。」安德烈說。

我覺得這是一則令人喜歡、生動具象的小篇幅敘事，講的是權力與土地，以及毗鄰居住的鄉民，是人們會稱為契訶夫式的那種故事。

雖然安德烈才四十二歲，但他卻具備了年長許多的人會有的那種歷練與成熟穩重——以及承擔風險的能力。他耕作的地有四千英畝，大多是租來的地，但他的抱負是買下更多自己的土地。令我印象深刻的除了他的敬業、他的坦誠，還有拒絕任何人來阻撓他對農耕事業的追求——不論是銀行、農業部（因為其官僚作風、程序繁瑣、朝令夕改而備受厭惡）、還是白人農民，他並暗示，這些人有很多都見不得他好。

我們離開了他家，沿著其中一片玉米田行駛，裡頭成排的玉米株整齊且對稱，在更遠處，又經過了他的其中一塊小麥田。安德烈，就像其他人一樣，對他這份工作的自豪感也讓人印象深刻。

「人們都灰心了，好多黑人農民都到北方去了，離開了田地。他們一點都不想務農了。但是你努力去做的話，這個生活還是很好的。其他人都在等你失敗。

「他們會說，『你會搞砸的，』就這樣了。」他嘆了口氣，又說：「你得要堅忍不拔才行。」

「我是覺得你很堅忍不拔了，安德烈，我想換作我的話，大概已經灰心了吧！你對付的可是那些想把你們一點一點吃掉的大公司農場啊！」我說。

「我這邊是一點都吃不掉的，不過有件事很好玩。我太太之前在瓊斯波羅。一個女的問她說：『你先生是做什麼的？』」他說。

「艾波說：『種田。』」

「那女人說：『他是白人嗎？』」

「艾波說：『不是。』」

「那女人說：『從來沒聽說過黑人種田維生的。』」安德烈向我轉過頭來，瞪大了他透著反諷意味的雙眼。「沒錯！」

這就是瓊斯波羅，該州東北部這座以白人為主的大學城，與三角地這些小小農村之間的差別。這名女性也是白人，一輩子都住在瓊斯波羅。黑人當農夫對她來說是不大可能的事，是新鮮事。

「他們好多人都覺得，我們不曉得要怎麼做這個。」他說。「但是，你知道，」——他再次睜大了雙眼並點了點頭——「我可是識字的！」

「你要是分得出黑人農場跟白人農場，你就有麻煩了」

恩尼斯特・考克斯現年六十九歲，正在馬威爾鎮自己家庭農場的開放式工寮裡，坐在一輛曳引機的車軸上，慢慢地聊著。安德烈開車送我過來，因為這座農場在鎮外太遠的地方了，而且路很難找。我們都一起坐在涼爽高挑的工寮裡，避開了日曬。距離這裡僅一哩處的火雞刮痕（Turkey Scratch）路口，就是鼓手兼主唱的鄉村搖滾指標人物萊文・海爾姆（Levon Helm）長大的地方，或許就是因此，他才會帶著這樣的感受唱出，「可憐的塵土老農夫／他賠掉了全部的玉米……」

「我們家原本是從帕爾金（Parkin）來的。」恩尼斯特說。他是在克羅斯郡（Cross County）那座小鎮的郊外長大的，該鎮位於從這裡往北開一個多小時的地方，到曼非斯的距離比到小岩城還近，地勢也太高，已經不算是三角地了。他的父親老伊爾摩（Earmer Senior），在一九五〇年時突然決定，要舉家搬到馬威爾鎮來。

「他離開的理由，是他那時候住在一個莊園裡。」恩尼斯特說。帕爾金也是個不起眼的小聚落，由幾條簡樸的格狀街道交織而成，位於聖方濟河（St. Francis River）河畔，四周都是田。「地主是個白人，姓豪瑟（Hauser）。事情經過是這樣子，我哥赫歇爾和一個鄰居在看管幾頭牛，結果牛跑到牠們不該去的地方，豪瑟就把他們扁了一頓。嗯，其實豪瑟並沒有太惡整赫歇爾，但我爸看到發生的事情就說：『是時候該走了。』我們就搬來馬威爾了。他租了幾塊地，買了幾頭騾子，種了九十英畝的地。」

九十英畝，一座家庭小農場，加上一副騾子拉的犁，以及幾輛騾車——這時已是一九五〇年代了，但就農具而言，就像是瞥見了遙遠的過去。對阿肯色州來說，那已經是原始時代了。在一九五〇年，任何的種族衝突，尤其是在一座白人小鎮上，都有可能演變成嚴重的騷亂。老伊爾摩是個自傲又有遠見的人，他在帕爾金已經有了不好的感覺，便做出了因應的行動。

「當時種的都是棉花，我們小孩子都要劈棉花。」恩尼斯特說。他解釋這裡的劈指的是幫棉花除草，以在周圍鋤地的方式，將雜草清除掉。「在那之後，就要用手摘棉花。這工作很辛苦的。我第一次劈棉花的時候才九歲。我幫我們鄰居劈了一整天。他是個黑人。他跟我說：『你做得我很喜歡。你明天再回來，我就付錢給你。』哈！」

恩尼斯特長大了，農場也擴大了，他兩個哥哥在家裡的土地上各蓋了一棟房子，但仍一起耕作，現在他們的兒子也是——成了個一起居住的大家族，住在他們自己的小社區裡，除了幾間單層磚造房屋與儲藏室，還有總共價值上百萬美元的、幾輛綠色與黃色的收割機與曳引機。這家人二十年前就已經不種棉花了，現在專注於高粱與稻米，就跟其他農民一樣。

「我想農民不應該再叫他們的兒子離開了。我們知道我們的父母為什麼要叫我們離開，因為做這個太艱困了。」恩尼斯特說。

恩尼斯特的哥哥小伊爾摩看到了我們，便在恩尼斯特說話時走了過來。他打了聲招呼就坐下。他戴著一頂破損的寬沿帽，穿了件褪色的工作服。他年約七十五歲左右，不過繁重的工作明顯已經損害了他的身體，雙手都因關節炎而指節腫脹。他坐到凳子上歇息，然後嘆了口氣說：「確實是這樣啊！」

「不過我們沒再碰到肢體上的虐待了，現在比較是心理上跟財政上的。」恩尼斯特說。

小伊爾摩點點頭，看著他那雙鞋子，破舊又沾滿了塵土，就像他傾身綁鞋帶時露出的雙手一樣。

「不過還是有好處的，你可以過上好日子。任何有價值的事，都值得為其奮鬥。我們還在努力證明我們自己。好幾年前，我們還很缺錢。那時候很辛苦。一九七〇年代的時候，農場服務局的貸款專員會說：『我不會貸款給你們的。你們明年全都沒辦法種田了。』」恩尼斯特說。

「你怎麼回應？」我問。

「我們沒有放棄。」恩尼斯特說。

小伊爾摩粗聲直白說道：「還有人跟我說，『黑人種不了田的。』」

「一九七〇年代嗎？」

「去年。」

「白痴到極點，」安德烈說，沮喪得氣鼓了臉。「黑人農民要對付的阻礙比別人更多。沒有白紙黑字寫出來，但都是真的。我們感覺得到有人在作對。」

太陽漸漸西沉，微風輕輕吹拂著給房子遮蔭的橡樹，我們行經工具棚與穀倉，從機具中間走過，然後我坐上恩尼斯特的小貨卡，我們就把他的幾塊田巡了一遍。

「很多白人都幫過我們的忙，但你要是分得出黑人農場跟白人農場，你就有麻煩了。」恩尼斯特說。

柏樹角的惹事者

待在三角地這幾天，有次我又開起了車，這回是跟羅傑．史密斯與賴瑞．泰瑞一起，我們把車停在柏樹角燒烤店吃午餐，店址就在瑪麗安娜鎮外的州道一號公路上。這家餐館廣受農夫的喜愛，原本是家街角的老商店，所在路口位於一片犁過的田野中間，附近再無其他建物。店內有塊告示牌，以嚴厲的口吻禁止在點餐櫃檯使用手機，菜單就掛在一旁：燒烤豬肉與牛肉、鯰魚與漢堡，搭配的常見配菜有豆子、炸玉米球、高麗菜沙拉與薯條。

回彈的玻璃門在我身後砰的一聲關上，我走進這個滿是白人農夫的地方，感覺自己闖入一間男人俱樂部，滿屋子都是肌肉發達的戶外活動人士，以及身材發福、觀念相近的會員，正坐在一起商談著。當羅傑、賴瑞與我——穿著我們的舊衣服，也是一副農夫樣——坐進房間中央僅剩的一張空桌子時，他們都壓低了聲音。沒人向我們打招呼，但也沒有什麼敵意。發生的是別的事，是一陣無聲的氛圍——臉紛紛轉過去，閃過了怪異的眼神，有個望過來的男人，戴了頂飼料公司的卡車帽，下顎粗壯得像隻火腿。坐在這桌顯得醒目的我們，就在這裡醒目地被無視了，除此之外，整個房間都很親切。

「因為你是陌生人啊！」我想著。在小岩城的摩西聖殿騎士會文化中心，約翰．劉易斯的那場活動上，演講廳裡坐滿了專心聽講的黑人，我曾經試圖與劉易斯那些衣著光鮮的隨從及在地支持者交談。而我失敗了，得到的是在我看來清楚明白的斷然回絕，也是我在這趟南方之旅鮮少碰到的事。我當時有個念頭閃過，就是他們不以為然地把我看成了一個白窮漢，或是個土白鬼（cracka）。

在柏樹角這裡，在一個新的脈絡下，我又再次成了陌生人，不夠像個白窮漢，坐在三十個白人農夫中間，跟兩個黑人農夫，也是全場僅有的黑人，一起挑挑揀揀地吃著燒烤。而我在靜默中感受到的訊息是，我是個危險得多的外地人，很可能是個洋基，無疑是個顛覆分子，肯定是來惹事的。

收成

在稻田裡，中粒粳米的稻穗已然結實纍纍——「我們叫它朱庇特米（Jupiter Rice）；我們把它出口到喜歡吃中粒米的國家，像中國跟日本。」——安德烈．皮爾站在田邊，宣布自己大獲豐收。他拔起一根稻稈，在空中揮舞著穀粒沉重的稻穗，像在祈福祝禱一般。他希望能有三萬蒲式耳的收成，每蒲式耳賣個大概六點五美元左右，而且他這幾天就要割稻了，用的是他採收大豆的同一輛聯合收穫機。

「造成這裡價格上漲的，是今年加州的洪水，他們沒法種水稻了。但是就算這樣，我也只是個小農民。我鄰居的稻田就有三千五百英畝。」他拔起一根稻穗拿給我。「我不像他有繼承到土地。他已經收割第四十三趟了。」安德烈說。

我提起我從卡爾文．金恩博士與其他人那裡聽來的事，說有許多非裔美國人持有土地，卻並不耕作，甚至有些大地主會去食物銀行領救濟，也有很多人把繼承來的地給賣掉了。

「很多非裔美國人都不想利用他們的土地，也可以稱為懶。」安德烈說。

「介意我引用你的話嗎？」

他舉起雙手高喊：「你就用吧！嘿，他們都再也不下田了。可是誰想要凌晨四點起床，辛苦搞這些事嘛？」

農事複雜得令人卻步。他的農業貸款將近五十萬美元。他的設備與勞力成本也非常高——他用的聯合收穫機耗資二十七萬美元。他還有種籽要買、土地要租，還有兩間大穀倉（最近才建好，造價二十一萬二千美元）的款項要付——又是另一筆欠銀行的錢。「他們不希望黑人擁有這些東西，」他說，「因為這讓我們獨立自主。」每間穀倉的容量是三萬兩千蒲式耳，其中一間幾乎已經裝滿，儲存了價值十二萬八千元的黃玉米粒。這些細節聽得我頭昏腦脹，所以我也很能理解，為什麼有人會處理不了農事的複雜。

「這就像銀行存款一樣，」安德烈說話時，我們就站在一間穀倉頂端的梯子上，向下望著滿滿的黃玉米粒。「我如果需要用錢，就可以賣掉一點。」

但是，他堅稱自己是個小農，在一年到頭天天工作，拚命設法貸款，要擔心變幻莫測的天氣，要插秧、除草、施肥，要雇工與維修機具，他還希望能賺進十萬美元的利潤。

「也許更多些吧，這要看行情。」

羅傑．史密斯通知說有了好收成，考克斯兄弟也是。瑞奇．波恩則有壞消息：雖然他那裡就在北邊三十哩處，卻碰到了豪雨，洪水淹沒了農田，而且——除了南瓜——作物也毀了。

胡桃樹下的午餐

當我走近時，上次在法戈村的餐桌上見過一面的山繆．羅斯，正從安德烈的聯合收穫機上爬下來。那是個三角地的酷熱天，我正走過的田地裡，滿是剛收割過的、像麥稈一般的大豆秸稈。這塊平坦、塵土飛揚的土地，就位於瑪麗安娜鎮的外頭。

「這塊田是我的。我租給安德烈的。」山繆．羅斯笑呵呵地說道。「我來開這輛聯合收穫機，再把這些大豆裝上卡車，這樣肯定就能從他那裡收到錢啦！」

但他與其說是地主，倒更像是個好鄰居，在這個農忙時節前來幫忙。這輛造型像坦克一樣的卡車，裝進那天早上收成的一千蒲式耳的大豆，就已經快裝滿了；價值一萬美元的大豆今天稍晚就會運到海倫娜秤重，再裝上河運的駁船。

另外兩人，沃恩（Vaughn）與洛伊（Roy），正穿過田地，走向一間廢棄的木板房院子裡，在一棵胡桃樹的樹蔭底下，一旁還有一座菜園。地上散落著拇指大小、沾滿塵土的胡桃。爬在架上的番茄藤與成叢的四季豆布滿了菜園，其中一邊因為泛黃的西瓜藤糾纏不清而顯得凌亂，還有幾顆飽滿的西瓜錯落在茂盛的草叢裡。一位我沒聽到名字的年輕人，在懷裡捧著一顆西瓜。他將瓜放進安德烈那輛小貨卡的後車廂，再用一把砍刀劈開，遞了幾片給我們其他人。

為了感謝這些來幫忙的工班，我剛從瑪麗安娜帶了他們提議的午餐過來，有兩桶炸雞，還有幾盒薯泥與肉汁。當時是正午，氣溫高達攝氏三十二度，我們全都聚集在胡桃樹的樹蔭底下。這些人天還沒亮就起床了，這是他們當天的第一餐。他們的襯衫已經浸濕了汗水，靴子也沾滿塵土。因為年長而被他們敬稱為羅斯先生的山繆·羅斯，也戴著一頂沾了汗漬的麥稈帽。

我們默不作聲地吃了一會兒，然後我就問沃恩，他是在哪裡出生的。

「就在這附近，沒什麼意思，」他說話時，手裡仍握著一塊炸雞。「問羅斯先生吧——他有很多故事可以講。」

「羅斯先生？」

「我是在密西西比州的印第安諾拉鎮出生的，一九四六年。我爸爸是幫一個白人工作的佃農——種的是棉花，大概十二英畝，可能再少一點吧！就是個小地方。」羅斯先生說。

「過的生活怎麼樣呢？」

「佃農總是在背債，你種田、工作，然後一直都在店裡賒帳。但採收結束後，你賺的錢還不夠付店裡的帳款，或是要交給地主的租金。所以這筆債就累積到下一年，欠的錢就越來越多。你總是在欠債，搞得你永遠都還不清。」他說。

他所描述的是勞役償債制，或稱為債務奴隸制，佃農陷入永無休止也不可能還清的債務圈套，使其離不開地主。

「我們五個小孩，加上我爸媽，都要工作。我們用手在摘棉花、劈棉花。我那時候還只是個小朋友，但是一樣要在田裡工作。」羅斯先生說。

他邊說邊吃，又抹了抹額頭，好整以暇，待在胡桃樹枝葉如蕾絲般的陰影裡。

「所以發生了什麼事？」

「我們來到瑪麗安娜——其實是旁邊的奧伯瑞，我媽媽有個阿姨住在那裡。」他慢慢咀嚼著。

「我懂了，」我說，但是突然從密西西比州的印第安諾拉，搬到河對岸的這座阿肯色州小鎮，這情節似乎有點虛。

「故事重點就在這裡，」羅斯先生說，「這很危險的。」

「什麼很危險？」

他將雞骨頭扔進垃圾袋，用手帕擦了擦嘴。他又拿起一罐汽水，然後說：「晚上離開很危險。因為我們還欠錢本身也很危險。我們一車七個人。我們得要非常小心。我們這些佃農是沒有權利的。他們要是逮到你，會做出什麼事可是不堪設想的。」

「你們是不得不逃嗎？」我說。

「對。趁晚上。我們七個人一輛車。我爸大概是凌晨兩點把我們叫醒。我們不曉得他決定要跑路了。我們得盡快離開，什麼東西都沒帶走——鍋子、罐子、椅子、衣服、什麼都沒帶。我們只有穿在身上的衣服而已。」

「這好戲劇性——也很嚇人。」

「非常嚇人。我們在黑暗中上了車，是一輛雪佛蘭。那是一九五三年的事，我爸很擔心他會被人逮到拖回去，我們一路開到密西西比河，等著搭渡輪去海倫娜。」羅斯先生說。

後來，我在地圖上查看了他們冒險且孤注一擲的脫逃路線，發現他們開了很長的路，很可能都是些鄉野小路，往北到了德魯鎮（Drew）與克里夫蘭，接著到了克拉克斯代爾鎮，開著一輛老車，在黑暗中連趕七十幾哩，然後又開了三十哩來到渡輪碼頭，總里程超過一百哩，一直擔心會被憤怒的地主尾隨在後，恐將被抓回去施以懲罰。而他們離開的密西西比州的那個郡，再旁邊就是勒芙洛郡（Leflore County），也就是一年後艾莫特．提爾因為對一名白人女性無禮——「太踐」——而被私刑虐殺的地方。

「那時候還沒有橋，只有渡輪，我才六、七歲，但是我全都記得。穿過了海倫娜，來到奧伯瑞，我們就被姨婆接過去了。然後情況就改變了。我們還是在當佃農種棉花，但在這裡賺得到錢，因為地主是黑人。他叫羅伯．麥考伊。他的態度跟密西西比州那個人是百分之百不一樣。我們種了高粱、棉花，還自己養豬。我十三歲就在開曳引機了。那是一九五八、五九年的事了。我一天賺五塊錢。」羅斯先生說。

「再也不背債了。」我說。

「我們在那之後就沒再負債了。」

羅斯先生的父親用存下來的錢買了幾塊地，後來羅斯先生自己又再追加了些。他現在持有的土地多到可以分租給安德烈，而且在每年的這個時節，還可以幫忙收成。

我們仍然站在樹下，吃著東西。然後沃恩與洛伊都回去裝運大豆了，留下安德烈、羅斯和我在樹蔭裡。

「羅斯先生是有些故事吧！」安德烈說。
「那是個好故事，我還有另一個問題，是私人問題。」我說。
「說吧。」安德烈說。
「我只是好奇，有沒有任何人對你們用過N開頭的詞？」
「從來沒人對我用過那個詞，我從來沒碰到過。」他說。
「我有點驚訝。」
「你知道，這個詞指的並不是黑人，它的意思就是在罵人。查查字典就曉得了。」安德烈說。
「我查過了，它的意思就是黑人。」我說。
「但是也是在罵人，」他說道，而他在談話的同時，也將雞骨頭、汽水罐與西瓜皮收拾起來，裝進了垃圾袋。「有件事很好玩。我們之前去瑪麗安娜的一家修車行，有兩個白人在後面修一具引擎。他們沒看到我們，但是我們聽得見他們說話。其中一個人說：『你很煩耶，你這他媽的黑鬼。』——他是對一個白人說的！」
「那你怎麼說？」
「沒什麼好說的。我們只是站在角落裡，他們看不見的地方。但接著說這話的那個人走過來，看到了我們。他就說：『我要為剛才的事道歉。我不知道你們在這裡。』」
「你們沒有被冒犯到嗎？」
安德烈嘆了口氣，睜大了眼睛，他覺得我很遲鈍或腦筋轉太慢的時候，就常會這樣。「他這話是對白人說的啊！」

羅斯先生說：「從來沒人對我用過那個詞。也許他們有在其他地方這樣講我，在我背後講，但我是沒聽到。」

他伸了個懶腰，打了個呵欠，準備走回那輛聯合收穫機，完成今天的收成工作。他看到我還在抄著我的口袋型筆記本，記錄著安德烈在修車行的故事細節。

「去問老一輩吧！他們大概會有不一樣的故事。」羅斯先生說。

「全世界都是一家」

我在阿肯色州三角地一帶打轉時，始終在到處移動，很少在同一家汽車旅館連住兩晚。有天下午，在佛勒斯市附近的一家汽車旅館，有個人正在停車場把行李箱從車上拖下來，他看到了我就說：「你會喜歡這個地方的。」

我不知道該說什麼，所以露出了微笑。

「這裡很乾淨，跟別家不一樣。」他湊過身來。「沒有印度人。」

他沒有指名道姓，但說的就是無可避免的帕特爾先生。

這間汽車旅館滿不錯的，乾淨，打掃得很好，還有常見的附贈早餐，有酷愛（Kool-Aid）沖泡橙汁粉、長了褐斑的香蕉，以及裝在保麗龍碗裡的香果圈穀片。櫃檯裡是幾位白人老婦，清潔工則都是西語裔的。

走過大廳時，有位微笑的印度人向我打招呼，他自我介紹是這裡的業主兼經理。

「你可以叫我阿B，」他說。「算是某種小名吧！」

「這個B是什麼的縮寫？」

「貝特，貝特・帕特爾（Bert Patel）。」他說。

我不禁微笑。我說：「我想你的本名會更有異國情調吧！」

現在輪他微笑了。「跋提（Bhakti）。」他說。阿B與貝特都是不起眼的名字，但是跋提，在印地語裡，則是「虔信奉愛」的意思。

他的經歷也是老故事：他出生於古吉拉特邦的阿邁達巴德市（Ahmedabad），幾十年前以學生的身分來到美國學工科，他留了下來。他的婚事是在印度安排好的。就像成千上萬原本是留學生、初來乍到的其他帕特爾一樣，他成為了南方一家汽車旅館的老闆。

「溫暖的天氣是一項因素，」他如此解釋為何選擇了這個地區。至於選擇汽車旅館業的理由：「印度人不能開餐廳的，因為我們信印度教，要賣肉類就會有問題。」

「為什麼會有問題？」

「你不試吃菜色要怎麼開餐廳？」

「所以你不能吃肉。」

「不能吃肉。」

「在阿肯色州的生活過得怎樣？」

「過得很好。」

我小心翼翼地修飾了下一個問題的措辭，說道：「那些哈布舍呢？」

哈布舍（hubshi，有時寫作habshi）在印地語裡指的是黑人，詞源很有趣，衍生自「阿比西尼亞人」（在阿拉伯語裡稱為Habashi）。這是一個較為禮貌的用詞。我在東非認識的古吉拉特人，那些姓帕特爾、德賽還有姓沙的人，有時則會稱非洲人為「迦利耶」（karia）——意思就是黑人（而我則是個兜利奧〔dorio〕，也就是白人）。跋提．帕特爾知道我說的哈布舍是什麼意思。

「我認識一些哈布舍，我們在阿邁達巴德也有哈布舍的，他們是穆斯林。」

「你是說西迪人（Siddis）嗎？」這指的是非裔印度人，是被帶到印度的非洲奴隸的後裔，依然四處散居在南亞次大陸，並未被同化，存活在邊緣地帶，仍有明顯的非洲相貌。

「西迪人、哈布舍，都一樣的。我在阿肯色跟哈布舍沒有起過糾紛。自己過活，也讓別人過活吧！」接著他談興大開。「不論對那些哈布舍，還有其他人，還是你，我的朋友，我都是說『vasudhavia kutumbakaam』！」

他又大聲複誦了一遍，就像戰士在吶喊似的，嚇到大廳裡的其他人，也使櫃檯後的老太太們眉頭一皺。他引述的是一本吠陀占星古籍《摩訶奧義書》（*Mahopanishad*）裡的梵文句子。

「全世界都是一家！」他喊道，並抓住我的手握了起來。

「所以都沒有問題嗎？你過得開心嗎？」

他微笑起來，指向前門外邊一家新開的、稍微比他這裡大間一些的汽車旅館，就在馬路對面。

「就那個問題了。」他一臉苦笑。

「那是誰開的？」

「姓帕特爾的，從小岩城來的帕特爾。我的主要競爭對手。」他說。

鎖鏈囚徒隊

一九三六年，在喬治亞州的胡德禮拜堂（Hood's Chapel），厄斯金．考德威爾與瑪格麗特．伯克—懷特開著他們那輛老福特，遇到了一隊鏈起來的囚犯——總共十五或二十名黑人，穿著黑白條紋的囚服，腿部被腳鐐鏈在一起，正在挖掘一道溝渠，監工是個穿連身吊帶褲的肥胖白人男子，肩膀上還搭著一把霰彈槍。

「隊伍早上出去、晚上回來，」《你已見過他們的臉》當中的圖說寫道，「於此同時，汗如雨下。」另一條圖說搭配的，則是同樣這些人正在樹下休息的照片：「你從哪來、或是要到哪去，都沒有差別，因為當你身在隊伍裡，就得在這待上很久了。」

那些圖說與令人痛心的照片仍然縈繞在我心頭，因此開車穿越阿肯色州三角地的瑪麗安娜鎮，看到五個身穿橘色連身衣、明顯是囚犯的人，正在自由南街（South Liberty Street）上掃地割草時，我便將車停在主廣場——也就是法院廣場（Court Square）——並向他們走去。

監管這些男性黑人的是一位黑人女警，身高體重都很嚇人，名牌上寫著「威廉斯」（Williams）。雖然她的腰帶皮套上配備了一把手槍、一支警棍、還有一罐梅西防身噴霧，但她只是冷靜地站在那裡，看著這些人。她的眉毛薄染了一抹金色。她一身繃緊的制服，藍襯衫、黑長褲，雙腳站得分開，兩手扠腰，看起來就像是一口藍色的大桶子，立在兩根黑色的柱子上晃動。

「你好嗎？」

「還行，你好嗎？」她說。

那些人一直在忙，沒空看我，都在掃著刮著，有個人將碎屑鏟進了桶子裡。

「我是路過的，這些人是從監獄來的嗎？」我說。

「對，沒錯，都是，但他們是好工人。」威廉斯警員說。為了避免我以為他們是暴力犯，她又補充說：「他們都是輕罪，不是重刑犯。」

就是一些酒醉、鬧事、非法侵入、毀損、竊盜之類，情節輕微的惡徒，稍稍絕望或者倒楣的人。

「他們都聽你指揮嗎？」

「重點是要尊重人。」她邊說，邊走近他們。

他們在瑪麗安娜鎮的炎熱與明亮陽光中前進，威廉斯警員與這些一身亮橘色、推著掃把的所謂輕罪犯，從自由街走向法院街（Court Street），他們依然絕望而倒楣，但與考德威爾所描述、伯克．懷特所拍攝的那些身穿條紋衣、受人壓迫的囚徒相比，幾乎又顯得輕盈自在了。

巴勒斯坦鎮的勇敢婦女

有一位幾週前未能與我見面的女士，就住在三角地小鎮巴勒斯坦（Palestine）以北幾哩的地方，飼養著家禽家畜。她名叫多洛麗絲．沃克．羅賓遜（Dolores Walker Robinson），四十二歲，是三個兒子的單親媽媽：二十二歲的麥克（Mack）、十八歲的馬爾康（Malcolm），以及十二歲的富蘭克林（Franklin）。二十多年來，在經歷了與軍職丈夫的遷徙、工作、育兒、還有突如其來的離婚之後，多洛麗絲回到她出生與上學的地方，讓自己和兒子們好好生活。她讓我想起了「勇敢的婦女」[26]。

「我不想要兒子在都市裡過不愉快的生活，」我們走過她養牛的牧場時，多洛麗絲這樣跟我說。她還是軍眷時住過的地方大多是城市，或是大都市附近的部隊營區。「我覺得待在城市裡——那些犯罪跟你躲不掉的問題，會讓我失去他們。」

她輕聲細語，態度和藹、面容光滑，因為單眼皮而有種隱約的亞洲輪廓，但她的舉手投足——提著水桶、或是餵食動物、或是取下鉤子推開農場大門——卻展現出力量與意志。她身體似乎很健康，雖然一身務農的裝扮，卻仍然有型有款，黃靴子、皮手套，頭上還繫了條紅方巾。她擁有明顯的母性特質，這不只是反映在她跟我說的想搬回巴勒斯坦鎮、想保護兒子們的安全，也可見於她務農與養殖的整套做法，以及她的撫育本能。

她的房子和一半的土地都坐落在一塊高地上，而我想起了《尤利西斯》裡的句子：「世上種種引起革命的運動，乃是從山坡農民心裡的夢境與幻象中生出來的。對他們而言，大地並非可供剝削的土壤，而是活生生的母親。」

她是領有證照的護理佐理員，做這份工作存了錢，就在巴勒斯坦鎮買下了四十二英畝乏人照料的土地。那塊地上的木板房已不堪居住，搖搖欲墜。在朋友與兒子們的自願協助下，她在這片土地

26 出自《聖經．箴言》第三十一章十節。作者在這裡採用的英文「valiant woman」出自天主教的杜埃本（Douay-Reims）譯文，與英王欽定本的「virtuous woman」、或美國標準本的「worthy woman」相比，較強調英勇、有能力的涵義。中文《聖經》方面，天主教思高本作「賢淑的婦女」，和合本作「才德的婦人」。

上架起了籬笆、蓋了一間小房子，開始養起山羊。四年過去了。她聽說小岩城有一間叫做「國際小母牛組織」（Heifer International）的機構，是一家致力於終結飢餓、減輕貧窮的慈善團體，他們在推行一套簡單有效的方案，叫做「把禮物傳下去」（Passing on the Gift）：「（其使命說明表示，）意思是各家要分享他們接受的訓練，並將其牲口生下的第一隻雌性幼仔傳遞給下一家。藉此擴展原初禮物的影響力。」

多洛麗絲加入了這個方案，在出席許多會議與培訓之後，收到兩頭等著養肥的小母牛。現在她有十頭乳牛了——也依照慈善組織的規定，送了幾頭乳牛給其他有需要的人家。

「我想要一些我能夠擁有的東西。」她說。她是在附近的一間農場長大的。「我想讓我兒子參與到我熟悉的生活。」

除了乳牛與山羊，她還養了綿羊、鵝、鴨與雞。她讓家禽在巢上孵蛋，會賣掉其中幾隻，蛋則賣掉或吃掉。她也種玉米來餵牛。因為牲口帶來的現金流只能勉強打平支出，她一週有六天會去東阿肯色地區高齡安養中心（East Arkansas Area Agency on Aging）擔任看護與護佐。她兩個年紀較小的兒子還在念中小學，大兒子在上大學。用錢始終是個問題。

一大清早結束安養中心的工作後，她就去做農場裡的雜事，餵動物吃飼料喝水，修理籬笆，撿拾雞鴨鵝蛋。有幾天她會去上畜產管理的課程——她最近去密西西比州的格林維爾市修的課。「我在那邊認識好多朋友。我們都在努力完成一樣的事情。」

性情隨和、無怨無尤、卻也固執頑強，多洛麗絲・沃克・羅賓遜具備了成功的農民所需的一切特質：有傑出的敬業精神、堅強的意志、對土地有愛、能照顧動物、不怕面對銀行、對未來有願景、天生有遠見、有自給自足的欲望。

「我在展望接下來的十年，」我們踏上斜坡小徑時她說，「我想要把牲口的數量養起來，全職做這個。」

就算她的土地相對較小、牲口數量不多，也不要緊；與她在一起，讓我感到振奮、充滿希望、心情愉快，並且欽佩她勇敢的精神。

我遇到的許多南方人——或帶著憂心忡忡的驕傲、或帶著沉痛哀戚，或是引述著福克納——都信誓旦旦地說，南方是不會改變的。其實不然。在許多地方，尤其是在城市裡，南方已經天翻地覆；在鄉村地帶，改變則來得緩慢些，幅度較小，但確確實實。多洛麗絲・羅賓遜跳出了以前的人生，帶著家人回到故鄉，在農場上過生活、顧孩子，看來充滿勇氣。

不言而喻的是，南方的生命力，就出於這些深深扎根於此的人民所擁有的自覺。像我這樣對交談的興趣大過看風景的旅人，能夠在南方深受啟發，是因為這裡的家族故事有心有靈魂——人就是這裡的財富。

老人河

在三角地的最後這幾天，我一直獨自兜著路線歪扭的圈子，來往於一座又一座的農場，觀察著人們的生活，同時也以某種方式，追蹤著這條大河的流向。但我即使是在先前的旅途中，距離水邊甚遠，卻始終記掛著這條象徵著南方與撫慰的河流。

在三角地的某幾天裡，只有這條河是地景中唯一的鮮活形貌，此外似乎都了無生氣——沒有樹葉翻飛、沒有人群移動，牛群宛如剪紙，飛鷹則像是天際的標點；南方鄉村在炎熱的午間全面靜止，一切都像是一幅泛黃生斑、日曬到褪色的扁平繪畫代表作，像是一張這裡的老照片。

而這條河卻從這片土地上洶湧而過，無止境地傾瀉於堤防、樹木叢生的沿岸，以及溝渠潭水的匯集口之間。水勢經久不息，持續和緩地流經這個地區，這個不受賞識、無奈地任人忽視也令人失望的南方。難怪有這麼多的浪漫傳奇與承諾，都會提到這條江河的壯盛水流，而這條河也仍是船運的幹道，仍在運送著貨品與農作物離開。就像我遇到的那幾位三角地農人說過的「要送到河邊」，因為那條河就通往全世界。

密西西比河，也就是南方民間俗稱的「老人河」，在福克納的同名小說裡既是中心意象，也是情節的推動者。在這本由兩則故事組成的書中，這篇小說與《野棕櫚》是彼此呼應的對位故事（福克納曾詳加描述此事），也是他最有力道的虛構作品之一，講的是一個無名囚犯划著船，奉命在一九二七年的洪水中解救災民的戲劇性經過。從堤防附近的營地出發時，這名囚犯聽到了一陣陌生且持續不斷的聲響。他先前從未見過這條河，而空中「深邃低沉的窸窸窣窣聲」則使他感到困惑。

「那是什麼？」囚犯說。蹲踞在最近的一堆火前面的黑人回答說：

「那就他啊。就那個老人啊！」

「老人？」囚犯說。

後來，在河裡的一艘小船上，囚犯從樹上救下一名孕婦，將她接來了船上。故事的進展就是他們在密西西比河上隨波逐流，而囚犯討厭他看到的事，也覺得這奇怪的女人噁心，並且渴求回到監獄農場，很可能就是帕奇曼農場（Parchman）吧！福克納說的那句關於南方的話，過去永遠不死，也不會過去，是有其真實性的，而他虛構的囚犯所說的帕奇曼就是如此，那裡至今仍是監獄。密西西比州立感訓所（Mississippi State Penitentiary）就在克拉克斯代爾鎮往南再過去一點，位於河對岸，距離我目前所在的阿肯色州海倫娜市相當近；那裡仍然被稱為帕奇曼，也就是原本位於當地的那座莊園的名稱。帕奇曼也是許多藍調歌曲的主題，尤其是（在鄰近的提波〔Tippo〕出生的）摩斯．艾利森（Mose Allison）的一首歌，結尾的句子就是：「那我餘生都要待在這裡了吧／就因為我對我太太開了槍」。

上次途經納切茲時，我曾想過，密西西比河為何會是老邁南方的其中一個華美而不可更動的隱喻，它的漩渦在陽光下閃爍著，許多河段都未經疏浚，隨著季節變動起伏，或者是漸趨凝滯與遲緩，又或者是滿溢決堤，淹沒了洪氾平原，散播著肥沃的淤泥。隨著河運的衰退，河岸的生意也跟著蕭條，河邊的城鎮與村落都在掙扎求生。水上賭場代表的是豁出去爭取商機的最後一搏，在納切茲跟維克斯堡等地，都有這種加裝了仿煙囪與假明輪的賭場河船。這些船隻都像夜壺一樣不宜出海，停泊在泥濘之中，充斥著吃角子老虎機吵鬧的叮噹作響，體現了三角地的衰落，將此地的過往再現成了河川上的俗濫飾品，像漂流廢料一樣轉瞬即逝。

但海倫娜依然重要。在最後幾天裡，我來來回回地過河，從萊克薩、馬威爾與利克溪（Lick Creek），過橋到盧拉鎮（Lula）與月亮湖（Moon Lake），都是一些位於河灣與水潭旁的城鎮或村莊。到了人去樓空的海倫娜市，我又在車站逗留了一會兒。在《密西西比河上的生活》（*Life on the Mississippi*）裡，馬克．吐溫寫道：「海倫娜占據了密西西比河畔最秀麗的地勢之一。她居高臨下，位於從河對岸能看到的最後也最南端的群山邊緣。」死氣沉沉的主要大街，如今已成了值得保存的建築遺址，就像其他許多南方的主街一樣：華麗鋪張的店面，成衣布料行、銀行與戲院的招牌，鑄鐵的列柱與僅剩骨架的克利本飯店（Cleburne Hotel），全都興建於十九世紀末、二十世紀初，海倫娜還繁華的時候。「這裡以前是座厲害的城鎮呢！」是在南方反覆聽見的一句悲嘆。這條河在海倫娜確有其存在感，江水因淤泥而混濁，上浮的泥沙打著轉，寬闊卻不見船隻，像條棕色的蛇從海倫娜河灣的南邊滑過，蜿蜒鑽過了荒地裡的一個個水潭、竹林與沼澤。

除了少數特例，我在南方鄉間看到的，都是一些平坦的地景，砍伐森林而成的平坦農地，簇生如雪的棉花田，頂多是些低矮的丘陵，幾處稀疏的乾癟樹叢，枯葉被野火雞昂首闊步的爪子踩得劈啪響，路邊成排的山核桃樹與黑膠樹遮蔽了草地，這幾條石子路看似一路通往十九世紀，許多也確實如此：通往某處氣力衰竭、受盡框限，且都已被人占有的鄉間。

但在這片看來飽受摧殘侵犯、掏空踐踏的土地上，在其高度灼熱的悲傷之中，這條河仍算得上是件美麗的事物，是唯一的壯麗典範。也難怪南方的作家、歌手與詩人都要讚頌它。它是南方的中央動脈，大多數的溪流都注入其中，益增其肥沃與生趣。我想起它傳統上的暱稱時，不禁微笑起來。

在南方與人談話時——某個年輕的農人、十五歲的母親、直冒汗的大肚腩警察、氣憤的擁槍狂、露齒而笑的傳道人、無所事事的大學生、彬彬有禮的銀行員、疲憊煩悶的社區志工、或受辱的市民——他們的反應常常讓我覺得，我說的是一種不同的語言，才使得他們因為無法理解，而張口蹙眉地望著我。一開始我以為是我洋基式的舉止，讓我成了討罵挨的閒逛者、帶著出人意表問題的不可靠陌生人、某個需要安撫與慰藉的人。

不，是因為別的事。幾個月來我慢慢明白，對他們來說我就是個老人，不算太重要的人物，但需要遷就或是勉予尊重。這種反應令我嘀咕搖頭，因為我並不覺得自己老。我一直覺得——現在仍然覺得——自己正值盛年。但是大聲說出這種話、或是反駁他們，都是不對的；抗議是惹人厭的老糊塗會有的標準反應。任何健康的人，最難接受的都是年歲漸增。而你若並不衰弱，又何必自覺老邁呢？我健壯得足以整天開車，開上幾百哩，還完成了這場旅行；迷路了還找得到方向；受得住幾次辱罵；能面對路上的橫逆與挫折，以及沿途鄉民一定程度的猜疑和敵意。可能有些人會在我背後，以他們年輕的手掩嘴低聲說著：「這老頭子。」

我在車上廣播裡聽到一則新聞報導，就心裡有數了。主播說：「一名年邁男士與一名兒童於昨天傍晚，在圖威勒鎮（Tutwiler）的國道四十九線附近穿越馬伯瑞路（Mabry Road）時，遭到一輛汽車撞擊。」諸如此類的細節會化為令人不適的殘像，有個倒楣的老先生在暮色中牽著小孩的手，走在炎熱的公路上——因為這人又老又窮。隨後是更多的實情：「華倫．G．比佛（Warren G. Beaver），七十二歲，與他的孫女……」

我大笑出聲，一擊關掉了收音機。年邁！

老人河蜿蜒流轉，久遠卻不顯歲月，而且勢不可擋。你視之為理所當然，就有可能上當受騙，築壩就會遭其淹沒，行船也要當心它善變的浮力，要明智地研究它，不要誤以為從它的表面——無論寧靜還是湍急——就能看出內在狀態的深邃。過了這麼一年，老東西仍是講不清楚的老。但年老也是一種靈性的分量，是經驗的累積，所以對老人來說，除了人類愚蠢明顯的重複之外，別無其他震驚之事，新鮮事少之又少。你那些電子產品全都是玩具。但不只是年輕人會處心積慮讓你自覺年邁、炫耀著他們的玩具，以及自己操作得如何巧妙；有些年紀較大的人也會放任這種事，就像是出於無奈似的，屈服於困惑之中，以此補償自己的某些恐懼或虧欠。

旅行向來都是我打消這種不祥預感的方式，部分是因為旅行就是某種形式的逃避，而旅行本身——這種徹底的別離——就成為了對於新生活的短暫幻想，旅行能激發某種希望感。我二十二歲時，以旅人的身分，在非洲展開我真正的人生，充滿了激情、孤寂與發現的人生，後來又去了其他地方、每個地方，將我形塑成一個作家，警覺於每一種聲響與氣味，以及氛圍裡的脈動。最後，到了老年，我回來了。

我有時在想，我在南方看到了什麼，又錯過了什麼。我們看見的太多事，都是知覺不到的。就算你不再年輕，也能敏銳地體會到官能感。在南方的鄉村，我卻從未察覺到官能的召喚，儘管到處都有著某種確定無誤的放蕩意象。這片欠缺誘惑、耽誤夢想的土地，已被現實中的衰頹與死亡所擊垮；在人們掙扎求生的世界裡，並沒有縱情官能的時機，即使有，看起來也會像是另一條死路。奇怪的是，從來都遇不到誘惑、沒有調情、沒有浪漫傳奇、也沒有來世的承諾。勇敢的婦女多洛麗絲·羅賓遜那副甜美而懷有期待的笑容，代表的是解脫與自由，而不是熱情，而她的人生，就像我在南方遇到的許多人一樣，是受過傷的人生，有著許多我答不出來的問題。

或許這就是老人對於漫長旅程的回應了，但那又如何呢？這次旅途的重點不在於我，不是一趟去了又回、在惡劣道路上克服險阻的行程，不是一則關於我的種種情緒與瑣碎成就的自傳式消遣。始終沒有人對我認識得很深，也很少有人問過我的任何事。「你都寫哪一類的東西呢，胸腔先生？」我就當作是我隱姓埋名成功了。我遇到的幾百人裡，只有兩個人讀過我寫的東西。我是沒關係。當個陌生人比較好，沒有過往；動見觀瞻反而麻煩累贅。出名是種困擾，無名則是福氣。（Bene qui latuit bene vixit，奧維德〔Ovid〕如此寫道，意思是不受注意才是活得好。）我並不是真的很介意被黑人當成土白佬，或是被白人當成惹事者，總之都是挑起爭議的人，因為這些誤認都有助於我去瞭解，那些如此看待我的人是怎麼想的，並且有助於我，就算為時短暫，也融入了那幅場景。

但在這本關於掙扎的旅行敘事中，掙扎的人並不是我。我是旁觀者或竊聽者，記錄著別人的痛苦或喜樂。我很少碰到不舒服的狀況，也從未感到身處險境。沒有磨難，也少有戲劇轉折。我幾乎總是覺得置身於朋友之間。

從一個州到下一個州，從一個郡到下一個郡，我獨自飄然而行，像這樣前進，也讓我理解到自己有多幸運，因為南方人所感受到的束縛，他們對於自身刻板印象的敏銳體會——在文學中、生活中的庄腳人鄉巴佬——都是顯而易見的。莫怪乎，南方小說會這麼拐彎抹角（而認識某地方的其中一種途徑，就是當地的寫作）——充滿了遁辭、笑話，以及花俏的文學隱喻。莫怪乎會有大量怪誕的哥德風文字與怪人——現實殘酷得不能直白陳述，令人難以承受。

批評家與學者都盛讚南方豐沛的文學財富，說這個地區鼓勵著說故事的傳統。這種讚美在我看來都是自私自利的屁話。事實恰恰相反：寫作得根本不夠，而既有的作品，除了少數例外，內容也並不充足。缺少文字能有條理地向外地人介紹現實存在的南方，我所看見的南方。大多數的南方小說都暗示，這裡是個破敗的地方，但這已不是新聞了。任何人若是在當地與人攀談、或是稍微閒逛，都能感覺到那條貫穿了南方的裂痕，這裂痕起源於遙遠過去的一條細縫，隨著此地的歷史，而綻裂成了一道深淵。南方人仍在試圖處理的這種殘破的、或已經無從修復的文化，既讓某些人因不知所措而拒不妥協，也使許多其他人變得更為平和徐緩，也需要更多的記敘者。

「讀這些書吧！」大家都說。「研究南方哥德風與詩歌吧！」

我會說，別管那些書了，直接過去吧！現今的南方不在書本裡，而是在當地的民眾身上，而且那裡的民眾好客又健談，他們若是對你有好感，就會把他們的故事告訴你。深南地方讓我覺得自己像個幸運的旅人，來到了受人忽視的國度。

南方消極得慘不忍睹，彷彿在南北戰爭中受了致命的創傷，再也繁榮不起來，也無力對整個國家施以全面的影響，所以仍然被禁錮在自己的區域裡，尤其是在農村地區，與世隔絕。我在那裡待了一陣子才瞭解到，這麼多美國公司都撤離了南方、把工作機會都帶去國外，是多麼殘忍的事；而這些美國慈善家與公益團體，充滿仁心地關注著其他地方的貧窮與匱乏，走遍了世界各地——是為了受稱讚？還是為了賞風景？是為了避稅，還是為了公關？還是為了逃避現實？——帶教師去非洲、帶糧食去印度、帶藥品去其他地方；他們卻任由南方的窮人，日漸增加的農民階級，死於醫療照護不足，還有許多人沒受教育、不識字、居住條件惡劣，還有人在挨餓。雖然美國的偉大獨一無二，但它的失敗之處卻與世上的其他地方相似。

嘰哩咕嚕說著另一種語言的老人，我就是個這麼典型的陌生人，但卻受到了歡迎。我也交到了朋友。除了少數滑稽的例外，我偶然遇到的人們都對我仁慈以待。「偶能幫你……省模忙嗎？」就是這裡的規矩。我珍惜這些經歷。在我的生命中，這種事會越來越少，因為我就像老人河一樣流過了這片土地，最終將歸於海洋，我的骨灰將溶解在一視同仁的泥濘中。

流連忘返著，我慢慢地開著車，經常停留下來，耽擱著，並不希望這趟旅程結束。這片土地吻合了這麼多我想像中的畫面，而我也理解了麗貝卡・韋斯特在一九三〇年代所寫的馬其頓，為何會像是在睡得一團亂時所見的幻象。深南地方對我來說就是如此：宛如一場夢，有著夢境裡的一切扭曲與滿足，「是我總會在半夢半醒之間看見的國度。」

在漫長的旅行生涯中，我總是倚賴大眾運輸：哐噹作響的火車、緩慢的船隻、嘟嘟車或機動三輪車、擁擠不堪的野雞車（chicken bus）、東非稱為「馬塔圖」（matatu）的狂奔迷你小巴、接駁的渡輪、電車，以及輕軌。這是我第一次開自己的車走完全程。這段經歷之所以一直都很愉快，是因為在我的車裡，我永遠不用管班機訂了就不能改，不用在機場被人呼來喚去，沒有起飛時的喘氣翻胃或是火車的搖晃，只有輪胎的轟鳴聲，電線杆或樹木向後方疾閃而過，輕鬆出逃，逐漸解脫，行駛在如河流般鋪展開的漫長公路上，就像這條老人河一樣。

除了底下一艘平底小舟從水流上滑過，有如一塊肥皂碟溜過了骯髒的洗碗槽，引擎發出了廢氣與爆裂聲之外，我今天在海倫娜橋的阿肯色州這一端，從瓦登碼頭（Walden's Landing）的停車位看出去，並沒有看見任何的船隻航行。在橋下，有輛停在一條輸送帶旁邊的卡車，正在朝輸送帶開啟車斗，要將安德烈・皮爾與其他農人夥伴們的大豆，這些價值六十萬美元的豆子，都卸下來裝上停泊的駁船。鄰近岸邊的幾片田地都犁成了幾何形狀，與之形成尖銳對比的，是密西西比河的蜿蜒曲折，一片褐色，就像是扎實的土壤在流動一樣。「提醒了／人們選擇遺忘的事，」來自聖路易的詩人[27]曾這樣寫下老人河的向前奔流，沖刷著的河岸處處軟脆如蛋糕，撫觸著眾生，以窮追不捨的漩渦攪動著土地外緣，輾轉流過停滯水塘，偶然行經幾間平房，在棉田邊際窸窣耳語，再繼續前行。我就是這條河。

我是何時開始這樣覺得的呢，不情願回到我的書桌，不想讓旅程結束，這種意欲拖延的感受，從一開始露西兒那句「祝福你」的南方式問候，到最後查爾斯．波帝斯那句「要小心」之間，我已經上路了一年半，即便如此卻還是希望繼續前行？同樣那位聖路易詩人也寫過，「老人應該去當探險家。」我想來是能夠，輕易地，繼續這段能治癒思鄉病的罕見旅程。因為這一切的弔詭之處，在於儘管我已經走了這麼遠——比我在非洲或中國走過的里程還長得多——但我卻未曾離家。

27 指T．S．艾略特。

誌謝

我想要感謝在這本書中列名過的人，謝謝他們的坦誠，並且在我的旅途中幫了我的忙。我很感激亨利・亞當斯（Henry Adams）、金・歐（Jin Auh）、邁可・卡魯索（Michael Caruso）、賴瑞・庫柏（Larry Cooper）、大衛・丹格勒（David Dangler）、尼可拉斯・戴班柯（Nicolas Delbanco）、潘丘・赫多（Pancho Huddle）、傑・詹寧斯、道格・凱利（Doug Kelly）、史蒂文・麥柯里、巴布・普爾（Bob Poole）、強納生・波提斯（Jonathan Portis）、強納生・拉班（Jonathan Raban）、安德烈・舒茲（Andrea Schulz）、馬塞爾・索魯（Marcel Theroux）、路易・索魯（Louis Theroux）、亞歷山大・索魯（Alexander Theroux）、安德魯・威里（Andrew Wylie）所提供的勸告、建議、協助與情誼，並且要向我的妻子雪拉（Sheila）致上愛意。

國家圖書館出版品預行編目（CIP）資料

深南地方／保羅．索魯（Paul Theroux）著；
石武耕譯. -- 初版. -- 臺北市：馬可孛羅文化出
版：家庭傳媒城邦分公司發行, 2019.08
面；　公分. --（當代名家旅行文學：MM1145）
譯自：Deep South: Four Seasons on Back Roads
ISBN 978-957-8759-78-7（平裝）

1.遊記　2.美國

752.9　　108010676

【當代名家旅行文學】MM1145

深南地方

Deep South: Four Seasons on Back Roads

作　　者❖保羅．索魯（Paul Theroux）
譯　　者❖石武耕
封面設計❖井十二設計研究室
內頁排版❖張彩梅
總 策 劃❖詹宏志
總 編 輯❖郭寶秀
責任編輯❖力宏勳
協力編輯❖許景理
行銷業務❖許芷瑀

發 行 人❖凃玉雲
出　　版❖馬可孛羅文化
10483台北市中山區民生東路二段141號5樓
電話：(886)2-25007696
發　　行❖英屬蓋曼群島商家庭傳媒股份有限公司城邦分公司
10483台北市中山區民生東路二段141號11樓
客服服務專線：(886)2-25007718；25007719
24小時傳真專線：(886)2-25001990；25001991
服務時間：週一至週五9:00～12:00；13:00～17:00
劃撥帳號：19863813 戶名：書虫股份有限公司
讀者服務信箱：service@readingclub.com.tw
香港發行所❖城邦（香港）出版集團有限公司
香港灣仔駱克道193號東超商業中心1/F
電話：(852) 25086231　傳真：(852) 25789337
馬新發行所❖城邦（馬新）出版集團Cite (M) Sdn Bhd.
41-3, Jalan Radin Anum, Bandar Baru Sri Petaling,
57000 Kuala Lumpur, Malaysia.
電話：(603) 90563833　傳真：(603) 90576622
讀者服務信箱：services@cite.my
輸出印刷❖中原造像股份有限公司
初版一刷❖2019年10月
定　　價❖680元

ISBN：978-957-8759-78-7（平裝）

城邦讀書花園
www.cite.com.tw

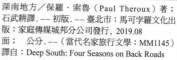